NOUVELLE COLLECTION

DES

MÉMOIRES

POUR SERVIR

A L'HISTOIRE DE FRANCE.

DEUXIÈME SÉRIE.

VII.

DE LA VRAIE RELIGION. 3

Donc 3°. ce fait général se résout & se décompose en une multitude de faits particuliers qui doivent se prouver par les mêmes signes que le fait général. Toute question en matiere de religion se réduit à demander, les Apôtres ont-ils enseigné tel ou tel point de doctrine ? Qu'ils l'aient écrit ou non, cela ne décide rien ; puisqu'en matiere de fait il reste deux autres preuves, la tradition & les monumens.

Donc 4°. toute autorité en matiere de foi se réduit au témoignage. Lorsqu'il est constant, uniforme, universel de la part des différentes Eglises dispersées dans le monde, il ne peut être faux. Lorsque les témoins sont revêtus de caractere, & sont persuadés qu'il ne leur est ni permis ni possible d'altérer le fait dont ils déposent, leur attestation est plus forte & plus respectable ; tel est le témoignage des Eglises dispersées énoncé par la bouche de leurs Pasteurs.

Donc 5°. la *Catholicité* ou l'uniformité de doctrine entre ces sociétés dispersées est la vraie regle à laquelle les grands & les petits, les savans & les ignorans doivent donner attention & confiance. Lorsqu'entre plusieurs preuves il s'en trouve une qui est également à portée de tous,

A ij

& qui supplée à tous les autres, il est naturel que tous y ayent recours & se reposent sur elle.

Donc 6°. tout Docteur qui veut établir un point de croyance par une seule des trois preuves de certitude & rejette les deux autres, veut renverser la tradition par le silence de l'Ecriture, au lieu de suppléer à ce silence par la tradition, se rend suspect de fraude; à plus forte raison s'il manque d'ailleurs du caractere essentiel à l'enseignement, de mission divine & légitime.

Nous ne voyons pas comment on peut contester aucune de ces conséquences.

§. II.

Lorsque l'antiquité ou la brieveté d'une histoire laissent quelque doute sur un fait ou sur une circonstance, la raison nous dicte de suppléer à cette obscurité par la tradition ou par les monumens. Si la tradition a été mise par écrit par des hommes instruits qui se seroient couverts d'opprobre s'ils l'avoient altérée, ces écrits quoique plus récens suppléent à la narration des témoins oculaires, & méritent la même croyance. Il est peu d'histoires anciennes écrites par des contemporains, celle du regne d'Auguste ne l'a été que long-tems après lui ; mais les Auteurs l'ont faite ou sur les mémoires du tems, ou sur la tradition orale qui subsistoit encore dans toute sa force ; on ajoute à leur récit la même croyance que l'on auroit accordée à des contemporains. Nous ne doutons pas plus des actions d'Auguste, que de celles de Jules-César écrites par lui-même.

Quand il se trouve dans les Mémoires de ce dernier des faits ou des circonstances dont le texte ne nous instruit pas assez, nous avons recours aux Ecrivains postérieurs pour lever nos doutes & pour prendre le vrai sens des expressions de César. Nous en agirions de même, soit qu'il fût question d'un fait, d'une coutume, des conditions d'un traité, ou du sens d'une loi.

Un Historien qui écrit aujourd'hui l'Histoire de Louis XIV, est-il moins croyable que les contemporains ? Il l'est peut-être davantage, toutes choses égales d'ailleurs; il est moins gêné, & il peut comparer un plus grand nombre de Mémoires.

On suit la même méthode en fait de dogmes & d'opinions. Pour éclaircir les écrits de Platon, l'on consulte ceux de ses Disciples; si dans quelques siecles d'ici on doutoit des vrais sentimens de Descartes, on interrogeroit les écrits de ceux qui ont fait profession de suivre sa doctrine, & au besoin les Livres mêmes de ceux qui l'ont attaquée.

Il est étonnant que cette méthode universellement suivie en fait d'histoire, de critique, de philosophie, ait excité de vives contestations, lorsqu'on a voulu s'en servir en fait de Religion. De sçavoir si tel dogme a été enseigné par les Apôtres, c'est un fait susceptible de témoignage, capable d'être attesté par leurs Disciples, par des usages qui y ont rapport. Des témoins peuvent déposer sans doute de ce qu'ils ont vu, de ce qu'ils ont entendu, de ce qu'ils ont fait; leur déposition a une force égale sur ces différens chefs. Un vieux titre dont le sens paroît obscur s'éclaircit par la possession, par des faits, par des conséquences qui ont pu en résulter.

§. III.

Dans un cas où l'histoire évangélique & les écrits des Apôtres garderoient le silence, ou ne paroîtroient pas assez clairs, ne peut-on pas y suppléer par le témoignage de cette chaîne de Disciples qui se sont instruits successivement à leur école, qui ont rempli leurs chaires, que nous nommons les Peres de l'Eglise ? Tous ont fait profession de ne croire & de n'enseigner d'autre doctrine que celle qu'ils avoient reçue des Apôtres & de leurs successeurs, tous se sont élevés contre ceux qui vouloient en introduire une autre.

Les noms de *Catholique & Apostolique* donnés à l'Eglise dans les symboles & professions de foi les plus anciennes, attestent la persuasion dans laquelle on a toujours été qu'il n'étoit pas permis de rien changer à l'enseignement des Apôtres. l'Eglise *Catholique* n'a jamais reconnu d'autres maîtres qu'eux ; la Doctrine *Catholique* ou universelle est donc nécessairement *Apostolique*, ces deux titres sont inséparables.

Ainsi l'on argumentoit déjà au second siécle. « Malgré la diversité des langues
» usitées dans le monde, disoit S. Irénée,
» la force de la tradition est par-tout la
» même. Les Eglises de la Germanie n'ont
» point une croyance différente de celles
» de l'Espagne, des Gaules, de l'Orient,
» de l'Egypte, de la Lybie, de celles qui
» sont au milieu du monde (en Italie).

» Comme un seul soleil éclaire tout l'uni-
» vers, une seule & même lumiere, une
» prédiction parfaitement uniforme de la
» vérité brille par-tout, éclaire tous ceux
» qui veulent la connoître » (a).

Dans les siecles suivans, la seule regle que l'on ait suivie pour juger si une doctrine étoit révélée ou non révélée, divine ou humaine, vraie ou fausse, a été de savoir si elle venoit ou ne venoit pas des Apôtres. Les Peres de l'Eglise ont-ils changé cette doctrine en protestant qu'il ne leur étoit pas permis de le faire? Ont-ils malicieusement attribué aux Hérétiques le crime dont ils étoient les vrais coupables?

Cette double imposture est encore plus absurde lorsqu'on la suppose arrivée dans les Conciles. Selon nos adversaires, les Evêques venus des différentes parties du monde, dont la plupart ne s'étoient jamais vus, tous persuadés que c'étoit un crime de déroger à la doctrine apostolique, l'ont cependant commis de concert. Les différentes Eglises, quoique prévenues du même attachement aux leçons des Apôtres, se sont rendues complices

---

(a) Adv. Hær. L. I, c. 3.

de la même prévarication en acceptant la décision des Conciles. Pour comble de prodige, les Hérétiques, condamnés comme novateurs, n'ont jamais pu perfuader qu'ils étoient cependant les vrais défenfeurs de la doctrine Apoftolique. Tel eft le paradoxe dont plufieurs Ecrivains, d'ailleurs fort inftruits, ont fouvent entrepris de nous perfuader.

§. IV.

On fe forme une fauffe idée de la tradition, lorfqu'on envifage le fentiment d'un Pere de l'Eglife comme l'opinion d'un fimple particulier, à laquelle perfonne ne prenoit intérêt, fur laquelle il pouvoit donner carriere à fon imagination. 1°. Le fentiment ifolé d'un ou deux Peres de l'Eglife ne fait point preuve ; il faut que le plus grand nombre s'accorde fur le même dogme, la tradition n'eft cenfée complette que quand ils forment une chaîne d'une longue étendue. 2°. La plupart des Peres de l'Eglife étoient des Evêques chargés par état d'enfeigner à leur troupeau la doctrine apoftolique & univerfelle. Tous étoient convaincus par leur propre profeffion de foi, qu'il ne leur étoit ni possible, ni permis de s'en écarter ; que s'ils le faisoient, ils seroient condamnés & déposés. 3°. Lorsqu'ils ont raisonné sur quelqu'une des conséquences du dogme, ou sur des passages obscurs de l'Ecriture, ils n'ont point eu l'ambition d'ériger en dogmes leurs conjectures & leur opinion personnelle. 4°. La plupart étoient environnés d'Hérétiques pointilleux, de Rivaux attentifs & jaloux, souvent de Brebis indociles & prêtes à se mutiner ; en pareilles circonstances ont-ils pu écrire au hazard ou avec le dessein formé d'introduire des opinions nouvelles ?

Quand il seroit arrivé à plusieurs de tomber dans quelques erreurs, de hazarder une proposition peu exacte dans la chaleur d'une dispute, les fautes momentanées, inévitables à la fragilité humaine, ne sont point une raison de les accuser, de rejetter leur témoignage lorsqu'il est conforme à celui de leurs prédécesseurs, de leurs contemporains & de ceux qui les ont suivis. L'erreur personnelle d'un Pere de l'Eglise n'est jamais commune à un grand nombre.

On se trompe encore quand on veut confiner la tradition dans les seuls Ecrits des Peres ; nous avons soin de les comparer avec les Prieres de la Liturgie, avec les cérémonies les plus anciennes & dont ils ont été témoins : ufages & monumens qui n'auroient pu s'introduire, s'ils n'étoient pas venus des Apôtres & de leurs fucceffeurs immédiats. Ces fignes éloquens rapprochés des Ecrits des Peres & du Texte Sacré, fervent d'interpretes les uns aux autres. De leur concert unanime réfulte un degré de certitude que les paffages de l'Ecriture confidérés feuls, ne feroient jamais capables de nous donner.

Quand les paroles de l'Evangile pourroient laiffer du doute fur l'égalité parfaite des trois Perfonnes divines, fur la confubftantialité du Verbe, fur la divinité du S. Efprit, ces trois dogmes feroient fuffifamment atteftés par la forme du Baptême, par les trois immerfions du Baptifé, par le *Trifagion* ou *trois fois Saint* de la Liturgie, par le *Kyrie* répété trois fois & adreffé à chacune des Perfonnes divines, par la *Doxologie* ou glorification ajoutée à la fin des Pfeaumes, &c. Comme ces dogmes ont été attaqués les premiers & le plus fouvent, l'Eglife en a, pour ainfi dire, empreint la profeffion fur tout l'extérieur de fon culte. Ici l'antiquité des erreurs attefte l'ancienneté des ufages, ceux-ci, à leur tour, servent de témoins de l'antiquité du dogme & de commentaire au Texte des Livres Saints.

§. V.

Une des premieres attentions des Ariens fut de supprimer le *Trisagion* dans la Liturgie. Mais cette formule étoit aussi ancienne que le Christianisme, elle est de l'Apôtre S. Jean & placée dans un Tableau de la Gloire éternelle tracé d'après les Assemblées religieuses des Chrétiens ; (*a*) elle a donc toujours fait partie de la Liturgie ; mais elle paroissoit trop claire aux ennemis de la Divinité du Verbe.

Elle avoit déjà proscrit les erreurs de Cérinthe, d'Ebion, de Saturnin, de Ménandre, de Cerdon & de Marcion ; leur condamnation tracée par ces paroles apostoliques, entraînoit celle de Sabellius & de Photin, d'Arius, de Nestorius, de Macedonius & de tous ceux qui les ont suivis. Il étoit absurde d'en appeller sans cesse aux paroles des Apôtres consignées dans leurs Ecrits, contre d'autres paroles des Apôtres conservées dans la Liturgie;

(*a*) Apoc. c. 4, v. 8.

de supposer que leur autorité étoit plus forte dans un de ces monumens que dans l'autre, ou qu'ils avoient contredit dans la Liturgie qui venoit d'eux, la doctrine qu'ils avoient enseignée dans leurs Lettres ou dans l'Evangile.

Ce qui étoit arrivé du tems des Ariens, s'est renouvellé au seizieme siecle, par les Sectes qui se sont séparées de l'Eglise. Son culte extérieur enseignoit trop éloquemment les dogmes attaqués par les Réformateurs, il fallut le supprimer. En effet, quand le dogme de la présence réelle & ses conséquences ne seroient pas enseignés aussi clairement qu'ils le sont par les paroles de J. C. la Liturgie dont S. Jean a tracé l'image, & dont S. Justin parle comme témoin oculaire, suffisoit pour éclairer notre foi. Un trône, un autel, un agneau en état de victime au milieu d'une assemblée de Prêtres qui se prosternent devant lui, qui lui présentent les prieres des Saints, qui lui rendent les honneurs de la divinité; sous l'autel les ames de ceux qui ont souffert pour la parole de Dieu, &c. (*a*) voilà des images trop énergiques: comment y méconnoître un

---

(*a*) Apoc. c. 4, 5, 6.

sacrifice & J. C. présent à la cérémonie ? Il a fallu faire disparoître l'autel, les siéges des Prêtres, les tombeaux des Martyrs, l'encens & tout l'appareil du sacrifice, rejetter enfin le Livre qui renferme ce Tableau trop éloquent.

Mais qu'en est-il arrivé ? Ces cérémonies attestoient la chaîne des dogmes essentiels du Christianisme, la rédemption des hommes par le sang de J. C. sa Divinité, le Mystere de l'Incarnation, celui de la Sainte Trinité. La croyance de ces dogmes affoiblie par la suppression des signes qui en retraçoient le souvenir, a cessé d'être apperçue aussi clairement dans l'Ecriture ; les paroles sont restées, le sens a disparu : le Socinianisme & le Déisme son frere se sont assis sur les ruines du culte prétendu superstitieux de l'Eglise Catholique.

Après cette brillante victoire, on vient nous dire gravement que nos dogmes ne sont pas assez clairement enseignés dans l'Ecriture ; je le crois : quand on a écarté les témoins & les monumens qui indiquoient le vrai sens, il n'est pas surprenant que la Lettre soit devenue plus obscure.

§. VI.

Pour décréditer les Peres de l'Eglife, les Incrédules marchant fur les traces de l'héréfie, ont trouvé bon de les peindre comme des ignorans, des fanatiques, des brouillons, des hommes noircis de crimes ; c'eft ainfi qu'ils font repréfentés dans le *Tableau des Saints*. L'Auteur a commenté l'Article *Peres de l'Eglife* de l'Encyclopédie. C'eft une compilation des calomnies éparfes dans les Centuriateurs de Magdebourg, dans les Ecrits de Daillé, de Scultet, de Bayle, de Jurieu, de Barbeyrac ; pour leur donner plus de poids, l'Auteur des Queftions fur l'Encyclopédie y ajoute la fanction de fon autorité ; (*a*) jamais libelle diffamatoire ne fut écrit avec plus de fiel & de mauvaife foi.

Comment ces Philofophes judicieux s'y font-ils pris pour faire paroître les Peres coupables de plufieurs erreurs groffieres ? Ils ont altéré le fens de leurs expreffions, tronqué les paffages, cité fous leur nom des Ouvrages fuppofés, diffimulé les hé-

_____

(*a*) Art. *Athéifme*, fect. 4. *Economie de paroles*, &c.

résies contre lesquelles ils combattoient, & les opinions qu'ils attaquoient. Lorsque les Peres suivent à la rigueur les préceptes de l'Evangile, on leur reproche une morale lugubre & cruelle, propre à inspirer le fanatisme & la misantropie ; s'ils paroissent s'en relâcher sur quelques articles douteux, on releve cette indulgence comme une prévarication. Selon nos Adversaires, ces Ecrivains si respectés dans le Christianisme, n'ont eu ni éloquence, ni érudition, ni esprit, ni bon sens. Comme ils ont été suffisamment justifiés dans les savantes Préfaces que l'on a mises à la tête des nouvelles Editions de leurs Ouvrages & dans d'autres Apologies, nous ne croyons point qu'il soit nécessaire de relever toutes les bévues & les infidélités de leurs accusateurs.

D'où a pu venir leur déchaînement ? Socin dans une de ses lettres convient que si outre l'Ecriture il faut encore s'arrêter à l'autorité des Peres, les Sectes séparées de l'Eglise Catholique doivent perdre leur procès (a). Il a donc fallu décrier les Peres pour prévenir le triomphe de l'Eglise Romaine.

(a). Epist. ad Radecium, p. 113.

La maniere dont ces Critiques ont noirci les mœurs, la conduite, les intentions des Peres est encore plus odieuse que le motif. Si quelques-uns ont renoncé au monde & vécu dans la retraite, c'étoient des caracteres atrabilaires, mélancoliques, insupportables à eux-mêmes & aux autres. Si les places qu'ils occupoient les ont forcés de prendre part aux affaires, c'étoient des ambitieux, des hommes inquiets, des brouillons. Ceux qui ont succombé aux persécutions des Hérétiques & des méchans sont morts victimes de leur génie despotique & opiniâtre ; ceux qui ont triomphé de la calomnie & ont couvert de confusion leurs ennemis, ont été vindicatifs, orgueilleux, intolérans ; c'est par leur faute qu'ils ont irrité ceux qui cherchoient à les perdre. Ont-ils résisté aux Princes qui vouloient introduire l'erreur ? Ce sont des séditieux. Ont-ils cédé aux circonstances dans la crainte d'augmenter le mal ? Ce sont de vils adulateurs des vices des Souverains. Quoiqu'ils ayent pu faire, il faut qu'ils soient coupables, on leur fait un crime des malheurs qu'ils n'ont pu ni prévoir ni prévenir. Un volume entier suffiroit à peine pour réfuter ce tissu de calomnies.

Selon l'Auteur du Tableau des Saints, il n'est pas surprenant qu'en lisant les Peres de l'Eglise, les membres du Clergé soient devenus dans tous les tems arrogans, querelleurs, opiniâtres, de mauvaise foi, séditieux, inhumains, ennemis de la Puissance temporelle, en un mot, des perturbateurs continuels du repos des nations (*a*). Dans quels livres a-t-il contracté toutes ces qualités dont il donne des preuves à toutes les pages de ses ouvrages ? Ce n'est pas en lisant les Peres, il ne les a jamais vus que dans les extraits infidéles des Hérétiques. Convient-il à des Philosophes paîtris de fiel, toujours en colere contre les vivans & les morts, de s'ériger en maîtres de morale, de déprimer les leçons de l'Evangile & des Peres ? Le Fanatisme Anti-chrétien soufflé par de pareils organes est fort propre sans doute à épurer les mœurs, à prévenir les séditions & les crimes, à cimenter la paix, & le bonheur des nations. *Quis tuleriṭ Gracchos de seditione querentes ?*

§. VII.

Daillé, dans son Livre, *de l'Usage des*

(*a*) Tableau des SS. 2 part. p. 174.

Peres, a fait des objections plus capables d'en imposer, que les invectives des Incrédules; nous emprunterons nos réponses d'un Théologien anglois (*a*). On verra que les Anglicans, lorsqu'ils sont aux prises avec des Protestans rigides, sont forcés de revenir aux principes de l'Eglise Romaine.

Après avoir avoué la difficulté qu'il y a d'entendre les Ecritures sans aucun secours emprunté d'ailleurs, ce Théologien observe que les Peres ont eu les talens naturels & acquis dans un degré pour le moins égal à ceux des Ecrivains modernes, qu'ils ont eu un très-grand soin de s'instruire de la Doctrine Chrétienne, & l'avantage de connoître le langage, les mœurs, les usages des siécles apostoliques. Incapables, dit-il, de se laisser entraîner à l'esprit de parti, ils ont été assistés de l'Esprit de Dieu, doués d'un courage toujours prêts au martyre, souvent favorisés du don des miracles. Plusieurs ont été à portée de lire les originaux mêmes des Apôtres, d'apprendre ce qu'ils

---

(*a*) Apologies de S. Justin, de Tertullien, &c. traduites en Anglois par William Réeves.

avoient dit & ce qu'ils avoient fait de la propre bouche des témoins oculaires.

Il pose pour principe que le meilleur moyen de découvrir le sens & l'esprit d'une loi ou d'une institution, est de considérer l'usage & la pratique dont ils ont été immédiatement suivis ; de-là il conclut que la tradition & l'usage des premiers siécles est la regle la plus simple pour terminer les contestations qui divisent les sociétés chrétiennes. On peut, dit-il, s'en rapporter aux anciens, comme à des témoins, en matiere de fait. Il répond ensuite à toutes les objections de Daillé, qui font le sujet d'autant de chapitres de son Livre.

§. VIII.

1re. *Objection.* Il est difficile de connoître les vrais sentimens des plus anciens Peres, parce que le plus grand nombre des écrits des trois premiers siécles sont perdus ; les ouvrages que nous n'avons plus contenoient peut-être des choses très-différentes de ce que nous lisons dans ceux qui nous restent (*a*).

Réponse. Il s'enfuit de ce raisonnement

(*a*) Daillé, *de vero usu Patrum*, Liv. 1, c. 1.

qu'il n'y a rien de certain dans l'Histoire, parce que les ouvrages des Historiens qui font perdus contredisoient peut-être ceux que nous avons. On pourroit de même révoquer en doute l'autenticité des Livres Saints, parce que les Peres, dans les écrits qui n'existent plus, réjettoient peut-être quelques-uns des Livres que nous tenons pour canoniques. Il est absurdè de combattre des preuves existantes & des témoignages positifs par des raisons qui n'existent pas, & qui nous sont inconnues ; de simples *peut-être* ne suffisent pas pour renverser tous les monumens. Les Peres que nous n'avons plus, étoient sans doute sinceres & bons Chrétiens, ils ont donc pensé & parlé comme ceux qui nous restent. Eusébe, Photius & d'autres qui les ont lus, & qui en ont conservé des fragmens, ne les accusent point d'hétérodoxie, l'on peut s'en fier à leur témoignage.

2e. *Objection*. Les écrits des Peres des premiers siécles traitent de choses qui n'ont aucun rapport aux Controverses agitées aujourd'hui entre les diverses sectes chrétiennes ; on ne peut donc tirer aucun avantage de leur sentiment.

Réponse. Il n'est pas nécessaire que les

Peres ayent prévu toutes les controverses & les erreurs futures, pour nous apprendre ce qu'ils croyoient & ce qu'ils rejettoient ; il suffit qu'ils nous ayent transmis la Doctrine Catholique professée de leur tems, pour condamner toute erreur qui ne s'accorde point avec cette croyance. Pour distinguer une ligne courbe d'une ligne droite, il n'est pas nécessaire de connoître toutes les courbes possibles ; pour avoir un régime utile à notre santé, nous n'avons pas besoin de connoître tous les poisons & tous les régimes pernicieux. La plupart des erreurs modernes ne font que les anciennes hérésies déguisées ; la doctrine qui a servi à proscrire les unes, sert de même à réprouver les autres.

D'ailleurs les Peres nous ont donné la regle générale qui sert d'antidote à toutes les erreurs, la *catholicité*, ou l'unité dans la Foi ; S. Irénée en nous rappellant à la tradition, Tertullien par ses prescriptions contre les Hérétiques, ont prescrit d'avance contre toutes les Hérésies qui naîtront d'ici à la fin des siécles.

On pourroit encore tourner l'objection de Daillé contre les Saintes Ecritures ; celles-ci ne font point des Traités composés exprès contre les erreurs à venir, s'enfuit-il qu'elles ne peuvent servir à terminer les contreverses modernes ? Souvent les Peres developpent le texte sacré, éclaircissent un passage, nous apprennent des traditions & des coutumes apostoliques, refutent & condamnent des erreurs dont les Ecritures ne parlent point, leurs écrits peuvent donc servir à décider nos disputes aussi bien que les Livres Saints.

§. IX.

3ᶜ *Objection.* La plupart des écrits attribués aux anciens Peres, sont supposés, nous ne sçavons pas certainement si ceux qui passent pour autentiques, le sont en effet.

Réponse. On doit, dit l'Auteur Anglois, raisonner des livres supposés, comme des enfans illégitimes ; un pere refusera-t-il de reconnoître aucun de ses enfans, parce que tous peuvent être adulterins ? Quoique l'on ait supposé des Livres à S. Justin & à Tertullien, cela ne prouve point que les Apologies qui portent leur nom ne soient certainement d'eux. Les mêmes regles qui servent à découvrir la supposition d'un livre, servent aussi à constater l'autenticité d'un autre.

S'il falloit toujours des démonstrations géométriques pour fonder notre confiance, nous n'oserions ni boire ni manger, ni prendre des remedes, ni commercer avec personne, ni compter sur la probité de qui que ce soit. Que deviendroient les Loix, l'Histoire, les droits, les propriétés, si la supposition d'un titre, la falsification d'un contrat, l'altération de la monnoie, la trahison d'un fourbe, nous tenoient dans une perplexité continuelle ?

On a supposé des Livres aux Apôtres & aux autres Ecrivains Sacrés ; si tous les Ouvrages des Peres sont suspects, d'où les Protestans tireront-ils les témoignages sur lesquels ils fondent l'antenticité des Livres Saints & le Canon des Ecritures ? Les mêmes regles dont on se sert pour distinguer les Livres authentiques de l'Ecriture d'avec ceux qui ne le sont pas, ne sont-elles plus d'aucun usage lorsqu'il s'agit des Ouvrages des Peres ?

Enfin quand un Livre ne seroit pas de l'Auteur auquel on l'attribue, quand il seroit anonyme, dès qu'il a été évidemment écrit dans les premiers siécles de l'Eglise, & cité comme tel par les Auteurs Catholiques des siécles suivans, il n'en résulte rien contre le poids de son témoignage ;

moignage ; un Livre sans nom d'Auteur n'est pas pour cela sans autorité. Quoique le véritable Auteur de la lettre à Diognéte soit encore inconnu, il n'est pas moins certain qu'elle a été écrite au commencement du second siécle par un Chrétien très-instruit.

§. X.

4e. *Objection*. Les Ecrits mêmes des Peres, que l'on reconnoît pur autentiques, ont été corrompus par le tems, par l'ignorance, la fraude, l'inattention des Copistes, &c.

Réponse. Cette objection ne differe de la précédente, que comme l'action de rogner la monnoie est différente de l'art de la frapper, la même réponse sert pour l'une & pour l'autre. On peut faire la même observation sur le texte des Ecritures, exagérer les playes qui lui ont été faites par le tems, par les changemens des langues, par l'ignorance des Copistes, par les fraudes pieuses ou malicieuses, citer le passage où Tertullien se plaint des atteintes que les Hérétiques ont portées au Texte Sacré, alléguer les variantes du Nouveau Testament recueillies au nombre de trente mille, &c. S. Augustin ré-

pond à tout cela que « S'il y a des dispu-
» tes sur les différentes leçons, qui sont en
» petit nombre, & connues des Sçavans,
» nous avons recours aux Livres conser-
» vés dans les pays d'où nous avons reçu
» nos copies & notre Religion. Si la dif-
» férence s'y trouve de même, on doit
» préférer le plus grand nombre des co-
» pies au moindre nombre, les plus an-
» ciennes au modernes, les originaux aux
» versions. C'est ainsi qu'en agissent ceux
» qui arrêtés par des difficultés dans la le-
» cture des Livres Saints, cherchent à
» s'instruire, & non à disputer & à chi-
» caner (a) ». La même regle sert pour
les Ecrits des Peres, comme pour ceux
des Apôtres.

On n'établit point un dogme sur un seul
passage douteux de tel Pere, mais sur leur
consentement unanime, & sur des ouvrages non contesté. Les anciens, tels que
nous les avons dans les éditions les plus
correctes, sont d'accord avec l'Ecriture
Sainte sur le dogme, sur la morale, sur la
discipline; s'ils sont corrompus, il faut
que l'Evangile le soit. Les Dissertations
critiques de Pearson sur l'autenticité des

───────────────

(a) S. Aug. contrà Faustum, L. 11, c. 2.

Lettres de S. Ignace, feront la honte éternelle de Daillé & de ses adhérans.

5ᵉ. *Objection*. Le style des Peres est tellement obscurci par les figures & les fleurs de Rhétorique, qu'il est très-difficile de comprendre quel a été leur véritable sentiment.

Réponse. Cela n'empêche point que ces Auteurs ne se soient exprimés clairement sur les faits & sur les dogmes universellement reçus. Flaccus Illiricus a donné cinquante & une raisons de l'obscurité des Livres Saints (*a*); la plupart sont les mêmes que celles que l'on allégue contre les écrits des Peres. Nous avons vu ailleurs que les Déistes ont tourné en ridicule la prévention de Daillé sur ce point. Les paroles de S. Jean, *au commencement étoit le Verbe*, &c., nous empêchent-elles de voir dans son Evangile, que ce Verbe s'est fait Homme dans le sein d'une Vierge, qu'il a fait des miracles, a été crucifié, est ressuscité le troisieme jour ? Il n'est pas plus difficile de voir dans les anciens Peres, que l'ordre des Evêques est d'institution divine & apostolique, par le cathalogue des Evêques, qui remonte aux

---

(*a*) De rat. cognosc. Sacras Lit. c. 1.

Apôtres, que d'y voir quels sont les Livres de l'Ecriture, par la liste qu'ils en donnent, & par les citations qu'ils en tirent.

§. XI.

6ᵉ. *Objection.* Les Peres dissimuloient souvent leur opinion particuliere, & écrivoient des choses qu'ils ne croyoient pas ; quel fond peut-on faire sur leur autorité, ou sur leur témoignage ?

Réponse. Avant de hasarder une pareille accusation contre des Martyrs, des Confesseurs, des Pasteurs de l'Eglise, qui protestent de leur sincérité, qui offrent de répandre leur sang si l'on peut les convaincre de mensonge, il faudroit avoir en main des preuves démonstratives & sans réplique. On fait ce reproche en particulier à S. Jérôme, & ce Pere proteste le contraire. « Dans nos Commentaires, » dit-il, nous avons coutume d'exposer » notre sentiment & celui des autres, & » d'énoncer clairement quels sont les » dogmes Catholiques & les erreurs des » Hérétiques. » (*a*) On défie les Accusateurs des Peres de citer un seul endroit

───────────────

(*a*) Adv. Ruffin. L. 3 , c. 3.

de leurs Ouvrages où il y ait la moindre marque de déguisement, soit lorsqu'ils instruisent les Cathécumenes, soit lorsqu'ils disputent contre leurs Adversaires. Le passage de S. Jérôme, Epist. 50, *ad Pammachium*, sur lequel Daillé triomphe & que les Incrédules ne cessent de répéter, (*a*) signifie seulement que les Peres, en réfutant les Hérétiques & les Incrédules, leur font souvent des argumens personnels tirés des principes de leurs Adversaires, principes que les Peres n'adoptoient pas ; ou qu'ils raisonnent quelquefois sur des suppositions qui s'ensuivent de la doctrine qu'ils réfutent, suppositions qu'ils n'admettoient pas. Nous faisons de même contre Daillé, ce Critique n'en agit pas différemment en écrivant contre les Catholiques, les Incrédules suivent la même méthode pour nous combattre ; méritons-nous tous pour cela le reproche de duplicité & de mauvaise foi ?

Ce qu'il y a de plus singulier, c'est que dans un autre Ouvrage Daillé a été forcé de répondre comme nous au passage de S. Jérôme, qui lui avoit été objecté par le

_____

(*a*) Quest. sur l'Encyclop. *Economie* de paroles.

Cardinal Duperron. (*a*) De deux choses l'une, ou il croit que cette réponse est solide, & alors elle disculpe les Peres de l'Eglise ; ou il ne le croit pas, & pour lors il se rend coupable de la mauvaise foi dont il les accuse.

7ᵉ. *Objection.* Les Peres n'ont point enseigné constamment les mêmes dogmes de Foi ; ils ont changé d'opinions à mesure que leur jugement s'est perfectionné par l'étude & par l'âge.

Réponse. Il est faux que les Peres ayent jamais changé d'opinions sur *les Dogmes de Foi*, ils ont constamment cru & professé le Symbole de l'Eglise Catholique ; selon leurs propres principes ils seroient tombés dans l'hérésie s'ils s'en étoient écartés, puisqu'ils ont regardé comme Hérétiques tous ceux qui avoient des opinions différentes. Ont-ils changé d'avis sur la divinité de J. C. sur la nécessité de la Communion Ecclésiastique, sur la rémission des péchés, ou sur quelque autre article du Symbole ? Ils sont unanimes sur ces points de Foi, ils y ont persévéré jusqu'à la mort, & quand ils auroient

---

(*a*) Adv. Cult. Relig. Latinor. L. 3, c. 37, p. 568.

vécu plus longtems, ils ne se seroient pas rétractés.

C'est d'ailleurs un étrange motif de refuser croyance aux Peres de l'Eglise, parce qu'ils ont perfectionné leur jugement & ont augmenté leurs connoissances par l'étude & par l'âge; selon ce principe, excepté les Ecrivains inspirés, aucun ne mérite d'être cru. Nous ne pensons point que S. Augustin en soit moins respectable, parce qu'il a eu le courage & la bonnefoi de se rétracter lorsqu'il a reconnu qu'il s'étoit trompé. Daillé lui-même n'a-t-il jamais changé d'avis sur aucune question, n'a t-il perfectionné ni son jugement, ni ses connoissances par l'âge & par l'étude? S'il avoit vécu plus longtems, il auroit peut-être reconnu & abjuré ses erreurs, & il auroit bien fait.

Quand on supposeroit que quelques-uns des Peres ont écrit avant d'être parvenus au dernier degré de maturité, cela ne pourroit regarder que leur raisonnement; mais à trente ans un homme a la vue aussi bonne & aussi sûre qu'à soixante. Les Peres ont donc pu nous apprendre, même dès leur jeunesse, si on leur avoit donné tels ou tels Livres comme sacrés, si les Prêtres tenoient des assemblées sans Evêques, si le signe de la croix dans le Baptême, l'adoration de l'Eucharistie, le culte des Images, &c. étoient ou n'étoient pas en usage dans l'Eglise. Sur ces matieres de fait les hommes ne changent point en devenant plus âgés & plus savans.

§. XII.

8ᵉ. *Objection.* Il est nécessaire, mais très-difficile de savoir si les Peres ont enseigné leurs opinions comme nécessaires ou seulement comme probables, & en quel degré de nécessité ou de probabilité. De ces deux propositions : J. C. est Dieu, J. C. est mort à trente-quatre ou à trente-cinq ans ; on ne peut nier la premiere sans renoncer au Christianisme, mais on peut croire la seconde fausse sans aucun danger. (*a*).

Réponse. Si la seconde proposition est aussi clairement révélée que la premiere, elles sont également vraies, on ne peut les nier ni l'une ni l'autre sans danger & sans contredire la révélation. L'Ecriture même ne fait point distinction entre les vérités qu'elle nous enseigne, elle ne dit

---

(*a*) Daillé, L. 1, c. 8.

point que les unes font nécessaires, les autres indifférentes, quelles sont les plus ou les moins nécessaires. Jesus-Christ exigeoit que l'on crût en lui sans réserve, les Apôtres de même ; les Peres condamnent comme hérétiques & réfractaires tous ceux qui ne veulent point se conformer aux dogmes, aux mœurs, à la discipline de l'Eglise.

Il est faux que les Peres confondent leurs opinions particulieres avec la Foi de l'Eglise. S. Justin parlant du regne de mille ans, dit qu'il le croit, mais que plusieurs bons Chrétiens ne le croyent pas ; il regardoit donc cette opinion comme problématique, & non comme un article de Foi. L'objection de Daillé porteroit plutôt sur les Apôtres que sur les Peres.

9e. *Objection.* Il faudroit connoître non-seulement ce qu'ont pensé deux ou plusieurs Peres ; mais quelle a été la croyance de toute l'ancienne Eglise, ce qui est fort difficile.

Réponse. Il n'étoit pas plus difficile aux anciens Peres de savoir certainement quelle étoit la croyance de l'Eglise de leur tems, qu'il ne nous est difficile de savoir par les Symboles & les Cathéchismes quelle est la croyance de l'Eglise d'aujourd'hui. Dans tous les siecles le signe distinctif de cette croyance a été la *Catholicité* ou le consentement universel. Si les Peres ont pu le savoir, ils ont pu en rendre témoignage, tout comme nous attestons aujourd'hui ce que l'Eglise croit. Nous ne pouvons rendre là-dessus un faux témoignage, parce que c'est un fait public universellement connu; il en étoit de même des Peres.

Mais ils ont traité des matieres qui n'étoient définies dans aucun Concile, ni renfermées dans aucun Symbole; qu'importe? On fait encore de même aujourd'hui: mais on ne confondra jamais les questions de pure curiosité avec les dogmes de Foi. Sur les questions problématiques le sentiment des Peres n'a pas été & n'a pas pu être uniforme, il l'est sur les dogmes de Foi. C'est sur ce sentiment unanime que les Conciles ont fondé dans la suite leurs décisions, leurs Symboles, la condamnation des Hérétiques, & le Canon des Ecritures.

Vainement on allegue que les anciennes Eglises n'avoient pas toutes les mêmes opinions ni les mêmes usages. Elles avoient toutes la même croyance en *matiere de Foi*, elles professoient le même Symbole, rejettoient de leur sein comme hérétiques ceux qui refufoient de s'y conformer. Avant le Concile de Nicée elles ne s'accordoient pas fur le jour de la célébration de la Pâque, elles n'obfervoient pas de même le jeûne de Carême, mais la difcipline étoit uniforme fur tout le refte ; ce font là les deux feuls articles fur lefquels nous voyons de la diverfité dans les premiers fiécles.

Selon Daillé, le témoignage des Pafteurs ne fait pas une preuve invincible, parce qu'il y avoit alors des Laïques qui en favoient autant ou plus que le Clergé. Mais ces Laïques en favoient-ils plus que S. Clément, S. Ignace, S. Polycarpe, Difciples des Apôtres ? Ces Laïques fi favans ont-ils rendu quelque témoignage contraire à celui des Peres Apoftoliques ? Lorfque S. Juftin, leur Difciple, nous apprend que les Chrétiens s'affembloient le Dimanche, qu'ils prioient enfemble, qu'ils entendoient la lecture de l'Ecriture Sainte & l'exhortation du Préfident de l'affemblée, que celui-ci confacroit l'Euchariftie, qu'on la portoit aux abfens, &c. eft-il contredit par des Laïques plus habiles que lui? Rejettera-t-on fon témoignage, parce que d'autres, dont nous n'avons plus les

Ouvrages, ont peut-être écrit le contraire, ou n'ont pas osé l'écrire?

§. XIII.

10e. *Objection.* Le témoignage que les Peres ont rendu à la Foi de l'Eglise, n'est pas toujours vrai & certain ; les matieres de fait sont souvent plus obscures & plus embarrassées que les matieres de droit ; souvent des hommes très-honnêtes & très-sinceres ont rendu des témoignages qui se sont trouvés faux : la sainteté ne rend pas les hommes infaillibles. (*a*)

Réponse. Cette Objection ne tend à rien moins qu'à prouver l'inutilité & l'invalidité de tous les témoignages humains ; si elle étoit vraie, il faudroit renoncer à toute certitude historique. Sans être infaillibles, il a suffi aux Peres de l'Eglise d'avoir des yeux, des oreilles & le moindre degré d'intelligence pour être en état d'attester que tels & tels Livres étoient reçus comme Canoniques, que telle discipline étoit en usage, que tel dogme étoit professé dans le Symbole & dans les

_____

(*a*) Daillé, L. 2, c. 1.

Prieres de l'Eglife. Qu'ils ayent difputé ou non fur des queftions philofophiques, fur la création ou la *traduction* de l'ame humaine, fur la corporéité des Anges, &c. ce ne font-là ni des matieres de fait, ni des articles de Foi. Nous ne connoiffons aucun Pere de l'Eglife qui ait rendu un témoignage dont on ait démontré la fauffeté.

11e. *Objection*. Les Peres rendent témoignage contre eux-mêmes, puifqu'ils ne prétendent point être crus fur leur parole en matiere de Religion.

Réponfe. C'eft juftement ce qui rend l'autorité des Peres plus refpectable & leur témoignage moins fufpect. Ils ne vouloient pas être crus fur leur parole, parce qu'ils donnoient non leur fentiment particulier, mais celui de l'Eglife & des Apôtres; ils atteftent, non ce qu'ils ont imaginé & découvert, mais ce que l'on enfeignoit dans l'Eglife & ce qu'ils y avoient appris. Jugerons-nous qu'un témoin n'eft pas croyable lorfqu'il dit : ne vous fiez pas à ma parole feule, confultez la notoriété publique, vous verrez que je ne vous en impofe point.

Daillé prétend que, felon S. Auguftin, il faut examiner les Peres par l'Ecriture,

& non l'Ecriture par les Peres. Ce S. Docteur a fait tout le contraire, il cherche le vrai sens de l'Ecriture dans la tradition des Peres qui l'ont précédé. Ce n'est point là appeller de la parole de Dieu à la parole des hommes, c'est chercher le sens de la parole de Dieu écrite dans la Foi de l'Eglise qui est aussi la parole de Dieu, puisqu'il lui a promis son assistance & que sa foi a été formée par ceux mêmes qui ont écrit la parole de Dieu.

12e. *Objection.* Les Peres n'ont pas prétendu que leurs Ecrits fussent nos juges en matiere de Religion, la plupart ont écrit à la hâte & selon que les circonstances l'exigeoient.

Réponse. Si les Peres ne sont pas juges, ils sont témoins irrécusables, & cela nous suffit; ils n'ont pas écrit plus à la hâte que les Evangélistes & les Apôtres : il n'étoit pas nécessaire de méditer longtems pour écrire les choses dont ils étoient témoins & rendre compte de la croyance enseignée publiquement dans l'Eglise : les lettres de créance des Apôtres étoient leurs miracles, celles des Peres étoient leur mission venue des Apôtres. Quand ils se seroient donnés pour juges infaillibles, Daillé n'y croiroit pas plus qu'aux décisions des Conciles & aux anathêmes qu'ils ont lancés contre les réfractaires.

§. XIV.

13ᵉ. *Objection.* Plusieurs Peres ont erré en matiere de Religion, ils se sont contredits les uns les autres, & ont soutenu des sentimens opposés sur des questions de grande importance.

Réponse. Quelles sont donc les erreurs des Peres ? Daillé leur en reproche en fait de grammaire, d'histoire, de philosophie, de chronologie, de géographie, d'astronomie ; les Incrédules prétendent en trouver de semblables dans les Livres Saints : quel rapport peuvent avoir ces méprises vraies ou fausses, avec des erreurs en fait de Religion ?

Il cite la contestation des Peres sur l'opinion des Millénaires, sur l'observation de la Pâque, sur l'apparition de Samuel, sur le jeûne du Samedi, sur l'âge de Jesus-Christ, sur la procession du S. Esprit. A l'exception de ce dernier article, que l'Eglise a décidé dans la suite sur le texte formel de l'Evangile, & sur le sentiment du plus grand nombre des Peres, il est absurde de regarder le reste comme des questions de Foi. Les Incrédules objectent de leur côté qu'il y a eu une contestation entre S. Pierre & S. Paul. Malgré ces contestations, les Peres ont été d'accord sur la regle générale de Foi, sur la nécessité de se conformer à la croyance universelle de l'Eglise.

L'Eglise ne se fonde point sur le témoignage des Peres lorsqu'ils ne s'accordent pas. Leurs dissensions mêmes sur des matieres problématiques prouvent que quand ils sont d'accord, ce n'est ni par hazard, ni par collusion, mais par l'évidence de la chose, & par la notoriété de la croyance de l'Eglise.

14ᵉ. *Objection.* Ni les Catholiques, ni les Protestans ne prennent les Peres pour juges & pour arbitres de leur Foi, ils rejettent l'opinion des Anciens lorsqu'elle ne s'accorde pas avec leurs préjugés (*a*).

Réponse. Il est faux que les Catholiques refusent de s'en tenir au consentement unanime des Peres, ou à la doctrine du plus grand nombre. Le contraire est prouvé par la pratique générale & constante des Conciles, même par un décret formel du Concile de Trente. Quant aux diffi-

_____

(*a*) Daillé, L. 2, c. 6.

rentes communions hétérodoxes, c'est à elles de se concilier sur le plus ou moins de poids qu'elles trouvent bon de donner à la tradition.

Les Anglicans qui font profession de respecter la tradition des quatre premiers siécles, & ne tiennent aucun compte de celle des siécles suivans, ne sont certainement pas d'accord avec eux-mêmes, les autres Sociétés le leur ont souvent reproché. Est-il prouvé que les Conciles & les Peres du cinquiéme siécle ont eu moins de déférence pour ceux du quatriéme, que ceux-ci n'en avoient eu pour la croyance des siécles précédens ? Sur quoi fondé restraindra-t-on aux quatre premiers siécles l'assistance que Jesus-Christ a promise à son Eglise pour tous les siécles ? L'usage constant & invariable de l'Eglise dans tous les tems, a été de ne recevoir comme Doctrine Chrétienne, que la Doctrine Catholique & Apostolique; si cette regle a du rendre la Doctrine immuable pendant quatre cens ans, elle doit produire le même effet jusqu'à la fin du monde.

§. XV.

Après avoir rassemblé tout ce qu'une

critique effrénée a pu suggérer contre les Peres, Daillé a été forcé, à la fin de son Livre, de rendre hommage à leurs lumieres & à leurs vertus, & de réfuter ainsi la plus grande partie des traits qu'il avoit lancés contr'eux.

« Les Livres, dit-il, ne font pas esti-
» mables précisément parce qu'ils font de
» tel ou tel Auteur, mais parce qu'ils
» contiennent des instructions vraies &
» utiles, propres à nous préserver de l'er-
» reur & du vice. Quand on effaceroit
» le nom de S. Augustin à la tête de ses
» deux excellens ouvrages de la Cité de
» Dieu & de la Doctrine Chrétienne, on
» ne les liroit pas avec moins de fruit ; il
» en est de même des autres Peres. Leurs
» Ecrits renferment des leçons de morale
» & de vertu, capables de produire les
» plus grands effets, plusieurs choses qui
» servent à confirmer les fondemens du
» Christianisme, plusieurs observations
» très-utiles pour entendre l'Ecriture &
» les mysteres qu'elle contient. Leur au-
» torité sert beaucoup à prouver la vérité
» du Christianisme. N'est-ce pas un phé-
» nomene admirable que tant de grands
» hommes, doués de tous les talens & de
» toute la capacité possibles, nés en dif-

» férens tems & en divers climats, pen-
» dant quinze cens ans, avec des incli-
» nations, des mœurs, des idées si dif-
» férentes, se soient néanmoins accordés
» à croire les preuves du Christianisme, à
» rendre leurs adorations à Jesus-Christ,
» à prêcher les mêmes vertus, à espérer
» la même recompense, à recevoir les
» mêmes Evangiles, à y découvrir les
» mêmes mysteres ? Le Christianisme est
» assez prouvé sans doute par sa propre
» excellence, par la sagesse, la beauté,
» la sublimité, la divinité de sa Doctri-
» ne ; il n'est point d'argument plus fort
» en sa faveur. Mais on ne doit pas né-
» gliger la preuve qui résulte encore du
» sentiment unanime des Peres. Il n'est
» pas vraisemblable que tant d'hommes
» célebres par la beauté de leur génie,
» par l'étendue & la pénétration de leurs
» lumieres, dont le mérite est prouvé
» par leurs ouvrages, ayent été assez
» imbécilles pour fonder leur foi & leurs
» espérances sur la Doctrine de Jesus-
» Christ, pour lui sacrifier leurs intérêts,
» leur repos & leur vie, sans en avoir
» évidemment senti le pouvoir divin.
» Préférerons-nous au suffrage unanime
» de ces grands hommes les préventions

» & les clameurs d'une poignée d'Incré-
» dules & d'Athées qui calomnient l'E-
» vangile sans l'entendre, qui blasphé-
» ment ce qu'ils ignorent, & qui se ren-
» dent encore plus suspects par le déré-
» glement de leurs mœurs, que par les
» bornes étroites de leurs connoissan-
» ces (a). »

Quand nous aurons ajouté *les Hérétiques* aux Incrédules & aux Athées, la
réflexion de Daillé n'en sera ni moins forte
ni moins solide.

Nous prions le Lecteur de remarquer
que tous les argumens de ce critique contre l'autorité des Peres ont été tournés
par les Déistes contre les Auteurs des
Livres Saints : fait qui démontre ce que
nous avons avancé au commencement de
notre Ouvrage, que le Déisme n'est autre
chose qu'une extension des principes du
Protestantisme, & que les prétendus Réformateurs ont été les vrais fondateurs
de l'Incrédulité moderne.

(*a*) Daillé, L. 2, c. 6. Voyez encore son Livre
contre le culte religieux des Latins, où il fait un
éloge complet des Peres des trois premiers siécles.

ARTICLE V.

Des Schismes & des Hérésies.

§. I.

Il faut qu'il y ait des Hérésies, dit S. Paul, afin que l'on connoisse ceux dont la vertu est à l'épreuve (*a*). Dieu a donc permis les Hérésies dans le même dessein que les persécutions; comme celles-ci servirent à faire connoître les Chrétiens véritablement attachés à leur Religion, ainsi les Hérésies servent à distinguer ceux qui ont la docilité & la fermeté de la Foi. Cette vertu ne seroit presque d'aucun mérite, si elle n'étoit exposée aux tentations & aux épreuves. On s'étonne, dit Tertullien, de ce qu'il y a des Hérésies, & de ce qu'elles font des progrès si rapides; il seroit bien plus étonnant qu'il n'y en eût point, puisqu'elles ont été prédites aussi bien que leurs progrès (*b*).

Pour peu que l'on connoisse les hommes, il est aisé de concevoir qu'une Religion telle que la nôtre, doit naturelle-

---

(*a*) I. Cor. c. 11, ꙟ. 19.
(*b*) De præscript. c. 1.

ment déplaire à un grand nombre ; que l'Evangile doit être comme son Auteur, *un signe de contradiction*, une source de vertu & de perfection pour les uns, une occasion de chûte & de révolte pour les autres. Soumettre la raison & la curiosité au joug de la Foi, enchaîner les passions par la morale sévere de Jesus-Christ, est un double sacrifice pénible à la nature, il n'est pas surprenant que dans tous les siécles il se trouve une multitude d'hommes peu disposés à le faire.

A la naissance du Christianisme, ces deux obstacles étoient au plus haut degré. Les mœurs entierement dépravées par une Religion licencieuse, ne pouvoient se réformer sans un miracle de la puissance divine, la promptitude & l'étendue de cette révolution sont la preuve la plus frappante de la divinité de notre Religion ; mais à moins que ce miracle devenu perpétuel, n'eût absolument changé la nature humaine, il étoit impossible que les passions ne fissent de tems en tems des efforts pour recouvrer leur premiere liberté.

Une Philosophie contentieuse & bruyante occupoit alors tous les esprits capables de méditer ; de tout tems ses partisans s'étoient flattés de trouver la vérité par la voie du raisonnement : pour se faire Chrétien il falloit renoncer à cette prétention, prendre pour maîtres Jesus-Christ & ses Apôtres, se contenter de la foible mesure de connoissances qu'il avoit plu à Dieu de nous donner par la révélation, croire sans disputer. Plusieurs de ceux qui avoient consenti d'abord à subir ce joug, n'eurent pas le courage de le porter long-tems, ils se livrerènt de nouveau à la fureur de dogmatiser ; telle fut l'origine des premieres Hérésies. Tertullien nous la montre dans les différentes Ecoles de Philosophie qui subsistoient pour lors (a). Tant que les hommes seront curieux, disputeurs, opiniâtres, & ils le seront jusqu'à la fin du monde, ils retomberont dans les mêmes erreurs.

Ce n'est donc pas aux Philosophes qu'il convient de nous objecter la multitude des Hérésies nées dans le sein du Christianisme ; cette contagion est leur ouvrage, peuvent-ils déclamer avec décence contre

_____

(a) Tertull. contrà Maricon. L. 1, c. 12. De Præscript. c. 7. Mém. des Inscript. in-12, Tome 50, p. 385.

un mal dont ils font les vrais auteurs? Les Hérétiques n'ont fait autre chose que porter dans la Religion l'esprit contentieux & vain qui a toujours regné dans les Ecoles de Philosophie. Aussi les Incrédules modernes n'ont pas manqué de prendre toutes les sectes hérétiques sous leur protection.

§. II.

Mais Dieu qui sçait tirer le bien du mal, a fait tourner à l'avantage du Christianisme les plaies mêmes que ses ennemis lui ont faites; sans les Hérésies, ou notre Religion ne subsisteroit plus, ou il auroit fallu que Dieu la soutînt par d'autres voies miraculeuses.

1°. Les Hérésies qui sont nées dans le premier siécle, & du tems même des Apôtres, fournissent aujourd'hui une des plus fortes preuves de la vérité & de la sincérité de leur témoignage. Les Apôtres n'ont point annoncé les actions, la doctrine, les miracles de Jesus-Christ à des hommes qui fussent dans la disposition de croire aveuglément, mais à des Juifs indociles, à des Philosophes pointilleux, tels que Cérithe, Ebion, Basilide, Saturnin & leurs sectateurs. Ceux-ci quoique

que révoltés de la Doctrine des Apôtres, n'ont point attaqué leur sincérité dans le récit des faits historiques. Alors cependant il eût été facile de fournir des preuves démonstratives contre les Apôtres, s'ils en avoient imposé ; nous l'avons fait voir en traitant de la vérité de l'Histoire Evangélique. Celse, qui au second siécle, étoit déja scandalisé des divisions qui regnoient entre les sectateurs du Christianisme, ne voyoit pas les conséquences qui s'ensuivoient de ces divisions mêmes.

2°. Il falloit que l'Eglise fût dans un état d'agitation continuelle, pour que l'on pût sentir la sagesse & la solidité du plan sur lequel Jesus-Christ avoit fondé la certitude de ses promesses, & la perpétuité de sa Doctrine. Si l'édifice n'eût jamais été ébranlé, on n'auroit pas apperçu la main qui le soutenoit. Une Religion révélée doit se perpétuer par la tradition, mais celle-ci auroit été moins connue, si elle n'avoit été continuellement attaquée. Les Pasteurs de l'Eglise, endormis dans le calme de la paix, auroient pu négliger leurs titres, & oublier les faits qui constatoient leur possession. La nécesité de se défendre contre des assauts toujours renaissans, les a forcés à fixer toujours leurs regards sur l'antiquité, à renouer sans cesse la chaîne que leurs ennemis s'efforçoient de rompre. Qu'aurions-nous besoin de cette multitude de monumens, qui n'ont échappé que par un prodige aux injures du tems, & aux révolutions de notre hémisphére, si personne ne contestoit la perpétuité de notre Foi ? C'est une réflexion de Saint Augustin (*a*).

3°. La jalousie mutuelle des Sectes, leur attention à s'observer, leur en imposent, arrêtent souvent la témérité des Novateurs, & deviennent un motif de plus pour s'attacher à l'ancienne croyance ; nous en avons sous les yeux un exemple frappant. Chez les Protestans isolés & entiérement séparés des Catholiques, la licence d'innover a fait journellement des progrès ; ceux qui raisonnoient conséquemment ont donné dans le Socianisme, & plusieurs n'ont d'autre croyance que celle des Déistes. Ceux qui sont demeurés cachés en France, ont été moins entreprenans, leur société extérieure avec les Catholiques les a retenus, ils sont de-

_____

(*a*) De Genesi contrà Manich. L. 1, c. 1. De Civ. Dei, L. 16, c. 2.

meurés plus fidéles à la croyance de leurs peres.

Pourquoi ne croirions-nous pas que dans le sein même de l'Eglise Catholique Dieu s'est servi souvent du même frein pour arrêter ceux qui auroient été tentés de s'écarter ? L'exemple des errans fait sentir les conséquences du premier pas. Si les Réformateurs avoient vu d'abord jusqu'où devoit conduire leur témérité, nous présumons qu'ils auroient reculé, & auroient frémi à la vue des suites fatales de leur rupture.

4°. La guerre a ses dangers sans doute, mais souvent la paix devient pernicieuse à l'homme indolent & paresseux. La rivalité est nécessaire pour exciter l'industrie, pour ranimer le courage, pour montrer à l'homme ses avantages & ses ressources. Tel est le ressort qui fit prospérer pendant long-tems les différentes Ecoles de Philosophie, elles furent redevables de leur célébrité à leurs jalousies mutuelles ; lorsque l'une d'entr'elles eût prévalu, elle succomba bientôt sous le poids de l'inertie. Sans les disputes des deux derniers siécles, nous serions peut-être encore dans le même sommeil & dans la même indolence que nos peres. Depuis

C ij

cette époque, la constitution du Christianisme a été mieux connue, parce qu'il a fallu la rechercher dans l'Antiquité; les études ont été ranimées, & les questions futiles des Scholastiques ont fait place à des discussions plus importantes. Il en sera de même des combats que nous avons à essuyer aujourd'hui, les preuves de notre Religion seront mieux connues, parce que nous sommes forcés de les défendre.

Les prédictions téméraires des Incrédules, la fierté que leur inspirent des succès apparens, les espérances qu'ils ont conçues, ne doivent pas nous effrayer; indépendamment des promesses de Jesus-Christ, l'expérience de dix-huit siécles suffit pour nous rassurer. On a remarqué que les guerres civiles chez une nation, la préparent ordinairement à faire des conquêtes, il en est de même des disputes de Religion.

§. III.

Pour démontrer que la méthode de l'Eglise Catholique a toujours été la même, qu'elle n'a jamais employé que les mêmes armes à l'égard de ses divers ennemis, nous exposerons en abrégé les prescriptions que Tertullien opposoit déjà aux Hérétiques du troisieme siécle ; on verra si ce Pere, que les Incrédules ont souvent traité d'insensé & de visionnaire, étoit un génie médiocre ou un Théologien mal instruit. Il nomme *prescriptions* ce que l'on nomme au barreau *fins de non recevoir*, ou raisons par lesquelles on prouve que, sans entrer dans la question du fond, l'adversaire ne doit point être admis à plaider. C'est ce que les Controversistes modernes ont nommé *préjugés légitimes* contre les Hérétiques.

1°. La méthode des Hérétiques, dit Tertullien, est de disputer contre nous par les Ecritures ; je soutiens que l'on ne doit pas les y admettre. Avant de disputer sur la lettre d'un titre, il faut commencer par examiner à qui il appartient, à qui il a été donné ; or c'est à l'Eglise & non aux Hérétiques que Dieu a donné les Ecritures, elle seule peut savoir quelles sont les vraies Ecritures, elle seule a droit de s'en servir, elle en a reçu l'intelligence de ceux mêmes qui les lui ont données. Cette dispute d'ailleurs est absolument inutile. Telle Secte d'Hérétiques rejette certaines Ecritures, ajoute ou retranche à celles qu'elle reçoit, en pervertit le sens au gré de ses prétentions. A quoi peut aboutir une dispute dans laquelle on ne convient ni de part ni d'autre du titre sur lequel on doit se fonder ? Il faut donc remonter plus haut, voir de quelle source, par quel canal, à quelle societé, & de quelle maniere sont venues les Ecritures & la Foi Chrétienne. Où se trouvera la vraie Foi & la vraie maniere de la recevoir, là se trouvera aussi la véritable Ecriture & la vraie maniere de l'entendre.

2°. La Doctrine Chrétienne est une Doctrine révélée ; J. C. l'a reçue de son Pere, les Apôtres l'ont reçue de J. C., les Eglises l'ont reçue des Apôtres. De même que J. C. n'en a rien dissimulé aux Apôtres, ceux-ci n'en ont rien laissé ignorer aux Eglises qu'ils ont établies. La seule maniere de juger de la vérité d'une Doctrine, est de voir si elle est conforme à celle des Eglises fondées par les Apôtres. Toutes ces Eglises font une seule Eglise qui est la premiere & qui est Apostolique, tant qu'elles gardent l'unité, conservent la paix, la fraternité & le sceau de l'hospitalité. Puisque J. C. n'a envoyé comme Prédicateurs que ses Apôtres, nous ne devons point en écouter d'autres ; ils n'ont prêché que ce que J. C. leur a révélé. Ce qu'ils ont prêché ne doit être prouvé que par la tradition des Eglises qu'ils ont établies & qu'ils ont enseignées, tant de vive voix que par écrit. Toute doctrine qui ne s'accorde point avec celle de ces Eglises doit être rejettée comme fausse, comme contraire à celle des Apôtres & de J. C.

Or nous sommes en Communion de Foi avec les Eglises Apostoliques, nous ne croyons & n'enseignons rien que ce qu'elles croyent & qu'elles enseignent; notre doctrine est donc celle qui vient des Apôtres & de J. C.

3°. La *Catholicité* ou l'uniformité de doctrine & de foi entre la multitude des Eglises dispersées sur la terre est une preuve démonstrative de sa vérité. Comment tant de sociétés différentes auroient-elles pu altérer la foi d'une maniere uniforme? Lorsque plusieurs personnes se trompent, chacun le fait à sa manière, le résultat ne peut être le même; l'unité de croyance entre ce grand nombre de sociétés démontre qu'aucune ne s'est trompée & n'est tombée dans l'erreur.

4°. La doctrine chrétienne est plus ancienne que les hérésies, puisque celles-ci ne sont que différentes altérations de cette doctrine, elles sont prédites par cette doctrine même. Les Apôtres ont été avant Marcion, Valentin & les autres Chefs de Secte. Dirons-nous que l'erreur a précédé la vérité ? Le baptême, la foi, les miracles, les dons du S. Esprit, la mission divine, le sacerdoce, le martyre, ont donc été accordés en vain & en faveur de l'erreur ; Dieu a opéré la plus étonnante révolution dans le monde sans dire ce qu'il vouloit, & il y a eu des Chrétiens sans que J. C. fût connu. Il est absurde de regarder comme une erreur & une hérésie ce que J. C. lui-même a établi. La doctrine vraie & divine est celle qui a été reçue la premiere ; pour celle que l'on a inventée dans la suite elle est étrangere & fausse.

§. IV.

Que nos adversaires commencent donc par nous montrer l'origine de leurs Eglises, une succession d'Evêques & de Pasteurs qui remonte jusqu'à un Apôtre ou un Disciple des Apôtres. Quand ils se forgeroient un Fondateur à leur gré, la différence entre leur doctrine & celle des Apôtres démontreroit encore qu'elle ne vient pas de ces derniers. De même que les Apôtres n'ont point enseigné différemment l'un de l'autre, les hommes apoſtoliques ne ſe ſont point écartés des leçons de leurs maîtres, ou dès-lors ils ſe ſont ſéparés du tronc apoſtolique. C'en eſt aſſez pour que les Egliſes même les plus modernes puiſſent convaincre d'erreur les hérétiques ; ces Egliſes ne ſont pas moins apoſtoliques que les plus anciennes, parce qu'elles ont reçu & qu'elles gardent la doctrine même des Apôtres, & l'ont reçue par le même canal. Mais elles n'ont rien de commun avec les ſectes nouvelles ; celles-ci n'oſeroient s'attribuer la qualité d'Apoſtoliques, & perſonne ne la leur accordera jamais.

5°. Une doctrine que les Apôtres ont condamnée ne vient certainement pas d'eux ; or, S. Paul a noté ceux qui nient la réſurrection de la chair, il a donc condamné Marcion, Apellés, Valentin qui ont adopté cette erreur en partie. Il s'éleve contre les obſervateurs de la Circonciſion, ce ſont les Ebionites ; il reprend ceux qui défendent le mariage, c'eſt ce que font Marcion & Apellés ſon diſciple ; il rejette les généalogies qui n'ont point de fin, ce ſont les Æones de Valentin : S. Jean, dans l'Apocalypſe, réprouve ceux qui mangent des viandes immolées & ſe ſouillent par l'impudicité, il avoit en vue

C v

les Nicolaïtes & les Caïnites leur successeurs.

Les Eglises Apostoliques qui subsistent à Corinthe, à Philippes, à Ephese, à Rome, Eglise avec laquelle les nôtres d'Afrique sont en communion, n'enseignent aucune de ces erreurs, elles tiennent une doctrine toute contraire.

6°. La conduite des Hérétiques est toute humaine, dictée par les passions & les intérêts de ce monde; ils ne déferent à aucune autorité, à aucune tradition; par-là on peut juger du mérite de leur foi. La diversité d'opinions parmi eux est comptée pour rien, pourvû que tous se réunissent à combattre la vérité. Tous élevent le ton, promettent la vraie science, sont docteurs avant d'être instruits; les femmes même dogmatisent, disputent, décident, usurperoient volontiers toutes les fonctions du Sacerdoce.

Pour nous, c'est la chaîne des témoignages & une méthode d'enseignement toujours la même qui nous dirige. Que diront-ils au jugement de Dieu pour excuser le crime qu'ils ont commis en souillant par une doctrine impure l'Eglise vierge établie par J. C.? ils auront beau vanter les lumieres, les talens, les qualités apostoliques de leurs Docteurs ; quand ces grands personnages auroient fait des miracles, il ne falloit pas oublier que J. C. a ordonné de se défier d'eux.

§. V.

Tertullien ne réfute pas avec moins de force les objections & les prétextes dont les Hérétiques se servoient pour appuyer leur doctrine. Ils alléguoient des traditions écrites ou non écrites, des passages de l'Ecriture qui leur étoient favorables, des raisonnemens philosophiques & subtils. Tertullien rejette toute tradition & toute interprétation de l'Ecriture qui ne vient point des Apôtres par le canal des Eglises Apostoliques, il s'éléve contre la dialectique trompeuse des Philosophes, & contre la méthode absurde d'assujettir aux notions de la Philosophie une doctrine révélée de Dieu. Nous n'avons pas besoin, dit-il, du christianisme de Platon, de Socrate, d'Aristote, de Zénon ; nous voulons celui de J. C. & des Apôtres.

Il faut, disoient les Hérétiques, chercher la vérité, examiner, voir entre les différentes doctrines quelle est la meilleure. Cela est faux, reprend Tertullien ; celui qui cherche la vérité ne la tient pas encore, ou il l'a déja perdue ; quiconque cherche le Christianisme n'est pas chrétien, qui cherche la Foi est encore infidéle. Nous n'avons plus besoin de curiosité après J. C. ni de recherches après l'Evangile, le premier article de notre Foi est de croire qu'il n'y a rien à trouver au-delà. S'il faut discuter toutes les erreurs de l'univers, nous chercherons toujours & ne croirons jamais. Cherchons à la bonne heure, non chez les Hérétiques, ce n'est point là que Dieu a placé la vérité ; mais dans l'Eglise, parmi ses enfans, dans les sources qu'elle nous offre, pour savoir ce que l'on peut mettre en question sans donner atteinte à la régle de la Foi. Ceux qui nous conseillent les recherches veulent nous attirer chez eux, nous faire lire leurs ouvrages, nous donner des doutes & des scrupules ; dès qu'ils nous tiennent, ils érigent en dogmes & soutiennent avec hauteur ce qu'ils avoient feint dabord de soumettre à notre examen.

Selon les Hérétiques, les Apôtres ont pu ignorer bien des choses. Si cela est, dit Tertullien, J. C. a eu tort de nous les donner pour maîtres, de fonder l'Eglise sur la foi de Pierre ; ils nous ont trompés eux-mêmes en se disant envoyés pour faire rendre obéissance à la foi chez toutes les nations. Qu'a-t-il manqué à leur instruction ? Ils n'ont point quitté Jesus-Christ, ce divin Maître ne leur a rien caché de sa doctrine, il a fait reposer S. Jean sur son sein, il a montré toute sa gloire à trois d'entr'eux sur le Tabor. Il leur avoit promis & leur a envoyé le S. Esprit *pour leur apprendre toutes choses.*

Cependant, repliquent les rivaux des Apôtres, S. Pierre a été repris par S. Paul. Mais S. Paul a-t-il enseigné un Evangile différent de celui de S. Pierre & des autres Apôtres ? Il est allé trouver Pierre pour conférer avec lui, pour confronter sa prédication avec celle du corps apostolique, il est entré avec Pierre en société de foi & de ministere. La faute de Pierre étoit un défaut de conduite & non une erreur de croyance; Paul a souvent été obligé de faire de même, de s'accommoder au temps, aux personnes, aux circonstances, aux préjuges de ses auditeurs; comme lorsqu'il fit circoncire Timothée, quoique bien convaincu de l'inutité de la Circoncision.

Quand les Apôtres auroient sçu toutes choses, peut-être n'ont-ils pas voulu tout révéler. Ce font donc des prévaricateurs, continue Tertullien. J. C. leur avoit recommandé de prêcher au grand jour & fur les toits ce qu'il avoient appris dans le fecret, de ne point cacher fous le boiffeau le flambeau de l'Evangile. Qui les auroit empêchés de tout dire? Seroit-ce la crainte des Juifs ou des Payens? Il n'y a pas lieu de les foupçonner de timidité.

Mais S. Paul lui-même reproche à l'Eglife des Galates qu'elle s'étoit laiffé corrompre dans la foi. Soit. S'il lui a reproché fa corruption, il l'a donc corrigée. En récompenfe il applaudit à la docilité & à la foi des autres; or ces Eglifes dont l'Apôtre loue la foi, font en communion de croyance & de doctrine avec celles qui ont eu befoin de correction.

Nous n'avons pas fuivi l'ordre des idées de Tertullien, mais nous rendons exactement le fond de fes raifonnemens; il est clair qu'en écrivant cet ouvrage il a prefcrit d'avance contre toutes les Héréfies qui fe font élevées dès-lors & contre toutes celles qui naîtront d'ici à la fin des fiécles

§. VI.

Le *Schifme* moins criminel en apparence

que l'hérésie, produit les mêmes effets, vient du même principe, dégénere bientôt en erreur. Rompre l'unité de l'Eglise, s'en séparer & faire bande à part pour des questions de fait, ou pour des usages de pure discipline ; c'est une opiniâtreté dont les suites devroient faire trembler. Les deux premiers schismes qui ayent affligé l'Eglise & qui durerent assez longtems, furent celui des Donatistes & celui des Novatiens. Quelques Evêques d'Afrique se persuaderent que l'ordination de Cécilien, Evêque de Carthage, avoit été nulle & faite par un Evêque prévaricateur, que le siége de cette Ville devoit appartenir à Majorin son compétiteur. Ils avoient à leur tête Donat, Evêque des Cases-Noires, ce qui leur fit donner le nom de *Donatistes*. Ils refuserent d'acquiescer à la décision d'un Concile de Rome qui reconnut Cécilien pour Evêque légitime, & aux décrets de l'Empereur Constantin qui le maintenoient sur son siége. Cette opiniâtreté dégénéra bientôt en fureur, les Partisans de Donat commirent des excès horribles, il fallut enfin les réprimer par la force du bras séculier. Les Incrédules se déchaînent aujourd'hui contre S. Augustin, parce qu'après avoir démontré la fausseté de leurs prétextes & l'injustice de leur obstination, il approuva la sévérité dont on usoit à leur égard. Ce Saint Docteur prouva jusqu'à l'évidence cette sage maxime, qu'il ne peut jamais y avoir de cause légitime de rompre l'unité de l'Eglise, *præscindendæ unitatis nulla potest esse justa necessitas.*

Deux hommes nommés l'un *Novatien*, & l'autre *Novat*, s'aviserent de blâmer l'indulgence avec laquelle l'Eglise Romaine recevoit à la pénitence & à la communion ceux qui avoient eu le malheur de succomber à la persécution. Leur zéle outré & mal entendu trouva des partisans & forma bientôt une secte nombreuse; il fallut la décision de plusieurs Conciles & toute la sévérité des loix impériales pour éteindre peu-à-peu cette funeste division.

Un schisme plus terrible & qui dure encore est celui qui divisa l'Eglise Grecque d'avec l'Eglise Latine au neuviéme siécle. Il s'agissoit d'abord de savoir si l'élévation de Photius sur le siége de Constantinople étoit légitime, ou si cette place appartenoit à S. Ignace exilé par l'Empereur. Photius célebre d'ailleurs par ses talens, par son érudition, par la regularité de ses mœurs, perdit sa cause à Rome, mais

DE LA VRAIE RELIGION. 65

ne voulut pas renoncer à ses prétentions ; il entraîna peu-à-peu l'Eglise Grecque dans son parti. Les différentes tentatives que l'on a faites pour la réunir à l'Eglise Romaine ont produit peu de fruit, les Grecs obstinés ne veulent point reconnoître la jurisdiction du Souverain Pontife sur toute l'Eglise, il ont ajouté l'hérésie au schisme en niant que le S. Esprit procéde du Pere & du Fils, malgré les passages formels de l'Evangile qui enseignent cette vérité.

L'Histoire de ce schisme tracée dans l'Encyclopédie (*a*) est tirée des Essais sur l'Histoire générale, elle contient plusieurs faits évidemment faux & qui sont encore répétés dans les questions sur l'Encyclopédie. Il y est dit qu'après la mort d'Ignace, Photius s'étant fait rétablir sur le siége de Constantinople, le Pape Jean VIII le reconnut, que ses Légats servirent eux-mêmes dans un Concile à *casser* le huitiéme Concile œcuménique qui avoit anathématisé Photius, que dans une lettre écrite à ce Patriarche le Pape lui dit : nous pensons comme vous, nous rangeons avec

_____

(*a*) Essais sur l'Hist. gén. Tome I, c. 27. Encyclop. *Schisme*. Quest. sur l'Encyclop. *Concile, Eglise*, p. 138.

Judas ceux qui ont ajouté au Symbole que le S. Esprit procéde du Pere & *du Fils*.

1°. Il est faux que le Concile de Constantinople tenu sous Jean VIII en 889, ait cassé le huitiéme Concile œcuménique célébré en 869. Dans ce huitiéme Concile général Photius avoit été condamné comme *intrus*; il ne l'étoit plus en 889, puisque le Patriarche Ignace étoit mort. L'Auteur des Essais sur l'Histoire générale convient que dans le huitiéme Concile il n'avoit pas été question des erreurs de Photius, mais de son intrusion.

2°. Il est faux que le Pape Jean VII ait écrit à Photius les paroles alléguées par ce critique. Tout le monde convient que les actes du Concile de 889, ont été falsifiés ou par Photius ou par ses adhérans. Déjà Photius avoit forgé un prétendu Concile de Constantinople en 867, muni d'environ mille signatures fausses. Nos adversaires conviennent que les Légats du Pape n'entendoient pas le Grec; il fut donc aisé à Photius d'altérer la lettre du Pape en la traduisant en Grec : les conséquences que l'on veut tirer de l'héréfie prétendue du Pape Jean VIII, sont absurdes.

§. VII.

Ce que le même Auteur a écrit sur l'*Hérésie* n'est ni plus juste ni plus raisonable.

Après avoir observé que le mot Grec *Hérésie* signifie croyance ou opinion de choix, « Il n'est pas trop à l'honneur de
» la raison humaine, dit-il, qu'on se soit
» haï, persécuté, massacré, brûlé pour des
» opinions *choisies* ; mais ce qui est encore
» fort peu à notre honneur, c'est que
» cette manie nous ait été particuliere,
» comme la lepre l'étoit aux Hébreux &
» jadis la vérole aux Caraïbes » (a).

Réponse. Ce qu'il y a de moins honorable à la raison humaine, est l'absurdité même attachée à l'Hérésie ; quand on fait profession de recevoir une croyance, une doctrine, une religion révélées de Dieu, il est ridicule de vouloir encore *choisir* les opinions. Ce que Dieu a révélé n'est plus à notre choix, ou il faut croire à sa parole, ou il faut abjurer le Christianisme.

Les hommes ne se sont point haïs & persécutés pour des opinions choisies, mais pour les avantages, les priviléges, l'auto-

---

(*a*) Quest. sur l'Encyclop. *Hérésie.*

rité, la prééminence attachées à ces opinions. Lorsque les Ariens vexoient les Catholiques pour avoir leurs Eglises, leurs Chaires, leurs dignités, ce n'étoit pas la Doctrine qui échauffoit leur zéle, mais l'intérêt & l'ambition. De même, ce n'est point la liberté de choisir des opinions, qui embrase aujourd'hui le zéle des Incrédules, mais la réputation & le despotisme littéraire auquel ils aspirent.

Il n'est pas vrai que cette manie nous ait été particuliere. Lorsque les Perses brûloient les Temples de la Gréce, & détruisoient le culte extérieur des Egyptiens, lorsqu'Alexandre persécutoit les Mages, & que les Romains exterminoient les Druides, lorsque les Mahométans, le fer & le feu à la main, prêchoient l'Alcoran, ils étoient possédés de la même manie que tous les ambitieux. Les instrumens & les prétextes dont les passions se servent, sont souvent différens, le fond est toujours le même.

« Nous sçavons, continue le Philoso-
» phe, que l'Eglise Latine pouvant seule
» avoir raison, elle a été en droit de
» réprouver tous ceux qui étoient d'une
» opinion différente de la sienne. D'un au-
» tre côté l'Eglise Grecque avoit le mê-

» me droit, aussi réprouva-t-elle les Ro-
» mains quand ils eurent *choisi* une autre
» opinion que les Grecs sur la procession
» du S. Esprit, &c. »

Réponse. L'Eglise Latine ne s'est jamais attribué le droit de choisir des opinions, ni de réprouver les hommes à son choix ; elle s'est crue obligée dans tous les tems à ne suivre d'autres opinions que celles qui lui ont été révélées par J. C. & par les Apôtres ; elle en est instruite par les écrits qu'ils lui ont laissés, & par la tradition universelle selon laquelle elle les entend. Lorsque plusieurs de ses enfans se sont obstinés à choisir d'autres opinions, elle les a regardés comme déserteurs du Christianisme, & quoiqu'à regret les a retranchés de sa communion. Une mere, malgré sa tendresse, se trouve quelquefois forcée de délaisser des enfans ingrats, indociles & révoltés.

La question est de savoir si la croyance de l'Eglise Latine sur la procession du S. Esprit est une *opinion de choix*, ou une doctrine révélée. Dans S. Jean, chap. 14 ℣. 26, J. C. dit à ses Apôtres : *l'Esprit saint consolateur que mon Pere vous envoyera en mon nom, vous enseignera toutes choses* ch. 15, ℣. 26, *lorsque le consolateur, l'Esprit de vérité que je vous envoyerai de la part de mon Pere fera venu, il rendra témoignage de moi.* Selon ces paroles, le S. Esprit est également envoyé par le Pere & par le Fils; il procéde donc du Pere & du Fils. Dans ce même chapitre, J. C. dit que le S. Esprit *procede du Pere*, dans le suivant il ajoute: *cet Esprit me glorifiera, parce qu'il prendra de ce qui est à moi & vous l'annoncera*, ch. 16, ℣. 14. Si le S. Esprit ne procéde point du Fils, que signifient ces paroles?

Ce n'est donc ni par choix ni par caprice que l'Eglise Latine croit & enseigne cette vérité; nous ne voyons pas d'où l'Eglise Grecque a tiré le droit de réprouver l'Eglise Romaine, à cause de la fidélité de celle-ci à suivre les leçons de J. C. (*a*).

§. VIII.

L'Auteur demande sur quel fondement ceux qui se trouverent les plus forts parvinrent à faire brûler ceux qui avoient des opinions de choix. Après avoir répondu à cette question par des inepties, il prétend que c'est chez nous-mêmes que

---

(*a*) V. encore l'art. *Géographie*, p. 264.

cette prétention a été prouvée par les faits.

Cela est faux. 1°. Ceux qui ont été suppliciés chez nous avoient contre eux non-seulement des opinions, mais des maximes, des prétentions, des actions séditieuses, prouvées & incontestables. 2°. Quand ils n'auroient commis d'autre crime que de dogmatiser & de déclamer contre la Religion & les Loix établies, il seroit encore faux de dire qu'ils ont été punis pour des opinions. N'est-il pas possible d'avoir des opinions erronées sans être prédicant ?

Le tyran Maxime compétiteur de Théodose est le premier qui ait fait supplicier des hommes pour crime d'hérésie ; il fit condamner à mort l'Espagnol Priscillien & ses adhérans : tout le monde convient qu'il agissoit par avarice, & qu'il s'emparoit des biens des Priscillianistes. S. Ambroise, S. Martin & d'autres Evêques réclamerent contre cette cruauté & lancerent une excommunication contre les délateurs des Priscillianistes, hérétiques paisibles & qui ne troubloient point la société. Voilà un fait que la bonne foi ne permettoit pas de supprimer.

« On ne vit jamais, dit notre Philoso-

» phe d'héréfie chez les anciennes reli-
» gions, parce qu'elles ne connurent que
» la morale & le culte ».

Mais puifque l'héréfie eft une *opinion de choix*, tout étoit héréfie chez les anciennes Religions des Egyptiens, des Phéniciens, des Grecs & des Romains; il étoit permis de forger fur le compte des Dieux toutes les fables que l'on vouloit. Toutes les opinions des Philofophes fur la Divinité, étoient des héréfies par la même raifon.

Il eft faux que ces anciennes Religions ayent réuni la morale au culte, elles ne confiftoient que dans le culte & dans les fables; la morale étoit abandonnée aux Philofophes, & nous avons vu comment ils la traiterent.

« Dès que la Métaphyfique, ajoute-t-il,
» fut un peu liée au Chriftianifme, on di-
» puta, & de la difpute naquirent diffé-
» rens partis comme dans les Ecoles de
» Philofophie. »

D'accord. Ainfi la Philofophie eft la véritable mere des Héréfies, & quand les Philofophes nous reprochent cette tache, ils accufent leur propre ouvrage. Le mal eft ancien, puifque Cérinthe & d'autres difputoient déjà contre les Apôtres. Il
falloit

falloit se soumettre à une doctrine révélée, voilà ce que les Philosophes ne feront jamais; ils veulent non la vérité, mais la liberté dans le choix des opinions.

Selon lui, « l'Incarnation étoit un problême que les nouveaux Chrétiens qui n'étoient pas inspirés, résolvoient de plusieurs manieres différentes; chacun prenoit parti, comme dit expressément S. Paul, les uns étoient pour Apollo, les autres pour Céphas ».

Réponse. Puisque Cérinthe, Basilide, Ebion, & les autres Disputeurs n'étoient pas inspirés, ils auroient dû en croire les Apôtres qui l'étoient, & qui le prouvoient par leurs miracles. Regarder l'Incarnation comme un problême à résoudre, & non comme un mystere à croire, c'étoit déjà une hérésie. Dans les contestations des Corinthiens, dont parle S. Paul, il n'étoit pas question de dogmes, mais du mérite & de la prééminence de leurs Docteurs. Nous ne pensons pas que les altercations si fréquentes entre les Marguilliers des Paroisses, plus fréquentes encore lorsque les élections avoient lieu, ayent jamais mis en problême le mystere de l'Incarnation.

Tome XI.   D

§. IX.

« Il semble, dit-il, à notre foible
» entendement, que les premiers Disci-
» ples auroient dû donner une profession
» de foi complette & inaltérable, qui
» prévînt toutes les querelles futures ;
» Dieu ne le permit pas : le Symbole des
» Apôtres ne parut que du tems de S.
» Jérôme & de S. Augustin, on n'y
» trouve ni la Consubstantialité, ni le
» mot de *Trinité*, ni les sept Sacremens ».

Réponse. La profession de Foi du Christianisme étoit assez claire dans les Ecrits
des Apôtres, expliqués par l'enseignement public, & par les pratiques extérieures du culte ; elle étoit inaltérable en
vertu de la *Catholicité*. Mais rien n'est clair
ni inaltérable pour des Disputeurs entêtés ;
un Incrédule a très-bien dit que si les
hommes y avoient quelque intérêt, ils
disputeroient sur les Elémens d'Euclide.
Que les Apôtres ayent dû prévoir & prévenir toutes les querelles qu'il plairoit
aux Incrédules de susciter, par conséquent
toutes les impostures amassées dans les
Questions sur l'Encyclopédie, c'est une
absurdité que nous excuserons, si l'on

veut, par la *foiblesse de l'entendement* de nos Adversaires.

Nous sçavons par les monumens du second siécle, qu'avant de baptiser les Cathécumenes, on leur faisoit faire la profession de Foi ; nous n'en connoissons point de plus ancienne que le Symbole des Apôtres ; sans doute les Chrétiens étoient baptisés avant S. Jérôme & S. Augustin. Si l'on ne trouve pas dans ce Symbole les mots de *Consubstantialité*, de *Trinité*, de *Sacremens*, on trouve les dogmes qu'ils expriment dans les Ecrits des Apôtres, dans la tradition, dans les pratiques du culte ; c'étoit assez pour prévenir les querelles futures, s'il n'y avoit eu que des esprits droits & dociles.

Notre Auteur, grand chronologiste, rapporte l'origine des Vaudois au huitiéme & au septiéme siécle. Claude de Turin, dit-il, conserva au neuviéme siécle tous les usages & tous les dogmes reçus dans ces tems-là, ils se perpétuerent dans les vallées qui bordent le Rhône chez des peuples ignorés. Ceux-ci parurent sous le nom de *Vaudois* au douziéme siécle, & sous celui d'*Albigeois* au treiziéme. On sçait comme leurs opinions choisies furent traitées.

Réponse. Cette généalogie, fabriquée d'après quelques Protestans très-mal instruits, auroit besoin d'être appuyée sur de meilleurs titres. 1°. Claude de Turin étoit Arien & Nestorien (*a*), les Vaudois n'ont jamais professé l'Arianisme. Ils habitoient les vallées du Piémont, & non les bords du Rhône; les vallées qui bordent le Rhône ne sont point du Diocèse de Turin. Le langage des Vaudois tient plus de l'Italien que du Provençal. 2°. Leur vrai Patriarche a été Pierre Valdo de Lyon, qui parut vers 1180. Le Ministre Leger, leur Historien, Vaudois lui-même, n'a pu citer aucun Ecrivain qui ait fait mention du nom de *Vaudois* avant cette époque. 3°. Il est impossible de les confondre avec les *Albigeois*, ainsi nommés, du Diocèse d'Alby, & qui suivoient les dogmes des Manichéens; ces deux sectes n'avoient rien de commun, M. Bossuet l'a démontré (*b*). 4°. Lorsqu'on a sévi contre les Vaudois, ce n'a pas été pour leurs *opinions*, mais pour leur conduite, pour les dogmes séditieux & fanatiques qu'ils avoient reçus des dif-

---

(*a*) Hist. des Variat. L. XI, n. 1.
(*b*) Ibid. n. 71 & suiv.

ciples de Calvin. Leur Historien convient qu'ils n'avoient pas été inquiétés avant l'an 1640 (a); on s'étoit contenté de leur envoyer des Missionnaires. Mais dès que les Protestans parurent, les Vaudois se liguerent avec eux, & adopterent les mêmes principes. Notre Critique reconnoît qu'il faut distinguer dans une hérésie *l'opinion & la faction*; l'opinion, quoique fausse, peut être innocente par le défaut d'intelligence & d'instruction, la faction ne l'est jamais. Aussi n'a-t-on jamais puni d'hérétiques précisément pour leurs opinions, mais pour leur esprit factieux; c'est le cas des Albigeois & des Vaudois.

§. X.

« Dès les premiers tems du Christianis-
» me, dit le Philosophe, les opinions
» furent partagées, comme nous l'avons
» vu; cette diversité a duré dans tous
» les tems, & durera vraisemblablement
» toujours. Jesus-Christ, qui pouvoit
» réunir tous ses Fidéles dans le même
» sentiment, ne l'a pas fait; il est donc
» à présumer qu'il ne l'a pas voulu, &

(a) Hist. des Eglises Vaudoises, L. 1, c. 25.

» que son dessein étoit d'exercer toutes
» ses Eglises à l'indulgence & à la charité,
» en leur permettant différens systêmes
» qui tous se réunissoient à le reconnoître
» pour leur Chef & pour leur Maître ».

Réponse. Faussetés & sophismes. Les opinions ont été partagées de tout tems entre les croyans & les mécréans, entre ceux qui étoient Chrétiens & ceux qui ne l'étoient pas ; mais dans l'Eglise de Jesus-Christ point de dispute, point de partage, on n'est Chrétien que par la Foi. Que la diversité d'opinions parmi les Mécréans & les Hérétiques dure toujours ou finisse tôt ou tard, cela est égal ; Jesus-Christ a établi la regle, elle n'est point anéantie par le nombre des infracteurs : *Quiconque ne croira pas sera condamné* (a). Il est donc faux qu'il ait permis à ses Eglises différens systêmes ; à l'égard d'une doctrine révélée, tout *systême* particulier est un attentat contre la parole de Dieu.

Par un miracle absolu de sa toute-puissance, Jesus-Christ pouvoit sans doute réunir tous les esprits dans une même foi, comme il pouvoit enchaîner tous les cœurs à l'observation de ses préceptes. Il n'a fait

---

(a) Matt. c. 16, ℣. 15.

ni l'un ni l'autre, parce que ce miracle n'est point conforme au plan de la Providence, à la nature de l'homme essentiellement libre, au caractere de la foi, qui doit être méritoire. S'ensuit-il de là qu'il nous est permis de préférer l'erreur à la vérité, & le vice à la vertu, que Jesus-Christ le trouve bon, & ne punira personne ? L'Auteur de l'objection convient que les Hérétiques sont *criminels devant Dieu*, puisqu'ils sont opiniâtres.

J. C. a néanmoins voulu exercer toutes ses Eglises à l'indulgence & à la charité, cela est certain ; il n'a point commandé de prêcher l'Evangile le fer à la main, ni de ramener les errans par la terreur des supplices. Mais il a ordonné l'unité dans la Foi, puisqu'il n'a voulu former qu'une seule Eglise sous un même Pasteur. De prétendues Eglises qui déchirent le sein de leur mere, qui lui soutiennent en face qu'elle entend mal la doctrine de J. C. qu'elle n'est plus son épouse, mais une prostituée, &c. sont-elles encore Chrétiennes, parce qu'elles affectent de protester qu'elles reconnoissent Jesus-Christ pour leur maître ? La Foi est-elle encore nécessaire, si le choix des opinions est permis ?

TRAITÉ

§. XI.

Quand les Sectes Chrétiennes, poursuit l'Auteur, furent vexées par les Magistrats, elles réclamerent toutes également le droit de la nature ; elles dirent : laissez-nous adorer Dieu en paix, ne nous ravissez pas la liberté que vous accordez aux Juifs. Toutes les Sectes d'aujourd'hui peuvent tenir le même discours à ceux qui les oppriment.

Réponse. La différence est très-grande. Lorsque les Chrétiens furent mis à mort par les Magistrats Payens, ils souffroient uniquement pour leur Religion, parce qu'ils ne vouloient pas adorer les Dieux, & non pour aucune sédition, pour aucune révolte. Il n'y a aucune preuve que les premiers Hérétiques, les Ebionites, les Gnostiques, les Marcionites, &c. ayent souffert le martyre aussi bien que les Catholiques ; Saint Justin témoigne le contraire. (*a*) Lorsque les Ariens, les Donatistes & d'autres Sectes ont été punis sous les Empereurs Chrétiens, c'est parce qu'ils étoient turbulens & séditieux ; ils

___

(*a*) Apol. I, n. 26.

DE LA VRAIE RELIGION. 81
vouloient de posséder les Pasteurs, envahir les Eglises, s'établir par l'usurpation. Dès que les Protestans ont paru, leur ambition a été la même ; quand on a voulu les réprimer, ils ont pris les armes ; avoient-ils bonne grace de dire : laissez-nous adorer Dieu en paix ? On accorde la tolérance aux Juifs quand ils sont soumis & paisibles ; s'ils cessoient de l'être, on les puniroit avec justice.

« Il arrive toujours & nécessairement,
» dit notre Philosophe, qu'une Secte per-
» sécutée dégénere en faction. Les oppri-
» més se réunissent & s'encouragent, ils
» ont plus d'industrie pour fortifier leur
» parti que la Secte dominante n'en a pour
» l'exterminer ; *il faut ou qu'ils écrasent,*
» *ou qu'ils soient écrasés.* C'est ce qui arri-
» va après la persécution excitée en 303,
» par le César Galérius, les deux der-
» nieres années de l'Empire de Dioclé-
» tien. Les Chrétiens ayant été favorisés
» par Dioclétien pendant dix-huit années
» entieres, étoient devenus trop nom-
» breux & trop riches pour être exter-
» minés, ils se donnerent à Constance
» Chlore, ils combattirent pour Constan-
» tin son fils, & il y eut une révolution
» entiere dans l'Empire. »

Réponse. Nouvelles fausseté. 1°. Il est faux qu'une Secte Hérétique ne devienne *faction*, que quand elle est persécutée. Comme les Chefs sentent que le choix d'une opinion particuliere contre l'autorité de l'Eglise est déjà une révolte, ils commencent par éclater & cabaler d'abord ; c'est ce que fit Luther dès qu'il fut condamné, c'est ce qu'avoient fait les Ariens, les Donatistes, les Nestoriens & tous les autres ; dès ce moment il faut qu'ils écrasent ou qu'ils soient écrasés.

2°. Après la persécution de 303, les Chrétiens ne cabalerent, ni ne se révolterent ; ils ne penserent ni à se maintenir par force, ni à prendre les armes. ils ne le firent pas même en 363, lorsque Julien les persécuta ; ils auroient été écrasés si Dieu n'y avoit pourvu, mais ils n'écraserent personne. (*a*)

3°. Il est faux qu'ils se soient donnés à Constance Chlore ; celui-ci avoit été déclaré César par Dioclétien, l'an 292, en même-tems que Galerius ; il avoit le même droit à l'Empire, il y parvint de même sans contestation. Les Chrétiens n'eurent

―――――――――――――

(*a*) Orig. contre Celse, L. 3, n. 7.

DE LA VRAIE RELIGION. 83
donc pas besoin de se donner à lui, puisqu'il étoit leur Souverain légitime.

4°. Ils combattirent pour Constantin son fils par la même raison, parce qu'il avoit été nommé Empereur, & longtems avant qu'il se déclarât pour le Christianisme. Il y avoit peut-être des Chrétiens dans l'armée de Maxence aussi-bien que dans celle de Constantin ; ils servoient indifféremment dans toutes les armées, parce qu'elles ne combattoient point pour la Religion, mais pour l'Empire. Lorsque les Luthériens & les Calvinistes eurent des armées en campagne, leur objet & la situation des choses étoient tout différens.

§. XII.

« Jamais Secte, conclut le Philosophe, n'a changé le Gouvernement que quand le désespoir lui a fourni des armes ; il n'y a d'autre parti à prendre en politique avec une Secte nouvelle, que de faire mourir sans pitié tous ses adhérans, ou de la tolérer quand elle est nombreuse ; le premier parti est d'un monstre, le second est d'un sage. »

Réponse. Mauvaise politique ; il y a un milieu très-sage qui est de réprimer toutes les Sectes avant qu'elles ayent fait des progrès. On auroit pris ce parti en France dès le commencement, si le Gouvernement avoit été plus ferme & si la Cour n'avoit pas été divisée par des factions.

On n'avoit point réduit les Anabaptistes au désespoir, lorqu'ils prirent les armes pour se conformer aux principes de Luther; les Calvinistes n'étoient point persécutés en Suisse, lorsqu'ils s'y emparerent de l'autorité, forcerent les Catholiques de fuir ou d'apostasier. Dès qu'ils commencerent à faire nombre en France, ils épouserent les intérêts des Grands mécontens & brouillons.

Vainement on allegue la tolérance établie en Angleterre, en Hollande, en Allemagne, en Danemarck, en Russie; elle se réduit à tolérer tout, excepté la vraie Religion. Dans plusieurs de ces contrées les loix contre le Catholicisme sont plus séveres que les nôtres contre les Protestans. (a) Partout où ceux-ci se sont trouvés les plus forts, ils ont écrasé les Catholiques. Parcourez l'Univers, de la Chine aux bords de l'Océan, de la Mer

---

(a) Dissert. sur la tolér. civile & religieuse en Anglet. & en France, p. 166.

DE LA VRAIE RELIGION. 85
glaciale aux Côtes de Guinée, partout vous verrez la même ambition de dominer, la même attention à suivre l'intérêt du moment. La Religion peut agir sur les particuliers, elle n'a gueres de prise sur un corps de Nation. L'intérêt seul inspire tour-à-tour la douceur ou la sévérité, l'indulgence ou l'intolérance. Souvent cet intérêt est mal vu & mal entendu ; mais l'Evangile destiné à montrer aux hommes leur véritable intérêt pour ce monde & pour l'autre, ne réussit pas toujours à le leur faire embrasser.

CHAPITRE IX.

De la Discipline & des Loix Ecclésiastiques.

§. I.

Dans tous les siécles les Ennemis de la Religion Chrétienne ont été moins animés par la haîne des vérités qu'elle enseigne & des préceptes qu'elle impose, que par la jalousie des avantages temporels & des prérogatives dont jouissent ses Sectateurs lorsqu'elle est dominante. Si les Disciples de Jesus-Christ étoient encore dans le même opprobre que sous les Empereurs Payens, si ses Ministres, toujours prêts à périr par le glaive des persécuteurs, n'avoient, comme alors, qu'une subsistance précaire, les Incrédules ne leur envieroient plus la consolation de rendre à Dieu un culte pur & d'espérer un bonheur éternel ; contens de jouir ici bas de tous les objets capables de flatter les passions, ils s'inquieteroient fort peu de ce que les hommes croyent ou ne croyent pas, & des loix religieuses auxquelles ils ont trouvé bon de se soumettre. Mais l'éclat extérieur qu'a reçu le Christianisme, lorsque les Souverains & les Peuples se sont réunis dans la profession de l'Evangile, la considération que ses Ministres ont acquise par leurs lumieres, par leurs vertus, par leurs services; la libéralité que les Fidéles ont exercée envers l'Eglise pour la mettre en état de pourvoir aux besoins de ses enfans; l'ascendant qu'a pris le Clergé dans plusieurs genres de connoissances; voilà des griefs que les Incrédules ne pardonneront jamais.

Un d'entr'eux ne l'a point dissimulé, il parloit au nom de ses Confreres: « Que » les hommes, dit-il, se fassent des chi- » meres, qu'ils en pensent ce qu'ils vou- » dront, pourvu que leurs rêveries ne » leur fassent point oublier qu'ils sont » hommes.... Balançons les intérêts fic- » tifs du ciel par les intérêts sensibles de » la terre.... Que les Princes & les Su- » jets apprennent au moins à résister quel- » quefois aux passions des prétendus In- » terpretes de la Divinité. » (a)

Ce qui touche le plus nos Zélateurs des intérêts de l'humanité n'est point l'er-

(a) Syst. de la Nat. Tome II, c. 10, p. 319.

reur universelle dans laquelle ils soutiennent que les hommes sont tombés; que nous soyons Athées, Payens, Mahométans, Juifs ou Hérétiques, cela leur est fort égal: mais qu'il y ait une Religion dominante & publique que l'on soit forcé de respecter, que ceux qui l'enseignent se rendent dignes de la confiance & de l'attachement des peuples, que l'orgueil philosophique soit obligé de plier sous le joug des loix nationales qui protegent toutes les institutions religieuses; voilà ce que les Incrédules ne peuvent digérer.

Toute leur consolation a donc été de vomir des torrens de bile contre le Clergé, ils ont attaqué son état, ses fonctions, ses droits, ses possessions, ses priviléges, ils ont rassemblé les accusations des Hérétiques de toutes les Sectes, ils ont fait de tous les Livres écrits contre la Religion, autant de Libelles diffamatoires. Triste ressource, à la vérité, mais il n'y en avoit pas d'autre.

Nous n'opposerons ici que nos armes ordinaires, le sang froid & la sincérité dans l'exposition des faits, des preuves, des objections. Nous examinerons 1°. s'il est contraire au bien public que le Clergé soit un état distingué des autres, & compose une Hiérarchie. 2°. S'il a le pouvoir de faire des Loix de discipline relativement à la Religion. 3°. S'il est possesseur légitime des biens qu'on lui a donnés. 4°. Nous parlerons du célibat des Clercs & des Religieux. 5°. De l'état monastique.

ARTICLE PREMIER.

De l'Etat Ecclésiastique & de la Hiérarchie.

§. I.

Dès qu'il est prouvé que le Christianisme, tel qu'il existe depuis sa naissance, est une Religion divine, il est ridicule de mettre en question si ses Ministres doivent ou ne doivent pas former un ordre différent de celui des simples Fidèles ; ils l'ont formé en effet depuis le commencement de l'Eglise. Dieu, sans doute, qui leur a donné la mission, & qui a créé leur ministere, sçavoit mieux que nos Politiques modernes si cette institution seroit utile ou pernicieuse. Toute la question devroit se réduire à examiner si Jesus-Christ a véritablement voulu que les Prédicateurs de sa Doctrine fussent tels qu'ils sont & non autrement.

Lorsque les Sectes hétérodoxes ont contesté ce fait, il n'a pas été difficile de leur prouver que la mission donnée par Jesus-Christ à ses Apôtres, le pouvoir de remettre les péchés, de consacrer son Corps & son Sang, de communiquer le S. Esprit, les vertus & les épreuves qu'il exigeoit d'eux, étoient autant de caracteres personnels & particuliers aux Apôtres, & qui ne pouvoient convenir au commun des Fidéles. Les Apôtres eux-mêmes se regardoient comme tirés de la condition vulgaire des hommes, lorsqu'ils se nommoient Ambassadeurs de Jesus-Christ, dispensateurs des mysteres de Dieu, Docteurs & Pasteurs des Fidéles. L'imposition des mains dont ils se servoient, & dont leurs successeurs ont continué l'usage, pour donner à d'autres le même caractere, atteste qu'ils regardoient les pouvoirs du Sacerdoce comme des dons surnaturels auxquels personne n'avoit droit de prétendre. « Vous n'êtes » plus de ce monde, leur disoit Jesus- » Christ, je vous ai choisis & tirés du » monde pour produire des fruits constans » & durables (a) ».

(a) Joan. c. 15, ỳ. 16.

Que dès le tems des Apôtres il y ait eu différens degrés de pouvoirs & d'autorité parmi les Ministres de l'Eglise, c'est un fait incontestable. S. Paul dit aux Anciens des Eglises d'Ephése & de Milet : « Veil-
» lez sur vous-mêmes & sur tout le trou-
» peau dont le Saint-Esprit vous a établis
» Evêques (ou Surveillans), pour gou-
» verner l'Eglise de Dieu, qu'il s'est ac-
» quise par son sang (*a*) ». Il expose à Timothée les qualités que doivent avoir les Evêques & les Diacres (*b*). Il écrit à Tite :
« Je vous ai laissé en Créte pour régler
» ce qui est encore défectueux, & pour
» établir des Prêtres (ou Anciens), dans
» les Villes, comme j'ai fait à votre
» égard, (ou comme je vous en ai tracé
» le plan) (*c*) ».

Selon S. Clément, Disciple de S. Pierre, les Apôtres qui prêchoient dans les différentes contrées & dans les Villes, après avoir éprouvé par l'Esprit de Dieu leurs premiers Prosélytes, les établirent Prêtres & Diacres de ceux qui devoient embrasser la Foi. « Cette institution, dit-

---

(*a*) Act. c. 20, ⅴ. 17 & 28.
(*b*) I. Tim. c. 3, ⅴ. 2 & 8.
(*c*) Tit. c. 1, ⅴ. 5.

» il, n'est pas nouvelle, car il est écrit
» dans un Prophête : J'établirai leurs Evê-
» ques dans la justice, & leurs Diacres
» dans la Foi (*a*) ». Le texte d'Isaïe porte :
J'établirai tes Princes ou tes Chefs dans la
paix, & tes Surveillans dans la justice. (*b*)

 Saint Ignace écrivant aux Magnésiens, leur parle de Damas, leur Evêque, de deux Prêtres nommés Bassus & Apollonius, de Sotion, Diacre, qui est, dit-il, soumis à l'Evêque, comme à la grace de Dieu, & à l'Assemblée des Prêtres, comme à la Loi de Jesus-Christ. Il les exhorte à respecter leur Evêque malgré sa jeunesse, comme je sçai, ajoute-t-il, que font les saints Prêtres qui n'ont point égard à l'âge ou à l'ancienneté, mais a Dieu, Pere de Jesus-Christ, Evêque universel (*c*). Il dit aux Smyrniens : « Soyez attachés à
» votre Evêque, comme Jesus-Christ à
» son Pere, à l'Assemblée des Prêtres,
» comme aux Apôtres ; respectez les Dia-
» cres, comme un Commandement de
» Dieu. Que rien de ce qui a rapport à
» l'Eglise ne se fasse sans l'Evêque ; ne

(*a*) S. Clem. Epist. 1, n. 42.
(*b*) Isaïe, c. 60, v. 17.
(*c*) Ad Magnes. n. 2 & 3.

DE LA VRAIE RELIGION. 93
» regardez l'Eucharistie comme légitime,
» que lorsque l'Evêque, ou son député y
» préside (*a*) ».

Daillé & d'autres Protestans qui nioient l'autenticité des Lettres de S. Ignace, prétendoient que la distinction des trois ordres de la Hiérarchie n'avoit commencé qu'au troisiéme siécle. Pearson, mieux instruit, a prouvé 1°. que plusieurs autres Ecrivains du second siécle ont fait cette distinction, & n'ont point confondu l'ordre des Evêques avec celui des Prêtres. 2°. Qu'aucun n'a donné le nom d'Evêque à un simple Prêtre. 3°. Que quand il est question d'Hiérarchie, ou d'un Ministre de l'Eglise en particulier, aucun de ces Ecrivains n'a donné le nom de Prêtre à un Evêque. 4°. Que du tems de Saint Ignace, il y avoit certainement trois ordres distingués entre les Ministres de l'Eglise. D'où il est évident que cette distinction vient des Apôtres & d'institution divine (*b*).

Le Clerc dans ses Notes sur la premiere Epitre de S. Clément, convient que la supériorité des Evêques étoit établie dès

---

(*a*) Ad Smyrn. n. 6.
(*b*) Vindiciæ Ignat. 2 part. c. 13, p. 415.

le tems des Apôtres, & avant la fin du premier siécle, quoique, suivant lui, S. Jérôme ait pensé que cet usage étoit plutôt une coutume de l'Eglise, qu'une institution de Jesus-Christ (*a*).

§. II.

Comme les Incrédules prétendent mieux connoître que ce divin Maître, les véritables intérêts de la Société, nous sommes obligés d'examiner les suites, les avantages & les prétendus inconveniens de cette institution.

Chez tous les Peuples policés le Sacerdoce a été une charge, une fonction publique, un état distingué de celui des simples citoyens (*b*). Cet usage est fondé en raison ; déja on en voit des vestiges du tems des Patriarches. Il existoit avant Moyse, chez les Egyptiens & chez les Madianites, on le retrouve chez les Chananéens ou Phéniciens, chez les Chaldéens & chez les Grecs.

A Rome, le Collége des Pontifes jouis-

_____

(*a*) PP. Apost. Tome 2, p. 487.
(*b*) Ci-dessus, 2ᵉ. part. c. v, art. 2, §. 6. Histoire de l'Acad. des Inscr. in-12, Tome 15, p. 143.

DE LA VRAIE RELIGION. 95

soit d'une grande autorité. Ils jugeoient de toutes les causes qui intéressoient la Religion, soit entre les Membres de leur Corps, soit entre les Particuliers, soit entre les Magistrats ; ils portoient des Loix sur ce point, approuvoient ou rejettoient les coutumes, punissoient les coupables ; ils n'étoient sujets ni à la jurisdiction du Peuple, ni à celle du Sénat, ils ne rendoient compte de leurs actions qu'à leur propre Collége ; ils avoient droit de punir de mort les Vestales qui avoient violé leur vœu de chasteté (*a*). Dans l'origine, ils s'élisoient eux-mêmes ; dans la suite, leur élection fut attribuée au Peuple par la Loi *Domitia*(*b*). Maîtres des Fastes, ils pouvoient reculer à leur gré la conclusion des affaires, & traverser tous les desseins des Magistrats (*c*). Leur influence dans le Gouvernement étoit si considérable, que les Empereurs trouverent bon de réunir à l'autorité impériale celle de Souverain Pontife. Dans la Religion Chrétienne,

───────────────

(*a*) Denis d'Halicarn. L. 2, c. 73 & 75.
(*b*) Mém. de l'Acad. des Inscrip. Tome 18 in-12, p. 553.
(*c*) Hist. du Calendrier, p. 12. Mém. Tome 1, sur les Fastes.

aucun Corps Ecclésiastique ou Religieux n'a jamais eu des distinctions, des prérogatives, une autorité aussi singulieres, que celles dont les Vestales jouissoient à Rome (*a*).

La même raison qui a fait établir chez les Nations policées un Corps de Magistrature, a fait sentir la nécessité d'avoir un Corps de Ministres de la Religion. De même que chaque particulier ne peut posseder assez la Jurisprudence pour être Juge des contestations de ses concitoyens, il ne peut non plus étudier assez la Religion pour être capable de l'enseigner aux autres, & de remplir avec dignité les fonctions du Sacerdoce (*b*). Quand cela seroit possible dans les autres Religions, il ne l'est pas dans la nôtre.

1°. Dans une Religion révélée la mission est essentielle à ses Ministres ; sur ce motif est fondée la certitude de la foi du Peuple, nous l'avons fait voir. Cette mission est une grace surnaturelle & purement gratuite, il n'est permis à personne d'y prétendre sans vocation, ni de s'attri-

---

(*a*) Mémoires, Tome 5, sur les Vestales.
(*b*) Ci-dessus, c. 6, art. 3, §. 7.

buer

buer cet honneur (*a*). Les Apôtres ont été choisis par Jesus-Christ, leurs Successeurs l'ont été par le Collége Apostolique ; cette succession ne peut être suppléée ni remplacée par aucune puissance humaine. Si le Corps des Envoyés de Jesus-Christ étoit dissous, si leur succession étoit interrompue, il faudroit une nouvelle mission extraordinaire pour en établir d'autres ; sinon le simple Fidéle n'auroit aucun garant de la divinité de sa Foi. Sous cet aspect, détruire le Sacerdoce, ce seroit anéantir le Christianisme.

2°. Les pouvoirs attachés au ministere de la Religion Chrétienne, sont surnaturels ; consacrer le Corps & le Sang de Jesus-Christ, remettre les péchés par les Sacremens, donner le S. Esprit, sont des pouvoirs que l'homme est incapable de communiquer, ils ne peuvent être conférés que par ceux qui les ont reçus. Dans les Sectes où l'on a réduit les fonctions des Ministres à prêcher l'Evangile & à présider aux Prieres publiques, tout homme suffisamment instruit est capable de cet emploi : dans la Religion, telle que Jesus-Christ l'a établie, c'est autre chose ;

(*a*) Hebr. c. 5, ⅴ. 4.

les connoissances, les talens, les vertus font nécessaires, mais ils ne suffisent pas : aucune puissance humaine ne peut donner *les Clés du Royaume des Cieux*. Ou Jesus-Christ a trompé ses Apotres lorsqu'il les leur a promises, ou le Sacerdoce, tel qu'ils l'ont exercé & établi, est un caractere que lui seul a pu imprimer.

3°. La multitude des fonctions qui y sont attachées, demande qu'un homme y soit livré tout entier. Elles n'ont d'autres bornes que celles de la Charité chrétienne, la Charité formée sur le modéle de celle de Jesus-Christ, ne connoît point de bornes. S. Paul en a montré l'étendue en disant aux Fideles : Je ferai volontiers le sacrifice de toutes choses, & me sacrifierai moi-même pour le salut de vos ames (*a*). Un Déiste même l'a compris, lorsqu'il a dit qu'un Pasteur est un Ministre de charité, comme un Magistrat est un Ministre de justice. Présider aux pratiques du Culte divin, instruire en public & en particulier, administrer les Sacremens, accueillir & réconcilier les pécheurs, assister les malades & les mourans, soulager les pauvres, consoler les affligés, conseil-

_____

(*a*) 2 Cor. c. 12, ℣. 15.

ser ceux qui en ont besoin ; c'est plus qu'il n'en faut pour occuper un homme dégagé de tous autres soins. Les Incrédules accusent souvent les Ministres de l'Eglise de négliger des devoirs dont la multitude peut quelquefois servir d'excuse ; ce n'est donc pas le cas de les assujettir encore aux autres embarras de la société, en les rangeant dans la classe commune des citoyens.

4°. Après dix-sept siécles de durée & de traditions, de disputes & de combats, la science purement historique de la Religion suffit pour exercer un homme pendant toute sa vie. Il n'est pas seulement question de prêcher le dogme & la morale, il faut encore les défendre contre une multitude d'adversaires inquiets & infatigables. Graces aux efforts toujours renaissans des Incrédules, les Membres du Clergé ont de quoi s'occuper plus que jamais ; leurs adversaires ont leurs raisons pour desirer qu'un Ecclésiastique soit hors d'état de se livrer à l'étude & ne soit pas plus instruit que le commun des Fidéles.

5°. L'ordre donné par Jesus-Christ de prêcher l'Evangile à toute créature, s'étend à tous les siécles & à tous les climats ; il faut donc dans le Christianisme des hommes qui ayent la liberté & le courage de s'expatrier comme les Apôtres, de porter le flambeau de la Foi aux Nations infidéles & barbares. Cela feroit impoffible fi les Prêtres étoient engagés dans les liens qui attachent le citoyen à fes foyers, retenus par le befoin d'une famille, par le defir de la fortune, par un emploi civil fédentaire. Lorfqu'à l'exemple de l'Eglife Romaine & par un motif de rivalité, les Sectes féparées ont voulu établir des Miffions, il a fallu tous les efforts du Gouvernement, & jufqu'à préfent le fuccès n'a pas été fort confidérable. Des Apôtres chargés de famille ne font pas propres à convertir l'Univers. Nous favons que les Incrédules réprouvent toutes les Miffions, mais Jefus-Chrift les a ordonnées, & nous aurons foin de les juftifier. L'événement feul fuffit pour prouver la fageffe & la néceffité du renoncement qu'il a exigé de fes Apôtres. (a)

Les griefs que nos Politiques modernes oppofent à cette inftitution, ne font pas fort difficiles à détruire.

―――――――――

(a) Matt. c. 19, ⅴ. 29, &c.

§. III.

Ils objectent 1°. qu'un Corps isolé d'hommes soustraits aux Charges publiques, assujettis à des Loix singulieres & differentes des Loix Nationales, est une espece de monstre dans le Corps Politique, un hors d'œuvre qui rompt l'unité sociale & diminue la force de la constitution de l'Etat; que les Membres de ce Corps plus occupés de ses intérêts particuliers que de l'intérêt public, sont nécessairement détachés de leur patrie & mauvais citoyens. (*a*).

Réponse. Il n'est pas aisé de comprendre en quel sens des hommes qui tiennent à la société par les liens du sang, de l'habitude, de la subsistance, du bien-être, qui participent à la prospérité & aux calamités publiques, qui sont assujettis à toutes les Loix Civiles, peuvent former un Corps étranger à l'Etat, rompre l'unité sociale, &c. Les Egyptiens & les

---

(*a*) Du Contrat Social, L 4, c. 8, De l'Homme, par Helvét. Tome 2, sect. 7, c. 2, p. 222. sect. 9, p. 553.

Romains, dont on vante la sagesse en fait de législation, ne l'ont pas mieux compris que nous.

On conçoit encore moins comment un Corps chargé de fonctions publiques, dont le premier devoir est d'inspirer à tous les citoyens la soumission aux Loix & au Gouvernement, les vertus morales & civiles, peut être censé exempt des charges publiques ou inutile à l'Etat ; comment les intérêts de ce Corps peuvent être opposés à l'intérêt public, affoiblir l'esprit national & former de mauvais citoyens. Ces reproches sont contradictoires, & le pompeux verbiage sous lequel on les propose nous paroît absurde.

L'Etat Militaire forme aussi un Corps isolé, exempt des charges publiques & des fonctions civiles ; il a des loix particulieres, & si ces loix viennent du Souverain, il a aussi des préjugés fort anciens & plus impérieux que les loix ; il a des intérêts particuliers & séparés de l'intérêt public ; le regarderons-nous comme un monstre dans la société, comme un Corps de mauvais citoyens ?

On peut dire la même chose du Corps de la Noblesse ; aussi l'Auteur du Systême social a déclamé avec autant de fureur contre la Noblesse & contre l'Etat Militaire, que contre le Clergé. (*a*)

Lorsqu'un homme s'engage dans l'Etat Ecclésiastique, il ne renonce point aux liaisons du sang, de l'amitié, de la société, de la patrie ; aucune loi ne l'y oblige, si ce n'est dans les cas extraordinaires, & lorsque le bien de la Religion l'exige absolument. Nous pensons même qu'il faut avoir une affection sincere à la société pour embrasser un état laborieux & souvent stérile, un état difficile & dangereux qui impose des devoirs pénibles, des bienséances gênantes, des fonctions désagréables, surtout depuis qu'il plaît aux Incrédules de le décrier, de l'avilir, de le rendre odieux. Ils vérifient ainsi les prédictions de Jésus-Christ, & montrent qu'il connoissoit mieux qu'eux l'homme & tous ses travers.

Enseigner au peuple sa croyance & ses devoirs, lui inspirer l'amour de la vertu, des loix, de la patrie, du gouvernement, de l'humanité, c'est une charge publique qui demande un homme tout entier, qui doit par conséquent l'exempter de toutes

------

(*a*) Syst. social, 2e. Part. c. 14 & 15.

les autres; nous verrons dans l'Article troisieme, que le Clergé satisfait encore aux charges réelles aussi efficacement que les autres citoyens.

Ses loix sont si peu opposées aux loix nationales, que la plupart sont confirmées par les Edits du Souverain. A proprement parler, les Loix Ecclésiastiques sont *nationales* aussi-bien que les autres; elles n'ont pas été faites & ne sont point exécutées contre le gré de toutes les Nations, partout on en a senti la sagesse & la nécessité. Comment les intérêts du Corps Ecclésiastique peuvent-ils être opposés à l'intérêt public ? Ce n'est pas ici le seul article sur lequel nos adversaires cherchent à éblouir par des mots les Lecteurs qui ne réfléchissent point.

§. IV.

Un Auteur Anglois soutient que l'Etat Ecclésiastique par lui-même doit rendre un homme vicieux. Il dit que ceux qui l'embrassent le font par intérêt, qu'obligés par bienséance à paroître plus dévots qu'ils ne sont, ils contractent une habitude d'hypocrisie qui détruit la bonté & la candeur naturelle. Si quelques-uns sont sincérement dévots, ils sont portés à estimer cet avantage plus qu'il ne vaut, à supposer qu'il peut suppléer au défaut des mœurs, à croire que le zele pour les observances religieuses est assez méritoire pour expier les vices les plus énormes. Selon lui, l'ambition des Ecclésiastiques n'est pas, comme celle des autres hommes, de vouloir exceller dans la profession qu'ils ont embrassée ; elle ne se nourrit que d'ignorance, de superstition, de foi implicite, de fraudes pieuses. Leur amour-propre est exalté par les honneurs & les respects que leur rend le peuple stupide. Dans les autres professions les intérêts sont partagés, dans celle-ci la vénération des dogmes établis tourne au profit du Corps entier. Les contradictions rendent le Clergé furieux, la haîne théologique a passé en proverbe, l'esprit vindicatif est particuliérement affecté aux Prêtres & aux femmes. De-là l'Auteur conclut que le Gouvernement ne peut assez se mettre en garde contre les attentats d'une Société toujours prête à devenir faction & toujours animée par l'ambition, l'orgueil, la vengeance & l'esprit persécuteur. Il ajoute que si quelques Ecclésiastiques ont de la douceur, de l'hu-

E v

manité, de la modération, ils ne doivent pas ces vertus à l'esprit de leur vocation, mais à un heureux naturel. (*a*) D'autres Philosophes paroissent être de même avis. (*b*)

Réponse. Ces Censeurs charitables ont lû sans doute dans l'ame de tous les Ecclésiastiques, pour connoître si bien les sentimens & les motifs dont ils sont animés; mais y a-t-il dans cette satyre autant de pénétration que de malignité ?

Examinons dabord le reproche d'ambition & d'intérêt. 1°. Quand il seroit vrai, le Clergé auroit ce défaut de commun avec tous les états de la vie. Lorsqu'un jeune homme se destine à la robe, à l'épée, aux sciences ou aux arts, nous présumons qu'il ne renonce point aux honneurs & aux avantages qui y sont attachés. 2°. Comme la plûpart des Clercs sont encore fort jeunes lorsqu'ils entrent dans le cours des études nécessaires, ils ne sont gueres capables de former des projets ambitieux;

(*a*) Hume, Essais Moraux & Polit. 24⁰. Essai, Tome I, p. 418.

(*b*) Quest. sur l'Encyclop. Art. *Homme né bon*. Hist. des Etabliss. des Europ. dans les Indes, Tome 7, c. 7. De l'autorité du Clergé, &c.

ils y feroient donc portés plutôt par l'ambition de leur famille que par la leur : alors c'est le vice des Séculiers qu'il faudroit accuser & non celui du Clergé. 3°. Il n'est pas rare de voir des aînés renoncer à l'état qu'ils pourroient avoir dans le monde pour se consacrer à Dieu ; ceux-là au moins ne peuvent être soupçonnés d'intérêt. 4°. Lorsqu'il regnoit une régularité parfaite dans les Monasteres, on y couroit en foule ; si on y entre plus rarement aujourd'hui, est-ce parce que l'ambition des jeunes gens est diminuée ? 5° Que ce motif agisse sur un homme qui par sa naissance, par son crédit, par ses protecteurs se flatte de parvenir aux premieres dignités de l'Eglise, cela peut être ; mais le Clergé inférieur forme le plus grand nombre, il est condamné à une vie modeste, retirée, laborieuse, souvent indigente & méprisée des Grands ; il n'y a pas là de quoi exciter l'ambition. 6°. Nous consentons que l'on attribue ce vice à ceux qui font profession de ne remplir aucun des devoirs ni des travaux de leur état ; mais que l'on en accuse la multitude des Pasteurs qui se livrent avec zéle & persévérance aux fonctions de leur ministere, c'est pure calomnie : l'ambition n'inspira jamais les vertus dont ils donnent les leçons & l'exemple.

Dire que l'ambition des Ecclésiastiques ne ressemble pas à celle des autres hommes, c'est avouer équivalemment que ce n'est plus de l'ambition, & que l'on veut rendre la vertu odieuse en lui donnant le nom de vice. Notre Auteur ne s'est pas entendu lui-même lorsqu'il a dit que cette ambition se nourrit d'ignorance, de foi implicite & de fraudes pieuses; la foi ignorante & implicite est-elle compatible avec la fraude ? L'une exclut l'autre. Nous avons prouvé par mille exemples que la fraude & l'ignorance sont chez les Incrédules.

§. V.

Selon l'opinion des Prêtres, disent-ils, les observances religieuses suppléent au défaut des mœurs & expient tous les crimes. Est-ce là ce qu'ils enseignent ? Trouve-t-on cette doctrine dans l'Evangile, dans les Sermons, dans les Cathéchismes, dans les Traités de morale ? Elle y est formellement proscrite. Il faut donc que les Prêtres contredisent leur opinion dans toutes les leçons qu'ils donnent aux Peuples.

Ils sont forcés de paroître dévôts &

vertueux par conséquent d'être hypocrites. Mais si toutes les institutions qui tiennent en bride les passions engendrent l'hypocrisie, mieux les sociétés sont policées, plus le nombre des hypocrites est grand. Plût au ciel que tous les méchans, les séditieux, les impies, les calomniateurs fussent forcés à cette hypocrisie salutaire ! un seul vice nous délivreroit de tous les autres.

L'amour-propre des Prêtres est nourri par les respects d'un peuple stupide. Peut-être le peuple est-il moins stupide que ceux qui l'accusent ; il n'honore & ne respecte que ceux dont il reçoit des services & du secours dans ses besoins : il ne tient qu'aux Philosophes de partager les honneurs & la confiance accordés au Clergé, ils n'ont qu'à faire pour les pauvres, pour les malades, pour les ignorans, pour les affligés ce que font les Prêtres ; il est fâcheux que cette ambition ne les ait pas encore saisis.

Est-il vrai que dans les autres professions les intérêts soient plus partagés que dans le Clergé ? Dans toute profession quelconque le mérite, les talens, les vertus, les services des membres font honneur au Corps entier. Delà résulte *l'es-*

prit de Corps qui entretient l'émulation, éleve le courage, fait germer les talens. Si cet esprit venoit à s'éteindre dans toutes les professions, la société s'en trouveroit fort mal; c'est à quoi la Philosophie moderne ne cesse de travailler.

Mais le grand crime du Clergé est la haine théologique, l'esprit vindicatif & persécuteur. Graces à la bile des Incrédules, la haine philosophique a aujourd'hui tout l'avantage, elle a éclipsé les exploits de sa rivale; & si elle jouissoit d'un pouvoir plus étendu, elle n'en demeureroit pas là. C'est donc contre cette *faction* déjà toute formée que les Gouvernemens auroient à prendre des sûretés, si le mépris n'étoit pas un remede assez efficace contre ses attentats.

Au reste, le Clergé Catholique n'est pas le seul auquel les Incrédules en veulent; Collins, Woolston, Mandeville ont invectivé aussi violemment contre celui d'Angleterre. Un Auteur non suspect a remarqué que la dépravation des mœurs est le vrai motif qui anime la plupart des Ecrivains contre les Censeurs des mœurs (*a*).

(*a* Réponse aux Docteurs modernes, 2 part. p. 225.

DE LA VRAIE RELIGION. 111

Un de nos Philosophes dit que si les Prêtres se font par-tout dépositaires & distributeurs des aumônes, c'est qu'ils s'en approprient une partie, & que la distribution du reste soutient leur crédit (a). Cette calomnie grossiere suffisamment réfutée par la notoriété publique n'augmentera certainement pas le crédit des Philosophes ; elle révoltera plutôt toutes les ames honnêtes.

§. VI.

Plusieurs néanmoins ont eu des remords & ont rétracté leurs calomnies, il est juste de leur en tenir compte. Mandeville reconnoît que « le ministere de l'Evan-
» gile & la charge de Prédicateur de la
» parole de Dieu devroient s'attirer dans
» la société civile le plus grand respect
» & la plus profonde vénération, qu'un
» Ecclésiastique qui s'acquite comme il
» faut de ses devoirs a un droit incon-
» testable sur l'estime & sur la tendresse
» de toute une Nation, & que personne ne
» peut y prétendre à plus juste titre que

_____

(a) De l'Homme, par Helvét. Tome I, sect. 2, c. 22, p. 362.

» lui.... Il n'y a point de vocation, dit-
» il, point de charge si généralement
» utile à une Nation Chrétienne que le
» ministére de l'Evangile. Il n'y a point
» de gens au monde plus nécessaires aux
» personnes de toutes sortes de rangs &
» de caracteres que les guides spirituels
» qui nous conduisent dans le sentier
» étroit de la vertu, & qui nous montrent
» la route qu'il faut tenir pour arriver
» à la félicité éternelle ». Enfin il avoue
que si le Clergé a dégénéré de la pureté
de son origine & de la perfection des
temps apostoliques, il en est de même
de toutes les autres professions & de
tous les autres états de la société (*a*).

L'Auteur des Questions sur l'Encyclopédie a rendu aussi plus d'une fois justice
au Clergé; il convient qu'un Curé est un
home très-utile, que pour le mettre en
état de faire tout le bien dont son ministere est capable, il faut qu'il soit au-
dessus du besoin (*b*).

L'Historien des établissemens des Euro-

(*a*) Pensées libres sur la Relig. c. 10, p. 340, 351, 355.
(*b*) Diner du Comte de Boulainv. p. 57.

péens dans les Indes, malgré l'amertume de sa bile, fait une distinction entre les vrais Ecclésiastiques & ceux qui n'en ont que l'habit. « Quand le Clergé, dit-il, » après avoir deshonoré, décrié, ren-» versé la Religion, par un tissu d'abus, » de sophismes, d'injustices & d'usurpa-» tions, veut l'étayer par la persécution; » alors ce corps privilégié, paresseux & » turbulent devient le plus cruel ennemi » de l'Etat & de la nation. Il ne lui reste de » sain & de respectable que cette classe de » Pasteurs la plus avilie & la plus sur-» chargée, qui placée parmi les peuples des » campagnes, travaille, édifie, conseille, » console & soulage les malheureux » (*a*). Quand la premiere partie de ce tableau seroit aussi vraie qu'elle est fausse, il seroit encore injuste d'appeller le Clergé en général une profession *stérile pour la terre, un corps paresseux*, & de faire retomber sur la portion la plus nombreuse le blâme qui ne seroit dû qu'au petit nombre. Mais si ce trait de satyre étoit lancé par un de ces hommes qui sous l'habit Ecclésiastique cachent les fureurs de l'athéisme & le fanatisme anti-chrétien,

_____

(*a*) Hist. des Establiss. &c. Tome 7, c. 7.

que devroit-on penser d'un pareil personnage ?

Le Peuple n'a pas besoin de pareils témoignages pour rendre justice à ses Pasteurs. J'ai assisté plus d'une fois aux obséques des Curés de campagne, j'ai vû constamment leur Paroisse fondre en larmes; il m'a paru que le défunt pouvoit se passer d'un autre oraison funebre. Mais les Incrédules élevés dans les Villes où les sentimens naturels sont étouffés & les affections sociales sont abâtardies, ne connoissent ni le Peuple ni le Clergé.

§. VII.

Pour avilir celui d'aujourd'hui, il a fallu calomnier celui des siécles passés ; rien n'étoit plus aisé à des Ecrivains qui ont trouvé bon de noircir J. C., les Apôtres, les Peres de l'Eglise, les premiers Chrétiens, tous ceux qui ont cru en Dieu depuis le commencement du monde. L'Auteur du Tableau des Saints, après avoir assuré que parmi les Apôtres mêmes on a vû régner l'esprit de faction, de cabale, d'intrigue, d'intérêt, soutient que ces vices sont inhérens aux Chefs de la Reli-

DE LA VRAIE RELIGION. 115
gion Chrétienne ; (*a*) voyons ses preuves.

Premiere Objection. S. Grégoire de Nazianze peint les Evêques du quatrieme siecle sous des traits peu honorables, il leur reproche l'avarice, l'ambition, l'esprit d'indépendance & de vengeance, l'esprit de parti, l'ignorance, tous les vices des Scribes & des Pharisiens. Un exemple de cette conduite des Evêques est le fameux Paul de Samosate déposé en 264, pour ses erreurs par un Concile d'Antioche. Il est à croire, dit notre Auteur, que sans ses opinions qui ne s'accordoient point avec celles des autres Prélats, on n'eût jamais pensé à lui reprocher ses vices. S'ils suffisoient pour faire déposer un Evêque, il en est peu de nos jours qui n'eussent le même sort à craindre. (*b*)

Réponse. Il faut remarquer d'abord que S. Grégoire de Nazianze écrivoit sous le regne de l'Empereur Valens qui par son attachement à l'Arianisme mit l'Eglise en combustion, il chassa de leur siege les Evêques Orthodoxes, les exila, mit des Ariens à leur place, exerça contre les Ca-

_____

(*a*) Tableau des SS. Tome 2, c. 6, p. 5. Quest. sur l'Encyclop. *Roi*.
(*b*) Tableau, ibid. p. 3, 7.

tholiques d'énormes cruautés. Il étoit impossible que dans ces temps de trouble les mœurs du Clergé puffent fe foutenir. S. Grégoire de Nazianze a peint les mœurs & le caractere des Evêques intrus & favorifés par l'Empereur; mais étoient-ils tous femblables ? S. Grégoire lui-même, S. Bafile, fon ami, S. Cyrille de Jérufalem, S. Amphiloque, S. Grégoire de Nyffe, S. Phébade d'Agen, S. Hilaire de Poitiers, S. Ambroife, & tant d'autres qui ont vécu dans ce même temps, ne font pas reconnoiffables dans ce tableau; la modeftie, le défintéreffement, la charité, le zéle, la fcience brillent dans leurs écrits : les Peuples, Juges très-févéres de leurs Pafteurs, ne leur auroient pas décerné un culte après leur mort, s'ils ne l'avoient pas mérité.

Paul de Samofate, hérétique obftiné fut très-vicieux, il fut dépofé pour fes crimes auffi bien que pour fes erreurs. La punition de cet Evêque, malgré fes talens, fon crédit & fes protecteurs, n'eft pas fort propre à prouver la dépravation des mœurs de fes collégues. Le trait lancé contre ceux d'aujourd'hui n'eft qu'une calomnie.

§. VIII.

2ᵉ. *Objection*. Les Elections des Evêques étoient accompagnées d'affreuses cabales, elles se faisoient dans les Eglises & très-tumultuairement, vu que c'étoit le peuple qui choisissoit ses Pasteurs ; les Evêchés étoient communément emportés par ceux qui avoient de quoi payer les suffrages. Souvent on supposoit des miracles, des visions, des révélations particulieres ; S. Eucher fut promu à cette dignité parce qu'un Ange l'avoit désigné à un enfant. Souvent une politique très-criminelle eut part au choix ; Synésius, encore Payen, fut fait Evêque de Ptolémaïde en Lybie, quoi qu'il déclarât qu'il ne vouloit point quitter sa femme, qu'il étoit dans les sentimens des Platoniciens, qu'il lui étoit impossible de croire divers dogmes de la Théologie Chrétienne. (*a*)

Reponse. On ne se seroit pas attendu à de pareils raisonnemens. Le peuple choisissoit ses Pasteurs, donc ils devoient être mal choisis. Quand on dit *le Peuple*, on

---

(*a*) Tableau des SS. Tome 2, c. 6, page 7 & suiv.

entend les Citoyens & le Clergé de la Ville Epiſcopale ; qui pouvoit connoître mieux le mérite des aſpirans ? L'Auteur nous perſuadera peut-être que le Peuple choiſiſſoit exprès le plus mauvais ſujet pour le faire Evêque, ou que celui-ci pouvoit être aſſez riche pour acheter les ſuffrages de toute une Ville.

Dans le tems des troubles excités par les Novatiens, par les Donatiſtes, par les Ariens, il y eut ſouvent du tumulte & des cabales dans les élections ; mais il n'en fut pas toujours de même : ſur cent élections, il n'y en a pas deux qui ayent cauſé du bruit. On en a parlé, parce que l'on en étoit ſcandaliſé ; on n'a rien dit des autres, parce qu'elles étoient régulieres & paiſibles.

Autre raiſonnement ridicule. Dans l'élection de quelques ſaints Perſonnages, qui ont édifié & utilement ſervi l'Egliſe, on a cru qu'il y avoit eu des ſignes ſurnaturels ; cela eſt arrivé à l'égard de S. Eucher, de S. Ambroiſe, de S. Grégoire & de quelques autres, qui loin de rechercher l'Épiſcopat, le redoutoient ; donc l'on a toujours ſuppoſé de faux miracles, donc les élections étoient fondées ſur des illuſions, & ſur la crédulité du

Peuple. Mais le succès de ces élections fameuses prouve-t-il que le Peuple ait été trompé, qu'il ait mal choisi, qu'il ait eu lieu de s'en repentir ? Le choix étoit tombé sur des Saints auxquels les Peuples ont prodigué les respects pendant leur vie, & ont rendu un culte après leur mort ; & on cite ces exemples pour prouver que les élections étoient le fruit de l'illusion & de la fourberie. En vérité c'est une dérision.

Il en est de même de Synésius. Philosophe par goût & par habitude, il fuyoit l'Episcopat, il fit tout ce qu'il put pour détourner les Evêques du dessein de le sacrer. Mais pendant son Episcopat, lui a-t-on vu exécuter les menaces qu'il avoit faites, a-t-il vécu conjugalement avec son épouse, a-t-il professé les dogmes de Platon, ou attaqué ceux du Christianisme ? L'histoire dépose du contraire, elle rend témoignage à la pureté de la foi & des mœurs de Synésius devenu Evêque. Voilà un exemple qui n'est pas fort propre à prouver que les Evêques étoient des ambitieux, des intriguans, de mauvais sujets ; que les élections étoient le fruit de la cabale, de la séduction ou de la simonie.

Lorsque les élections ont été supprimées, l'on a regretté cette discipline ; & voici un Philosophe qui veut nous persuader que les élections étoient le plus mauvais moyen d'avoir de bons Evêques.

§. IX.

3°. *Objection.* Il ne paroît pas que les persécutions des Payens eussent sanctifié tous les Pasteurs de l'Eglise. Il s'en assembla une douzaine à Cirthe en 305, qui passerent le tems à se reprocher les crimes les plus énormes. La plupart d'entr'eux étoient coupables d'avoir livré les Saintes Ecritures aux payens pour éviter la persécution, tandis que de simples laïques avoient souffert la mort plutôt que de les livrer. Purpurius de Limate avoua qu'il étoit homicide, & ajouta qu'il ne se soucioit de personne. C'est pourtant de Prélats de cette trempe que les Conciles ont été composés (*a*).

Réponse. Nous convenons que les Evêques qui ont succombé à la persécution & qui ont livré aux Payens les Saintes Ecritures, n'ont pas été sanctifiés par-là. Non-seulement ceux qui s'assemblerent à Cirthe se reprocherent des crimes, mais ils finirent par se donner une absolution mutuelle, & causerent peu de tems après le schif-

_____
(*a*) Tableau des SS. 2 part. c. 6, p. 9 & 10.

me des Donatistes. Furent-ils reçus à la Communion de leurs Collégues, & regardés comme de véritables Evêques ? Non, ils furent abhorrés ; & parce que six ans après ils ne furent point appellés à l'Ordination de Cécilien, Evêque de Carthage, ils en élurent un autre, sous le faux prétexte que Cécilien avoit été ordonné par des Evêques *Traditeurs*, ou par des Evêques coupables du crime qu'ils s'étoient pardonné eux-mêmes. Cette entreprise causa un schisme, & dans la suite les Evêques Catholiques se servirent des Actes mêmes du Conciliabule de Cirthe pour confondre les Schismatiques. Les Prélats de cette trempe ont donc été réprouvés par l'Eglise Catholique ; & l'on ne rougit point d'avancer que ce sont eux qui ont composé les Conciles.

Telle est l'équité de nos adversaires ; ils rejetteront continuellement sur l'Eglise les attentats de ses Enfans révoltés, des Hérétiques, des Schismatiques, des Malfaiteurs de tous les siécles. Il faudra donc attribuer aussi aux Loix de la Société tous les crimes que l'on est obligé de punir par des supplices. Nous avons répondu ailleurs aux Objections de l'Auteur contre les Conciles.

§. X.

4°. *Objection.* Les Evêques ont souvent résisté aux volontés des Souverains, & ont donné aux Peuples l'exemple de la révolte; l'Auteur allégue en preuve la conduite de Saint Dunstan & de Saint Thomas, tous deux Archevêques de Cantorbery.

Il trace du premier un tableau satyrique dont les principaux traits sont forgés, il ne cite pour garans que Rapin de Toiras & David Hume, deux Calvinistes acharnés à noircir la mémoire des Saints, & sur-tout des Moines; les Historiens contemporains, ou qui ont vécu immédiatement après Saint Dustan, sont certainement plus dignes de foi.

Il dit que Dunstan, dans sa jeunesse, déplut au Roi Athelstan, par sa conduite licencieuse & peu digne d'un Ecclésiastique. Cela est faux; la régularité des mœurs de S. Dunstan ne s'est jamais démentie, au dixiéme siécle la Cour d'Angleterre étoit trop vicieuse pour que le libertinage d'un jeune homme ait pu lui attirer une disgrace. C'est au contraire le déréglement des Courtisans qui engagea Saint Dunstan à quitter la Cour, & à rentrer dans le Monastere où il avoit été élevé. L'hypocrisie que l'Auteur lui reproche & son prétendu libertinage sont deux calomnies contradictoires.

Il dit que le Saint fut exilé par le Roi Edwi, parce qu'il ne vouloit pas rendre compte de l'administration de la charge de grand Chancelier. Fausseté. Il le fut, parce qu'un Roi cruel & vicieux à l'excès, ne peut souffrir un témoin & un censeur aussi severe que Saint Dunstan.

Pendant que celui-ci étoit retiré dans un Monastere de Flandres, Edwy pilla ceux de son Royaume, & se fit détester par ses débauches. Elvige, sa concubine, que l'Auteur a trouvé bon d'honorer du titre d'épouse, fut traitée cruellement par un parti de mécontens ; l'Auteur prétend qu'Odon, Archevêque de Cantorbery, étoit à leur tête avec les Moines, & qu'ils agissoient par les conseils de S. Dunstan. Imposture. Ce dernier étoit alors à S. Pierre de Gand, il n'eut aucune part à cette violence.

Dans le même tems les Anglois révoltés de la tyrannie d'Ewy, le déthrônerent, & mirent à sa place Edgar, son frere ; nos Historiens Romanciers n'ont pas manqué d'attribuer encore cette révolution aux Moines & à S. Dunstan : dans la vérité il n'y eut aucune part.

Il fut rappellé par Edgar, & admis dans le Conseil ; selon le détracteur des Saints, il gouverna d'une façon très-tyrannique. Fausseté notoire. L'Angleterre n'a jamais été plus tranquille ni plus heureuse que sous le regne d'Edgar ; c'est à la sagesse des conseils de S. Dunstan que ce Roi fut redevable du surnom de *Pacifique* qui lui est donné dans l'Histoire.

Le Saint est encore accusé d'avoir toleré le mariage d'Edgar, qui fut le fruit d'un crime. Il le toléra si peu, qu'il engagea le Roi à se soumettre pendant cinq ans à une pénitence publique. Nous n'insisterons point sur les autres infidélités de notre Critique ; en voilà plus qu'il n'en faut pour montrer combien il mérite de croyance.

§. XI.

Saint Thomas de Cantorbery n'est pas mieux traité. Avant le changement de Religion en Angleterre, Saint Thomas Becquet y étoit regardé non-seulement comme un Chancelier très-intégre ; qui avoit bien servi la Nation, comme un digne Prélat, qui avoit défendu avec courage les droits de son Eglise contre un Roi très-peu sage, mais comme un grand Saint, dont Dieu avoit fait éclater la vertu par des miracles. Depuis la révolution, le style des Historiens a changé, il a fallu réhabiliter la réputation du Roi aux dépens de celle de l'Archevêque, peindre celui-ci comme un séditieux & un brouillon. Selon les Incrédules, c'est un indigne Prêtre, un rebelle, un fourbe ambitieux, un fanatique, qui soutint opiniâtrement les prétentions absurdes & injustes du Clergé, comme si c'eût été la cause de Dieu (a). Ils lui reprochent le luxe & le faste dans sa place de Chancelier, la simplicité & la modestie de son train lorsqu'il fut Archevêque; ils lui font un crime de la réforme même qu'il mit dans sa maison.

Sous Henri II, disent-ils, les Ecclésiastiques, à couvert des Loix par leurs *immunités*, commettoient impunément les plus grands crimes; on compte sous ce regne *plus de cent meurtres* dont ils s'étoient rendus coupables. Cela est faux. Il n'étoit question entre Henri II & Saint

---

(*a*) Tableau des SS. 2 part. c. 6, p. 33.

Thomas, que d'un seul meurtre commis par un Ecclésiastique. L'Archevêque soutenoit que c'étoit à lui de le punir, & il le punit en effet ; le Roi prétendoit que la peine n'étoit pas assez griéve, & vouloit que le coupable fût mis à mort. La question étoit donc de sçavoir, après avoir pesé toutes les circonstances, si ce crime étoit digne de mort, ou d'une peine plus legere. Ainsi en ont parlé les Historiens du tems.

Une preuve assez forte que S. Thomas n'avoit pas tort, c'est que l'Archevêque de Cantorbery jouit encore aujourd'hui du droit & des priviléges que S. Thomas réclamoit au douziéme siécle ; l'immunité des Clercs subsiste encore en Angleterre, sous le nom de *Bénéfice de Clergie*. L'origine de ce droit n'est rien moins qu'odieuse (a). L'Auteur du Tableau des Saints déclame sans sçavoir seulement de quoi il s'agissoit.

Saint Thomas fut accusé de parjure, de désobéissance, du crime de léze-majesté, & fut obligé de se sauver en France. Fut-il convaincu ? Les accusations ne manquent jamais contre un sujet disgracié. Quand celui-ci se seroit trompé sur le

---

(a) V. Londres, Tome 3, p. 74, 75.

fond du droit, l'erreur n'est pas un crime de léze-majesté.

Louis le Jeune fit accueil à S. Thomas. Il se réunit au Pape pour réconcilier cet Archevêque avec Henry II. Notre censeur le trouve très-mauvais; selon lui, ce fut dans la vue de nuire à Henry, & c'étoit une mauvaise politique de donner asyle à un séditieux dont la conduite intéressoit tous les Souverains. Mais il ne faut pas calomnier un Roi pour avoir droit de condamner un Saint. Louis répondit à Henry qui se p'aignoit : *Je ne veux point perdre l'ancien droit de ma Couronne ; la France a été de tout tems en possession de protéger les innocens opprimés, & de donner retraite à ceux qui sont exilés pour la justice.*

Si Henry II étoit bien fondé, il ne devoit pas consentir au retour de S. Thomas dans son Siége; il devoit prévoir que cet Archevêque, qui ne soutenoit que le droit établi pour lors dans toute l'Europe, dont la conduite étoit approuvée par le Pape & par le Roi de France, ne changeroit point d'avis. C'est ce qui arriva. Henry indigné d'éprouver toujours la même résistance, s'emporta jusqu'à dire : *Se peut-il faire que parmi tant de gens que j'ai comblés de mes bienfaits, il ne se trouvera personne pour me délivrer de ce Prêtre ?* Il n'en fallut pas davantage, quatre Courtisans allerent assommer l'Archevêque de Cantorbery au pié des Autels.

L'Auteur du Tableau des Saints est révolté de ce qui s'ensuivit ; le Roi se soumit à une pénitence publique, le Peuple regarda S. Thomas comme un martyr, on crut qu'il se faisoit des miracles à son tombeau, il fut canonisé trois ans après : autant de sujets de scandale pour un Incrédule.

« Tels sont, dit-il, les Prélats que
» l'Eglise a mis au rang des Saints. Elle
» leur a supposé des miracles, leur a
» rendu un culte pour avoir insolemment
» troublé le repos des sociétés, & résisté
» aux Loix des Souverains les plus justes ;
» elle a fait des martyrs de ceux qui ont
» été les victimes de leur propre fureur,
» ou de leur insolence ambitieuse. Plu-
» sieurs néanmoins paroissent avoir été
» des fanatiques ignorans, ou des imbé-
» cilles à qui les principes hautains du
» Clergé avoient fait illusion (*a*) ».

De quelque maniere que les Saints se

(*a*) Tableau des SS. 2 part. c. 6, p. 57.

foient conduits, ils ne peuvent éviter d'être condamnés au tribunal des Incrédules. Lorfque dans les premiers fiécles ils fe font laiffés traîner au fupplice fans réfiftance, c'étoient des imbécilles, des fanatiques abufés par des fables & des preftiges. Dans les fiécles fuivans, lorfqu'ils ont défendu des droits fondés fur une longue poffeffion, & fur la jurifprudence univerfelle, ce font des infolens ambitieux qui ont troublé le repos des Nations. Ceux qui ont fouffert en filence la dépravation des Cours & le libertinage des Rois, étoient des ames viles & corrompues, qui n'ont pas eu le courage de dire la vérité & de tenir parti pour la juftice. Se font-ils élevés contre le brigandage qui a regné fi longtems dans toutes les Contrées de l'Europe, voilà des féditieux & des rebelles. Ceux qui ont quitté le monde pour s'éloigner de la corruption étoient des enthoufiaftes mélancholiques, des fainéans inutiles à la fociété. Si d'autres, en confidération de leurs talens & de leurs vertus, ont été placés à la tête des affaires, c'eft l'ambition & l'hypocrifie qui les y a conduits. Dans le tems que l'Eglife étoit pauvre, on fait un crime à fes Miniftres d'avoir vécu d'aumônes ; lorsqu'on lui a confié des richesses pour les mettre à couvert de la rapacité des Grands, on lui reproche d'avoir tout envahi. Que faudroit-il pour satisfaire des Censeurs aussi capricieux ? Les engraisser aux dépens des Eglises, des pauvres, des établissemens de charité ; alors peut-être ils nous permettroient de croire en Dieu.

    Ils ont précieusement recueilli toute la bile que les Protestans ont vomie contre les Papes, ils s'en sont abreuvés à longs traits pour en assaisonner leurs écrits ; c'est en cela surtout qu'ils triomphent.

§. XII.

    5ᵉ. *Objection.* La confiance aveugle que les premiers Chrétiens ont donnée à leurs Pasteurs, les pouvoirs divins qu'ils leur ont supposés, les révélations & les visions par lesquelles le Clergé abusoit de leur crédulité, la maxime qu'il a établie que *Dieu seul fait les Evêques*, les apparences de vertu par lesquelles ceux-ci ont su couvrir leur ambition, les ont fait regarder comme des *Saints*, & leur en a fait donner le titre même pendant leur vie ; dans la suite il est demeuré affecté aux seuls Evêques de Rome, on nomme le Pape *Saint-Pere* & *Votre Sainteté*. A force de politique & de ruses, favorisé par les circonstances & surtout par les calamités dont l'Empire Romain fut affligé, le Pape s'est fait sur la terre un Empire spirituel beaucoup plus étendu & plus fort que celui des Césars dont il occupe la place. Les moyens par lesquels il y est parvenu ne sont pas fort analogues à la Sainteté. (*a*)

Réponse. La confiance des Chrétiens à leurs Pasteurs n'a jamais été aveugle, elle a toujours été fondée sur les pouvoirs qu'ils ont reçus de Jesus-Christ, sur la nécessité de leur enseignement, sur les services qu'ils ont rendus à leurs ouailles, sur le besoin que l'on a de leur ministere. Pour l'établir, il n'a pas fallu d'autres preuves ni d'autres miracles que ceux qui ont fondé le Christianisme. Lorsque S. Paul a donné le nom de *Saints* à tous les Fidéles, il n'avoit pas dessein de leur inspirer de l'orgueil, mais de leur donner une leçon; tout Pasteur qui remplit exac-

---

(*a*) Tableau des SS. 2 part. c. 7, p. 41 & suiv. Espion Chinois, Tome I, Lettre 34; Tome 2, Lettre 9, 13, 44, &c. De l'autorité du Clergé, 2 part. p. 270, &c.

tement ses devoirs, ne peut manquer de devenir un Saint: il a besoin pour cela de vertus réelles & solides, & surtout d'une charité héroïque.

Nos adversaires ignorent que déjà sous le Gouvernement Romain, les Evêques avoient rempli à l'égard du peuple le devoir des Officiers nommés *Defensores*, qu'en cette qualité ils étoient obligés de porter au Souverain les plaintes & de lui exposer les besoins du peuple. Les Papes avoient rempli ce devoir à l'égard des peuples de Rome & de l'Italie; tel a été le premier germe de l'autorité temporelle du S. Siége & des autres Evêques. (*a*) Cette origine ne leur sera jamais déshonneur.

Ce n'est point ici le lieu de prouver par l'Ecriture & par la Tradition, la primauté d'honneur & de *Jurisdiction* que J. C. a donné au Souverain Pontife sur toute l'Eglise; nos Adversaires ne font aucun cas des preuves Théologiques. La principale question entre eux & nous est de savoir si cette Jurisdiction est contraire au bien

_____

(*a*) 4ᵉ. Disc. sur l'Hist. de France, Tome 4, p. 90 & 139. 6ᵉ. Disc. Tome 5, p. 162.

de la Religion & de la société, si ç'a été l'ouvrage de l'ambition & de la politique ; déjà nous avons démontré le contraire.

Nous avons fait voir la nécessité d'un centre d'unité dans la Foi, & de la *Catholicité* dans le Christianisme. L'union de croyance entre les différentes Eglises, entre les Pasteurs & leur Chef, est le signe visible de la perpétuité, de l'immutabilité, de la divinité de la Doctrine Chrétienne ; cette union ne pourroit subsister, si le Chef de l'Eglise n'avoit le droit de surveillance & de jurisdiction sur tout le troupeau : cet Empire spirituel n'est point l'ouvrage des hommes, mais de la sagesse de Jesus-Christ. Nous pourrions sur ce point nous en rapporter au sentiment des Protestans les plus éclairés & les plus judicieux.

« Il faut convenir, dit Léibnitz, que la
» vigilance des Papes pour l'observation
» des Canons & le maintien de la Discipline Ecclésiastique, a produit de tems-
» en-tems de très-bons effets, & qu'en
» agissant à tems & à contre-tems auprès
» des Rois, soit par la voie des remontrances que l'autorité de leur Charge
» les mettoit en droit de faire, soit par la

» crainte des censures Ecclésiastiques, ils
» arrêtoient beaucoup de désordres....
» Puisque Dieu est le Dieu de l'ordre &
» que le Corps de l'Eglise une, Catholi-
» que & Apostolique, sous un Gouver-
» nement qui soit un & avec une Hiérar-
» chie qui comprenne tous les Membres,
» est de droit divin, il s'ensuit qu'il y a
» aussi de droit divin dans le même Corps
» un Souverain Magistrat Spirituel, se
» contenant dans de justes bornes, pourvu
» d'une puissance directorale & de la fa-
» culté de faire tout ce qui est nécessaire
» pour remplir sa Charge par rapport au
» salut de l'Eglise.... Les Anciens mêmes
» ont reconnu que le Pape a quelque pri-
» mauté, non-seulement de rang, mais en
» quelque sorte de jurisdiction. Peu im-
» porte ici qu'il ait cette primauté de
» droit divin ou de droit humain, pourvu
» qu'il soit constant que pendant plusieurs
» siécles il a exercé dans l'Occident, avec
» le consentement & l'applaudissement
» universel, une puissance assurément très-
» étendue. Il y a même plusieurs hommes
» célebres parmi les Protestans qui ont
» cru qu'on pouvoit laisser ce droit au
» Pape, & qu'il étoit utile à l'Eglise, si
» on en retranchoit quelques abus. Il y a

» plus, Philippe Mélancthon, homme d'u-
» ne prudence & d'une modération re-
» connue de tous les partis, lorsqu'il fouf-
» crivit aux articles de Smalcalde, ofa
» bien y joindre une proteftation dans la-
» quelle il déclaroit qu'il étoit d'avis qu'on
» pourroit rendre aux Evêques leur Jurif-
» diction fpirituelle, s'ils vouloient remé-
» dier aux autres maux de l'Eglife. Tel a été
» encore le fentiment de George Calixte,
» cet excellent homme, dont le favoir &
» le jugement font au-deffus des éloges.
» Affurément on ne peut pas nier que l'E-
» glife Romaine n'ait été longtems regar-
» dée en Occident comme la maîtreffe des
» autres Eglifes; ce qui eft d'autant moins
» étonnant, qu'elle en a été réellement la
» mere, &c. » (a) Ces réflexions nous
paroiffent plus fenfées que les clameurs
des Incrédules.

§. XIII.

6e. *Objection.* Tout nous prouve que
dès les tems les plus reculés, les Evêques
de Rome ont eu une ambition extraordinaire, une envie démefurée de s'enrichir,
un zele immenfe pour la propagation de

(a) Efprit de Léibnitz, Tome 2, p. 3.

la Foi, c'eft-à-dire, pour l'extenfion de leur Empire. L'Hiftoire de l'Eglife nous apprend que prefque tous ont fouffert le martyre ; ce qui prouve ou qu'ils ont été très-perfuadés de la vérité de leur croyance, ou qu'ils ont eu un très-grand intérêt à fe montrer attachés à une doctrine qui leur procuroit beaucoup de richeffes & une très-grande autorité. Leur puiffance & leur crédit durent faire ombrage aux Souverains temporels de Rome, voilà fans doute la vraie caufe pour laquelle ils ont été martyrifés. Cependant cette place étoit furieufement briguée, les élections furent fouvent accompagnées de troubles & de maffacres. Si le Pontife prévoyoit le martyre, ce n'étoit que dans le lointain ; en attendant il jouiffoit d'une confidération prodigieufe dans fon parti & de riches offrandes capables de fortifier fon pouvoir fur fes adhérans. On le voit par l'hiftoire du martyre de S. Laurent, par le mot de Prétextat qui difoit : *Que l'on me faffe Evêque de Rome & je me ferai Chrétien*, & par le témoignage d'Amien Marcellin. (*b*)

(*a*) Tableau des SS. ibid. p. 47. Efpion Chinois, &c.

DE LA VRAIE RELIGION. 137

Réponse. Est-ce sérieusement que l'on propose de pareilles Objections ? Plusieurs Papes ont souffert le martyre, tous ont eu beaucoup de zele pour la propagation de la Foi ; donc ils étoient très-ambitieux d'étendre leur Empire & leur autorité. Mais, selon les Incrédules, cet Empire n'a commencé que fort tard, après les désastres qui fondirent sur l'Empire Romain au cinquieme & au sixieme siecle ; selon d'autres, elle n'est venue qu'après les Croisades. Comment le desir d'étendre cette autorité a-t-il pu saisir les Papes, lorsqu'elle n'existoit pas encore ? Si elle est aussi ancienne que l'Eglise, comme nous le soutenons, elle n'est donc l'ouvrage ni de l'ambition, ni de la ruse, ni de la politique, mais une institution de Jesus-Christ.

Selon ces mêmes Critiques, sous les Empereurs Payens l'Eglise ne possédoit rien, le Clergé vivoit d'oblations ; comment les Papes pouvoient-ils alors jouir de grandes richesses & d'une autorité capable de tenter l'ambition ? Sans cesse ils étoient exposés au martyre, les Souverains de Rome pouvoient, quand ils le vouloient, les envoyer au supplice ; en quel sens la puissance des Papes pouvoit-elle leur faire ombrage ?

Les Papes recevoient de grandes aumônes ; mais il falloit nourrir les pauvres, fournir à la subsistance du Clergé inférieur, assister les Confesseurs dans les prisons, soutenir les Missions naissantes, pourvoir aux dépenses du culte extérieur, &c. Lorsque Rome eut été prise & saccagée par les Barbares, l'Italie dévastée, les principales familles de Rome réduites à la mendicité, les trésors de l'Eglise pouvoient-ils encore tenter la cupidité des ambitieux ?

Il y eut quelquefois du tumulte dans les élections ; mais ce ne fut pas dans les premiers siécles, lorsque les Papes étoient exposés au martyre. Dans les élections pour des dignités civiles, on a souvent vu deux partis très-opposés l'un à l'autre, sans qu'aucun des élus soufflât le feu par ambition.

L'histoire de S. Laurent démontre que l'Eglise Romaine nourrissoit beaucoup de pauvres, rien de plus. Prétextat & Ammien Marcellin parloient au quatrieme siécle, sous des Empereurs Chrétiens, & avant les ravages des Barbares, leur prevention ne prouve rien.

Notre Auteur soutient que dans les premiers siecles, les Papes n'avoient aucune autorité sur toute l'Eglise ; il veut le prouver par l'exemple de S. Irénée qui s'opposa au Pape Victor, de S. Cyprien qui résista au Pape Etienne, des Orientaux qui ont toujours disputé la Primatie au Pontife Romain ; & par une inconséquence révoltante, il veut que dès les premiers siécles cette place ait excité une ambition extraordinaire.

§. XIV.

7ᵉ. *Objection*. Les richesses ne tarderent pas à corrompre les mœurs des Papes & du Clergé de Rome, cette corruption subsistoit déjà sous le Paganisme. Saint Basile, au quatriéme siécle, se plaignoit de l'orgueil de cette Eglise, Saint Jerôme l'appelloit la grande Prostituée de Babilone ; les prétentions hautaines des Papes ont fini par révolter entiérement l'Eglise d'Orient. Les Empereurs, déchus de leur autorité en Italie, furent obligés de ménager les Evêques de Rome, qui n'étoient que leurs sujets. A la décadence de l'Empire, ceux-ci flatterent l'ambition & la rapacité des Barbares ; c'est ainsi que Pepin & Charlemagne firent du Pape un Prince temporel (*a*).

Réponse. Il n'est pas possible de confondre plus grossierement les époques, l'autorit. spirituelle des Papes avec leur souveraineté temporelle. Sous les Empereurs payens, qui avoient un pouvoir despotique, comment les Papes auroient-ils pu posséder des richesses, & jouir d'aucune autorité extérieure ?

Du tems de Saint Basile & de Saint Jérôme les Empereurs étoient Chrétiens ; la conversion de l'Occident avoit étendu les limites de la jurisdiction spirituelle du Chef de l'Eglise ; mais il y a encore loin de là au regne de Pepin & de Charlemagne.

Le siége de l'Empire transporté de Rome à Constantinople par Constantin, avoit enflé l'orgueil des Orientaux, de là naquit le premier germe de jalousie entre l'Eglise Grecque & l'Eglise Latine, mais la rupture des Grecs n'a éclaté qu'au neuviéme siécle.

Après l'invasion des Barbares, les Papes fatigués de changer à tout moment de

_____

(*a*) Tableau des SS. 2 part. c. 7, p. 54. Quest. sur l'Encyclop. *Rome.*

domination, d'être tantôt soumis aux Empereurs d'Orient, tantôt à ceux d'Occident, tantot aux Gots, aux Lombards, ou aux Francs, chercherent à se mettre à couvert des invasions, ils parvinrent, comme tous les grands Vassaux des Souverains de l'Europe, à se rendre indépendans ; quel mal en est-il arrivé à la Religion ou à la Société ?

Nous ne voyons pas en quoi il importe au bien de l'Univers qu'une partie de l'Italie soit plutôt sous la domination d'un autre Prince, que sous celle du Pape ; c'est l'affaire des Peuples de ces contrées de savoir s'ils en seroient plus ou moins heureux ; on pourroit s'en rapporter sur ce point au jugement & au témoignage des Voyageurs Anglois.

Pour juger si cette Souveraineté temporelle a été utile ou nuisible à la Religion, il faut consulter l'Histoire, les révolutions arrivées dans les différens siécles, la situation des diverses contrées du monde chrétien. Nous soutenons avec le Président Hénaut, avec Leibnitz, & avec d'autres Ecrivains très-sensés, qu'il est utile & convenable que le Pere commun des Fidéles ne soit ni sujet, ni vassal d'aucun Prince, qu'il doit avoir à l'égard de tous la même attention & la même impartialité. Sans la réunion des deux pouvoirs, les Papes n'auroient pas pu rendre à l'Eglise les services qu'ils lui ont rendus, l'Europe entiere seroit peut-être actuellement asservie au joug des Mahométans. Dans le Chapitre dixiéme nous ferons voir que l'abus même de la puissance des Papes, contre lequel on a tant déclamé, est moins venu de leur faute, que de celle des autres Souverains, que ç'a été un inconvenient nécessaire & inévitable, & qu'en fin de cause il en est résulté plus de bien que de mal (*a*).

§. XV.

Déjà l'Auteur que nous réfutons en fournit la preuve. Il dit que les Pontifes, bons politiques, mirent à profit les querelles des descendans de Charlemagne, perpétuellement occupés à s'arracher les Royaumes partagés entr'eux. Donc il a été fort utile qu'au moins une partie de l'Italie possédée par le Pape fût à couvert de la rapacité de ces ambitieux qui ne

---

(*a*) 6ᵉ. Disc. sur l'Hist. de France, Tome 5, p. 152. 7ᵉ. Disc. p. 209.

DE LA VRAIE RELIGION. 143
connoissoient ni loix ni justice ; ils n'y avoient pas plus de droit que lui, & ils ne faisoient des conquêtes que pour détruire. Qu'un bon politique l'ait emporté sur des brigands, ce n'est pas un malheur.

« Ces Princes, continue l'Auteur, aussi
» méchans que superstitieux, prirent sou-
» vent ce Prêtre pour arbitre de leurs
» démêlés, & lui formerent ainsi une ju-
» risdiction dont il sut se prévaloir contre
» eux-mêmes & contre leurs successeurs ».
Soit. Ce qui pouvoit arriver alors de plus heureux est que des Souverains méchans, superstitieux, ignorans, injustes, consentissent quelquefois à s'en rapporter à un arbitre plus sage, plus éclairé, plus équitable qu'eux : cela valoit mieux que de décider toutes les contestations à coups de sabre, & en dévastant les Provinces.

« Une ignorance profonde, poursuit-
» il, s'empara de toute l'Europe ; des
» Princes sans lumieres, & des guerriers
» sauvages ne furent que se battre, & lais-
» serent le Pontife plus éclairé sur ses in-
» térêts, regner sur eux-mêmes & sur
» leurs Etats ». Supposons-le ; ce fut encore un bien. Pendant que toute l'Europe étoit plongée dans une ignorance profonde, nous devons nous féliciter de ce

que Rome a conservé des connoissances : de là est partie dans la suite l'étincelle qui a rallumé peu-à-peu le flambeau dans les autres parties du Monde. Il étoit très-nécessaire qu'un Pontiffe éclairé servît d'arbitre, de tuteur, &, si l'on veut, d'épouventail, à des Princes sans lumieres, à des guerriers sauvages qui ne savoient que se battre ; qu'il regnât sur eux & sur leurs Etats, puisqu'ils étoient incapables de regner.

Dire que cette autorité des Papes sur tout l'Occident a été *une tyrannie*, c'est déraisonner complettement ; c'étoit au contraire le seul moyen de prévenir la tyrannie des Souverains ignorans & farouches. Ils en avoient besoin, & les Peuples en ont été moins maltraités. Y a-t-il du bon sens à déclamer contre un remede fâcheux, mais nécessaire, lorsque le mal est guéri ?

Un Critique, qui ne cherchoit à flatter ni les Papes, ni le Clergé, convient que l'administration ecclésiastique, temperée par le concours des Prêtres avec les Evêques, & des Evêques avec le Pape, pendant les huit premiers siécles, étoit le modéle *d'un parfait gouvernement* ; que souvent les Papes furent choisis pour arbitres,

tres, soit par les Evêques, soit par les Princes, parce que les Papes avoient toujours un Consistoire composé de gens habiles & expérimentés (a). Si ce modéle avoit été mieux imité par les Souverains, l'Europe auroit été beaucoup plus heureuse.

Un autre fait incontestable, c'est que le pouvoir temporel des Evêques, & leurs Assemblées, ont contribué à temperer l'autorité trop despotique des Souverains ; c'est pour cela même que la Nation Françoise vit avec plaisir la Couronne placée sur la tête de Pepin par la main du Souverain Pontife (b).

Mais, disent nos Adversaires, les Papes le prirent sur un ton trop haut, ils se firent un droit prétendu d'une concession libre, ils employerent les censures pour se faire obéir ; peu-à-peu ils se regarderent comme des Dieux sur terre, & la flatterie est allée jusqu'à leur donner ce titre.

(a) Essai Polit. sur l'autorité & les richesses du Clergé sécul. & rég. c. 3, p. 27, 29. De l'autorité du Clergé, 2 part. p. 269.
(b) 4e. Disc. sur l'Hist. de France, Tome 4, p. 90, Tome 5, p. 225.

Voilà donc tout le scandale ; mais il reste une question : les Papes auroient-ils été écoutés s'ils avoient parlé sur un ton plus modéré, s'ils n'avoient pas employé les menaces & les censures, s'ils se fussent donnés simplement pour conseils & pour arbitres ? Des Princes stupides, des guerriers sauvages n'étoient pas capables de déférer à la raison & aux remontrances. Plus les enfans sont bornés & indociles, plus il est nécessaire que l'autorité paternelle soit ferme & severe. Voilà le principe sur lequel on doit juger de tant de faits irréguliers dont les Incrédules ont l'imagination frappée.

S'il y a un Pape dont la conduite ait donné prise à la censure des ennemis de l'Eglise, c'est sur-tout Grégoire VII : cependant l'Auteur des Questions sur l'Encyclopedie a presque fait son apologie (a). Quant aux traits de flatterie, nous espérons qu'on voudra bien les pardonner à la grossiereté des mœurs qui regnoient pour lors.

§. XVI.

8ᵉ. *Objection.* Notre Adversaire avoue

(a) Quest. sur l'Encyclop. *Grégoire VII.*

que les Papes ont procuré la converſion de la plupart des peuples de l'Europe, qu'en différens tems ils envoyerent des Miſſionnaires aux Germains, aux Anglois, aux Polonois, aux Peuples du Nord; mais il prétend 1°. que ces Miſſionnaires eurent pour objet d'étendre l'empire du Pontife qui les avoit envoyés; 2°. qu'ils ne prêcherent point l'Evangile, mais le Chriſtianiſme du Pape, qu'ils établirent à main armée les dogmes utiles du Purgatoire, de la Confeſſion, du célibat des Prêtres, du culte des Images, des Indulgences, &c. qu'ils firent ainſi plier les Evêques ſous le joug du Vicaire de Jeſus-Chriſt; 3°. que les nouveaux Evêques redevables de leur puiſſance & de leurs richeſſes au Siége de Rome, prêcherent aux peuples une ſoumiſſion aveugle à leur Chef. Telle eſt, ſelon lui, l'origine du deſpotiſme que le Pape exerce ſur les autres Evêques (a).

Réponſe. Il en auroit trop coûté à un Incrédule de faire un aveu auſſi honorable au Souverain Pontife, ſans en empoiſonner le motif; mais ce trait de malignité eſt trop groſſier.

1°. C'eſt donc à l'ambition des Papes

(a) Tableau des SS. 2 part. c. 7, p. 58.

que les Nations du Nord sont redevables de leur religion, de leur civilisation, de leur état sédentaire, & que l'Europe entiere doit aujourd'hui son repos, après avoir été si souvent dévastée par ces mêmes Nations lorsqu'elles étoient encore errantes & barbares. Pour cette fois du moins l'ambition des Papes a produit les plus heureux effets, nous les ressentons encore ; si le Nord étoit le même qu'au neuvime siécle, nous ne serions pas aussi tranquilles que nous le sommes.

Mais par quelle recompense les Papes ont-ils su engager des Missionnaires à se rendre victimes de leur ambition, à braver la férocité des Peuples barbares pour les convertir ? Les Missionnaires se sont-ils conduits en émissaires ambitieux, ou en vrais Apôtres de Jesus-Christ & de son Evangile ? Sur ce fait nous renvoyons l'Auteur au Livre que nous avons déjà cité : *La Conversion de l'Angleterre au Christianisme comparée à sa prétendue Réformation.* En mettant en parallele la conduite des Missionnaires du Pape avec celle des Prédicans de l'Hérésie, on verra de quel côté les passions humaines se sont montrées à découvert. Lorsque les Incrédules voudront nous persuader que les Missionnaires de la Chine, du Tonquin, des Indes, de la Côte de Guinée, de l'Amérique, ne quittent leurs foyers que pour seconder l'ambition du Pape, nous ne prendrons pas la peine de leur répondre.

2°. En quel lieu & par quels Missionnaires les dogmes du Purgatoire, &c. ont-ils été établis *à main armée* ? Ce fait valoit la peine d'être prouvé. C'est donc aussi pour plaire au Pape que l'Eglise Grecque les avoit adoptés avant son schisme, & les conserve encore. Dès les premiers siécles nous voyons dans l'Orient des monumens de la Priere pour les morts, de la Confession, du célibat des Prêtres, des Indulgences, des Images, & de tous les articles que l'on suppose inventés dans l'Occident pour le profit des Papes & du Clergé.

3°. Nous présumons que les Evêques du Nord prêcherent aux peuples nouvellement convertis, le Symbole des Apôtres; or, dans ce Symbole, un Chrétien fait profession de croire, non au Chef de l'Eglise seul, mais à l'Eglise Catholique, ou à l'Eglise réunie de croyance avec son Chef.

Est-il bien certain que les Evêques du Nord ayent été plus aveuglément soumis au Saint Siége que ceux des Gaules, de l'Espagne ou de l'Italie ? Tout au contraire, l'Auteur observe que plusieurs de ces Evêques ont défendu contre les Papes les droits de leur Siége & de leur jurisdiction ; sur quoi sont donc fondées les conjectures de notre critique, & le prétendu despotisme des Papes sur les Evêques ?

C'est que tous se disent Evêques par la grace du S. Siége, tous le regardent comme le centre de l'unité chrétienne ; c'est par là que l'on juge de l'orthodoxie de tous (a).

Nous en convenons, & c'est en cela même que consiste la *Catholicité* de l'Eglise. On a beau dire que cette foi implicite n'est fondée que sur l'intérêt du Clergé, que sans elle le Pontife, ni ses adhérans ne pourroient subsister. Elle est fondée sur la nature d'une Religion révelée ; sans elle le Christianisme ne pourroit subsister, la mission de Jesus-Christ & des Apôtres deviendroit très-douteuse, & la croyance du simple Fidéle ne seroit appuyée sur rien ; nous l'avons démontré.

(a) Tableau des SS. 2. part. c. 7, p. 61. De l'autorité du Clergé, 2 part. p. 270 & suiv.

§. XVII.

9ᵉ. *Objection.* Les Papes ont profité des tems d'ignorance pour se forger de faux titres ; on a vu éclore de fausses Décrétales, de fausses Constitutions, de fausses Loix Ecclésiastiques, contre lesquelles la stupidité universelle n'osa réclamer. C'est à l'aide de ces fourberies que le Pape est devenu juge de toutes les causes & de tous les droits, sur-tout de la validité des mariages, & que les Rois ont été obligés de recourir au S. Siége pour légitimer toutes les actions de leur vie. Les Papes se sont emparés de l'instruction publique en s'arrogeant le droit exclusif de fonder des Universités, en confiant l'enseignement aux Prêtres & aux Moines. Souvent ils ont armé les Peuples contre leurs Souverains, ou contre leurs voisins, pour la défense des prétendus droits du S. Siége (*a*).

Réponse. Il est fâcheux que l'Auteur manque tout-à-la-fois de mémoire & de jugement. Il a dit, & c'est la vérité, que les Papes se sont trouvés impliqués dans

---

(*a*) Ibid. p. 64. Espion Chinois, &c.

toutes les affaires & ont été consultés sur toutes, parce que les Souverains de l'Europe, tous ignorans, stupides, guerriers & sauvages, ne savoient que se batire. La premiere époque du pouvoir temporel des Papes sur l'Occident, est donc l'inondation des Barbares au cinquieme siécle ; les fausses Décrétales n'ont paru qu'au commencement du neuvieme. Quatre cens ans d'intervalle & de ténebres ont suffi sans doute pour ériger en *droits* des usages introduits par nécessité. Le Compilateur des fausses Décrétales n'a fait qu'étayer par des piéces forgées la Jurisprudence établie avant lui. Comme tous les Romanciers, il a prêté aux personnages des quatre premiers siécles de l'Eglise, les idées & le langage du huitieme siécle. Personne n'a encore accusé les Papes d'avoir suscité ou pensionné ce faussaire. Ses compilations peuvent avoir servi à confirmer l'abus, & non à le faire naître, si cependant l'on peut nommer *abus* l'ouvrage de la nécessité.

Les Papes ont donc jugé toutes les causes, parce qu'ils se trouvoient seuls en état de les juger ; on recouroit à eux, parce que sous la domination des Barbares les autres Evêques n'avoient plus les connoissances, la liberté, l'autorité nécessaires pour décider. On fut obligé de porter à Rome les causes de mariage, parce que les Souverains voluptueux & déréglés pour la plupart, se jouoient de la sainteté de cet engagement, & que les Evêques n'avoient plus assez de pouvoir pour arrêter ce désordre. Un Ecrivain très-instruit nous fait observer que dans les onzieme & douzieme siécles les divorces étoient très-communs, que les Grands Seigneurs répudioient leurs femmes dès que leur intérêt sembloit l'exiger, qu'ils ne manquoient jamais de prétextes pour engager les Evêques à pallier ce scandale. (a) C'est donc un bonheur qu'au milieu de la licence générale les Princes ayent consenti à reconnoître hors de leurs États un Tribunal plus libre, plus éclairé, plus indépendant que tous ceux qui existoient pour lors.

Ferons-nous un crime aux Souverains Pontifes des soins qu'ils se sont donnés pour empêcher l'entiere extinction des connoissances humaines dans l'Europe asservie ? Blâmerons-nous les Prêtres & les

---

(a) Mém. hist. & crit. pour l'Hist. de Troyes, p. 432.

Moines d'avoir été les seuls qui conservassent quelque teinture des Lettres & qui fussent en état d'en donner des leçons ? Reprocherons-nous à l'Eglise d'avoir sauvé du naufrage une partie des monumens que la fureur des Barbares vouloit détruire ? Telle est l'ingratitude & la haîne aveugle des Incrédules. Ils ne peuvent pardonner à la Religion le service qu'elle a rendu & qu'ils sont forcés d'avouer ; sans elle tout étoit anéanti. S'il y avoit eu dans l'Orient un siége capable de faire, malgré le Mahométisme, ce que le siége de Rome a fait dans l'Occident, la barbarie ne seroit pas au point où elle est dans la plus belle partie de notre hémisphere.

Dans la suite des siécles il y a eu des contestations entre les Papes & les Souverains, sur les prétentions du siége de Rome. Une longue possession, des services essentiels rendus à la Religion & à l'humanité, la crainte de voir éclore de nouveaux malheurs & de ne pouvoir y apporter du remede, paroissoient aux Papes des motifs assez solides pour vouloir conserver toute l'autorité de leurs prédécesseurs. S'ils se trompoient, leur erreur semble très pardonnable. Félicitons-

DE LA VRAIE RELIGION. 155
nous de ce que les choses ont changé en mieux ; mais parvenus à l'adolescence, il ne faut pas battre la nourrice par laquelle nous avons été allaités.

§. XVIII.

10ᵉ. *Objection*. Les Papes devenus arbitres de la Foi & maîtres de la discipline, ne se sont occupés qu'à forger des dogmes utiles à eux & au Clergé. En 900, Paschase Radbert inventa la présence réelle & la transsubstantiation, pour rendre les Prêtres plus respectables ; il en fut de même du Purgatoire, source inépuisable de richesses pour l'Eglise. Les Pontifes de Rome se sont réservé le droit de canoniser les Saints, de leur faire rendre un culte ; ils ont choisi pour cela ou les Evêques qui leur avoient été le plus dévoués, ou des séditieux qui avoient combattu pour le siége de Rome, des Moines fanatiques, des Princes persécuteurs, des dévots imbécilles qui se sont tués à force de pénitences & d'austérités. Ils ont fomenté l'ignorance & substitué aux devoirs de la morale de vaines cérémonies, la libéralité envers l'Eglise fut la plus parfate de toutes les vertus. Ils ont armé les

G vj

Chrétiens contre les Infideles au tems des Croisades ; Grégoire VII imposa aux Clercs la loi du célibat pour les détacher de leur famille & de leur patrie, & les attacher uniquement au Corps dont le Pape est le Chef ; mais en leur défendant le mariage on leur permit des concubines, & tous les péchés étoient remis à Rome pour de l'argent. (*a*)

Réponse. Quelle érudition ! elle est copiée mot à mot d'après les Ecrits des Protestans.

L'Auteur plagiaire de toutes ces belles choses a dit ailleurs que le dogme de la transsubstantiation est fort ancien dans l'Eglise, que S. Paul, S. Ignace martyr, S. Irénée, &c. ont parlé de ce mystere comme les Catholiques Romains ; (*b*) à présent il veut que Paschase Radbert en soit l'auteur : il nous prouvera donc qu'il n'y a eu ni Sacrifice, ni Communion, ni Autels, ni Tabernacles dans l'Eglise Chrétienne avant la fin du neuvieme siécle.

Quant au Purgatoire, tout le monde sait qu'une des erreurs condamnées dans Aërius au quatrieme siécle, étoit de blâ-

---

(*a*) Tableau des SS 2 part. c. 7, p. 67.
(*b*) Hist. crit. de J. C. c. 14, note p. 277.

mer la prière pour les morts. Tertullien au troisieme, & d'autres Peres plus anciens, en parlent comme d'un usage établi de leur tems ; il l'étoit déjà chez les Juifs. Vainement les Controversistes hétérodoxes ont fait tous leurs efforts pour obscurcir le sens du passage où S. Paul parle d'un baptême ou d'une purification *pour les morts* ; (a) ce sens est clair par la pratique de l'Eglise.

Les Papes ont-ils choisi à leur gré les personnages qu'ils vouloient mettre au nombre des Saints ? Le très-grand nombre ont été canonisés par les peuples, avant que le siége de Rome eût parlé ; ordinairement les Papes ont été sollicités de le faire par les peuples & par les Souverains. Dans les procès de canonisation, la décision dépend de la déposition des témoins, & ceux-ci ne sont pas à la solde du Pape. Nous ne releverons point les invectives lancées par l'Auteur contre les Saints révérés dans l'Eglise ; un Incrédule est mauvais juge de la vertu.

Il reprochoit aux Papes, il n'y a qu'un moment, d'avoir pourvu à l'instruction publique ; à présent il les accuse d'avoir

___

(a) I. Cor. c. 15, ℣. 19.

fomenté l'ignorance. La vérité est qu'ils ont fait tout ce qu'ils ont pu pour la dissiper, & que leur ministere est devenu beaucoup moins orageux depuis la renaissance des Lettres ; mais nos adversaires ne sont pas scrupuleux en fait de mensonge.

Il est faux que jamais les Papes ayent enseigné ou permis d'enseigner que les cérémonies, les legs pieux, les dévotions arbitraires pouvoient tenir lieu de vertu & dispenser un Chrétien des devoirs de la morale. Il est faux qu'ils ayent remis tous les péchés *pour de l'argent* ; aucun péché n'est irrémissible en ce monde, & aucun ne doit l'être ; lorsque des restitutions ne pouvoient se faire à ceux auxquels on avoit fait tort ni à leurs héritiers, l'Eglise les a converties en aumônes & en legs pieux ; que pouvoit-elle faire de mieux ? Il est faux que Grégoire VII ait institué le célibat des Clercs; l'exemple de Synésius cité par notre Auteur même, prouve qu'il étoit ordonné dès les premiers siécles. Il est faux que jamais on ait permis aux Clercs d'avoir des concubines. Toutes ces calomnies n'aboutissent qu'à déshonorer ceux qui y ont recours. Nous parlerons ailleurs des Croisades &

DE LA VRAIE RELIGION. 159
du célibat ; il n'est pas possible de réfuter dans un même article toutes les impostures de nos adversaires.

L'un d'entr'eux a écrit que Clément VI, par une Bulle du 20 Avril 1351, donna au Confesseur du Roi de France Jean & de la Reine Jeanne sa femme, le pouvoir de les délier pour le passé & pour l'avenir de tous les engagemens même appuyés de sermens qu'ils ne pourroient observer *sans incommodité*, grace qui devoit s'étendre à leurs successeurs à perpétuité. Selon lui l'Eglise Romaine a constamment enseigné que l'on ne devoit pas garder la foi jurée aux hérétiques ; les Papes ont très-souvent délié les sujets du serment de fidélité fait à leurs Souverains. (*a*)

Réponse. Ces deux mots *sans incommodité* sont une addition frauduleuse que l'Auteur fait à la Bulle de Clément VI. Les Souverains comme les particuliers sont dispensés par la loi naturelle d'observer des promesses & des sermens dont l'exécution est devenue impossible selon la maxime, *qui ne peut ne doit* ; dans ce cas néanmoins ils ont encore besoin d'être ab-

---

(*a*) Sept. Social, 2ᵉ. part. c. 12, note 43, p. 133.

sous de l'imprudence de leur serment & du scandale qui peut en résulter. Telle est la seule absolution que Clément VI accordoit au Roi Jean, sa Bulle en fait foi.

Nous avons réfuté ailleurs la seconde calomnie à l'égard de la foi jurée aux Hérétiques. Quant à la troisieme accusation, n'oublions pas que selon la doctrine constante de nos adversaires, les sujets *ne doivent plus rien* à un Souverain qui les gouverne mal, qui viole à leur égard les loix de la justice, qui les rend malheureux; ils sont donc alors déliés de leur serment de fidélité. Nous demandons lequel des deux est le plus odieux, que ce serment soit abandonné à la discrétion & à la conscience de chaque particulier, ou déféré au jugement du Pape. Mais l'un & l'autre sont un abus; le serment de fidélité est de sa nature inviolable, nous l'avons prouvé, & il est faux que les Papes en ayent *très-souvent* délié les sujets.

§. XIX.

11ᵉ. *Objection.* Plusieurs Papes ont été hérétiques ou incrédules, un grand nombre ont mené une vie scandaleuse. Les uns ont été avares, ambitieux, simoniaques, les autres fourbes & cruels; on connoît les impudicités d'Alexandre VI & de Jules III. Pie V disoit que depuis qu'il étoit Pape, il commençoit à désespérer de son salut. L'ambition des Prétendans à la Papauté causa au quatorzieme siécle le grand Schisme d'Occident. Vainement les Souverains & les peuples ont demandé dans plusieurs Conciles la réformation de l'Eglise *dans son Chef & dans ses Membres*. les Papes ont toujours trouvé le secret de l'éluder, jusqu'à ce qu'enfin l'excès de leur tyrannie a fait naître la réforme de Luther & de Calvin. (*a*) L'Auteur des Questions sur l'Encyclopédie, plus énergique dans ses expressions, soutient que plusieurs Papes ont passé de loin en scélératesse les Néron & les Caligula. (*b*)

Réponse. Les prétendues hérésies des Papes sont une fable. Nous convenons que dans le nombre de deux cens cinquante Pontifes qui ont gouverné l'Eglise, plusieurs l'ont scandalisée par leur conduite, sur-tout dans le tems que les mœurs de toutes les Cours de l'Europe étoient au plus haut degré de la déprava-

---

(*a*) Tableau des SS. 2 part. c. 7, p. 71.
(*b*) Art. Athéisme, sect. 4.

tion. Il s'enfuit de là que Jefus-Chrift n'a pas choifi des Anges, mais des hommes, pour tenir fa place fur la terre ; que la miffion des Pafteurs ne dépend point de leurs qualités perfonnelles, mais de la fucceffion légitime & de l'ordination, parce que le bien de l'Eglife l'exige ainfi ; que le regle de notre Foi & de nos mœurs n'eft ni le fentiment ni l'exemple du Chef feul, mais l'unité de doctrine entre le Chef & l'univerfalité du corps des Pafteurs. Voilà toutes les conféquences que l'on peut tirer, & nous y acquiefçons.

Lorfque de prétendus Réformateurs ont voulu changer la Doctrine & les Loix de l'Eglife, on leur a objecté qu'ils n'avoient ni miffion ordinaire, ni des vertus affez fublimes pour prouver une miffion extraordinaire. Leurs fectateurs ont répliqué que plufieurs Papes avoient donné de très-mauvais exemples ; mais ces exemples, quand ils auroient été encore plus fcandaleux, n'anéantiffoient point en eux la miffion ordinaire démontrée par l'ordination & par la fucceffion. Le cas des Prédicans n'étoit pas femblable.

Ce n'étoit pas affez de montrer la néceffité d'une réforme dans la conduite du Chef & des Membres, puifque la conduite ne déroge en rien à la miſſion ; & il étoit abſurde de ſuppoſer que la Doctrine univerſelle de l'Egliſe pouvoit avoir beſoin de réforme. S'il falloit ſupprimer ou changer tous les dogmes dont on peut abuſer, il faudroit abolir la croyance de la bonté infinie de Dieu ; les pécheurs en abuſent pour perſévérer dans le crime.

D'ailleurs, il n'y a pas lieu de ſe récrier ſur la perfection que la prétendue réforme du ſeiziéme ſiécle ramena dans les mœurs; on la fit conſiſter principalement à ſupprimer ce qu'il y avoit de plus gênant dans la Religion (a).

§. XX.

Auſſi, ſelon notre Auteur, « Ce ne fut
» ni la raiſon, ni l'amour de la vérité,
» ni le deſir ſincere de procurer le bien-
» être des Peuples, qui guida les Apôtres
» de la Réforme ; ce fut bien plutôt la
» vanité de ſe diſtinguer, le deſir de faire
» parade de ſes nouvelles idées ou rêve-
» ries, le mécontentement, la jalouſie
» contre les Chefs du Clergé dominant,
» l'envie de combattre ſes opinions afin

(a) V. l'Apol. pour les Cathol. c. 18 & 19.

» de le décrier, de lui nuire & de domi-
» ner à sa place. Voilà quels furent en
» tout tems les vrais mobiles des Héré-
» siarques ou des Chefs de Secte parmi
» les Chrétiens ». Il le prouve par le fanatisme fougueux de Luther, par la cruauté
de Calvin, par la tyrannie de Henry VIII
en Angleterre ; il en conclut que la seule
réforme de laquelle on puisse attendre un
heureux succès, est une tolérance complette, absolue, passée en Loi fondamen-
tale & irrévocable de l'Etat ; tel est, selon lui, le seul moyen de mettre le Clergé
hors d'état de nuire, de cimenter la paix,
la tranquillité, le bonheur des Nations (*a*).

 Mais le tableau qu'il a tracé des Réformateurs en général, donne lieu à une
application fâcheuse. Sommes-nous bien
assurés que nos prédicateurs de la tolérance absolue ont des vues plus pures,
des intentions plus droites, des projets
plus salutaires que les Hérésiarques ? La
vanité, l'ambition, la haine contre le
Clergé, l'envie de dominer à sa place,
n'entrent-elles pour rien dans les plans
sublimes de politique qu'ils proposent ?
Les Prédicans avoient commencé par dé-

_____

(*a*) Tableau des SS. 2 part. c. 7, p. 79.

mander la tolérance, comme les Incrédules; on fait comment ils l'ont obfervée. Lorfque nous retrouvons dans les écrits de nos Philofophes le même ftyle, le même efprit, les mêmes calomnies que dans ceux de Luther & de Calvin, avons-nous lieu de penfer que ces nouveaux Docteurs feroient plus débonnaires s'ils venoient à être les maîtres ? L'expérience du paffé nous rend défians fur l'avenir, & fur le motif impofant de paix, de tranquillité, de bonheur des Nations dont ils cherchent à fe parer (*a*).

A toutes les invectives qu'ils ont faites contre l'Inquifition, nous ne donnerons d'autre réponfe que celle de Clément XIV. « Outre que les Monarques qui l'au-
» toriferent furent auffi coupables que les
» inftigateurs, on ne vit jamais Rome fe
» livrer au barbare plaifir de faire brûler
» des citoyens parce qu'ils n'avoient pas
» la Foi, ou parce qu'ils s'échappoient
» en mauvais propos. Jefus-Chrift expi-
» rant fur la croix, loin d'exterminer
» ceux qui blafphement cotre lui, folli-
» cite leur pardon auprès de fon Pere,

_____

(*a*) Voyez les Annales Polit. Tome 3, n. 18, page 81.

» *Pater, ignosce illis* (*a*) ». Un Ecrivain célebre soutient que l'Inquisition a été inventée & établie par des Laïques, & qu'elle a perdu entre les mains des Ecclésiastiques une partie de sa cruauté (*b*). Nous ajoutons que si jamais les bûchers de l'Inquisition venoient à se rallumer, ce qu'à Dieu ne plaise, on en seroit redevable au fanatisme anti-chrétien des Incrédules; ils font tout ce qu'ils peuvent pour aigrir les esprits, & pour allarmer tous les Gouvernemens.

Article II.

De l'Autorité du Clergé.

§. I.

L'Eglise Chrétienne est une Société qui a pour but de rendre à Dieu le culte qu'il exige, de soumettre les esprits à l'autorité de la parole divine, de prévenir la corruption des mœurs, d'établir entre tous les Fidéles, de quelque nation qu'ils soient, de nouveaux liens de fraternité.

(*a*) Lettre 91 du Pape Ganganelli; elle est supposée, mais bien faite.

(*b*) Annales polit. Tome 3, n. 18, p. 107.

Toute Société quelconque a besoin de Loix, & ne peut subsister sans elles. Indépendamment de ses Loix fondamentales, les révolutions du tems, les événemens qui surviennent, les abus qui peuvent naître, l'obligent souvent de faire de nouveaux reglemens de police. Tout ce qui part de la main des hommes est sujet au changement, la loi divine est seule immuable, & pour en assurer l'exécution contre les attentats des passions humaines, il est souvent nécessaire de prendre de nouvelles précautions. S'il en est besoin dans toute sorte d'association, à plus forte raison dans une société aussi étendue que l'Eglise, qui embrasse tous les peuples & tous les siécles.

Le pouvoir de faire des Loix emporte nécessairement celui d'établir des peines; or la peine la plus simple dont une Société puisse faire usage pour réprimer ses membres refractaires, est de les priver des biens qu'elle procure à ses enfans dociles.

Jesus-Christ, dont la sagesse ne s'est jamais démentie, n'a pas établi sans doute la société de son Eglise sur un plan contraire à la constitution de la nature humaine, il a laissé à cette société les pouvoirs & l'autorité dont elle a besoin pour assurer sa perpétuité, & pour donner aux Loix qu'il lui a prescrites toute l'exécution dont elles sont susceptibles.

Cette présomption suffit déjà pour décider la question ; mais le fait acheve de lever tous les doutes, l'Evangile atteste que Jesus-Christ a donné aux Pasteurs de son Eglise l'autorité législative & le pouvoir d'imposer des peines.

Il dit à ses Apôtres : « Au tems de la ré-
» génération, ou du renouvellement de
» toutes choses, lorsque le Fils de l'Hom-
» me sera placé sur le thrône de sa Ma-
» jesté, vous serez assis vous-mêmes sur
» douze siéges pour juger les douze tribus
» d'Israël (*a*) ». Dans le style ordinaire des Livres Saints, le pouvoir de juger emporte celui de faire des Loix, & le nom de *Juge* est souvent synonyme à celui de *Législateur*.

En prescrivant la maniere de corriger les pécheurs, il ordonne d'abord d'employer les remontrances secrettes, ensuite la correction publique : « Si votre frere
» ne veut pas vous écouter, dites-le à l'E-
» glise : s'il ne veut pas écouter l'Eglise,
» regardez-le comme un payen & un pu-
» blicain.

(*a*) Matt. c. 19, ℣. 28.

» blicain. Je vous assure que tout ce que
» vous lierez sur la terre sera lié dans le
» ciel, & tout ce que vous délierez ici-
» bas sera délié dans le ciel (*a*) ». Voilà
une jurisdiction correctionnelle clairement
établie.

Les Apôtres ont suivi ponctuellement
cette leçon. S. Paul dit aux Pasteurs :
« Veillez sur vous & sur tout le troupeau
» dont le Saint-Esprit vous a établis sur-
» veillans pour gouverner l'Eglise de Dieu
» qu'il s'est acquise par son sang (*b*) ». Un
Gouvernement ne peut subsister sans autorité.

Lorsqu'il fallut décider si les payens
convertis devoient être assujettis à la Loi
de Moyse, les Apôtres s'assemblent, &
jugent qu'ils n'y sont pas obligés ; mais
ils leur recommandent, comme une chose
nécessaire, de s'abstenir de viandes immolées, du sang & de la fornication (*c*).
Cette loi étoit sage dans les circonstances,
mais on fut obligé dans la suite d'en négliger l'exécution ; nous le verrons dans
un moment.

(*a*) Matt. c. 18, ℣. 17.
(*b*) Act. c. 20, ℣. 28.
(*c*) Act. c. 15, ℣. 28.

Saint Paul informé d'un scandale qui regnoit dans l'Eglise de Corinthe, où l'on souffroit un incestueux public, écrit aux Corinthiens : « Quoiqu'absent j'ai jugé cet
» homme comme si j'étois présent ; j'ai
» résolu que dans votre Assemblée, où
» je suis en esprit, au nom & par le pou-
» voir de Notre Seigneur Jesus-Christ,
» le coupable soit livré à Sathan, pour
» faire mourir en lui la chair & sauver son
» ame (*a*) ». L'Apôtre se croyoit donc en droit de retrancher de la société des Fidéles un pécheur scandaleux. Telle est l'origine de l'excommunication, & des censures dont l'Eglise a fait usage dans tous les siécles.

§. II.

La nécessité de faire des loix de discipline de les changer ou de les abroger, selon l'exigence des cas, est évidente par toute la suite de l'Histoire Ecclésiastique.

Rien de plus sage que la loi imposée d'abord aux Payens convertis de s'abstenir des viandes immolées & du sang ; c'étoit non seulement pour leur ôter une occasion prochaine d'idolâtrie, mais pour

---

(*a*) 1 Cor. c. 5, ℣. 5.

ne pas révolter les Juifs qui n'auroient jamais confenti à fraternifer avec des hommes habitués à ces alimens, ils les auroient regardés avec horreur. Bientôt cette loi eut des inconvéniens; l'abftinence du fang fervit à faire reconnoître les Chrétiens dans le tems des perfécutions. Tertullien nous apprend que les Payens les mettoient à l'épreuve en leur préfentant du fang & du boudin. (a) L'Empereur Julien fit offrir aux Idoles toutes les viandes de la boucherie, fouiller toutes les fontaines par de l'eau luftrale & par le fang des victimes. Falloit-il que les Chrétiens mouruffent de faim & de foif? La difperfion des Juifs & l'extinction de l'Idolâtrie rendirent inutiles la loi du Concile de Jérufalem.

Dans les premiers tems la coutume de l'Eglife étoit d'adminiftrer le Baptême par immerfion, & l'Euchariftie fous les deux efpeces confacrées. Le premier de ces ufages n'avoit rien d'incommode chez des peuples accoutumés à ufer fréquemment du bain; mais dans les climats feptentrionaux, il auroit été fouvent impraticable & pernicieux; l'on jugea donc à propos

---

(a) Apolog. c. 9.

d'administrer le Baptême par aspersion ou par infusion. Le second avoit aussi des inconvéniens. Outre le danger de renverser le vin Eucharistique, les peuples du Nord ne connoissoient pas cette boisson, & il étoit dangereux de la leur faire goûter. Un des principaux motifs qui attirerent les Barbares dans les Gaules étoit l'envie de boire du vin, & l'on sait à quels excès ils porterent bientôt ce goût dangereux. Il y a eu des Nations chez lesquelles c'étoit pour les femmes un crime irrémissible d'oser seulement en porter à leur bouche. Le retranchement de la coupe aux simples fideles a donc été fondé en raison. Dans les clameurs que les Protestans ont élevées à ce sujet, le goût dominant du climat est entré pour beaucoup sous le masque de zele pour la discipline apostolique.

 Avant même la conversion des Empereurs, l'Eglise fixa par une loi le jour de la célébration de la Pâque, & regarda comme des réfractaires ceux qui refuserent de s'y conformer. Il étoit à propos d'établir l'uniformité dans l'un des principaux rites du Christianisme, qui a servi dans tous les siécles de monument de la résurrection de J. C.

Du tems des Apôtres le service divin se fit en Langue vulgaire, & il n'y avoit alors aucun inconvénient. Lorsque le Christianisme fut répandu chez les différentes Nations, l'on sentit le danger qu'il y avoit d'introduire dans la Liturgie les divers jargons dont elles se servoient. Cette différence de langages auroit rendu les erreurs plus aisées à introduire & plus difficiles à extirper; elle eut rendu plus difficile la communication de doctrine entre les différentes Sociétés Chrétiennes & la relation avec le centre de l'unité Catholique. En adoptant seulement trois Langues; le Latin pour l'Occident, le Grec pour les Asiatiques, le Syriaque pour les Contrées plus Orientales, l'Eglise a maintenu une liaison plus étroite entre les Nations Chrétiennes. Sans cette discipline, la Langue Latine auroit été entiérement anéantie. Lorsque les Protestans ont déclamé contre cet usage, ils ne pensoient ni au passé, ni à l'avenir. Les Bretons, les Picards, les Auvergnats n'auroient pas moins le droit de célébrer l'office divin dans leurs patois, que les Calvinistes n'en ont eu de le faire en François.

Nos adversaires ont soin de nous rappeller qu'à la naissance de l'Eglise le

Clergé subsistoit d'oblations & d'aumônes, que l'on prenoit encore sur ce fond la nourriture des pauvres & les dépenses du culte divin. Mais les persécutions, les révolutions fréquentes arrivées dans l'Empire, les changemens de domination, les troubles excités par les Hérétiques, firent voir que cette ressource ne suffisoit point aux besoins de l'Eglise. On y assigna des fonds, & cette discipline s'est trouvée sujette à de moindres inconvéniens que l'ancienne.

§. III.

Si nous suivions en détail tous les changemens que l'on a faits dans la suite des siécles, nous verrions qu'ils ont été fondés de même sur des raisons solides, que la nécessité & le bien commun des Fideles en ont toujours été le vrai motif. L'Eglise attachée par respect à ses anciens usages, ne s'en est jamais départie sans y être forcée par les circonstances. Les déclamations des Hérétiques & des Incrédules sur ces variations, sur les abus qui se sont introduits, sur les droits que le Clergé s'est arrogés, sur ses usurpations prétendues, n'ont ni justesse, ni bon sens. Ces Censeurs téméraires n'ont pas pris la peine de consulter l'histoire, de suivre le fil des événemens, de peser les motifs qui ont dicté les nouvelles loix; suivant leur coutume, ils se sont contredits & ont donné dans les excès les plus opposés.

Les uns ont fait un crime à l'Eglise des moindres changemens dans la discipline, ont soutenu qu'elle n'avoit point le pouvoir de déroger à ce que les Apôtres ont établi, qu'il falloit absolument remettre les choses sur l'ancien pié; ils se sont flattés de faire revivre les tems apostoliques, on sait comme ils y ont réussi.

Les autres ont dit qu'il étoit ridicule de faire des loix sur des choses indifférentes, qu'il falloit les laisser à la discrétion des diverses sociétés. Les observations que nous avons faites sur la relation intime qu'il y a entre les rites extérieurs & le dogme, entre la discipline & la morale, prouvent qu'en fait de Religion rien n'est indifferent; si on rendoit les sociétés particulieres juges & arbitres de ce qui convient ou ne convient pas, de ce qui est utile ou pernicieux, il y auroit bientôt autant de religions que de sociétés; cette crainte n'est que trop justifiée par l'exemple des Sectes qui se sont séparées de l'Eglise Catholique. C'est donc à elle de juger de la discipline aussi bien que du dogme ; elle ne peut veiller avec trop d'attention à la rendre uniforme autant qu'il est possible.

D'autres enfin prétendent que l'Eglise n'a aucun pouvoir de faire des loix, qu'elle ne le peut sans empiéter sur la puissance séculière, qu'aucune Loi Ecclésiastique n'a de force qu'en vertu de l'attache & de la sanction du Souverain. Cette doctrine qui ne tend pas à moins qu'à condamner les Apôtres & à réformer l'Evangile, a été soutenue de nos jours avec beaucoup de chaleur. Il est important de discuter les principes sur lesquels on a voulu l'établir ; ils sont exposés dans l'Ouvrage d'un Jurisconsulte, intitulé : *l'Esprit ou les Principes du Droit Canonique*, & dans un autre qui a pour titre : *de l'autorité du Clergé & du pouvoir du Magistrat politique sur l'exercice des fonctions du Ministere Ecclésiastique*. Ils ont été réfutés depuis peu. (*a*)

Mais il est bon de savoir qu'après avoir sappé l'autorité des Pasteurs de l'Eglise, on s'est servi des mêmes principes pour

---

(*a*) V. l'accord des Loix Divines, Ecclésiastiques & Civiles, 1775.

attaquer l'autorité des Souverains ; c'est ce qu'avoient déjà fait les Protestans. Notre devoir est de venger l'une & l'autre.

§. IV.

Le premier de ces principes est que l'Eglise est une Société également composée des Pasteurs & des Fidéles, que les Chefs ne sont autres que des Membres de ce Corps dont Jesus-Christ reste toujours le Chef, que Jesus Christ ne leur a point donné sa puissance ni aucune autorité, qu'il leur a même défendu tout usage d'autorité sur les Fidéles. De-là nos Jurisconsultes concluent que l'Eglise ne peut faire des réglemens que du consentement des Fidéles, que cette puissance n'étant point d'institution divine ne peut forcer ; que la puissance même dans l'ordre des décisions de la Foi, de l'interprétation des Ecritures, & de la sagesse du Gouvernement politique, est donnée au Corps de l'Eglise, & non à ses Ministres qui ne sont que ses mandataires. (a) Nous

---

(a) L'Esprit ou les Princ. du Droit Canon. Tome 1, p. 16-20, 36-40, 61, &c. De l'autorité du Clergé, &c. 1 part. p. 74, &c.

avons vu que, selon la doctrine de nos Philosophes, les Souverains ne sont non plus que les mandataires de leurs sujets.

On a représenté modestement à ces Auteurs qu'ils débutoient par une hérésie, malheur assez commun à ceux qui parlent de Théologie sans l'avoir apprise. La doctrine de nos deux Canonistes est l'erreur de Wiclef & de Jean Hus, condamnée par le Concile de Constance, la même que celle de Luther & de Calvin, proscrite au Concile de Trente. De tels principes du Droit Canonique sont sans doute fort respectables.

Ce n'est point aux Fidéles, mais aux Pasteurs, que Jesus-Christ a dit dans la personne de ses Apôtres : *Vous serez assis sur douze siéges pour juger les douze tribus d'Israël. Paissez mes agneaux & mes brebis. Comme mon Pere m'a envoyé, je vous envoye. Ce que vous lierez sur la terre sera lié dans le ciel*, &c. Il est absurde de prétendre que les Fidéles, qui sont le troupeau, sont aussi les Pasteurs, & que c'est à eux de se gouverner eux-mêmes.

Mais Jesus-Christ a dit aussi à ses Apôtres : « Les Chefs des Nations dominent » sur elles, il n'en sera pas de même parmi » vous ; quiconque voudra être le pre-

DE LA VRAIE RELIGION. 179
» mier doit être le serviteur de tous ».
Lorsqu'ils seront persécutés dans une ville, il leur commande de fuir dans une autre (a). Il condamne deux d'entr'eux qui vouloient faire tomber le feu du ciel sur les Samaritains (b). Donc il leur défend tout usage d'autorité (c).

Réponse. Il leur défend sans doute l'autorité temporelle & civile, l'autorité de punir par des peines corporelles, il leur défend l'esprit d'ambition, d'orgueil & de domination. Mais il ne faut pas séparer cette défense d'avec les ordres que nous venons de citer, il faut les rapprocher, les comparer, expliquer l'un par l'autre. Toute autorité confiée aux hommes est susceptible d'excès & d'abus; Jesus-Christ en défendant l'abus n'a pas anéanti l'autorité.

Il est donc faux que l'autorité de faire des réglemens de discipline ne soit pas d'institution divine, il l'est que les Pasteurs de l'Eglise soient de simples mandataires des Fidéles, il l'est que les décisions de

---

(*a*) Matt. c. 10, ℣. 16 & 42.
(*b*) Luc, c. 9, ℣. 53.
(*c*) Idem Quest. sur l'Encyclop. *Eglise*, p. 123, 125.

H vj

Foi & les loix de discipline n'ayent de force qu'autant qu'ils sont acceptés par la société des Fidéles. Les Apôtres assemblés en concile, ne consulterent point les Fideles pour leur imposer une loi ; aucun Concile n'a eu besoin de l'autorité de personne pour former ses décisions sur le dogme & sur la discipline : tous ont commandé aux Fidéles, sous peine d'anathême, de s'y soumettre & de les observer. Notre jurisconsulte semble reconnoître cette autorité, lorsqu'il dit que les Conciles ont eu le droit de regler tout ce qui étoit utile à la discipline & à la propagation de la Foi (*a*).

§. V.

Second principe de nos deux Canonistes. La fonction de Chefs de l'Eglise n'a de relation qu'à l'ame ; or, l'ame toujours libre, est indépendante de toute autorité : celle-ci n'a lieu que sur la partie inférieure de l'homme, c'est-à-dire, sur ses mouvemens & ses actions extérieures, qui seules peuvent recevoir l'impression de la gêne & de la contrainte (*b*).

(*a*) Droit Canonique, Tome I, p. 67.
(*b*) Ibid p. 17, 28-30. Tome 2, p. 11. De l'autorité du Clergé, 2 part. p. 33.

DE LA VRAIE RELIGION. 181

Réponse. Tout cela est faux. C'est une morale pernicieuse de soutenir que l'autorité même civile n'a de pouvoir que sur les actions extérieures, que l'ame en est indépendante ; cela donne lieu de conclure que les loix civiles n'obligent point en conscience, qu'il est permis de les violer quand on le peut impunément. Par la loi naturelle tout membre de la société est tenu en conscience d'obéir à l'autorité civile dans tout ce qui n'est point contraire à la loi divine : *Soyez soumis*, dit Saint Paul, *non-seulement par contrainte, mais par motif de conscience*.

Il est encore plus faux que l'ame, toujours libre, soit indépendante de l'autorité divine, dont les Pasteurs sont revêtus ; ceux-ci ont droit de commander & de défendre des actions extérieures, & les Fidéles sont obligés d'obéir : la défense de manger du sang, de chairs suffoquées, des chairs immolées aux idoles, regardoit une action très-sensible.

L'autorité en général est le pouvoir légitime de commander ; ce pouvoir seroit nul, s'il n'imposoit pas l'obligation d'obéir : s'il n'avoit d'autre ressort que la gêne & la contrainte, il ne seroit pas plus respectable que celui d'un voleur qui, le piſtolet à la main, demande la bourſe ou la vie. *Quiconque*, dit encore Saint Paul, *réſiſte au pouvoir* (légitime), *réſiſte à l'ordre de Dieu*.

Ainſi quoique l'autorité civile n'ait pour objet que des actions extérieures, & pour moyen que des peines temporelles, elle n'en eſt pas moins fondée ſur la loi de Dieu naturelle & poſitive. Notre Auteur rend encore hommage à cette vérité, lorſqu'il dit que l'homme n'a qu'une autorité empruntée & confiée, que Dieu lui départit une portion de la ſienne pour en faire uſage ſelon ſa loi (*a*). Il réfute ainſi ce qu'il enſeigne ailleurs, que la ſociété a dépoſé l'autorité entre les mains de ſon Chef, que l'obligation du citoyen eſt l'ouvrage de ſa liberté (*b*). Cela eſt faux, elle eſt l'ouvrage de Dieu ; il eſt abſurde que l'homme s'oblige lui-même.

L'autorité eccléſiaſtique dans ſes loix de diſcipline a pour objet des actions extérieures, & pour moyen des châtimens ſpirituels, qui conſiſtent dans la privation des avantages ſpirituels que l'Egliſe procure à ſes membres. Les Paſteurs, revêtus

---

(*a*) Droit Canon. Tome I, p. 201.
(*b*) Ibid. p. 145 & 180.

du pouvoir de conférer ces avantages, ont aussi le pouvoir de les ôter ; en cela consiste le pouvoir *de lier & de délier* que Jesus-Christ leur a donné.

Puisque ces deux autorités émanent du même principe, *de l'ordre de Dieu*, l'une ne peut être contraire à l'autre ; nous ferons voir que loin de se croiser, elles se prêtent un secours mutuel.

§. V I.

3ᵉ. *Principe.* L'Eglise est étrangere à l'Etat, ne fait point partie de l'Etat ni de son gouvernement, l'Eglise est dans l'Etat, & non l'Etat dans l'Eglise. En qualité d'étrangere au gouvernement de l'Etat & à son autorité, elle n'y a été introduite qu'à titre d'obligations à remplir par ses Ministres. C'est Constantin qui d'une pleine autorité ordonna que la Religion Chrétienne fût la seule qui eût lieu dans son Empire. Une religion, de quelque nature qu'elle soit, n'est jamais nécessaire d'une nécessité d'inhérence au gouvernement d'un Etat, mais elle y est essentielle d'une nécessité de conséquence, de même le Ministre évangelique est étranger à la nation personnellement quant à son ministere

& à ses fonctions (*a*). D'où il s'ensuit que les Ministres de l'Eglise ne peuvent avoir dans l'Etat aucune autorité indépendante du Souverain.

Réponse. Il est étonnant de voir des hommes qui font profession du Christianisme, poser pour maxime que l'Eglise, la Religion, Dieu & ses Loix, sont étrangers au gouvernement d'un Etat ; c'est tout ce que pourroit prétendre un athée. Nous avons prouvé dans la premiere Partie de cet Ouvrage, que sans la Religion, les Loix civiles seroient réduites à leur seule force coactive, que quiconque pourroit les violer impunément auroit droit de le faire. L'auteur lui-même semble l'avouer lorsqu'il dit : Il est nécessaire d'inspirer à l'homme des principes de morale qui lui fassent aimer la loi, l'ordre, la vertu, afin que la Loi soit suivie par amour plutôt que par crainte (*b*). Sans la Religion peut-il y avoir des principes de morale ? Quant à la distinction qu'il fait entre la *nécessité d'inhérence* & la *nécessité de conséquence*,

___

(*a*) Droit Canon. Tome I, p. 148, 207. Tome 2, p. 10, 70, 307. De l'autorité du Clergé, p. 89.

(*b*) Ibid. Tome 2, p. 12 & 12.

nous ne sommes pas assez habiles pour deviner ce qu'elle signifie.

L'Eglise, dit-il, est dans l'Etat, & non l'Etat dans l'Eglise. Autre axiome qui renferme sans doute un sens profond, mais qui passe notre intelligence. C'est-à-dire, selon lui, que les membres de l'Eglise vivent & sont protégés sous les Loix de l'Empire (a) N'est-ce que cela ? on le conçoit. Mais d'autre part, les membres de l'Empire vivent aussi & sont protégés par les Loix de l'Eglise, qui tendent toutes au bon ordre & au bien de la société. Où est la différence ?

L'Eglise, ajoute-t-il, n'a été introduite dans l'Etat qu'à titre d'obligations à remplir de la part de ses Ministres. Autre verbiage. Le titre des obligations à remplir de la part des Ministres de l'Eglise, ne vient point d'un contrat fait avec l'Etat, mais du commandement de Dieu : en embrassant la Religion chrétienne les Chefs de l'Etat n'ont pas pu se réserver la liberté & le droit de gêner les obligations & les fonctions des Ministres envoyés par Jesus-Christ, ou de changer ce que Jesus-Christ a ordonné.

___

(a) Ibid. Tome I, p. 207.

Il est faux que Constantin ait ordonné que la Religion chrétienne fût la seule professée dans l'Empire ; il en permit l'exercice, mais il ne défendit point la Religion Payenne. Quand il l'auroit fait, ce n'auroit pas été *d'une pleine autorité ;* un Souverain peut-il avoir l'autorité de résister à la vérité & à la volonté de Dieu, lorsqu'elles lui sont clairement connues ?

L'édit de Constantin en faveur du Christianisme n'imposa aucune nouvelle obligation aux Ministres de l'Eglise. Avant lui, il avoient prêché l'Evangile, exercé leurs fonctions, établi des loix de discipline, malgré les défenses des Empereurs, parce que J. C. l'avoit ordonné. Que ces Ministres soient nationaux ou étrangers, cela est égal ; ils sont obligés par la loi naturelle à observer les loix civiles, à obéir au Souverain dans tout ce qui n'est point contraire à la loi divine : quant à leur ministere, ils le tiennent de Dieu seul, leur titre pour l'exercer est la volonté & le commandement de Dieu.

Selon le raisonnement de nos deux Canonistes, il semble que les Souverains ayent fait une grace à Dieu, à J. C., aux Apôtres & à leurs successeurs, en consentant que l'Evangile fût prêché ; que ses Ministres de leur côté ne doivent obéissance au Souverain qu'à titre de reconnoissance ou de convention libre. Faux principes ; en vertu de la loi naturelle & du commandement positif de Dieu, les Souverains ont été obligés de laisser professer le Christianisme dans leurs Etats & de l'embrasser eux-mêmes, dès qu'ils ont vu que cette Religion étoit véritablement inspirée & autorisée de Dieu. Sans les consulter, J. C. avoit porté cette loi rigoureuse : *quiconque ne croira pas, sera condamné.* Par la même raison les Ministres de cette Religion tolérés ou proscrits, protégés ou persécutés, sont dans une étroite obligation d'être soumis à l'autorité civile, tant que ses loix ne seront pas contraires à celle de Dieu. La protection que le Souverain leur accorde mérite sans doute de la reconnoissance ; mais ce n'est point là le titre primitif de leur obligation. Trois cens ans avant Constantin, S. Paul avoit ordonné à tout homme sans exception d'être soumis à la puissance séculiere, parce que c'est l'ordre de Dieu.

§. VII.

4e. *Principe.* « On doit distinguer trois

» choses dans la Religion. 1°. La Foi, qui
» appartient à la toute puissance de J. C.
» 2°. La profession de cette Foi qui est
» du ressort de l'Eglise ; 3°. La publicité
» de la Foi qui concerne uniquement
» l'autorité du Souverain.... jusqu'à la
» publicité du ministere, la Religion Chré-
» tienne annoncée au citoyen, étoit com-
» me n'existant pas, elle ne pouvoit lier
» le sujet ; aussi avant de donner la publi-
» cité au ministere, il a fallu la donner à
» la Religion.... Le sujet ne livre son
» obéissance qu'à l'autorité du Souverain,
» par conséquent ne peut être contraint
» que par l'autorité du Souverain (*a*). »

Réponse. Absurdités. 1°. Il est ridicule de distinguer la *publicité* de la Foi, d'avec la profession de Foi. J. C. a non-seulement commandé de croire à l'Evangile sous peine de damnation, mais d'en faire profession publique & d'en donner des signes extérieurs. Il a dit à ses Apôtres : *ce que je vous dis en secret, publiez-le au grand jour.* Il a dit à tout le monde : *si quelqu'un me renie devant les hommes, je le renierai devant mon Pere.* L'Auteur ne s'entend pas lui-

---

(*a*) Droit Canon. Tome I, p. 42, 43, 81. Tome 2, p. 63, 65. Tome 3, p. 29, 32.

DE LA VRAIE RELIGION. 189
même quand il dit que cette profession de Foi est du ressort de l'Eglise.

2°. Selon ses principes, il est faux que la publicité de la Foi dépende uniquement de l'autorité du Souverain. Selon lui, la tolérance est de droit naturel; le Souverain ne peut la refuser sans attenter à la souveraineté divine (*a*). Il ne peut donc sans pêcher contre la Loi naturelle empêcher ses sujets de professer le Christianisme lorsqu'ils jugent qu'il est la seule véritable Religion. Si le Souverain lui-même en juge ainsi il ne peut se dispenser d'en faire profession sans résister à la volonté & à la Loi de Dieu. Si cette Religion lui paroît la plus avantageuse au bien de ses Sujets, il ne peut en interdire la publicité sans pêcher de nouveau contre le devoir naturel de son état & de sa dignité.

3°. Il est faux qu'avant la publicité accordée par le Souverain, la Religion Chrétienne ne pût lier le sujet. Malgré les édits des Empereurs qui défendoient la profession du Christianisme sous peine de mort, tout homme convaincu de la vérité & de la divinité de cette Religion, étoit obligé en conscience de l'embrasser, de

_____
(*a*) Ibid. Tome 3, p. 53.

la professer, & de porter sa tête sur l'échafaut plutôt que d'y renoncer. C'étoit le cas de la maxime alléguée par les Apôtres qu'*il vaut mieux obéir à Dieu qu'aux hommes*. La doctrine de notre Canoniste ne va pas à moins qu'à condamner les Apôtres & tous les Martyrs, à justifier tous les Payens & les Juifs incrédules.

4°. Il est faux que le sujet ne livre son obéissance qu'à l'autorité du Souverain. En qualité d'homme, il doit d'abord obéissance à Dieu, & il ne la doit à son Souverain que parce que Dieu le lui commande. Si le Souverain commandoit un crime, faudroit-il lui obéir plutôt qu'à la Loi de Dieu? En qualité de Chrétien il doit obéissance aux Pasteurs de l'Eglise, parce que Dieu l'ordonne : *obéissez à vos préposés & soyez-leur soumis* (*a*).

§. VIII.

L'on ne doit pas être étonné de ce qu'en partant de principes aussi faux, l'Auteur en a tiré des conséquences encore plus fausses & se trouve presque toujours en contradiction avec lui-même.

(*a*) Hébr. c. 13, ỳ. 17.

Il dit qu'avant la publicité, ou avant l'autorisation du Souverain, la Religion Chrétienne n'existoit pas dans l'ordre du Gouvernement; que malgré son existence dans l'ordre du Fidéle, elle n'existoit pas dans l'ordre de l'Etat (*a*).

Si ce verbiage à un sens, il signifie que les Loix de la Religion n'étant pas encore appuyées de l'autorité du Gouvernement, n'obligeoient point sous des peines afflictives ou temporelles. Mais elles étoient obligatoires en vertu de l'autorité divine sous peine de damnation, & sous les peines spirituelles que les Pasteurs avoient attachées à leur violation.

Selon lui, les Conciles même généraux ne lient le sujet qu'en vertu de la publicité que le Prince donne à leurs décisions, la publicité seule leur donne force de Loi. Combien, dit-il, le Concile de Trente a-t-il proposé de maximes tantôt *en forme de dogmes*, tantôt en forme de discipline, qui toutes contraires à nos constitutions n'ont point reçu le caractere de la publicité & ne le recevront jamais (*b*)!

(*a*) Droit Canon. Tome 3, p. 29.
(*b*) Droit Canon. Tome 3, p. 93. De l'autorité du Clergé, 1 part. p. 147, 415, &c.

C'est encore ici le langage de l'héréfie ; delà il s'enfuit que le Concile de Jérufalem n'avoit pas force de Loi avant l'édit de Conftantin, que celle du Concile de Nicée n'obligeoit plus fous les Empereurs Conftance & Valens, Ariens déclarés, qu'au contraire les décifions des Conciles Ariens autorifées par ces Empereurs avoient force de Loi, que tous les fujets de l'Empire étoient obligés en confcience de profeffer l'Arianifme. Cependant depuis la naiffance de l'Eglife on a cru que les Conciles Généraux tenoient de J. C., & non des Souverains l'autorité de faire des décifions & des Loix, que tout Chrétien étoit obligé en confcience de s'y foumettre, que les Souverains mêmes qui refuferoient d'acquiefcer à ces décifions en matiere de dogme, feroient hérétiques.

Il eft faux que le Concile de Trente ait propofé *en forme de dogme* des maximes qui n'ayent pas été reçues en France. Tout le monde fçait, que fi ce Concile n'eft pas reçu parmi nous fur plufieurs articles de difcipline, il l'eft quant au dogme & à toutes les décifions en matiere de Foi fans exception, & on ne peut les rejetter fans être hérétique.

§. IX.

§. IX.

Notre Canoniste reconnoît que « le caractere de publicité relativement au Ministere n'est qu'une liberté, une faculté d'exercice qu'il n'avoit point auparavant comme contraire à la Religion primitive de l'Etat.... C'est la liberté que le Souverain lui donne d'exercer ses fonctions dans l'étendue de ses Etats, avec défense à qui que ce soit de l'inquiéter ni le troubler.... Le caractere de publicité, dit-il, ne reçoit ni degrés ni bornes *dans l'ordre du Ministere* d'aucune puissance temporelle, parce qu'il ne dépend que de la divinité qui l'a institué, en le renfermant dans celles qu'il a jugé à propos de lui admettre. Le caractere de publicité n'admet des degrés ou des bornes que dans l'action seule ou dans l'exercice extérieur du Ministere, je veux dire dans l'action seule du Ministre, parce que cette publicité étant dépendante du Souverain, il a droit de la renfermer dans les bornes des constitutions de l'état & des mœurs de la Nation (a). »

(a) Droit Canon. Tome 3, p. 71 & 72.

Cette distinction est chimérique ; il est absurde de distinguer le ministere d'avec son exercice. Lorsque Jesus-Christ a dit à ses Apôtres, *préchez l'Evangile*, il ne leur a pas donné un simple pouvoir, il leur a prescrit une action extérieure & sensible. Supposer qu'il a laissé aux Princes le droit de permettre cette fonction ou de la défendre, de l'étendre ou de la restraindre, c'est vouloir que Jesus-Christ ait soumis l'autorité de Dieu à celle des hommes. Dès qu'un Souverain est convaincu de la mission divine des Pasteurs de l'Eglise, il ne peut en défendre ni en gêner l'exercice, sans résister à l'ordre de Dieu.

Mais tel est le zéle imposteur des Incrédules & des Hérétiques pour la majesté des Rois. Quant à la Religion, ils mettent sans façon les Rois au-dessus de Dieu; ensuite ils supposent que les Rois ne tiennent point leur autorité de Dieu, mais de leurs sujets, que ceux-ci peuvent lier les mains au Souverain quand il leur plaît. Tel est le sentiment de notre Auteur, puisque, selon lui, la société a déposé l'autorité entre les mains de son Chef, l'obligation du citoyen est l'ouvrage de sa propre liberté, la loi du Souverain n'a de force que par l'acceptation ou le consen-

DE LA VRAIE RELIGION. 195
tement de ses sujets (*a*). Cependant il a dit ailleurs que Dieu a départi aux Souverains une portion de son autorité. Rien de constant, rien de suivi dans les idées de cet écrivain ; son confrere ne raisonne pas mieux.

Il repete la même contradiction dans un autre endroit. Il affirme que « le ministe-
» re & *la liberté du ministere* sont indépen-
» dans des puissances de la terre, que
» l'un & l'autre auront lieu jusqu'à la
» consommation des siécles, nonobstant
» l'opposition même de ces puissances,
» parce que la création de l'un & de l'au-
» tre dépendent de Jesus-Christ ». Il n'en soutient pas moins que « la publicité que
» le Souverain accorde au ministere & *à
» la liberté de son exercice*, est une faveur
» totalement dépendante du Souverain,
» qu'elle honore la Religion, met en sû-
» reté & le Ministre & la liberté du mi-
» nistere ». Il ne veut pas que le Ministre se croye indépendant du caractere de la publicité, parce qu'il est indépendant du Souverain, relativement au ministere &

(*a*) Ibid. Tome 1, p. 145, 186, Tome 2, p. 148.

I ij

à l'exercice de ses fonctions (*a*). L'on ne peut pas déraisonner d'une maniere plus révoltante.

§. X.

Tâchons donc d'éclaircir ce qu'il s'est efforcé d'embrouiller. Avant la conversion des Empereurs, avant l'Edit de Constantin qui permit la profession du Christianisme, les sectateurs & les ministres de cette Religion étoient proscrits, ne pouvoient attendre aucune protection du Souverain, des Magistrats, des Loix; ils étoient condamnés à la perte de leurs biens, à l'exil, à l'infamie, à la mort. Par l'Edit de Constantin leur condition changea, il prit sous sa protection cette Religion, ses loix, sa discipline, ses ministres, ses sectateurs. Il défendit sous des peines afflictives de les inquiéter, de les troubler, de leur faire aucune injure, il leur accorda des édifices publics, des fonds, des revenus pour les dépenses du culte, pour la subsistance des Ministres, pour le soulagement des pauvres.

Cette protection fut un bienfait, un

(*a*) Droit Canon. Tome 3, p. 96. De l'autorité du Clergé, 1 part. p. 76 & suiv.

très-grand bienfait digne de la reconnoissance des Fidéles & des Ministres de l'Eglise ; ils sont accusés par les Incrédules de l'avoir portée trop loin. Ce fut en même tems un acte de justice, & un acte d'obéissance à la volonté de Dieu clairement connue. Constantin, convaincu de la vérité & de la divinité de la Religion chrétienne, dut se croire obligé de l'embrasser & de la protéger ; obligé, disons-nous, en vertu de la loi naturelle qui défend de résister à la vérité connue, & d'empêcher les autres de la professer ; en vertu de la loi divine positive, portée par la bouche de Jesus-Christ, prouvée par ses miracles, par ceux de ses Apôtres, &c ; en vertu de la saine politique qui prescrit au Souverain tout ce qui peut contribuer au bien général des peuples, & au maintien de l'autorité légitime.

Appeller cette protection *publicité*, c'est abuser du terme ; vouloir que par reconnoissance les Ministres de l'Eglise ayent soumis à l'autorité souveraine l'enseignement & les décisions de Foi, les reglemens de discipline faits par les Apôtres & par leurs successeurs, l'exercice des pouvoirs reçus de Jesus-Christ même, c'est une absurdité. Puisque, selon notre auteur même, le ministere & son exercice sont indépendans du Souverain, les Pasteurs de l'Eglise ne sont point libres de les rendre dépendans, ils sont obligés de se conformer à l'institution de Jesus-Christ.

S'ensuit-il de-là qu'ils ne sont plus soumis sur tout le reste à l'autorité du Souverain ? non sans doute. Ils sont toujours citoyens & sujets, Jesus-Christ n'a porté aucune atteinte à la loi naturelle, qui oblige tout membre de la société à en observer les loix dans tout ce qui n'est point contraire à la loi divine positive. Par leur ministere même ils sont obligés de donner des leçons & des exemples de soumission, ils y sont encore obligés par reconnoissance de la protection que le Souverain leur accorde. Mais ni cette reconnoissance, ni la loi naturelle, ni le caractere de ministres de la Religion ne peuvent les obliger à investir le Souverain d'une autorité que Dieu ne lui a pas donnée.

S'ensuit-il encore que Jesus-Christ ait empiété sur l'autorité des Souverains, & en ait resserré les bornes ? rien moins. Cette autorité n'a jamais pu s'étendre jusqu'à résister à la volonté positive de Dieu, à rejetter la Religion qu'il prescrit, à interdire ce qui procure efficacement le bien général. Jesus-Christ au contraire a rendu la majesté des Rois plus sacrée, leur autorité plus ferme, les obligations naturelles des sujets plus évidentes, en les cimentant par les Loix de l'Evangile. Depuis cette époque les Empereurs n'ont plus été massacrés comme ils l'avoient été pendant trois cens ans. Les Incrédules accusent notre Religion de trop favoriser l'autorité absolue des Souverains.

S'ensuit-il enfin qu'il y a un Empire dans l'Empire, *Imperium in Imperio*, deux autorités indépendantes & contraires, toujours exposées à se croiser? Point du tout. Il est déjà prouvé par le fait qu'il n'est point dans l'univers de Gouvermens plus modérés, plus paisibles, moins sujets aux révolutions & aux convulsions que les Gouvernemens Chrétiens. Il ne peut y avoir de contestations, lorsqu'on s'en tient à la regle que Jesus-Christ a établie, de *rendre à César ce qui est à César & à Dieu ce qui est à Dieu*. Il n'y en auroit jamais, si les Souverains & les sujets plus fidéles à la loi naturelle pesoient avec plus d'attention & de sang froid leurs devoirs respectifs. Il y en auroit beaucoup moins, si des brouillons insidieux, des *Publicistes* gauches, des Incrédules hypocrites, ne travailloient sans cesse à mettre aux prises deux puissances qu'ils détestent également & dont ils ne respectent pas plus l'une que l'autre.

§. XI.

Mais, réplique notre Canoniste, l'ordre & la discipline de l'Eglise ne peuvent pas toujours être d'accord avec les constitutions d'un Etat ; alors l'Eglise ne peut contraindre les Citoyens à obéir plutôt à sa discipline qu'aux loix civiles & politiques auxquelles ils sont soumis. C'est au Souverain à en juger & à statuer ce qu'il trouve le plus avantageux au bien public de ses sujets. Cela est évident par le fait, puisque la discipline établie par le Concile de Trente n'est point admise en France. La discipline varie dans les différens Royaumes, parce qu'elle dépend uniquement du Souverain. (*a*)

Réponse. Ce fait démontre la sagesse de l'Eglise, son respect pour les Souverains, & non le défaut de son autorité. Lorsque

---

(*a*) Droit Canon. Tome 1, p. 44, 53. Tome 3, p. 93. De l'autorité du Clergé, 1 part. p. 127 & suiv.

la discipline qu'elle jugeoit la meilleure s'est trouvée non-seulement contraire aux loix civiles d'un Royaume, mais capable d'y produire d'abord une révolution trop sensible, elle n'a point usé d'autorité pour la faire recevoir, elle a préféré d'y parvenir lentement par des exhortations & de sages ménagemens. Ordinairement elle n'a point été trompée dans son attente. Ainsi plusieurs décrets de discipline du Concile de Trente, que l'on n'avoit pas voulu adopter d'abord, sont devenus insensiblement la Jurisprudence de France, en vertu des Ordonnances de nos Rois. Cet événement prouve la sagesse & l'utilité de ces décrets, & la prudence de l'Eglise.

Lorsqu'elle a vu que certaines Eglises particulieres rejettoient par humeur & par opiniâtreté une Loi de discipline sage, utile, & qui ne pouvoit causer aucun inconvénient, elle a tenu ferme & a fait usage de son autorité. Ainsi elle a lancé autrefois une excommunication contre ceux qui s'obstinoient à célébrer la Pâque avec les Juifs; elle a menacé de le faire contre ceux qui persistoient à réitérer le baptême administré par des hérétiques; parce que cet abus pouvoit intéresser le dogme & entraîner insensiblement les Fidéles dans une erreur.

Quand une Nation infidéle qui avoit des Loix civiles très-vicieuses s'est convertie à la Foi, l'Eglise n'a pas ordinairement entrepris de tout réformer d'abord. Elle a fermé les yeux sur plusieurs abus, dans l'espérance que l'esprit de l'Evangile & la sainteté de ses préceptes corrigeroient peu-à-peu les usages de ce peuple en réformant ses idées & ses mœurs. « L'Eglise » de J. C. dit S. Augustin, reçoit dans » son sein toutes les Nations, sans avoir » égard à la diversité de leurs mœurs, » de leurs loix, de leurs usages ; elle » n'en retranche rien, elles les maintient » plutôt, pourvû qu'ils n'ayent rien de » contraire à la vraie Religion & au culte » d'un seul Dieu (a). » Des censeurs chagrins lui ont fait un crime de cette indulgence, ils ont blâmé au hazard dans cette mere sage, tantôt sa sévérité, tantôt sa condescendance, sans faire attention à la différence des cas ni aux motifs qui dirigeoient sa conduite.

C'est à l'Eglise elle-même de juger si un point de discipline est plus ou moins

---

(a) De civ. Dei, L. 19, c. 17.

important, peut entraîner plus ou moins d'inconvéniens, doit être ordonné avec plus ou moins de rigueur. Jamais elle n'a refusé d'écouter sur ce point les représentations des Souverains & des peuples; c'est dans cette vue que les Ambassadeurs des Princes & les Jurisconsultes ont été admis dans les Conciles tenus dans les derniers siècles. Il a toujours résulté de ce concert entre les deux puissances le plus grand bien pour la société & une soumission plus parfaite des Fidéles aux loix portées par le concours de ces deux autorités. Encore une fois elles ne se croiseroient jamais, si des esprits ardens ne se plaisoient souvent à les brouiller.

§. XII.

Notre Auteur tombe encore en contradiction à l'égard de l'excommunication. Il a dit d'abord : » A Dieu ne plaise que
» je puisse prétendre énerver ce pouvoir
» qu'a l'Eglise d'excommunier; il ne dé-
» pend d'aucune autorité temporelle,
» puisqu'il émane de la puissance divine
» contre laquelle toute autorité ne peut
» que se briser. (a) » Vingt pages après il

(a) Droit Canon. Tome 1, p. 21.

ajoute : « si le sujet ne perdoit rien des
» droits de citoyen par ce pouvoir de
» l'excommunication, ce seroit à lui de
» juger de la validité ou de l'invalidité de
» l'expulsion qu'on fait de sa personne
» hors de la société de l'Eglise.... L'in-
» cestueux de Corinthe reconnut sa faute
» & subit la peine de l'Eglise ; mais cette
» reconnoissance & cette pénitence n'é-
» toient que volontaires ; la puissance de
» l'Eglise avoit usé de son droit en le
» frappant de cet anathême si justement
» mérité, mais elle ne pouvoit le con-
» traindre à subir la peine. Cette excom-
» munication ne lui ôtoit rien du droit
» de citoyen. Mais il n'en est pas de mê-
» me aujourd'hui, un excommunié perd
» ses droits de citoyen ; donc le souve-
» rain protecteur de ces droits doit juger
» de la validité ou de l'invalidité de cet
» attentat commis contre des droits aussi
» sacrés que ceux de citoyen. (a) »

Merveilleux principes ! Lorsque l'excommunication prive un citoyen de ses
droits, c'est au Souverain de juger si elle
est valide ou invalide. Lorsqu'elle ne porte

(a) Ibid. p. 45 & 46. De l'autorité du Clergé,
p. 44 & suiv.

aucune atteinte aux droits du citoyen, c'est à lui de voir s'il est validement excommunié ou non; s'il ne trouve pas à propos de subir la peine, quoique *justement méritée*, l'Eglise n'a aucun pouvoir de l'y contraindre. Dans cette supposition nous demandons en quoi consiste donc le pouvoir de l'Eglise, pouvoir émané de la puissance divine, & que l'Auteur ne veut pas énerver ? S. Paul ne faisoit donc qu'une vaine bravade, lorsqu'il menaçoit de livrer à Sathan ou de retrancher de l'Eglise un incestueux digne d'anathême.

Les paroles de cet Apôtre & l'usage constant de l'Eglise, démontrent qu'elle a reçu de J. C. le pouvoir de retrancher de son sein les pécheurs scandaleux & rebelles à ses Loix, de les priver de la communion des Saints, de la participation aux Sacremens & aux prieres publiques, des honneurs qu'elle rend à ses membres après leur mort. Ce fait une fois admis, lorsque les Souverains ont accordé leur protection à l'Eglise, ont-ils eu le dessein de renforcer ses Loix ou de les énerver, de rendre son autorité plus respectable ou absolument nulle, de rendre ses enfans plus soumis ou plus indociles ? Nous présumons qu'ils se sont proposé de lui faire du bien & non de lui porter préjudice.

Parce que l'excommunication emporte aujourd'hui une espèce d'infamie & prive le citoyen d'une partie de ses droits civils en vertu des Loix mêmes du Souverain, s'ensuit-il qu'il peut annuller un pouvoir émané de Dieu ? Il s'ensuit tout au plus qu'il a le droit de réintégrer le citoyen dans ses droits civils, & non de lui rendre les avantages spirituels dont l'Eglise l'a privé par l'anathême. Il est absurde de vouloir que l'autorité civile ait des effets spirituels & surnaturels, dont elle est essentiellement incapable, de peur que l'autorité spirituelle ne produise par accident des effets civils ; de prendre la défense d'un coupable contre l'autorité légitime de l'Eglise, de peur que la peine qu'elle lui inflige ne paroisse trop rigoureuse.

Que l'on dise, si l'on veut, que les effets de l'excommunication étant devenus plus étendus qu'ils ne l'étoient dans l'origine, l'Eglise doit user de son pouvoir avec plus de circonspection, ne l'employer qu'à la derniere extrémité & pour des crimes très-graves ; cette réflexion sera très-sensée. Mais soutenir comme nos deux

Auteurs que le citoyen réintégré dans ses droits civils par Sentence du Juge laïque est à l'abri de l'anathême de l'Eglise, que dans ce cas l'excommunication est un attentat, que les droits de citoyen sont plus sacrés que ceux de membre de l'Eglise, ce n'est plus raisonner.

Il n'est pas possible, diront-ils peut-être, de rendre à un excommunié ses droits civils sans annuller l'excommunication. Cela est faux. Le coupable peut se soumettre, donner satisfaction, se faire absoudre, rentrer ainsi dans tous ses droits. Quand la chose seroit vraie, il seroit encore absurde de favoriser le criminel aux dépens de l'autorité légitime.

Mais telle a toujours été la manie des ennemis de l'Eglise. Ils ne font aucun cas de ses biens sprirituels, ils s'excommunient eux-mêmes en ne prenant aucune part à son culte, ils veulent braver ses Loix sans qu'elle ait droit de les en punir, lui déchirer le sein sans qu'elle puisse se débarrasser d'eux.

Il y a bien d'autres erreurs à relever dans *l'Esprit ou les Principes du Droit Canonique*, & dans le Traité *de l'Autorité du Clergé*; mais il nous suffit d'avoir démontré la fausseté de la plupart des principes sur lesquels sont fondés ces deux Ouvrages. Sur le même fondement l'Auteur du premier, soutient que le Clergé est incapable de posséder aucuns biens, nous prouverons le contraire dans l'article suivant.

§. XIII.

Il n'est pas nécessaire de répondre à toutes les déclamations des Incrédules sur les abus d'autorité qu'ils reprochent aux Pasteurs de l'Eglise; nous en avons touché quelque chose dans l'article premier de ce Chapitre, & nous aurons encore occasion d'y revenir. Tous nos Adversaires sont partis du même principe, sçavoir, que l'autorité du Clergé est en elle-même une usurpation sur la puissance séculiere & un abus; l'Evangile nous apprend que cela est faux.

A n'envisager même cette autorité que sous un aspect purement politique, on sent qu'elle a été nécessaire dans les circonstances fâcheuses où l'Europe s'est trouvée après l'invasion des Barbares. Montesquieu a très-bien observé que c'étoit une barriere contre le despotisme des Conquérans, qu'elle a été très-utile dans un temps où il n'étoit pas possible d'en avoir une meilleure (*a*). Des Souverains sans principes, qui ne connoissoient ni les droits de la nature ni le droit des gens, qui ne sçavoient qu'opprimer & détruire, ne pouvoient être retenus par aucun autre motif que par celui de la Religion (*b*).

Dans ces siécles de désordre & de confusion, il n'est pas surprenant que l'autorité des Papes & des Evêques ait souvent passé les regles que l'on auroit suivies sous des Gouvernemens plus sages & plus éclairés. C'est un trait d'injustice & d'ingratitude d'exagérer sans cesse les abus qui en ont résulté, sans tenir compte des maux que l'on a prévenus. Lorsque le Gouvernement est essentiellement vicieux, tend à l'oppression des peuples & à l'anéantissement des droits de l'humanité, qu'importe de quelle part vienne la barriere qui en réprime les excès? L'ombre d'autorité qui subsiste encore dans les Chefs de la Religion Mahométane est le seul frein qui puisse inspirer quelque retenue aux Sultans. Etoit-ce un malheur pour les peuples asservis & livrés à des

---

(*a*) De l'Esprit des Loix, L. 2, c. 4.
(*b*) Discours sur l'Hist. de France, Tome 1, p. 306 & suiv. Tome 2, p. 122, Tome 3, p. 44, Tome 4, p. 90, &c.

guerriers farouches d'avoir dans les Ministres de la Religion une espece d'épouvantail à leur opposer ?

Ce n'est point le pouvoir ecclésiastique qui a introduit l'ignorance & l'oubli des Loix, qui a fait naître l'esclavage, ou en a rendu les chaînes plus pesantes, qui a perpétué les guerres & le malheur des peuples. L'Eglise à fait au contraire tout ce qu'elle a pu pour s'y opposer, pour sauver les débris des Sciences & des Loix, pour substituer au code brutal des barbares une jurisprudence plus sensée, pour multiplier les affranchissemens & suspendre les massacres toujours renaissans (*a*).

Mais telle est la sagacité & la justice de nos Adversaires; ils attribuent toutes les calamités du monde à la cause qui leur déplaît le plus, sans examiner si elle y a influé ou non. Dans le temps que le Clergé étoit fort-puissant, les peuples étoient malheureux; donc c'est le Clergé qui a été la cause des malheurs. Ils n'en sçavent pas davantage. S'ils étoient mieux instruits ils verroient que sans le pouvoir du Clergé le peuple auroit encore été plus à plaindre, qu'il ne pouvoit trouver que dans

───────────────

(*a*) Disc. sur l'Hist. de France, ibid.

les Ministres de la Religion une foible ressource à sa misere. Un Philosophe convient que si les Seigneurs laïques se sont souvent plaints du Clergé, celui-ci n'avoit pas moins à se plaindre des Seigneurs qui n'étoient après tout que des tyrans ignorans qui avoient corrompu toute justice ; ils regardoient les Ecclésiastiques comme des tyrans qui savoient lire & écrire. (*a*)

Ce sont les services mêmes du Clergé qui ont été la source des richesses & du pouvoir politique dont il a joui ; les peuples lui ont donné leur confiance, se sont rangés tant qu'ils ont pu sous son autorité & sa défense, parce qu'ils y étoient forcés par l'excès de leurs maux. Le peuple n'est pas si stupide que l'on pense ; il ne se seroit jamais jetté entre les bras de ses Pasteurs, s'il n'avoit trouvé en eux ni support, ni secours, ni protection : sans être inspiré, l'on peut prédire qu'il ne se mettra jamais sous la tutele des Philosophes.

Ils nous vantent la sage politique des Anglois ; cependant l'Archevêque de Cantorbéry jouit encore de la jurisdiction &

―――――――――

(*a*) Quest. sur l'Encyclop. *Appel d'abus.*

des priviléges que l'on attribuoit aux Evêques dans le treizieme & le quatorzieme siecle. (a)

Nous ne poussons point la prévention jusqu'à soutenir que les Ministres de l'Eglise n'ont jamais péché, qu'aucun motif humain n'est entré pour rien dans les services qu'ils ont rendus ou dans les prétentions qu'ils ont formées; l'humanité n'est pas capable de s'élever à cette perfection pendant douze siécles consécutifs. Mais soutenir, comme font les Incrédules, que le Clergé n'a jamais agi que pour ses intérêts particuliers, que tous ses services ont été insidieux, tous ses projets dictés par l'ambition, qu'il n'a eu d'autre dessein que de subjuguer les Rois pour asservir plus efficacement les peuples; c'est un autre excès encore plus absurde. En revêtant l'habit ecclésiastique un homme ne fait pas vœu de renoncer à la raison, à la honte, à la vertu, aux sentimens les plus naturels de l'humanité.

Les Gouvernemens actuels sont trop instruits pour donner dans le piége qui leur est tendu par les Incrédules. On commence par soutenir que le pouvoir des

---

(a) Londres, Tome 2, p. 72.

Pasteurs leur est donné par l'Eglise & non par Jesus-Christ, ensuite on prétend sur le même principe que l'autorité des Rois émane du peuple & non de Dieu: de même que les Pasteurs ne sont que les représentans & les mandataires des Fidéles, les Rois, dit-on, ne sont que les représentans & les mandataires de leurs sujets. C'est ainsi qu'ont procédé les Vaudois, les Wicléfites, les Hussites, les Calvinistes de France, les Puritains d'Angleterre & d'Ecosse, cet artifice est usé.

Article III.

Des Biens Ecclésiastiques.

§. I.

Selon les principes d'équité naturelle, tout homme dévoué au service du public a droit d'en recevoir la subsistance, quelle que soit la nature des fonctions qu'il est chargé de remplir; tel a été le sentiment de tous les peuples de l'univers. Dans les Religions même les plus absurdes, dès qu'il y a eu des ministres chargés d'en exercer les fonctions, l'on a compris qu'il étoit juste de leur assurer un honoraire, & de pourvoir à leurs besoins. Les Indiens, les Perses, les Egyptiens, les Grecs, les Romains, les Tartares mêmes & les Sauvages se sont conduits de même. Il étoit réservé aux politiques du dix-huitieme siécle de démontrer que depuis la création tous les hommes se sont trompés sur ce point. Ils trouvent bon que l'on assigne un salaire aux acteurs chargés d'amuser le public, & de corrompre les mœurs, & ils mettent en question si l'on doit alimenter des hommes préposés pour donner des leçons de morale & de vertu, pour instruire les ignorans, pour ramener les pécheurs, pour consoler les pauvres & secourir les malades.

Jesus-Christ qui étoit venu sur la terre pour faire mieux connoître le droit naturel, & non pour le détruire, n'a rien changé dans les idées généralement répandues; il s'est borné à prévenir & à corriger les abus. Après avoir donné à ses Apôtres le pouvoir d'opérer des miracles pour prouver leur mission, il leur dit: « Vous avez reçu gratuitement ces dons, » accordez-les gratuitement. N'ayez ni » or, ni argent, ni monnoye, ni provi- » sions pour vos voyages, ni habits dou- » bles, ni chaussure, ni armes pour vous » défendre; *l'ouvrier est digne de sa nourri-*

» ture (a) ». Ce divin Maître en leur défendant de mettre leurs services & leurs fonctions à prix, ne leur défend point de recevoir leur subsistance, il les assure au contraire qu'elle ne leur manquera pas. « Lorsque je vous ai envoyés, leur dit-il, » sans argent, sans provisions & sans ha- » bits, avez-vous manqué de rien? Non, » répondirent les Disciples (b).

» Je vous assure, dit-il ailleurs, qu'il » n'est aucun de ceux qui ont quitté pour » moi & pour l'Evangile leur maison, » leurs freres & sœurs, leur pere & me- » re, leurs enfans ou leurs terres, qui » n'en reçoivent cent fois autant dès à » présent & dans ce siécle, au milieu » même des persécutions, & la vie éter- » nelle dans le siécle futur (c). ». Il falloit à Jesus-Christ une puissance divine pour accomplir une promesse aussi positive.

« N'avons-nous pas droit, disoit Saint » Paul, de recevoir notre nourriture ?..... » Qui porta jamais les armes à ses dé- » pens ?... Celui qui cultive la terre, & » celui qui foule le grain, le font dans

---

(a) Matt. c. 10, ℣. 8.
(b) Luc, c. 22, ℣. 35.
(c) Marc, c. 10, ℣. 29.

» l'espérance d'en recueillir le fruit ; si
» nous avons semé parmi vous les dons
» spirituels, est-ce une grande recom-
» pense d'en recevoir quelques dons tem-
» porels ?... Ceux qui sont occupés dans
» le Lieu Saint, vivent de ce qui y est
» offert, & ceux qui servent à l'autel par-
» ticipent au sacrifice ; ainsi le Seigneur a
» réglé que ceux qui annoncent l'Evangile
» vivroient de l'Evangile. Mais je n'ai ja-
» mais usé de ce droit (a) ». Il n'est pas
à présumer que Saint Paul ait mal pris le
sens des paroles de Jesus-Christ.

§. II.

Lorsqu'il y eût une Eglise formée à Jérusalem, les Fidéles mirent leurs biens en
commun pour fournir à la subsistance des
pauvres, il est vraisemblable que cette
bourse commune servit aussi à la nourriture des Apôtres qui ne possédoient rien ;
mais nous ne voyons pas que cette discipline ait été observée dans les autres Eglises. Le passage de Saint Paul que nous venons de citer, semble prouver qu'elle n'é-
toit pas établie dans les Eglises de l'Asie

(a) 1 Cor. c. 9, ⅴ. 4.

&

DE LA VRAIE RELIGION. 217
& de la Grece ; cet Apôtre travailloit de
ses mains, afin de n'être à charge à personne (a), mais il n'en fit jamais une loi
aux autres prédicateurs de l'Evangile, il
déclare le contraire.

Avant la conversion des Empereurs, &
dans le tems même des persécutions, les
Chrétiens avoient déjà consacré des édifices pour y tenir leurs assemblées. Il est dit
dans la Vie d'Alexandre Severe, qu'il adjugea aux Chrétiens un lieu public changé
en Eglise que des cabaretiers vouloient
enlever ; il écrivit, dit son historien, qu'il
valoit mieux que Dieu fût honoré dans ce
lieu de façon ou d'autre, que de l'abandonner à des cabaretiers (b). L'Empereur
Aurélien ordonna que la maison de l'Evêque, occupée par Paul de Samosate après
sa déposition, appartiendroit à celui auquel les Prélats d'Italie & l'Evêque de
Rome en écriroient (c). L'auteur des
Questions sur l'Encyclopédie observe que
l'Eglise possédoit déjà des fonds considérables sur la fin du troisième siècle, puis-

---

(a) Act. c. 20 V. 34.
(b) Lampride, Vie d'Alex. Severe.
(c) Eusebe, H. E. L. 7, c. 30.

Tome XI.   K

que Dioclétien & Maximien en prononcerent la confiscation en 302 (*a*).

Si la possession des biens accordés à l'Eglise étoit un crime, une usurpation, un abus contraire à l'ordre de Jesus-Christ & à l'esprit de l'Evangile, il n'est pas probable que dans le tems des persécutions, lorsque les Pasteurs étoient continuellement en danger de souffrir le martyre, ils eussent consenti à se rendre coupables d'une prévarication scandaleuse, en acceptant des biens qu'il ne leur étoit pas permis de posséder. Lorsque les Vaudois & les Wicléfites ont soutenu cette erreur, ils ont été condamnés par les Conciles généraux de Latran & de Constance.

Le premier Rescrit donné en faveur des Chrétiens par Constantin & par Licinius, en 313, porte que tous les lieux qui ont appartenu aux Eglises, soit que le fisc ou des particuliers s'en soient emparés, seront rendus aux Chrétiens, à leur communauté, à leur assemblée. En vertu de cet Edit les biens confisqués par les Empereurs payens furent restitués *b*).

(*a*) Quest. sur l'Ecyclop. *Biens d'Eglise*.
(*b*) Eusebe, Vie de Const. L. 2, c. 39. De mortib. persec. c. 48.

Il est donc certain qu'avant la conversion des Empereurs, l'Eglise chrétienne avoit possédé des fonds. Lorsque Julien voulut rétablir le paganisme, il ordonna que les temples & leurs dépendances qui avoient été donnés aux Chrétiens, fussent rendus aux ministres de l'Idolatrie; il voulut que les Chrétiens rebâtissent à leurs frais ceux qui avoient été démolis, & restituassent les revenus qu'ils avoient perçus (*a*).

L'Auteur de l'Esprit du Droit Canonique est très-mal instruit lorsqu'il affirme que le corps des ministres de la Religion payenne n'eut jamais *aucun fond de possession en commun* (*b*). Le contraire est prouvé par la relation de Symmaque à l'Empereur Valentinien, par les loix d'Arcadius & d'Honorius, par les Historiens romains. Les Vestales avoient droit de recevoir des legs & des successions par testament; lorsqu'elles mouroient *ab intestat*, leur Collége héritoit de leurs biens. Aucun corps ecclésiastique ou religieux de l'Eglise chrétienne n'a eu autant d'honneurs, de privi-

---

(*a*) Vie de Julien, p. 175.
(*b*) L'esprit & les princ. du Droit Canon. Tome 1, p. 123, 151.

léges, de biens, d'autorité que les Vestales en ont eu à Rome, soit dans le tems de la République, soit sous le regne des Empereurs. Les Impératrices mêmes se trouverent heureuses d'obtenir les mêmes distinctions que les Vestales (*a*).

§. III.

Mais nous n'avons pas besoin de chercher ailleurs que dans les écrits des ennemis du Clergé le titre légitime de ses possessions.

L'Auteur des Questions sur l'Encyclopédie décide qu'un Curé, un Iman, un Talapoin, un Brame, doit avoir honnêtement de quoi vivre. « Le prêtre en tout pays, » dit-il, doit être nourri de l'autel puis- » qu'il sert la République. Quiconque » exerce une fonction pénible doit être » bien payé de ses concitoyens, mais non » régorger de richesses. Je plains le sort » d'un Curé de campagne obligé de dis- » puter une gerbe de blé à son malheureux » paroissien, &c. Je plains encore da-

_____

(*a*) V. l'Hist. des Vestales, Mém. de l'Acad. des Inscrip. Tome 5 in-12, p. 211.

» vantage le Curé à portion congruë,
» obligé d'aller faire pendant toute l'année
» à deux ou trois milles de fa maifon, le
» jour, la nuit, au foleil, à la pluye,
» dans les neiges, au milieu des glaces,
» les fonctions les plus défagréables, &
» fouvent les plus inutiles (*a*) ». Entre les fonctions d'un Curé nous n'en connoiffons point d'inutiles.

Le Canonifte, dont nous avons parlé, expliquant la nature des différentes poffeffions, parle des *biens conventionnels*, & la convention, dit-il, peut fe faire en quatre manieres. 1°. Donner quelque chofe à un homme pour le faire agir, *do ut facias*; ainfi l'on paye les mercenaires, les domeftiques, les foldats. 2°. Agir afin de recevoir, *facio ut des*; c'eft le cas de tous ceux qui louent leur peine & leur travail. 3°. Donner pour recevoir, *do ut des*; c'eft le commerce par échange. 4°. Agir pour faire agir un autre, *facio ut facias*; c'eft l'échange des fervices « Par une convention de la premiere efpece les Rois ont
» diftribué leurs bénéfices, ou l'ufufruit
» de leurs fiefs à ceux qui s'obligeoient
» à prêter au Prince & à fon Etat fecours

(*a*) Queft. fur l'Encyclop. *Curé de campagne.*

» & obéissance ». Alors cet usufruit tint lieu de solde aux militaires.

L'Auteur distingue très-bien la paye, la solde, l'honoraire d'avec l'aumône. « L'aumône, dit-il, est un pur don, une
» libéralité, sans aucune vue d'intérêt ou
» d'obligation qui engage envers nous
» celui qui la reçoit... Ainsi, dans ce
» sens, les dons faits aux ministres de l'E-
» glise ne peuvent passer pour aumône,
» parce que ces ministres donnent leurs
» peines & leurs soins à l'édification des
» hommes, l'échange détruit la nature de
» l'aumône (a) ».

Dans un autre endroit il se propose encore de prouver que la subsistance du Ministre n'est point une aumône, que cette subsistance lie, soit le Fidéle, soit l'Etat, qu'elle peut être exigée à titre de loi naturelle ou de loi conventionnelle, & de la loi du Prince. Il désapprouve les Canonistes qui se servent du terme *d'oblation volontaire ;* elle est bien volontaire, dit-il, *mais elle est due ;* c'est une satisfaction, dit la loi : *satisfactio pro solutione est.* Elle est due au travail du Ministre & pour sa sub-

---

(a) Droit Canon. Tome I, p. 397, 398, 400, 403.

DE LA VRAIE RELIGION. 223
fiftance, *dignus eft operarius cibo fuo.* (*a*)

Il foutient encore la même chofe, 1°. parce que les fonctions du Miniftre font un bienfait ; 2°. parce qu'il eft pauvre par état ; 3°. parce que le Fidéle difpofe du tems & de la peine du Miniftre Evangélique. Il conclut qu'il y a entr'eux une efpece de convention, *facio ut des*, & d'autre part *do ut facias*. (*b*)

§. IV.

Sans examiner fi toutes ces expreffions font affez exactes, nous demandons comment cet Auteur peut foutenir dans tout fon Livre que l'ufufruit des fonds accordés aux Miniftres de l'Eglife pour leur fubfiftance eft *une aumône véritable*, qu'elle ne peut être l'objet de la coaction, que la loi ne peut contraindre à payer ou à donner à celui avec lequel *on ne contracte pas* ? (*c*)

Selon lui, la Loi Evangélique s'y oppofe, parce que Jefus-Chrift dit à fes Difciples : *fi on ne veut pas vous recevoir, fe-*

(*a*) Ibid. Tome 2 ; p. 47, 49, 50, 51.
(*b*) Ibid. Tome 2, p. 54, 55.
(*c*) Ibid. Tome I, p. 403, 404, &c.

K iv

couez la poussière de vos souliers & retirez-vous. (a) Mais refuser de recevoir les Ministres de l'Evangile, & refuser de leur fournir la subsistance quand on les a reçus & que l'on a profité de leur ministere, ce n'est pas la même chose. Jesus-Christ par ces paroles n'a pas contredit celles que l'Auteur a citées plus haut : *l'ouvrier est digne de sa subsistance* ; il n'a pas anéanti la loi naturelle & conventionnelle qui exige qu'on la lui donne.

Indépendamment de cette contradiction grossiere, la plupart des assertions de l'Auteur sont évidemment fausses.

1°. Jesus-Christ défend au Ministre de vendre ses fonctions, de les mettre à prix, d'en faire payer la valeur, parce que des dons surnaturels ne peuvent sans profanation être mis en compensation avec des biens temporels. C'est pour cela que S. Pierre fut indigné contre Simon le Magicien qui vouloit acheter à prix d'argent le pouvoir de donner le S. Esprit. Mais une solde, un honoraire, une subsistance ne furent jamais regardés comme un prix, ni comme une compensation du service rendu. Un Militaire qui reçoit des appoin-

---

(a) Droit Canon. Tome 2, p. 48.

temens, un Magistrat qui touche ses vacations, un Avocat qui accepte son honoraire, sont-ils des négocians qui trafiquent de leurs fonctions, de leurs talens, des services qu'ils rendent à la société ? Une preuve que l'on ne croit pas les mettre à prix, c'est que l'honoraire est égal pour tous ceux qui remplissent les mêmes fonctions, quoique leur mérite personnel, leurs talens, leurs services soient fort inégaux. Tout cela est inestimable sans doute ; à plus forte raison les pouvoirs surnaturels & les fonctions des Ministres de Jesus-Christ.

L'ignorance & la malignité peuvent tout avilir en donnant à la conduite la plus honnête un tour odieux. On dira qu'un Militaire met sa vie & son sang à prix, qu'un Magistrat vend la justice, qu'un Avocat fait trafic de ses talens, comme on dit qu'un Prêtre fait métier de ses fonctions ; que tout est vénal en ce monde, que tout se fait pour de l'argent, &c. Ces maximes retentissent dans la bouche des ignorans, & en imposent quelquefois à ceux qui ne croyent pas l'être.

2°. Il est ridicule de dire que la subsistance est due à un Ministre de l'Evangile & qu'il n'a pas droit de l'exiger,

K v

qu'elle lie soit le fidéle, soit l'état à titre de loi naturelle ou conventionelle & que cette loi ne peut contraindre d'y satisfaire, qu'il y a une convention mutuelle, & que cependant l'on ne contracte point avec les Ministres de la Religion. Ce sont-là autant de contradictions évidentes.

3°. Il est faux que les termes *d'aumône* & de *franche-aumône*, soient consacrés au barreau pour exprimer la subsistance que l'on accorde à titre d'honoraire pour des services habituellement rendus. L'aumône n'impose aucune obligation à celui qui la reçoit, l'honoraire au contraire impose au Ministre de l'Eglise l'obligation de remplir ses fonctions à l'égard des fidéles; s'il ne satisfaisoit pas à ce devoir, il se rendroit coupable d'injustice comme le Magistrat ou l'Officier public stipendiés qui négligent d'acquitter les leurs.

4°. Il est faux que le premier ne puisse recevoir sa subsistance que comme pauvre par état & comme inhabile à se la procurer d'ailleurs. Qu'il soit riche ou pauvre, pourvû de talens lucratifs ou non, cela est égal. Son service est son titre, la loi naturelle son garant, sa qualité d'ouvrier évangélique constitue son droit. Quoique S. Paul gagnât sa vie par le travail de ses mains, il ne prétend pas moins avoir droit de vivre de l'Evangile.

5°. Il est faux que le Ministre de l'Eglise soit dans le même cas que les pauvres à la subsistance desquels les bénéfices sont destinés; que le fidele pauvre ait le même droit au bénéfice que l'Evêque, le Prêtre & le Clerc (a). L'aumône donnée aux pauvres est un acte de charité qui ne les engage à rien; la subsistance ou l'honoraire accordé au Ministre de l'Eglise est un acte de justice qui suppose un service de sa part & le met dans l'obligation d'y satisfaire. L'Auteur lui-même a fait cette distinction, & il suffit d'entendre les termes pour en sentir la différence.

§. V.

Dès qu'il est prouvé qu'en vertu de la loi naturelle les Ministres de l'Eglise ont droit de recevoir une solde, un honoraire, une subsistance, la maniere de les leur assurer est une affaire de police & de discipline relative aux circonstances. Les différentes révolutions auxquelles la Religion

_____

(a) Droit Canon. Tome 2, p. 265.

& l'Empire avoient été exposés pendant les trois premiers siécles de l'Eglise firent comprendre que la sufisance des Ministres, les dépenses du culte divin, les aumônes destinées aux pauvres, seroient très-mal assurées, si elles ne consistoient qu'en oblations journalieres ou distributions manuelles. Conséquemment Constantin & ses successeurs permirent que l'on donnât des fonds de terre aux Eglises, & en donnerent eux-mêmes. Il parut convenable de destiner à cet usage les mêmes fonds qui avoient déja servi à l'entretien des Temples & des Ministres du paganisme, & au défaut de ceux-là de distraire une partie des domaines du Souverain. Nous avons vu par les Loix mêmes de Constantin que déjà les Eglises Chrétiennes en avoient possédé sous les regnes précédens.

L'Auteur dont nous réfutons les principes allégue une autre raison ; c'est que par le faste & l'ambition des Ministres de l'Eglise les aumônes se trouvoient souvent absorbées & dissipées, & les pauvres privés de secours. La transmission des fonds, dit-il, à titre d'usufruit donnoit lieu de borner la dissipation des Ministres, parce qu'ils ne pouvoient disposer des fonds (*a*). Peu nous importe que cette raison soit vraie ou fausse, il en est une plus probable. Il nous paroît que l'érection des bénéfices ecclésiastiques a eu les mêmes motifs que l'institution des bénéfices militaires ou des fiefs. Les Rois souvent réduits à de tristes extrémités n'étoient pas en état de soudoyer les troupes & de leur fournir journellement la subsistance. Pour pouvoir compter plus sûrement sur le service des Vassaux, ils leur abandonnerent des fonds pour leur tenir lieu de solde, à charge de marcher lorsque le Roi l'exigeroit (*b*). On a fait de même à l'égard des Ministres de l'Eglise.

La question est de sçavoir si les Souverains ont pu accorder & ont donné en effet à l'Eglise la propriété de ces biens, si l'Eglise est capable ou incapable d'avoir aucune propriété. Sur ce point comme sur tous les autres, notre Auteur s'est donné carriere & n'a pas épargné les contradictions. Comme son objet étoit d'anéantir les possessions de l'Eglise, il a constamment supposé que quand il s'agit de la dépouiller, l'autorité des Souve-

---

(*a*) Droit Canon. Tome I, p. 152.
(*b*) Ibid. p. 258 & suiv.

rains est absolue, que quand ils veulent lui faire du bien, ils ont toujours les mains liées.

§. VI.

Il attribue d'abord au Souverain la propriété directe sur tous les biens de ses Sujets, ou le droit de faire des Loix sur la maniere dont on doit en disposer, & d'exiger une partie du revenu pour subvenir aux besoins de l'Etat (*a*). C'est ce que l'on nomme communément *le haut domaine*, appanage essentiel de la souveraineté, puisqu'il est relatif à l'obligation de pourvoir à la défense, à la sûreté, au bien-être des sujets.

L'Auteur dit, que la *propriété fonciere* qu'a le citoyen sur ses propres biens est le droit de jouir & de disposer à volonté de tout ce qui lui appartient, conformément à la Loi; par *disposer* il entend vendre, échanger, aliéner, hypothéquer, dénaturer, abandonner, détériorer (*b*).

Selon lui, le Souverain n'a point de propriété fonciere sur aucune espece de biens, ni sur ses domaines, ni sur les

---

(*a*) Droit Canon. Tome I, p. 175 & suiv.
(*b*) Ibid. p. 211 & suiv.

terres données à l'Eglise, ni sur les fonds affectés à quelque autre objet d'utilité commune (*a*). Cette propriété fonciere, dit-il, demeure toujours à la nation qui ne peut ni ne doit jamais s'en dépouiller. Cependant en vertu du privilége qu'a cet Ecrivain de soutenir le pour & le contre, il dit que dans plusieurs cas *la propriété fonciere* se réunit à *la propriété directe*, comme lorsque le citoyen affecte ses biens par vente ou par donation à l'Eglise (*b*). Il paroît même supposer ailleurs que le Souverain est le propriétaire foncier de tous les biens du Royaume (*c*).

Quoi qu'il en soit, admettons pour un moment dans le Souverain la propriété fonciere des biens Ecclésiastiques. 1°. Il est difficile de comprendre pourquoi il est plutôt propriétaire foncier de ces biens, que de son domaine, que des fiefs ou bénéfices militaires, &c. en quoi il est utile au bien commun que le Souverain puisse plutôt aliéner, dénaturer, détériorer les uns que les autres ; puisque tous sont affectés à un objet d'utilité commune & à

___

(*a*) Ibid. p. 197.
(*b*) P. 223, 224.
(*c*) p. 358.

remplir une obligation qui est à la charge de la Nation. 2°. Si la propriété foncière donne le droit de transporter & d'abandonner, nous ne voyons pas pourquoi le Souverain originairement propriétaire des biens de l'Eglise n'a pas pu les abandonner au Clergé.

Lorsqu'un particulier, en vertu de son droit de propriété, a donné un fond quelconque à l'Eglise, nous demandons qui en est alors le vrai propriétaire. Ce n'est plus le citoyen ; il s'en est dépouillé selon les Loix. Ce n'est point l'Eglise ; selon notre Auteur cela lui est défendu par les Loix de son institution. C'est donc ou le corps de la Nation, ou le Souverain, ou tous deux ensemble ; dans ce cas lorsque le Souverain & la Nation se sont réunis pour investir l'Eglise de la possession de biens fonds, pour satisfaire à l'obligation naturelle de nourrir les Ministres, de pourvoir au culte divin, de sustenter les pauvres ; il nous paroît que rien ne manque à cette donation, du moins quant au droit & à la faculté de ceux qui l'ont faite, pour que la possession ou propriété de l'Eglise soit juste, valide, légitime.

§. VII.

Il reste donc à sçavoir si l'Eglise est par elle-même incapable d'acquérir de posséder, ou d'avoir une propriété fonciere ; l'Auteur le prétend pour plusieurs raisons.

La premiere est que Jesus-Christ l'a défendu : *nolite possidere* (*a*). Nous avons vu que cette défense est imaginaire ; l'Eglise a décidé formellement le contraire dans deux Conciles généraux, & dans ce passage même Jesus-Christ ajoute que l'ouvrier est digne de sa subsistance.

La seconde est que l'Eglise est un corps étranger à l'Etat (*b*). Mais il est absurde qu'un corps de Citoyens occupés à servir l'Etat soit un corps étranger. Quand il le seroit, par quel principe prouvera-t'on que des étrangers occupés dans le Royaume au service de la société sont inhabiles à y posséder des fonds, quoique le Souverain & la Nation les leur ayent donnés pour satisfaire à l'obligation naturelle de les sustenter ?

(*a*) Droit Canon. Tome I, p. 112, 115. Tome 2, p. 23-26, &c.

(*b*) Ibid. Tome I, p. 248. Tome 2, p. 10, 20, 70, 282.

La troisieme, c'est que ce corps pourroit envahir peu-à-peu tous les biens de l'Etat (*a*). Quand cette crainte seroit aussi réelle qu'elle est frivole, elle prouveroit seulement que le Gouvernement doit empêcher le Clergé d'acquérir plus qu'il n'est besoin, qu'il faut modérer & borner ses possessions, & non qu'il est inhabile à posséder.

La quatrieme, c'est que de l'aveu de tout le monde, l'Eglise ne peut aliéner ses fonds (*b*). En supposant ce principe absolument vrai, il s'ensuit seulement que la propriété de l'Eglise n'est point arbitraire, indépendante des Loix & de l'intérêt général. Il seroit absurde de laisser au Clergé une liberté qui seroit directement contraire au but pour lequel ses biens lui ont été donnés, puisqu'on les lui a donnés pour subvenir à un besoin perpétuel. Mais nous soutenons que s'il pouvoit arriver un cas dans lequel il fût de l'intérêt de la Religion & de la société qu'une partie des biens du Clergé fussent aliénés, alors la puissance ecclésiastique & la puissance séculiére se réuniroient pour ordon-

---

(*a*) Droit Canon. Tome 1, p. 224.
(*b*) Ibid. p. 156. Tome 2, p. 171.

ner cette aliénation, & qu'elle seroit très-valide.

La cinquieme, est que la propriété est inutile à l'Eglise (*a*). Cela est faux. Elle satisfait à une obligation de droit naturel, & met les ministres de l'Eglise à couvert du danger de manquer de subsistance dans des tems fâcheux ; c'est un motif pour eux d'améliorer des fonds dont ils savent que la possession ne leur sera point ôtée. Lorsque les biens de l'Eglise furent pillés par les Seigneurs, à la décadence de la race Carlovingienne, le Clergé fut anéanti.

Dans plusieurs endroits de son Ouvrage l'Auteur avoit attribué à l'Eglise au moins *l'usufruit* des fonds qu'elle posséde (*b*) ; il s'en est encore repenti, il tâche de prouver ailleurs qu'elle est même incapable d'usufruit; selon lui, l'usufruit ne peut jamais être perpétuel, parce qu'autrement le droit de propriété fonciere deviendroit inutile(*c*).

C'est justement ce qui prouve contre lui que la possession de l'Eglise n'est point un simple usufruit, mais une vraie propriété. Lorsqu'il est question de biens

---

(*a*) Tome 2, p. 184.
(*b*) Tome 2, p. 180.
(*c*) Tome 1, p. 222. Tome 2, p. 185.

dont un particulier conserve la propriété ; il est clair que ces biens ne peuvent être grevés d'un usufruit perpétuel en faveur d'un autre, parce qu'alors le droit du prétendu propriétaire seroit absolument nul, il ne lui laisseroit aucune des facultés que donne la vraie propriété. Mais ici cette raison n'est pas applicable. Quand même on supposeroit avec notre auteur, que le Souverain & la nation conservent la propriété fonciere des biens de l'Eglise, l'usufruit perpétuel accordé au Clergé ne rendroit pas nulle la propriété de la nation : il satisfait à l'obligation naturelle & perpétuelle dans laquelle elle est de sustenter les ouvriers occupés à son service.

Il est donc évident que notre Canoniste abuse des termes, n'établit que des principes chimériques, & ne tire que des conséquences fausses. Que la possession de l'Eglise soit nommée *usufruit perpétuel* & *inamovible*, ou *propriété fonciere inaliénable*, cela est égal. Il nous suffit d'avoir prouvé par les aveux mêmes de l'auteur, 1°. que cette possession est très-légitime, puisqu'elle est fondée sur le droit naturel ; 2°. qu'en vertu de sa destination elle doit être perpétuelle, quand même il seroit vrai que le Souverain & la Nation retien-

DE LA VRAIE RELIGION. 237
nent la propriété foncière ; 3°. qu'elle est aussi ancienne que l'Eglise, puisqu'elle a précédé le regne de Constantin ; 4°. que s'il en est arrivé quelques abus, c'est le malheur attaché aux choses humaines : nous verrons que toutes les fois que l'on a voulu les réformer, il en est arrivé des abus encore plus grands.

§. VIII.

Quand même dans les autres Monarchies l'Eglise auroit la propriété des biens qui lui ont été donnés, notre auteur soutient qu'elle ne peut l'avoir en France ; tout ce qu'elle y possède est un pur don de la libéralité de nos Rois : en lui donnant des fonds, ils n'ont prétendu lui donner que l'usufruit, & se sont reservé la propriété. Il prétend le prouver par les actes du premier Concile d'Orléans, tenu sous Clovis en 507. Mais pour en tordre le sens à son gré, il a commencé par poser des faits notoirement faux.

Il suppose d'abord qu'avant cette époque la Religion chrétienne n'avoit en France aucune publicité, aucun exercice extérieur approuvé par le Souverain. Il oublie qu'en 313 Constantin & Licinius étoient seuls maîtres de l'Empire, lorsqu'ils permirent le libre exercice de la Religion chrétienne, & qu'ils ordonnerent de rendre aux Eglises les fonds qui leur avoient été enlevés pendant les persécutions. Est-il démontré que cette loi ne pouvoit avoir aucun effet dans les Gaules ? Jusqu'à la conquête de cette partie de l'Empire par Clovis, les successeurs de Constantin furent tous chrétiens, à la reserve de Julien ; les Edits favorables au Christianisme qu'ils ont donnés ; regardoient les Gaules aussi bien que l'Italie, l'Orient & l'Afrique. Avant le premier Concile d'Orléans, il y avoit eu vingt-sept Conciles tenus dans les Gaules, tant sur le dogme que sur la discipline ; nous présumons que pendant deux cens ans le Clergé des Gaules n'avoit pas subsisté sans biens.

Cependant notre auteur dit que sous Clovis « la Foi sort de son obscurité, les
» Eglises se forment, les Temples se bâ-
» tissent, leurs chefs paroissent à décou-
» vert, leurs ministres étendent leurs
» fonctions, & que Clovis introduit la
» Religion chrétienne dans ses Etats (*a*) ».
Voilà un docteur bien instruit.

(*a*) Droit Can. Tome 1, p. 119, 162.

Il affirme qu'avant Clovis les Eglises ne possédoient rien, que les ministres, tous pauvres & indigens, n'avoient pas où reposer leur tête (*a*). Mais il se réfute lui-même ; il observe que l'an 506, le Concile d'Agde décida que ceux qui possédent les biens de l'Eglise n'en sont que les économes, que ceux qui les tournent à leur profit sans en faire part aux pauvres, après avoir pris leur étroit nécessaire, doivent être regardés comme des voleurs & des meurtriers (*b*). Il y avoit donc des bénéfices ecclésiastiques avant le Concile d'Orléans tenu en 507.

On sait que depuis l'an 406 les Barbares n'avoient cessé de ravager les Gaules, qu'ils avoient principalement exercé leur fureur contre les ministres de la Religion ; il y avoit alors des temples bâtis puisqu'ils les brûlerent. Clovis, parvenu au thrône, trouva donc la plupart des Eglises ruinées & dans l'indigence. Converti au Christianisme, il voulut réparer une partie des ravages causés par ses propres soldats, & par les autres Barbares qui avoient précédé. Ce qu'il rendit aux Eglises étoit dans

---

(*a*) Ibid. p. 119.
(*b*) p. 264.

le fond une restitution plutôt qu'une pure
libéralité. Mais qu'il ait donné ou restitué,
cela est égal; dans l'un & l'autre cas, il
faisoit un acte de justice.

Voyons si le Concile d'Orléans prouvera que Clovis s'est réservé la propriété de
ce qu'il a donné.

§. IX.

Les Evêques lui disent (Can. I.) « Puisque votre zéle pour la Foi & le culte
» de la Religion Catholique, & votre
» affection vraiment apostolique vous ont
» engagé à ordonner notre assemblée pour
» traiter de tout ce qui est nécessaire ;
» après avoir vu les articles que vous
» nous avez proposés, & ce qui est conforme à votre volonté, nous avons
» donné notre décision, afin qu'elle soit
» confirmée par votre jugement, & que
» le consentement d'un si grand Roi donne
» plus d'autorité au sentiment des Evêques.

» Can. V. Quant aux oblations, ou aux
» terres que le Roi notre Seigneur a données par sa libéralité aux Eglises, ou
» que Dieu lui inspirera de donner dans la
» suite à celles qui n'en ont point encore,
» après

» après leur avoir accordé l'immunité
» réelle & personnelle, nous avons dé-
» cidé qu'il est juste que tous les fruits
» qu'il plaira à Dieu d'en faire naître,
» soient employés à la réparation des
» Eglises, à la subsistance des ministres,
» à la nourriture des pauvres, à la ré-
» demption des captifs, & que les clercs
» soient astreints aux fonctions du mini-
» stere. Que si quelqu'un des Prêtres se
» trouve peu zélé & peu attaché à ce
» devoir, il soit réprimandé par les Evê-
» ques comprovinciaux ; que s'il ne se
» corrige point, il soit jugé indigne de la
» communion de ses confreres, jusqu'à
» ce qu'il ait réparé sa faute, & que ceux
» d'un ordre inférieur soient en pareil cas
» sévérement punis (a) ».

(a) Droit Canon. Tome 2, p. 122 & suiv.
Canon I. Quia tanta ad Religionis Catholicæ cultum gloriosissimæ fidei cura vos excitat, ut Sacerdotalis mentis affectu Sacerdotes de rebus necessariis tractaturos in unum colligi jusseritis, secundum vestræ voluntatis consultationem, & titulos quos dedistis, ea quæ nobis visa sunt definitione respondimus, etiam vestro recta esse judicio comprobantur, tanti consensus Regis ac Domini nostri majori autoritate servandam tantorum firmet sententiam Sacerdotum.

Pour argumenter fur tous les termes avec plus d'avantage, notre auteur a commis quelques infidélités dans fa traduction, nous les releverons en examinant fon Commentaire.

1°. Il foutient avec d'autres canoniftes que cet acte eft plutôt un concordat qu'un Concile. Mais comment fuppofer un concordat fur un objet déjà réglé par la loi naturelle & par la loi divine ? En vertu de l'ordre de Jefus-Chrift, & de leur inftitution, les miniftres de l'Eglife font obligés de remplir leurs fonctions ; par la loi naturelle les peuples leur doivent la

---

Can. V. De oblationibus vel agris quos domnus nofter Rex Ecclefiæ fuo munere conferre dignatus eft, vel adhuc non habentibus Deo fibi infpirante contulerit, ipforum agrorum vel Clericorum immuninate conceffa; id effe juftum definimus, ut in reparationibus Ecclefiarum, alimoniis Sacerdotum & pauperum refectione, vel redemptione captivorum, quidquid in fructibus Deus dare dignatus fuerit expendatur, & Clerici in adjutorium Ecclefiaftici operis aftringantur. Quod fi aliquis Sacerdotum ad hanc curam minus follicitus ac devotus extiterit, publicè à comprovincialibus Epifcopis confundatur; quod fi nec fub tali confufione correxerit, donec emendet errorem, communione fratrum habeatur indignus ; minores verò (uti dignum eft) diftringantur.

subsistance; par une discipline aussi ancienne que l'Eglise, l'usage que l'on doit faire de ses revenus est déterminé tel que le veut l'acte dont nous parlons : sur quoi peut donc tomber la prétendue convention entre Clovis & les Evêques ?

Mais que l'on nomme cet acte comme l'on voudra, il est question de voir ce qui en résulte.

Clovis, dit notre auteur, procuroit par ce concordat l'exercice de la Religion Catholique : *Tanta ad Religionis Catholicæ cultum gloriosissimæ Fidei cura vos excitat ;* les Evêques reconnoissent donc que cet exercice est entierement dépendant du Prince.

Réponse. Fausse traduction. Les Evêques louent le zéle de Clovis pour la Foi & pour le culte de la Religion Catholique, pendant que les Rois des Bourguignons, des Vandales, des Visigoths étoient Ariens déterminés ; mais ils ne disent point que Clovis procuroit ou introduisoit dans ses Etats l'exercice de la Religion Catholique : elle y étoit exercée, professée publiquement, & dominante depuis près de deux siécles.

2°. Les Evêques, dit-il, se sont assemblés à Orléans par les ordres de Clovis, donc ils ne pouvoient s'assembler sans cet ordre.

Réponse. Ils s'étoient assemblés plus de vingt fois avant le regne de Clovis, ils l'avoient fait même sous les Empereurs payens, & pendant les persécutions, tantôt pour rendre témoignage de la foi de l'Eglise, tantôt pour régler la discipline, parce que ce sont deux fonctions essentielles du ministere.

3°. C'est Clovis qui a envoyé aux Evêques les articles conformes à sa volonté; les Evêques ont été simplement consultés, ils n'ont fait que donner leur réponse ou leur avis, & ils reconnoissent la nécessité de l'autorité du Roi pour donner force de loi à leur jugement.

Réponse. Les Evêques nomment leur sentiment *definitio, definimus*; il nous paroît que ces mots signifient *décision*. Ils nomment les articles proposés par le Roi, une consultation, *vestræ voluntatis consultationem*. Ils disent que le consentement du Roi donnera une plus grande autorité à leur sentiment, *majori autoritate firmet*, il est donc faux qu'ils ayent simplement donné leur avis. Que l'autorité du Roi ait été nécessaire pour mettre les fonds donnés à l'Eglise à couvert de toute entreprise de la part des séculiers, cela se conçoit ; mais qu'elle l'ait été pour donner à la décision des Evêques force de loi ecclésiastique capable de lier la conscience des clercs touchant l'emploi des revenus de l'Eglise, les fonctions du ministere, les peines décernées contre les délinquans, c'est une erreur : ils étoient obligés à obéir par la loi divine : *Obedite Præpositis vestris* (a).

§. X.

4°. La donation que Clovis fait aux Eglises est une pure libéralité, *suo munere conferre dignatus est* ; il ne donnoit donc des biens qu'à charge de service & de prestation de fidélité. En cas que le Clergé manque à ses obligations, le Roi est en droit de reprendre ce qu'il a donné.

Réponse. La charge de service & de fidélité démontre au contraire que le don de Clovis n'étoit pas une pure libéralité, mais un salaire, une solde, une subsistance due par la loi naturelle. Nous avons dit que le Clergé doit service au public en vertu de son institution même, qu'il doit fidélité au Roi comme tous les autres su-

---

(a) Hébr. c. 13, ỳ. 17.

jets, en vertu de la loi divine, naturelle & positive. Quand un Ecclésiastique viendroit à y manquer, il seroit injuste de punir l'Eglise de la faute de son Ministre. Les biens n'ont point été donnés à la personne du Ministre, mais à l'Eglise ; le Bénéficier n'en a que l'usufruit comme solde ou subsistance. Qu'il soit puni personnellement par la privation de cet usufruit, cela est dans l'ordre ; mais que ses successeurs & son Eglise soient punis pour lui & avec lui, ce n'est plus un acte de justice.

5°. Clovis n'a point donné les fonds, mais seulement les fruits : *quidquid in fructibus Deus dare dignatus fuerit* ; donc l'Eglise n'a aucune propriété.

Réponse. Le texte porte le contraire, il est dit : à l'égard des oblations ou des terres, *de oblationibus vel agris*, que le Roi notre Seigneur a daigné donner à l'Eglise. *Agris* ne signifie certainement pas les fruits, mais les fonds. Supposons qu'en les donnant, Clovis ait prescrit l'emploi des fruits, & que le Concile n'ait répondu autre chose sinon que cet emploi étoit juste & conforme à la discipline de l'Eglise ; il ne s'ensuivroit pas encore que Clovis n'a point donné le fond ni la propriété. Un donateur qui prescrit l'usage de ce qu'il donne, n'est pas censé pour cela en retenir la propriété.

6°. Clovis n'avoit point la propriété fonciere des biens qu'il donnoit, donc il n'a pu investir l'Eglise de cette propriété; il ne contractoit point avec l'Eglise universelle, mais avec les Evêques: il n'a pu donner aux Evêques ce qu'ils étoient incapables de recevoir; or les Evêques ne peuvent avoir la propriété des biens de leur siége. Ils n'en ont pas même l'usufruit, c'est à l'Eglise qu'il appartient, l'Evêque n'a que le droit d'usage des fruits pour sa subsistance.

Réponse. Comment raisonner avec un Auteur qui change de principes selon le besoin ? Il dit que les Rois n'ont pu donner des terres aux Eglises, parce qu'ils n'en avoient pas la propriété fonciere; qu'ils peuvent aujourd'hui les reprendre, parce qu'ils en ont conservé la propriété fonciere. Quelle logique !

Nous ignorons quels étoient les biens que Clovis donnoit aux Eglises, si c'étoit des terres qui leur avoient appartenu autrefois & qui leur avoient été enlevées par les Barbares, ou des fonds du domaine acquis par le partage que firent les Francs après la conquête, ou des terres tombées en déshérence par l'extinction des possesseurs, &c. A quoi sert-il donc de disputer si Clovis avoit ou n'avoit pas la propriété foncière ?

Il ne donnoit point des fonds à l'Eglise universelle, mais à l'Eglise de Rheims, de Paris, d'Orléans, &c.; chacune de ces Eglises étoit habile à posséder & possede encore. Elle étoit représentée & acceptoit par son Evêque, administrateur & usufruitier-né des biens ecclésiastiques; il acceptoit les fonds pour son Eglise & l'usufruit pour lui-même & pour les Ministres inférieurs: qu'y a-t-il en cela d'irrégulier & d'illégitime ?

Nous ne sommes pas assez habiles pour concevoir la distinction que fait l'Auteur entre l'usufruit & le droit d'usage des fruits; cet usage appartenoit à l'Evêque comme principal administrateur, il devoit selon la discipline ordinaire en employer une partie à sa subsistance & à celle des Ministres inférieurs, une autre partie aux dépenses du culte divin, & le reste en aumônes.

§. XI.

7°. Le droit de régale, celui d'économat, la nomination aux Evêchés, le droit d'investiture, le serment de fidélité du nouveau titulaire, démontrent qu'à la mort d'un Evêque le Roi rentre en possession des biens de l'Eglise & qu'il en conserve toujours la propriété fonciere.

Réponse. Lorsqu'un Evêque meurt, son Eglise ni son Clergé ne meurent point; le Chapitre de l'Eglise Cathédrale entre de plein droit en possession de la jurisdiction: dans les Provinces où les Economats n'ont pas lieu, il est administrateur-né du temporel de l'Evêché. Puisque les biens n'ont pas été donnés à l'Evêque, mais à l'Eglise, l'Eglise continue de posséder. L'établissement des Economats n'est pas fort ancien, il ne prouve autre chose que le zéle & l'attention de nos Rois à veiller à la conservation des biens de l'Eglise.

Le droit de Régale ou de nomination aux bénéfices dépendans de l'Evêque, pendant la vacance du siége, peut appartenir au Roi comme conservateur & non comme propriétaire des biens de l'Eglise. Il en est de même de la nomination aux Evêchés & aux autres bénéfices consistoriaux; ce droit a succédé aux élections, c'est une discipline très-moderne contre laquelle les Magistrats ont réclamé pendant longtems. Qu'ils ayent eu tort ou raison, cela nous est indifférent. Le Roi, comme fondateur, protecteur & conservateur des Eglises de son Royaume, peut nommer aux bénéfices sans être propriétaire des biens qui y sont attachés. Les Patrons laïques nomment aux bénéfices simples sans en être les propriétaires.

On ne peut pas tirer plus de conséquences du droit d'investiture & du serment de fidélité. Ce serment a toujours été prêté par les possesseurs des fiefs militaires; par-là ils s'obligeoient au service. Les Evêques possesseurs de fiefs ont rendu autrefois ce service comme les autres Vassaux, sinon en personne, du moins par des avoués. Quand même par l'investiture le Roi seroit censé mettre le nouvel Evêque en possession du temporel, cela ne prouveroit rien, sinon qu'à la mort du prédécesseur il s'en est rendu dépositaire & conservateur.

Les droits de nos Rois sont assez augustes & assez authentiquement reconnus, pour qu'il ne soit pas besoin de leur en attribuer d'imaginaires. Plus sages que nos dissertateurs ils ont fait consister leur gloire à protéger l'Eglise & non à la dépouiller. Ils ne seront jamais dupes du zéle mal entendu & très-suspect de certains Ecrivains, qui sappent les droits du trône sous prétexte de les rendre plus sacrés. Enseigner, comme fait notre Jurisconsulte, que l'autorité du Souverain est fondée sur un contrat de la part des Sujets, que les Loix n'obligent ceux-ci qu'autant qu'elles ont été acceptées par eux, que leur obligation est un effet de leur liberté, &c. c'est très-mal servir le Souverain.

§. XII.

Une nouvelle question est de sçavoir si les *immunités* du Clergé sont nulles & abusives, comme le prétendent la plupart des Ecrivains modernes. Notre Auteur soutient le contraire. Il cite la Loi du Code, L. 1, tit. 2, 5ᵉ. Loi, qui déclare les possessions de l'Eglise exemptes des charges publiques ; il fait remarquer dans le canon du Concile d'Orléans l'immunité réelle & personnelle accordée aux clercs par Clovis, *ipsorum agrorum vel clericorum immunitate concessâ* ; il observe qu'il seroit contre l'ordre de l'équité naturelle d'imposer des droits sur le salaire du mercenaire & sur la subsistance du pauvre (*a*).

(*a*) Droit Canon. Tome 1, p. 155.

Il pouvoit ajouter que la subsistance des Ministres de l'Eglise étant par elle-même une charge à laquelle l'Etat devoit satisfaire, il a paru ridicule d'imposer sur cette charge de quoi subvenir à une autre charge. On a fait de même à l'égard des fiefs, parce qu'ils sont originairement la solde du militaire obligé à un service; & à l'égard de l'honoraire des Magistrats, parce qu'ils sont dans le même cas. L'Auteur le reconnoît ailleurs (a). Ces immunités ne sont donc pas en elles-mêmes aussi injustes, aussi absurdes, aussi odieuses, que nos adversaires le prétendent.

S'ensuit-il delà que le Clergé soit exempt des charges de l'Etat ? Pas plus que les Militaires & les Magistrats. Un homme qui envisage ses devoirs journaliers comme une charge dont il s'acquitte envers l'Etat aussi bien qu'envers l'Eglise, ne se croit certainement pas exempt de charge; ce n'est qu'en vertu de sa charge même qu'il s'attribue le droit de subsister aux dépens de l'Etat.

D'ailleurs les membres du Clergé, comme tous les autres citoyens, ont toujours été persuadés que *nécessité n'a point de*

(a) Droit Canon. Tome 2, p. 354.

Loi, que dans les besoins pressans de l'État ils doivent les premiers donner l'exemple du zéle & de l'attachement envers le Souverain & envers la Nation, concourir de tout leur pouvoir à diminuer le fardeau des dépenses publiques. Ces sentimens du Clergé sont autentiquement prouvés par sa conduite. L'Auteur du *Droit Public de France* observe « qu'il
» n'est point de corps de l'État dans lequel
» le Prince trouve plus de ressource que
» dans le Clergé de France. Outre les
» charges communes à tous les Sujets
» du Roi, il est facile au Clergé de justi-
» fier que depuis 1690 jusqu'à nos jours
» (en 1760) il a payé plus de 379 mil-
» lions, que par conséquent dans l'espace
» de 70 ans, il a épuisé cinq fois ses reve-
» nus, qui sans en déduire les charges,
» objet considérable, ne montent qu'à
» 60 millions ou environ. » (*a*) Depuis ce temps-là les contributions du Clergé n'ont pas diminué ; l'on peut voir par les Déclarations du Roi données à ce sujet en différens temps, à quoi se monte la dette que le Clergé a contractée pour

---

(*a*) Droit public de France, Tome 2, page 172.

fournir aux besoins de l'Etat (*a*). Il est de notoriété publique que les contributions annuelles du Clergé sont à peu-près le tiers de son revenu.

D'où peut donc venir le déchainement des beaux esprits de notre siecle contre les possessions & les immunités du Clergé ? (*b*) Un Ecrivain récent nous en indique l'origine ; quoique son stile ne soit pas fort noble, on nous permettra de le copier. « Les immunités du Clergé, dit-il,
» ne sont autre chose que celles d'un Pré-
» cepteur domestique qui apparemment
» ne prend pas sur son salaire pour entre-
» tenir la maison dans laquelle il est em-
» ployé. Il faut ajouter que le salaire de
» ce Précepteur est regardé de fort mau-
» vais œil par le maître d'Hôtel, l'In-
» tendant, le Cuisinier ; &c. il leur pa-
» roît trop fort, ils trouvent absurde
» qu'on paye si bien de l'histoire, de la
» morale, de la Religion, qu'un Abbé
» qui ne sert qu'à former l'esprit & le
» cœur de leur jeune maître mange à la

___

(*a*) Dissert. sur l'honor. des Messes, p. 446.
(*b*) Encyclop. *vingtieme* art. ajouté. Quest. sur l'Encyclop. *Impôts*, sect. 2. Voyages en diff. pays de l'Europe, Tome 2, p. 392.

" table du pere & de la mere, pendant
" qu'eux ne font qu'à l'office. Notez pour-
" tant qu'ils y font toute auffi bonne
" chere & fouvent meilleure, que leurs
" falaires font plus forts, & qu'avec cela
" ils ferrent la mule furtout & ruinent à
" la fin la maifon ; ce que le Précepteur
" ne fit jamais (a). "

§. XIII.

La quantité des biens du Clergé eft exceffive, l'ufage n'en eft point conforme aux canons du Concile d'Orléans ni à l'ancienne difcipline. Il eft contraire au bien de l'Etat que le Clergé foit riche pendant que le peuple eft pauvre, la magnificence des édifices, le fafte & le luxe du Clergé femblent infulter à la mifere publique. Voilà le texte fur lequel nos politiques modernes ont enchéri à l'envi (b).

Réponfe. Ces Differtateurs font trop mal inftruits des befoins réels, du nombre des Miniftres néceffaires au fervice des peuples, de l'ufage auquel les biens Eccléfiaftiques font employés, pour fçavoir fi la quantité en eft exceffive ou non,

---

(a Ami Bernier, art. *Immunités.*
(b) Encyclopédie, *Population*, p. 98, &c.

Vainement on répliquera que souvent un seul homme en rassemble trop sur sa tête, ce n'est point à l'Eglise qu'il faut s'en prendre, puisque ce n'est pas elle qui distribue les bénéfices; elle avoit défendu cet abus par les Loix les plus severes.

Il en est de même de l'usage. De tous les biens du Royaume il n'en est aucuns qui soient plus immédiatement sous la main du Roi, qu'il lui soit plus libre d'employer à la cause pie, aux besoins d'utilité publique, par conséquent au soulagement des peuples, que les revenus des bénéfices mis en économats. Mais tel est le zéle hypocrite de nos adversaires: ils commencent par vouloir en apparence mettre tous les bénéfices à la disposition du Souverain, & finissent par déclamer contre l'abus qu'il fait de ceux qui y sont réellement.

Allons plus loin. Nous demandons en quoi il importe au bien de l'Etat qu'il ait plutôt une grande masse de biens entre les mains d'un laïque que dans celles d'un Ecclésiastique, à la discrétion d'un homme marié que d'un célibataire (a). La terre

___

(a) Voyages en diff. pays de l'Europ. T. 2, Lettre 24, p. 303.

sans doute ne rapporte pas moins de fruits pour l'un que pour l'autre. Pourvu que cette masse soit consommée dans le Royaume, qu'importe à l'Etat par qui elle le soit ? Voilà d'abord ce que nous ne concevons pas.

Nous demandons encore si les Ecclésiastiques dépensent leurs revenus autrement que les autres hommes. Quand le luxe dont on se plaint seroit réel, il est commun aux Laïques aussi biens qu'aux membres du Clergé ; c'est le vice général du siécle, & nous ne voyons pas en quoi il est plus pernicieux à l'Etat de la part des uns que des autres. Qu'il soit plus criminel dans les seconds, cela est incontestable ; mais qu'il en résulte des effets plus funestes au bien temporel de la société, c'est ce que l'on ne prouvera jamais.

Comment des Philosophes apologistes du luxe, qui le jugent avantageux à la prospérité des Nations, qui dissertent perpétuellement sur les moyens de l'augmenter, peuvent-ils invectiver contre le luxe du Clergé ? Le luxe ne change point de nature selon la qualité des personnes. Nous verrons que l'on ne se déchaîne pas moins contre ceux qui par leur profession sont à couvert de tout danger de luxe.

Par un excès de complaisance pour nos adversaires, nous ne parlons ici que des effets temporels & politiques, parce que c'est principalement sur ceux-là que les Incrédules argumentent ; les mœurs, la vertu, l'édification publique ne sont point l'objet qui les intéresse.

Or à n'envisager la chose que du côté qui les affecte, 1°. il nous paroît avantageux au public que les biens de la société changent souvent de main, un plus grand nombre de familles & d'individus en profitent ; c'est le cas des biens ecclésiastiques. A tout calculer, nous croyons que malgré l'amertume des traits lancés contre le Clergé, les pauvres gagnent encore plus avec lui qu'avec les séculiers. Quel que soit l'usage qu'il fait de ses biens, il faut que quelqu'un y ait part, à moins qu'il ne jette son revenu dans la riviere ou ne le consume par les flammes. Puisque l'on en veut sur tout à la magnificence de ses édifices, ils n'ont pas été bâtis par corvées & sans qu'il en coûtât rien au possesseur ; le manouvrier, le mâçon, le charpentier, le serrurier, le menuisier, &c. y ont gagné leur vie. Selon les favantes spéculations des Economistes modernes, c'est la seule maniere de faire l'aumône qui soit vraiment utile à la société. Le Clergé fait donc beaucoup travailler, nourrit un grand nombre de bras, entre de son mieux dans les vues sublimes de nos calculateurs ; pour récompense ils lui reprochent l'usage qu'il fait de ses biens. Ils disent que l'aumône ne sert qu'à nourrir la fainéantise, & ils blâment le Clergé de ce qu'il ne fait pas assez d'aumônes.

§. XIV.

Des Politiques moins aveugles & mieux instruits que ceux auxquels nous avons affaire, ont raisonné plus sensément. Quant à la quantité des biens du Clergé, ils ont observé, 1°. qu'il est utile au bien de l'Etat qu'il y ait un certain nombre de riches propriétaires, parce qu'ils sont en état de faire de plus fortes avances pour l'amélioration des fonds, que ne pourroit un particulier moins riche. Cette raison est encore plus sensible à l'égard d'un usufruitier qui se croit obligé par état & par justice à faire valoir autant qu'il le peut les biens dont il est dépositaire. Tous les inconvéniens sont prévenus, lorsqu'il ne peut augmenter son revenu par de nouvelles acquisitions, mais seulement par une culture plus soignée. Tel est le cas du Clergé. L'Auteur de l'Histoire des Etablissemens des Européens dans les Indes, n'y a pas fait attention & n'a fait sur ce point que des réflexions fausses. (*a*)

2°. Il est bon que les fonds changent de main de tems-en-tems, parce que dans le nombre des possesseurs il s'en trouve quelqu'un tôt ou tard qui répare les brèches d'une mauvaise administration & tire des fonds tout le parti possible. C'est ce qui arrive encore à l'égard des biens ecclésiastiques. On voit qu'en général ils sont mieux tenus & plus en valeur que les biens laïques.

3°. Loin de juger que l'origine des premiers fût odieuse, la quantité même de ces biens leur a paru être une attestation publique des services que le Clergé a rendus dans tous les tems, soit au Souverain, soit aux particuliers. On lui a donné beaucoup, parce que l'on étoit sûr de trouver en lui beaucoup de ressource. Dans le tems malheureux que les peuples étoient accablés sous le gouvernement

---

(*a*) Tome 7, c. 9.

féodal, un particulier qui n'avoit point d'héritiers nécessaires, aimoit mieux donner ses biens à l'Eglise que de les laisser à un Seigneur dont il avoit eu souvent lieu de se plaindre ; il envisageoit l'Eglise comme un dépôt respecté dont les fonds tournoient de façon ou d'autre à l'utilité publique, & dans lequel les malheureux puiseroient toujours plus ou moins abondamment. La quantité des fondations pieuses ne prouve rien, sinon qu'il y a toujours eu de grands besoins auxquels il falloit pourvoir. (*a*)

4°. Ils ont remarqué que toutes les fois que les biens ecclésiastiques ont été pillés, ce qui est arrivé souvent, l'Etat ni les peuples n'ont jamais profité de cette dépouille ; elle a toujours été la proie des Grands. Le peuple, loin d'être soulagé par-là du poids des charges publiques, a perdu au contraire un secours sur lequel il avoit droit de compter. C'est ce que l'on a vu en France après la décadence de la Maison de Charlemagne, en Angleterre à la prétendue réformation, & récemment en Pologne par l'usage que l'on a

---

(*a*) 3e. Disc. sur l'Hist. de France, Tome 3, p. 399.

fait des biens possédés par les Jésuites. (*a*)

Lorsque des spéculateurs avides dissertent sur l'usage d'une proie dont ils esperent d'enlever une partie, rien de si beau que leurs plans, l'opération qu'ils proposent doit ramener le siécle d'or. Si le Gouvernement étoit assez aveugle pour donner dans le piége, il ne tarderoit pas de s'en repentir. Lorsque les parts sont faites, chacun garde la sienne, & les projets d'utilité publique s'en vont en fumée.

5°. L'origine des biens des Monasteres n'a pas paru moins respectable aux hommes instruits. Ils savent que l'Europe dévastée par les Barbares, arrosée du sang de ses habitans, couverte de forêts, a été défrichée & fertilisée de nouveau par les sueurs des Solitaires qui fuyoient le brigandage & la tyrannie. Les colonies qu'ils ont formées sont devenues dans la suite des villages, des bourgs, des villes, dont le nom & la situation attestent encore la source qui les a fait éclore. Il seroit triste d'envier aux successeurs de ces hommes utiles, une propriété fondée sur le plus sacré de tous les titres, sur la cul-

___

(*a*) Annales polit. Civiles & Littéraires, Tome 2, n. 1, p. 56.

DE LA VRAIE RELIGION. 265
ture, sur le travail, sur une sage économie, sur les services qu'ils ont rendus aux peuples opprimés. (*a*)

Nous reviendrons à ce sujet lorsque nous parlerons des effets civils & politiques de la Religion Chrétienne.

Quand des Philosophes qui se croyent fort habiles, décident d'un ton d'oracle que le Clergé s'est enrichi par de pieuses extorsions, que les peuples aveuglés par le fanatisme ont cru acheter le ciel en donnant leurs biens aux Prêtres; ces déclamations doivent émouvoir sans doute les Lecteurs qui n'ont jamais parcouru l'histoire. Mais quand on s'est donné la peine de suivre le fil des révolutions qui ont changé la face du monde, d'examiner les motifs qui dans les différens siécles ont pu influer sur les idées & sur la conduite des Nations, l'on est fort surpris de trouver un tableau tout différent, de voir enfin que les critiques acharnés à déclamer contre l'ignorance des hommes, sont eux-mêmes fort ignorans.

─────────────────
(*a*) Politique natur. Disc. 4 , §. 23 , p. 225.

ARTICLE IV.

Du Célibat Ecclésiastique & Religieux.

§. I.

Le nom de *vertu*, synonyme à celui de *force*, nous fait sentir qu'il est louable de réprimer les penchans qui maîtrisent trop impérieusement la nature ; pour peu que l'on ait pour eux d'indulgence, l'on s'expose à en devenir bientôt esclave. S'il en est un dont les suites soient redoutables, c'est sur tout le goût des voluptés sensuelles ; souvent il a terni la gloire des plus grands hommes. Une expérience aussi ancienne que le monde, nous fait connoître que le mariage même institué de Dieu pour y servir de remède, n'est pas toujours une barriere assez forte contre ses excès ; l'humanité est réduite à rougir quand on se rappelle que cette passion dangereuse avoit été divinisée par les Payens & avoit introduit dans le culte religieux les abominations les plus honteuses. Selon l'opinion des anciens Philosophes, ce désordre même attestoit la violence du penchant qui porte tous les hommes à la volupté ; en lui élevant des Autels ils reconnoissoient

que

que les forces humaines sont souvent impuissantes pour lui résister, qu'il faut un secours Divin pour en tempérer les ardeurs (a). L'habitude de la continence contractée dès la jeunesse, a toujours été le moyen le plus efficace de n'y pas succomber : dès que l'on a fait la funeste épreuve du poison qu'il répand dans l'ame, il est difficile que le seul souvenir ne soit une tentation continuelle pour le reste de la vie.

Un auteur qui a fait l'Histoire du Célibat (b), observe que presque tous les anciens peuples ont attaché une idée de perfection à l'état de continence, & ont jugé que cet état convenoit sur-tout aux hommes consacrés au culte de la Divinité. Il en montre des exemples non-seulement chez les Juifs, mais chez les Egyptiens, les Indiens, les Perses, les Grecs, les Thraces, les Romains, les Gaulois ; on peut y ajouter les Péruviens. Il cite les éloges qu'ont fait de la continence les différentes sectes de Philosophes, sur-tout

---

(a) Cic. de nat. deor. L. 2. c. 23.
(b) Mém. de l'Acad. Tome 5, p. 104, in-12.

les disciples de Pythagore & de Platon. Les Epicuriens mêmes & les Cyniques décriés d'ailleurs par la licence de leur morale, jugeoient qu'un Sage ne devoit point penser à l'état du mariage. Qu'ils ayent fondé cette maxime sur de bonnes ou de mauvaises raisons, n'importe ; il est difficile de nous persuader que les Sages de toutes les nations se soient trompés grossiérement sur une question qui paroît de la derniere évidence aux Philosophes modernes.

Ces mêmes Anciens qui n'ont pas eu le courage de s'élever contre les désordres introduits dans le culte religieux, à qui les abus paroissoient trop invétérés pour être susceptibles de reforme, sont néanmoins convenus qu'en général le culte de la Divinité demande un cœur pur. « De » quelque maniere qu'on nous représente » les Dieux, disoit Cicéron, quelque nom » que la coutume leur donne, nous leur » devons un culte plein de respect ; culte » très-bon & très-saint, qui exige beau- » coup d'innocence & de piété, une » inviolable pureté de cœur & de bou- » che, & qui n'a rien de commun avec » la superstition dont nos peres, aussi bien

DE LA VRAIE RELIGION. 267
» que les Philosophes, ont entierement
» séparé la Religion (*a*) ». Il rapporte un
passage de Socrate, où ce Philosophe
compare la vie des ames chastes à celle
des Dieux (*b*). *Casta placent Superis*,
disoient les Poëtes mêmes.

On ne peut lire sans étonnement l'excès
des honneurs & des prérogatives que les
Romains avoient accordés aux Vestales,
pour les dédommager du sacrifice qu'elles
faisoient à la Religion, en renonçant au
mariage pendant les trente années de leur
Sacerdoce. Une Vestale alloit au Capitole
avec la pompe d'une Souveraine, elle
étoit précédée de licteurs & de gardes,
les Consuls lui cédoient le pas, faisoient
baisser les faisceaux devant elle ; elle pouvoit sauver la vie à un criminel, si elle le
rencontroit par hazard lorsqu'il étoit conduit au supplice, intercéder pour tous les
accusés, intervenir dans toutes les affaires.
Souvent les délibérations du Sénat furent
arrêtées par les requêtes de ces Prêtresses;
l'Impératrice Livie se crut décorée d'un
privilége singulier, d'avoir une place aux

(*a*) Cic. de nat. Deor. L. 2, c. 28.
(*b*) Tuscul. quæst. L. 1, n. 114.

M ij

spectacles sur le banc des Vestales (*a*); Cela est-il arrivé chez le même peuple qui élevoit des autels à l'amour impudique & à la prostitution sous le nom de Vénus ?

Mais malgré la dépravation de ses idées, Rome rendoit encore hommage au mérite de la chasteté. Dans les plus grandes solemnités on faisoit marcher des chœurs de jeunes gens de l'un & de l'autre sexe pour chanter les louanges des Dieux ; on présumoit que la chasteté propre à leur âge étoit un mérite de plus aux yeux de la Divinité.

§. II.

Jesus-Christ qui étoit venu sur la terre pour condamner toutes les passions, & mettre en honneur toutes les vertus, ne pouvoit manquer de canoniser l'état de virginité ; mais il est étonnant que des leçons si sublimes ayent pu se faire entendre au milieu de la corruption générale qui regnoit pour lors. *Heureux les cœurs purs, parce qu'ils verront Dieu* (*b*) ; ces courtes

---

(*a*) Hist. des Vestales, Mém. de l'Acad. des Inscrip. Tome 5 in-12, p. 234.
(*b*) Matt. c. 5, v. 8.

paroles ont eu plus de force, que toutes les spéculations des Philosophes & toute la pompe attachée au Sacerdoce de Vesta. En prodiguant les récompenses, Rome avoit peine à trouver sept vierges qui voulussent s'imposer la loi de trente ans de continence, Jesus-Christ par un seul mot a fait éclore des essains de célibataires perpétuels dans toutes les parties du monde.

Après avoir établi l'indissolubilité du mariage, « Il y a, dit-il, des eunuques » volontaires qui ont renoncé au mariage » pour le Royaume des Cieux ; que celui » qui peut le concevoir y fasse atten- » tion.... Quiconque aura quitté sa fa- » mille, son épouse, ses enfans, ses pos- » sessions à cause de mon nom, recevra » le centuple, & aura la vie éternelle (*a*). » Si celui qui vient à moi n'est pas disposé » à quitter son pere, sa mere, son épouse, » ses enfans, ses freres & sœurs, sa propre » vie, il ne peut être mon disciple (*b*). »

Saint Paul enseigne de même qu'il est avantageux à l'homme de n'avoir commerce avec aucune femme, mais que pour

---

(*a*) Matt. c. 19, ⚘. 12, 29.
(*b*) Luc, c. 14, ⚘. 26.

éviter le libertinage, il est bon que l'on se marie, & que les époux vivent conjugalement. « Ce n'est point, dit-il un ordre
» que je vous donne, mais un conseil. Je
» voudrois que vous fussiez tous libres
» comme je le suis; mais chacun reçoit
» de Dieu le don qui lui convient, celui-
» ci d'une maniere, celui-la d'une autre.
» Je dis à ceux qui sont dans le célibat ou
» dans le veuvage, qu'il leur est bon d'y
» demeurer comme moi; s'ils ne peuvent
» garder la continence, qu'ils se marient,
» cela vaut mieux que de brûler d'un feu
» impur (a) ». Il condamne ailleurs comme hypocrites & déserteurs de la Foi ceux qui empêchent les Fidéles de se marier (b); il dit aux Hébreux que le mariage est honorable à tous égards, & le lit nuptial sans tache (c).

Dans l'Apocalypse Saint Jean représente devant le throne de Dieu, une foule de bienheureux plus élevés en gloire que les autres. « Voilà, dit-il, ceux qui ne se
» sont point souillés avec les femmes, ils
» sont vierges, ils suivent l'agneau par-

(a) 1 Cor. c. 7, ℣. 6.
(b) 1 Tim. c. 4. ℣. 3.
(c) Hebr. c. 13, ℣. 4.

» tout, ce sont les prémices de ceux qu'il
» a rachetés à Dieu parmi les hommes(*a*)».

Loin de réprouver le mariage, Jesus-Christ lui a rendu sa sainteté primitive, en condamnant le divorce, l'adultere, le simple desir d'infidélité dans les époux, le commerce des personnes libres, tout ce qui peut nourrir des passions criminelles; les Apôtres ont suivi fidélement sa doctrine. Ils représentent le célibat gardé par motif de religion, comme un état plus parfait, lorsqu'on y est appellé de Dieu, auquel cependant l'on ne doit pas s'engager témérairement. Ceux qui étoient mariés ont quitté leur famille, ceux qui ne l'étoient pas ont persévéré dans la continence, pour se livrer avec plus de liberté à la prédication de l'Evangile, & aux devoirs de leur vocation.

Quelques anciens hérétiques condamnoient le mariage, les Incrédules proscrivent le célibat; erreur de part & d'autre. Le mariage est non-seulement légitime & louable, mais sanctifié par la dignité de Sacrement; la virginité est plus parfaite, mais commandée seulement à ceux auxquels Dieu en accorde le don, & qu'il

---

(*a*) Apoc. c. 14, ℣. 4.

M iv

veut consacrer spécialement à son service. Tel est le sage milieu dont l'Eglise ne s'est jamais écartée.

§. III.

Lorsque les anciens ont envisagé le célibat sous un aspect purement politique, ils en ont porté divers jugemens, selon les circonstances dans lesquelles ils se trouvoient. Chez les nations encore au berceau, qui ont le plus grand intérêt de se multiplier, le besoin de la population étouffe tout autre sentiment ; le mariage a pour lors d'autant plus d'attraits pour l'homme, que le nombre des enfans fait sa richesse, & que l'autorité paternelle est portée au plus haut degré. La sujétion dans laquelle vivent alors les femmes, épargne au mari les plus grands desagrémens de la société conjugale ; elles sont à peu près esclaves, l'homme est souverain chez lui (a). Il est rare alors de trouver des célibataires par goût, & il est naturel que cet état soit noté d'une espece d'infamie. Telle est l'origine des loix portées contre le célibat

---

(a) Observ. sur les commenc. de la société par Millar.

dans la plupart des Républiques naissantes & des Royaumes dépeuplés.

Un État agrandi, fortifié, enrichi par le commerce & par les arts, qui a de grandes relations au dehors, & beaucoup de ressources au dedans, où les étrangers peuvent jouir d'un sort égal à celui des nationaux, laisse aux citoyens une plus grande liberté de suivre leur inclination, d'embrasser l'état de vie qui paroît le plus convenable à l'intérêt particulier. L'indépendance nécessaire au militaire, un goût decidé pour l'étude, le commerce étranger, la navigation, les voyages, les arts qui ne sont point sédentaires, déterminent un grand nombre d'hommes à renoncer au mariage, ou à ne s'y engager que dans un âge avancé, lorsque leur fortune est bien établie. Un spéculateur, à courte vue, étonné de ce phénomene, s'en prend à la Religion, parce qu'elle préconise le célibat ; il ne voit pas que le mal vient d'ailleurs, & qu'en fuyant le mariage la plupart des célibataires ne pensent guére aux maximes de l'Evangile.

Enfin lorsque le luxe porté au comble a corrompu les mœurs & les principes d'une nation, le mariage devient un joug très-onéreux & une source de chagrins amers. Les prétentions, le faste, la mollesse, l'oisiveté des femmes, la licence de leur conduite, le *grande supercilium* qui rebutoit les Romains, font redouter la société conjugale, y multiplient les infidélités & les éclats scandaleux, sur tout parmi les Grands. Les Villes n'offrent presque plus aux regards des observateurs que des époux malheureux, une multitude énorme de Célibataires, une corruption des deux sexes qui étonne. Dans cette situation fâcheuse le Gouvernement Romain fit des Loix pour forcer les citoyens à se marier ; mais la force des Loix ne peut rien contre le torrent des mœurs, elle n'attaque point le mal dans sa source. Nos Philosophes, encore moins sages, le rejettent sur la Religion, comme si on la consultoit pour lui faire des outrages. Ils soutiennent qu'il faut permettre le divorce pour diminuer le nombre des célibataires ; excellent moyen pour l'augmenter ! Rome en est encore témoin. Ce n'est point la sainteté du mariage qui en dégoûte, c'est sa corruption (*a*).

(*a*) Syst. social, 3ᵉ. part. c. 10, p. 130.

§. IV.

Cependant un cri général s'éleve : *il faut abolir le célibat ecclésiastique & religieux* ; sans doute afin de favoriser le célibat de luxe & de libertinage qui est cent fois plus pernicieux. Il faut évacuer les Couvens de Religieuses, afin de multiplier le nombre des vieilles filles qui n'ont pu trouver à s'établir, ou des prostituées. On loue à perte de vue des Souverains qui ont fait des Loix pour favoriser les mariages, mais qui ont commencé par détruire deux ou trois cens mille hommes pour agrandir de vastes déserts. Prodige de sagesse !

Il y a trop d'Ecclésiastiques & de Religieux. Dans les grandes villes, cela peut être ; mais ce n'est point la Religion qui a conseillé d'agrandir les villes pour en faire des gouffres de l'espece humaine ; dans les campagnes, aux extrémités du Royaume les ouvriers manquent à la vigne du Seigneur. Le remede est visible, mais les Philosophes ferment les yeux.

Ne concentrez point tous les établissemens publics dans les capitales ; diminuez la mollesse des Grands, reduisez-les à pratiquer la Religion avec le peuple ; ôtez-leur la vanité d'avoir des Ministres de l'Autel à leurs ordres ; modérez l'ambition des familles, rendez aux Evêques la liberté de pourvoir par choix & non par force à toutes les places utiles & de retenir leurs sujets sous leur discipline : sans loix, sans violence, sans autre réforme, les choses reprendront le niveau & le milieu tant désiré. Ces expédiens ne dépendent point de l'Eglise seule, & si elle vouloit les tenter, tout l'univers s'éleveroit contre elle.

Nous ne nous arrêterons point à réfuter les sophismes par lesquels les Protestans ont voulu prouver que le célibat & les vœux de chasteté sont opposés à l'esprit du christianisme ; les Incrédules soutiennent hautement le contraire, s'en prennent à Jesus-Christ & à sa doctrine ; mais ils prétendent que cette institution nuit au bien politique des Etats, est fondée sur le fanatisme & sur l'amour de l'oisiveté. La question a donc changé de face, il ne s'agit plus de l'Evangile, nos adversaires nous l'abandonnent ; il reste à prouver contr'eux que la loi du célibat des Clers n'est sujette à aucun inconvénient politique, ne porte aucun préjudice au mariage ni à la population.

§. V.

1°. Il est évident par les paroles de Jesus-Christ & des Apôtres qu'aucune Loi n'ordonne à personne d'embrasser l'état ecclésiastique ou religieux ; il faut pour cela une vocation décidée, Dieu la donne à qui il lui plaît. Lorsque Jesus-Christ invita un jeune homme à se joindre au nombre de ses Disciples, il le mit à l'épreuve, il lui proposa de renoncer à tout ce qu'il possédoit & de rompre les liens qui l'attachoient au monde ; le jeune homme ne se sentit pas assez de courage, Jesus-Christ n'insista point (a). Sur ce modéle, l'Eglise n'admet au nombre de ses Ministres que ceux dont elle a éprouvé la vocation ; dès les premiers siécles elle a fait sur ce point les Loix les plus rigoureuses & les a renouvellées au Concile de Trente. Si quelqu'un la trompe par ambition & par hypocrisie, elle n'en est point responsable.

Dans les premiers temps au défaut de célibataires elle a pris des hommes mariés pour Ministres, les veufs ne sont

---

(a) Matt. c. 19, v. 21.

encore exclus des ordres sacrés par aucune Loi ; lorsqu'elle a eu la liberté du choix elle a préféré ceux qui s'engageoient à une continence perpetuelle. Ainsi en avoit agi son divin fondateur. Parmi les Apôtres ceux qui étoient mariés renoncerent à tout pour suivre Jesus - Christ, S. Jean & S. Paul ne l'étoient pas, ils ont persévéré dans l'état de virginité. L'Auteur des Questions sur l'Encyclopédie qui a voulu parler de cette discipline, n'étoit ni assez instruit ni assez judicieux pour en porter un jugement équitable (*a*).

2°. L Eglise ne reçoit les engagemens des Clers que dans un âge auquel tout homme est censé connoître ses forces & son témpéramment, long-temps après l'époque à laquelle il est habile à contracter mariage. Si un Clerc peut prouver que son engagement n'a pas été libre, s'il ne l'a point ratifié volontairement par l'exercice de l'ordre qu'il a reçu, l'engagement est déclaré nul.

3°. Selon l'ancienne discipline le nombre des Ecclésiastiques étoit très-borné, personne n'y étoit admis qu'au moment de remplir une place nécessaire & va-

---

(*a*) Quest. sur l'Ecyclop. art. *Clerc.*

cante, on ne prenoit point de surnuméraires ; les Loix de Constantin y avoient pourvû (a). Nous conviendrons aisément que la cupidité des séculiers les porte souvent à surcharger l'Eglise du fardeau des enfans dont ils veulent se débarasser, que leur vanité à quelquefois multiplié les fondations pour laisser des places aux héritiers de leur nom, que la jalousie du droit de patronage à souvent fait une espece de violence aux Evêques. C'est le crime de l'ambition & non celui de l'Eglise. Elle ne demande que des ouvriers, elle ne reçoit des sujets qu'en cette qualité ; ce n'est point sa faute quand ils manquent de parole, ou lui en imposent sur leur véritable dessein.

Il y a de l'injustice à dire que les Evêques, pour avoir un plus grand nombre de Clercs soumis à leurs Loix, en multiplient le nombre sans nécessité. On sçait si les Ecclésiastiques oisifs sont les plus soumis aux Evêques. Lorsqu'il arrive du scandale, il ne vient pas ordinairement de la part des ouvriers occupés.

4°. Malgré l'affectation des Incrédules à exagérer le nombre des Clercs, ils ne

_____

(a) Cod. Theod. L. 16, tit. 2, n. 3 & 6.

font pas un fur quatre-vingt féculiers. Un feul Curé aidé feulement d'une Vicaire fe trouve fouvent chargé d'une paroiffe de mille ou douze cens communians. Si le luxe, la molieffe, le fafte des villes obligent d'y multiplier le nombre des Miniftres de la Religion, fi les Clercs en fortent difficilement pour aller travailler au falut des peuples de la campagne, c'eft un abus que l'Eglife n'approuve point ; fi elle vouloit le réformer, fouvent les déclamateurs feroient les premiers à s'y oppofer.

§. VI.

Eft-il vrai que la célibat des Eccléfiaftiques diminue le nombre des mariages & nuife à la population ? 1°. L'on rencontreroit mieux fi l'on difoit au contraire que la difficulté des mariages augmente la quantité des célibataires. C'eft le motif dont un pere fe fert communément pour déterminer fes enfans l'un à prendre l'état eccléfiaftique, l'autre l'état militaire, un troifieme à entrer dans le cloître. Il leur repréfente que fa fortune n'eft pas affez confidérable pour les établir tous dans le monde, que c'eft affez pour lui de marier l'aîné. Delà il réfulte déjà que fans la refsource de l'Eglise & des Monasteres, ils n'en seroient pas plus avancés, qu'ils nuiroient à l'établissement de l'aîné & demeureroient peut-être tous dans un célibat forcé.

2°. Le nombre des mariages & la population ne peuvent augmenter qu'à proportion des moyens de subsistance. La voie la plus simple de multiplier ces moyens est de faire vivre un plus grand nombre d'hommes dans un plus petit espace & a moins de frais. Or, il est démontré que tel revenu qui suffit pour faire subsister une communauté d'hommes ou de femmes assez nombreuse, ne suffiroit pas pour alimenter un nombre égal, distribué en plusieurs familles. Par l'économie & la frugalité ces Communautés mettent à profit ce que le luxe de bienséance dissipe & anéantit dans la société. Déclamer contre des établissemens qui malgré la contagion peuvent se préserver d'un luxe destructeur, c'est trouver mauvais qu'il ne soit pas encore venu à bout de tout dévorer.

3°. C'est ici une affaire de calcul. Est-il démontré que les pays dans lesquels le célibat est supprimé sont, toutes choses égales d'ailleurs, plus peuplés que ceux dans lesquels il subsiste ? Pour faire sûrement cette estimation, il faut examiner les choses sous le même climat & sous le même régime politique ; personne n'a encore tenté de calculer avec cette précaution essentielle. S. Ambroise, *de virginit*. L. 3, soutenoit déjà que les pays où il y avoit le plus de vierges & de continens, comme Alexandrie, l'Afrique, l'Orient, étoient plus peuplés que les autres. On nous cite des contrées dans lesquelles il y a d'autres raisons de population ou de dépopulation sur lesquelles on garde le silence ; quelquefois même on allègue des faits & des exemples qui démontrent la fausseté des conjectures de nos adversaires. L'Auteur des Annales Politiques a prouvé que l'Allemagne est aujourd'hui moins peuplée qu'elle ne l'étoit sous le catholicisme (*a*).

Selon l'Auteur de l'histoire des établissemens des Européens dans les Indes, des preuves historiques présentées aux derniers états de Suéde les convainquirent que leur pays avoit, il y a trois siécles, à peu près trois fois plus d'habitans qu'aujourd'hui, quoique la Religion Catholique qu'on y professoit alors autorisât les cloî-

_____

(*a*) Tom. 3, n. 19, p. 167.

DE LA VRAIE RELIGION. 283
tres & prescrivît au Clergé le célibat (*a*). Celui qui a traité de la félicité publique avoue que l'Italie, malgré la quantité de Prêtres & de Moines est plus peuplée qu'elle ne l'étoit sous les Romains, avec toutes les Loix qu'ils avoient portées pour empêcher le célibat (*b*).

4°. Nous sommes forcés de répéter que d'un côté le luxe & la corruption des mœurs, de l'autre la pauvreté & la difficulté de subsister sont les vraies raisons qui diminuent le nombre des mariages & les rendent stériles. Quelques-uns de nos adversaires en conviennent. « En même-
» temps, disent-ils que le commerce
» favorise la population par l'industrie de
» de mer & de terre, par tous les objets
» & les travaux de la navigation, par
» tous les arts de culture & de fabrique
» il diminue cette même population par
» tous les vices qu'amene le luxe (*c*) ».
Voilà donc la source du mal. La question est de sçavoir si en supprimant le célibat ecclésiastique on diminueroit le luxe des villes & la pauvreté des campagnes ; il

---

(*a*) Hist. des Establiss. Tome 2, L. 5, p. 170.
(*b*) De la Félic. publ. Tome 2, c. 5, p. 126.
(*c*) Hist. des Establiss. Tome 7, c. 9.

y auroît de la démence à le soutenir. Il nous paroît très-bon que dans ces circonstances il y ait encore des hommes & des sociétés destinées à donner l'exemple de la modestie, de la frugalité, de l'innocence des mœurs. Quel azyle resteroit à tant de personnes maltraitées par la fortune, s'il n'y avoit pas des retraites & des conditions dans lesquelles on peut encore sans danger pratiquer la modération chrétienne devenue presque un opprobre dans le monde ? On fuiroit la vertu, s'il n'y avoit plus d'état dans lequel elle pût se montrer sans faste & sans appareil ?

5°. Ceux qui embrassent le célibat ecclésiastique ou religieux le font ou par réflexion, ou par goût ; ou par l'un & l'autre motif réunis. Si c'est par réflexion & après avoir calculé leur intérêt, c'est une injustice de leur ôter un bien-être qui n'a rien d'illégitime ; si c'est par goût, il est faux que la loi du célibat leur soit onéreuse : si le goût & l'intérêt se réunissent, les clameurs des Incrédules deviennent encore plus absurdes. Sans cesse ils font retentir à nos oreilles le nom de liberté, & ils commencent par vouloir ôter à leurs semblables l'espece de liberté la plus naturelle & la plus précieuse, celle d'embrasser l'état de vie qui plaît davantage.

6°. Il n'est pas besoin de refléchir profondement pour sentir que dans un Empire étendu & florissant l'inégalité des fortunes est inévitable ; plus l'opulence croît d'un côté, plus la pauvreté augmente de l'autre. Il est donc impossible que dans toutes les conditions il y ait la même facilité de former des unions. Il faut des militaires, des matelots, des domestiques à l'infini, des professions avec lesquelles l'état du mariage peut difficilement s'accorder. Tout homme marié dont la fortune dépend d'un emploi ou d'une industrie personnelle, s'expose à laisser en mourant sa famille dans l'indigence ; tous les Ecclésiastiques seroient dans ce cas, la société se trouveroit surchargée de leurs enfans. L'on en fait l'épreuve en Angleterre, & l'état trouve ce fardeau très-onéreux (*a*).

De toutes ces réflexions il résulte que le luxe général, celui des femmes en particulier, le préjugé attaché à la noblesse, le mépris des alliances inégales, la corruption des villes qui fournit aux céliba-

---

(*a*) Londres, Tome 2, p. 128.

taires de funestes dédommagemens, sont les vraies causes de dépopulation sur lesquelles il faudroit frapper ; les Incrédules n'y touchent point, ou n'en parlent que légérement ; ils craignent que les coups ne retombent sur eux. L'un d'entr'eux en est cependant convenu (*a*).

§. VII.

L'Auteur de l'article *Célibat* dans l'Encyclopédie, observe 1°. qu'à le considérer en lui-même il n'est point illégitime, lorsqu'il est établi par une autorité supérieure à celle de la nature ; que Dieu sans doute peut témoigner que la pratique de la continence lui est agréable. Or, nous avons vu que Jesus-Christ a clairement témoigné que la continence des Ministres de la Religion lui étoit agréable, & qu'il lui a promis une récompense.

2°. Que le célibat de libertinage est très-contraire au vœu de la nature & au bien de la société, il en expose les tristes effets ; nous les déplorons avec lui.

3°. Que la plupart des peuples anciens ont regardé la virginité & le célibat com-

───────────

(*a*) Espion Chinois, Tome 3, Lettre 3 & suiv.

me un mérite dans les Ministres de la Religion, que le Christianisme n'a fait autre chose que rectifier ces idées & y engager les Clercs par un motif plus parfait.

4°. Que cette loi étant de pure discipline, elle a varié dans les différens siécles & pourroit encore changer. Il auroit parlé plus exactement s'il avoit dit que cette loi fondée sur les paroles de Jesus-Christ même a toujours existé & n'a jamais été révoquée, mais que dans les différens siécles elle a été exécutée avec plus ou moins de rigueur, selon que l'Eglise a été plus ou moins libre de maintenir cette discipline respectable. On ne pourroit y donner atteinte aujourd'hui sans tomber dans de plus grands inconvéniens; nous allons le prouver en réfutant les prétendus avantages que l'on croit appercevoir dans la discipline contraire; l'Encyclopédiste les a copiés dans l'Abbé de S. Pierre, l'Auteur des quest. sur l'Encyclopédie, art. *Curé de campagne*, n'y a rien ajouté.

Premiere Objection. Si quarante mille Curés qui sont en France avoient des enfans, ceux-ci seroient sans contredit des mieux élevés, l'Etat y gagneroit de bons sujets & l'Eglise des fidèles ; les Ecclésiastiques étant par leur état meilleurs maris que les autres hommes, il y auroit quarante mille femmes plus heureuses & plus vertueuses.

Réponse. Si cinq ou six cens mille célibataires libertins qui sont en France avoient des enfans & leur donnoient une bonne éducation, l'Etat y gagneroit un beaucoup plus grand nombre de bons sujets que par le mariage des Curés. Avant de toucher à l'état du Clergé qui est fondé sur de très-bonnes raisons, il nous paroît juste de réformer un désordre qu'aucune raison ne doit faire tolérer.

La question principale est de savoir si un Pasteur chargé de famille auroit autant de tems, de liberté & de zéle pour se livrer aux fonctions charitables de son ministere. Le bon sens nous dicte qu'avant de penser au *mieux* il faut pourvoir au *bien*, satisfaire aux devoirs essentiels de l'Etat, avant d'y en ajouter d'autres ; Jesus-Christ n'a point institué le Sacerdoce pour travailler à la population de l'univers, mais au salut des ames. Un Pasteur est le pere des pauvres, des veuves, des orphelins, des enfans abandonnés ; son troupeau est sa famille ; quand elle est nombreuse, il ne peut

peut y suffire, il lui faut des Vicaires & des coopérateurs. Une société de femmes, de filles & de jeunes Prêtres ne seroit pas fort propre à édifier la paroisse. Les aumônes du Pasteur seroient supprimées, on n'oseroit plus lui en confier, de peur qu'il n'en détournât l'usage. Après la mort du Curé la paroisse se trouveroit chargée de la veuve & des enfans; souvent elle a de la peine à faire subsister le Curé lui-même.

Un autre dissertateur décide que « Si » les fonctions du Sacerdoce semblent in- » terdire au Prêtre les soins d'une famille » & d'une terre, les fonctions de société » proscrivent encore plus hautement le » célibat (*a*) ». Ainsi, selon lui, instruire, édifier, consoler, soulager les malheureux, ne sont pas *des fonctions de société*. En est-il donc de plus nécessaires & de plus sacrées ? Il convient que les Pasteurs s'en acquittent (*b*), & il veut les en détourner.

C'est une triste ressource de penser que les Ecclésiastiques seroient meilleurs maris que les séculiers; que ceux-ci deviennent

---

(*a*) Hist. des Etabliss. des Europ. dans les Indes, Tome 7, c. 9, Encyclop. *Population*.
(*b*) Hist. des Etabliss. ibid. c. 7.

meilleurs, les femmes n'auront pas besoin d'épouser des Prêtres pour être vertueuses & heureuses. Ajoutons : que les femmes soient plus souples & plus vertueuses, il en coutera moins à leurs maris pour les rendre heureuses.

S'il étoit vrai, comme le soutiennent gravement plusieurs de nos Philosophes, qu'un Ecclésiastique est nécessairement un homme vicieux & méchant, que deviendroit la belle spéculation que l'on fait ici sur le bonheur des femmes qui leur seroient unies ? Mais nous verrons bien d'autres contradictions.

§. VIII.

2ᵉ. *Objection.* Il n'y a guére d'hommes pour lesquels le célibat ne soit difficile à observer ; l'Eglise souffre un grand scandale par un Prêtre qui manque à la continence ; pendant qu'il ne revient aucune utilité aux autres Chrétiens de celui qui vit continent.

Réponse. Ce n'est point aux incontinens d'habitude, tel qu'étoit l'Abbé de Saint-Pierre & la plupart de ses copistes, qu'il convient de juger de la facilité ou de la difficulté d'observer la continence. Elle n'est point onéreuse à un Pasteur qui a toujours été chaste, qui est très-occupé, & souvent fatigué des fonctions de son état, qui ne fréquente les femmes qu'autant que la nécessité l'exige. Il a plus besoin de la solitude & du repos, que du tumulte & de l'embarras d'une famille. Personne ne connoît mieux que les ouvriers évangéliques, les croix, les chagrins, les dégoûts des personnes mariées; c'est auprès d'eux qu'elles vont chercher de la consolation: elles n'iroient plus, s'ils étoient mariés eux-mêmes. Nous le voyons par le peu de confiance que les Protestans ont pour leurs Ministres, & les Grecs schismatiques pour leurs *Papas* mariés. Il est donc faux que les Chrétiens ne tirent aucune utilité de la continence des Prêtres, sans elle leur ministere deviendroit à-peu-près inutile. Leurs ennemis le souhaiteroient sans doute, c'est ce qui rend suspect leur zéle ardent pour le bien-être & la félicité des Prêtres.

Il est rare que des Pasteurs ou des ouvriers occupés au salut des ames, donnent du scandale par leur conduite; cela seroit encore plus rare, si la malignité des libertins ne cherchoit pas continuellement à élever contre les Prêtres des soupçons mal fondés. Le mariage d'ailleurs n'est pas un remede infaillible contre l'incontinence ; nous en connoissons des preuves parmi les Protestans. Quand un Pasteur marié seroit incapable de s'oublier lui-même, pourroit-il répondre de la conduite de sa famille ? Si elle scandalise, le blâme en réjaillit toujours sur le pere. Ceux qui savent que les lieux publics de Londres sont peuplés en grande partie de filles de Ministres, on a de la peine à comprendre en quoi cette postérité peut contribuer à l'édification publique (*a*).

« Si jamais objet lascif n'eût frappé nos
» yeux, si jamais idée deshonnête ne fût
» entrée dans notre esprit, nous serions
» demeurés chastes sans tentations, sans
» efforts, sans mérite. Un solitaire élevé
» dans un désert sans livres, sans instru-
» ction & sans femmes, y mourroit
» vierge à quelque âge qu'il fût parve-
» nu ». C'est la réflexion d'un Déiste. (*b*)

§. IX.

3ᵉ. *Objection.* Un Prêtre ne mériteroit gueres moins devant Dieu, en supportant

---

(*a*) Londres, Tome 2, p. 128.
(*b*) Emile, Tome 3, p. 255.

les défauts d'une femme & de ses enfans, qu'en résistant aux tentations de la chair ; les embarras du mariage sont utiles à ceux qui les supportent, & les difficultés du célibat ne le sont à personne. Un Curé, pere de famille vertueux, seroit utile à plus de monde que celui qui pratique le célibat.

Réponse. L'Auteur dans l'objection précédente, vouloit supprimer le célibat pour la consolation & le bonheur des Prêtres, à présent il veut les marier pour exercer leur patience par les défauts d'une femme & le soin d'élever des enfans ; la disparate est un peu forte. S'il faut choisir entre deux croix, il nous paroît naturel de préferer la moins pesante, & celle qui s'accorde le mieux avec la sainteté & l'étendue des devoirs du Sacerdoce. Mais nos spéculateurs commencent toujours par laisser de côté ces devoirs, pour nous parler du bien public, comme si le Sacerdoce n'étoit pas institué pour le public.

Nous ne voyons pas en quoi les embarras du mariage, les défauts d'une femme & de ses enfans, sont utiles à celui qui les supporte, du moins pour le bien être de cette vie ; c'est néanmoins de celui-ci principalement que nos censeurs paroissent occupés. Mais il est faux qu'un pere de famille chargé d'une multitude de fonctions charitables, puisse être utile à plus de monde qu'un célibataire ; tout le tems qu'il donneroit à sa famille seroit autant de retranché pour son troupeau, le soin de pourvoir à la subsistance présente & future de ses enfans tariroit la source de ses aumônes. Puisqu'il y a même parmi les Prêtres célibataires des paresseux qui négligent leurs fonctions, l'on ne peut pas présumer qu'ils fussent plus exacts à les remplir, s'ils étoient chargés d'un nouveau poids, & s'ils avoient un nouveau prétexte de s'en dispenser.

Cependant l'Auteur en juge différemment. Quelques Ecclésiastiques, dit-il, pour qui l'observation du célibat est très-pénible, ne croiroient pas avoir satisfait à tout lorsqu'ils n'ont rien à se reprocher de ce côté-là.

Mais des Prêtres assez aveugles pour réduire toutes leurs obligations à celle du célibat, seroient-ils des hommes sur lesquels on pût compter pour l'éducation chrétienne d'une famille, & pour l'édification d'une paroisse ? Etrange maniere de raisonner ! Quelques Ecclésiastiques se croyent quittes de tout lorsqu'ils sont irréprochables sur la continence, donc il faut leur imposer des devoirs encore plus étendus que ceux auxquels ils négligent de satisfaire. Les devoirs envers une famille sont-ils plus sacrés, plus attrayans, moins sujets à être violés, que les devoirs d'un Pasteur envers ses ouailles ?

L'Auteur calcule le nombre de sujets que pourroient donner à l'Etat dans l'espace d'un siécle, cent mille Prêtres mariés. Souvent on a répondu à de pareilles supputations, que les hommes ne se produisent point à coups de plume, & qu'il n'en croît point où il n'y a pas de quoi les nourrir. L'exemple du Clergé d'Angleterre démontre l'illusion de toutes ces rêveries. Quiconque met des enfans au monde sans leur laisser un moyen de subsistance assuré, ne rend pas un grand service à la république. L'Etat est déjà surchargé par l'entretien des veuves & des enfans des militaires, & on veut l'écraser encore par le poids de ceux des Prêtres. De quoi servent des rêves sur la population, dans un siecle où l'on a posé pour maxime irréfragable qu'*il faut moins s'occuper de la population que du revenu* (a).

─────────────

(a) 24ᵉ. Max. du D. Quesnay.

Lorsque nos docteurs économistes se feront accordés, du moins sur les premiers principes, nous verrons si les conséquences méritent quelque attention.

§. X.

Un dernier avantage de l'abolition du célibat, c'est que les maisons nobles trouveroient dans les familles des Evêques des rejettons qui prolongeroient leur durée.

Autre idée grotesque de décharger les laïques du soin de perpétuer leur postérité pour en donner la commission aux Evêques. Lorsque par la perpétuité des anciens nobles & la multiplication des nouveaux, toutes les familles du Royaume auront acquis la noblesse, où seront les bras destinés à la culture & aux arts ? De tout tems on a blâmé les Ecclésiastiques qui avoient l'ambition d'enrichir & d'élever leurs parens ; & on nous propose de sang froid un plan de rendre les bénéfices héréditaires, & d'employer le patrimoine des pauvres à soutenir l'éclat & la durée des familles nobles. C'est dans l'Encyclopédie, dépôt précieux des connoissances humaines, que sont consignées toutes ces absurdités pour l'instruction des races futures.

Si le Clergé eût été marié, il est fort douteux que Saint Charles & M. de Belsunce se fussent dévoués au service des pestiférés, qu'il y eût des Congregations établies pour la rédemption des Captifs, & pour le soin des hôpitaux, &c.

L'Auteur soutient que ceux d'entre les Pasteurs Hollandois & Anglois qui sont vertueux ne sont pas moins respectés du peuple pour être mariés, & ne sont pas moins exacts aux devoirs de leur état, quoique chargés du soin d'une famille.

Il falloit se souvenir d'abord que les devoirs des Ministres Anglois & Hollandois sont réduits à la fonction de prêcher & de présider aux prieres publiques, ils sont déchargés du reste ; les devoirs d'un Pasteur catholique sont beaucoup plus étendus. Outre les prieres publiques, plus longues & plus fréquentes que celles des Protestans, il y a le breviaire & la messe pour chaque jour, le tribunal de la pénitence, l'administration des sacremens, le soin des pauvres, des malades, des mourans, de tous les établissemens de charité, sur-tout le devoir rigoureux de l'aumône.

Il est faux que les Ministres Protestans

soient aussi respectés du peuple que les Prêtres Catholiques. » En Angleterre, dit » un Ecrivain très-connu, le goût de l'in- » décence & de la crapule est devenu si » universel, qu'on a cherché à jetter du » ridicule sur la portion des citoyens qui » est destinée par son état à la combattre : » presque tous les écrits tendent à rendre » le Clergé, non pas odieux, mais mé- » prisable, & du mépris de la plus basse » espece (*a*). Les Ministres de la Religion » anglicane, dit un autre, ne sont pas à » l'abri de la licence du théâtre ; si l'on en » introduit quelqu'un sur la scene, c'est » pour lui faire jouer le rôle de sot, d'i- » vrogne, de proxénete, &c (*b*) ». Ceux qui voudront en savoir davantage, n'ont qu'à consulter un livre anglois, in- titulé : *La misere du bas Clergé de Londres*. Nos Philosophes françois ont bien senti qu'ils ne réussiroient pas à répandre sur le Clergé *ce mépris de la plus basse espece* ; ils se sont appliqués à le rendre odieux ; ils le peignent comme un corps dangereux, re- doutable par la confiance même qu'il ins-

---

(*a*) Réponse aux Docteurs modernes, 2ᵉ part. p. 325.

(*b*) Londres, Tome 2, p. 41.

pire, par les services qu'il rend, par les devoirs qu'il remplit. L'un d'entr'eux est d'avis qu'il vaut mieux endormir le Clergé dans l'oisiveté, que de lui donner de nouvelles forces & d'augmenter son activité (a). Même dessein, même pureté de zéle dans les Philosophes de tous les pays du monde. L'encyclopédiste convient que pour exécuter son plan, il faudroit établir une plus grande égalité dans la distribution des biens ecclésiastiques ; soit, attendons cette égalité avant de juger des merveilles qui en résulteront.

§. XI.

L'encyclopédiste a tiré quelques objections du livre de l'Esprit des Loix : le style mystérieux par lequel on a voulu leur donner un air de profondeur, ne doit pas nous en imposer. « Les Loix romaines,
» disent ces politiques, faites pour parler
» à l'esprit, doivent donner des précep-
» tes & point de conseils ; la Religion faite
» pour parler au cœur, doit donner beau-
» coup de conseils & peu de préceptes.

(a) Hist. des Etabliss. des Europ. dans les Indes, Tome 3, L. 9, p. 426.

« Quand elle donne des regles, non pour
« ce qui eſt bon, mais pour ce qui eſt
« mieux & plus parfait, il eſt convenable
« que ce ſoient des conſeils & non des
« loix. Quand le célibat qui n'étoit qu'un
« conſeil dans le Chriſtianiſme, y devint
« une loi pour un certain ordre de ci-
« toyens, il en fallut chaque jour de nou-
« velles pour réduire les hommes à l'ob-
« ſervation de celle-ci, le Légiſlateur ſe
« fatigua & fatigua la ſociété pour faire
« exécuter aux hommes par précepte ce
« que ceux qui aiment la perfection au-
« roient exécuté d'eux-mêmes comme
« conſeil (a) ».

Réponſe. L'oppoſition que l'on met entre les Loix civiles & les Loix religieuſes
eſt déjà fauſſe. La Religion parle à l'eſprit
auſſi bien que les Loix civiles, elle nous
apprend ce que nous devons faire, & les
motifs qui doivent nous y déterminer.
Dans un ſens les Loix civiles parlent auſſi
au cœur par la voix de la loi naturelle &
de la conſcience, qui nous dit qu'il eſt juſte, louable, avantageux d'être ſoumis
aux Loix civiles. Selon nos plus célebres
Philoſophes, l'intérêt ſeul peut nous fou-

(a) Encyclop. ibid. Eſprit des Loix, L. 24, c. 7.

mettre aux Loix, or l'intérêt parle au cœur.

Il seroit singulier que les hommes auteurs des Loix civiles, fussent toujours dans le cas de commander, & que Dieu législateur suprême fût réduit le plus souvent à conseiller. D'autres pensent que le Législateur humain, qui commande sans alléguer aucun motif, est un mal-adroit; que Dieu au contraire, sagesse éternelle, incapable de se tromper, a droit de nous subjuguer sans rendre raison de ses Loix ni de sa conduite.

A-t-on prouvé que le célibat des Prêtres est un simple conseil, que Jesus-Christ ne l'a pas exigé rigoureusement de ses Apôtres, qu'il ne leur étoit pas absolument nécessaire pour répondre à leur vocation ? L'un des censeurs du Clergé soutient que quand Jesus-Christ a dit à ses Apôtres, *ne possedez rien*, c'étoit un précepte rigoureux pour eux & pour tous les Prêtres; selon un autre, ces paroles du Sauveur: *Celui qui ne veut pas quitter son épouse, ses enfans, &c. ne peut être mon disciple* (a), sont un simple conseil. Quand on veut rendre odieuse la morale de l'E-

_____
(a) Luc. c. 14 ⅴ. 26.

vangile, on nous objecte la cruauté de *ce précepte* ; lorsqu'il s'agit d'attaquer la discipline de l'Eglise, on prétend que c'est seulement un conseil. Où en sommes-nous ?

Nous ne voyons pas en quoi le Législateur s'est fatigué ou a tourmenté la société. Dans les premiers siécles il eut été difficile de trouver des célibataires de profession pour les élever au sacerdoce, l'Eglise n'a point exigé de ses ministres la continence dans la derniere rigueur ; elle est allée pas à pas pour établir la discipline présente, les différentes révolutions survenues dans le monde chrétien ont retardé long-tems l'accomplissement universel de la loi, il a fallu la renouveller de tems en tems ; mais il en est de même de toutes les autres loix. Blâmera-t-on le Concile de Trente d'avoir aussi rétabli l'ancienne discipline, & réitéré la défense contre la pluralité des bénéfices, contre la simonie, contre le défaut de résidence, &c. ? Auroit-il été mieux de donner sur tout cela de simples conseils, parce que ceux qui aiment la perfection n'y auroient pas été moins fidéles ?

L'oracle de l'Esprit des Loix est donc ici en défaut à tous égards, & l'Encycclopédiste le fait raisonner encore plus mal sur un autre article.

§. XII.

« Par la nature de l'entendement hu-
» main, dit-il, nous aimons en fait de
» religion tout ce qui suppose un effort,
» comme en matiere de morale nous ai-
» mons spéculativement tout ce qui porte
» le caractere de la sévérité. Ainsi le cé-
» libat a du être, comme il est arrivé,
» plus agréable aux peuples à qui il sem-
» bloit convenir le moins, & pour qui il
» pouvoit avoir de plus fâcheuses suites;
» être retenu dans les contrées méridio-
» nales de l'Europe, où par la nature du
» climat il étoit plus difficile à observer,
» être proscrit dans le pays du nord où
» les passions sont moins vives, être ad-
» mis où il y a peu d'habitans, & être
» rejetté dans les endroits où il y en a
» beaucoup ». Ces observations, ajoute
l'Encyclopédiste, sont si belles & si vraies,
qu'elles ne peuvent se répéter en trop
d'endroits.

Réponse. Nous avons le malheur de ne
les trouver ni belles, ni vraies. En matiere de religion & de morale nous aimons

tout ce qui suppose un effort, parce que nous aimons la *vertu* qui est la *force* de l'ame ; nous sentons que la morale & la religion sont faites pour réprimer les passions & non pour les flatter. Mais que l'admiration pour la vertu porte les peuples à préférer ce qui leur convient le moins, & ce qui leur est le plus pernicieux, c'est une absurdité grossiere ; aussi est-elle de l'Encyclopédiste & non de Montesquieu (*a*).

L'observation tirée du climat est démontrée fausse par la multitude des monasteres de tous les ordres qui étoient en Angleterre avant la réformation, & par le goût que conservent encore les Anglois catholiques pour la vie du cloître (*b*). Si le Calvinisme étoit devenu dominant dans les pays méridionaux, il y auroit supprimé le célibat comme il a fait dans le nord. Dira-t-on que les peuples du midi ont conservé le jeûne & l'abstinence, parce que ces pratiques leur sont plus pénibles qu'aux nations septentrionales ? c'est tout le contraire. Les prétendus réformateurs ne se sont pas conduits par des observations

---

(*a*) Esprit des Loix, L. 25, c. 4.
(*b*) Londres, Tome 2, p. 24, 142.

creuses tirées du climat, ils ont eu des motifs plus simples & fort aisés à deviner.

Cependant, disent nos adversaires, on ne peut pas nier que le célibat ecclésiastique & religieux ne produise une partie des effets pernicieux du célibat de libertinage. Il appauvrit la société, puisqu'il absorbe une partie des sujets qui pourroient servir à l'agriculture, aux arts, au commerce, à la navigation. Il la corrompt, puisque c'est une regle tirée de la nature, que plus on diminue le nombre des mariages qui pourroient se faire, plus on nuit à ceux qui sont faits, & que moins il y a de gens mariés, moins il y a de fidélité dans les mariages ; comme lorsqu'il y a plus de voleurs, il y a plus de vols.

Réponse. Cette observation est encore fausse dans sa généralité. Lorsque nos mœurs étoient plus pures, il y avoit beaucoup plus de fidélité dans les mariages, quoique le nombre des célibataires ecclésiastiques & religieux fût plus grand qu'aujourd'hui. Dans les campagnes, où les mœurs sont les plus innocentes, le nombre des célibataires des deux sexes est très-grand à cause de la difficulté des mariages ; & les infidélités des époux sont très-rares. Le mal que l'on attribue au célibat vient donc d'une toute autre cause.

Mais admettons celle-ci pour un moment. Puisque le célibat ecclésiastique ne produit qu'une partie des effets du célibat voluptueux & libertin, il est absurde de déclamer toujours contre le premier, & de ne prendre aucune mesure pour réprimer le second. Nous ne voyons pas pourquoi l'on en veut plutôt au célibat du Clergé qu'à celui des militaires. A-t-on démontré que l'état du mariage est plus compatible avec les devoirs des Ecclésiastiques qu'avec les fonctions des militaires, ou que les premiers attentent plus souvent à la sainteté des mariages que les seconds ? Le zéle des Philosophes est donc ici fort suspect, pour ne rien dire de plus.

Quant au calcul des bras nécessaires à l'accroissement des revenus de l'Etat, nous sommes persuadés que les mœurs & la vertu sont encore plus nécessaires à la prospérité nationale que l'argent ; qu'ainsi des hommes consacrés par état à donner des leçons & des exemples de vertu, sont très-utiles à la société, & doivent être dispensés de tout autre service. Lorsque le célibat causé par le libertinage ou par la misere du peuple sera retranché ou diminué, la population sera plus que suffisante ;

& alors il faudra un plus grand nombre de Pasteurs. Les Philosophes peuvent donc tourner ailleurs leurs savantes spéculations; nous verrons ailleurs que la prétendue dépopulation du Royaume est un fait absolument faux.

§. XIII.

L'Encyclopédiste termine sa diatribe en disant que comme au Concile de Trente les jeunes Ecclésiastiques furent les plus opposés au mariage des Prêtres, ainsi ce seront peut-être ceux d'entre les célibataires qui ont le plus besoin de femmes, & qui sont le moins instruits, qui blâmeront le plus hautement ses principes.

Comme les imputations personnelles ne nous font pas peur, quelque offensantes qu'elles puissent être, nous répondrons sans émotion qu'il n'est pas nécessaire d'être fort chaste ni fort instruit pour sentir que l'article *célibat* de l'Encyclopédie est très-mal fait. L'Auteur a compilé sans discernement les Auteurs qu'il a cités, il a méconnu les raisons sur lesquelles l'Eglise a fondé sa discipline, il n'a proposé aucun expédient pour diminuer le célibat de libertinage; en affectant de fermer les yeux sur les devoirs essentiels des Pasteurs, & de n'envisager que le bien temporel & momentané de la société, il a dénaturé la question, & a voulu la décider par des raisons qui y sont totalement étrangeres. Plusieurs de ses principes sont faux, les autres sont mal appliqués, ses calculs hasardés, & ses conséquences absurdes.

Pour discuter solidement les effets du célibat, il faut prouver 1°. que l'état du mariage est plus convenable à la nature, à la sainteté, à la multitude des devoirs d'un Ecclésiastique ; que dans les tems auxquels la loi du célibat étoit moins rigoureusement observée, les Pasteurs remplissoient mieux leurs obligations à l'égard des peuples ; 2°. que si cette loi étoit supprimée, cela diminueroit le nombre des célibataires libertins qui augmente tous les jours avec le luxe & la corruption des mœurs ; 3°. que tous ceux qui ont embrassé l'état ecclésiastique ou religieux se seroient certainement mariés s'ils étoient restés dans le monde. Tant que ces trois points ne seront pas démontrés, tant que l'on verra subsister sans flétrissure le célibat philosophique & voluptueux, on n'attaquera jamais sans absurdité celui qui est pratiqué par la Religion.

Déjà il résulte, de l'aveu même de nos adversaires, que les prétendus réformateurs ont eu tort lorsqu'ils ont soutenu que le célibat des Clercs & les vœux monastiques sont contraires à l'esprit du Christianisme. En violant avec scandale cette discipline antique & respectable, ils n'ont pas été déterminés par les visions de nos philosophes, ils n'ont cherché qu'à envahir les biens des Eglises & des monasteres, & à gagner des partisans par la licence de leur morale.

Pour faire prospérer les Etats, les anciens politiques vouloient que l'on y fît regner la vertu; ceux d'aujourd'hui ne veulent que de la culture, du commerce, de l'argent: *virtus post nummos*; les précepteurs de vertu leur paroissent les plus inutiles de tous les hommes.

Ils sentent bien que si le Clergé ne vivoit plus dans la continence, le peuple perdroit peu-à-peu toute confiance à ses Pasteurs, comme ont fait les Protestans & les Grecs Schismatiques; tel est leur grand objet. Ce n'est point l'intérêt de la société qui conduit leur plume, c'est la haine & la jalousie. Aussi plusieurs ont voulu faire envisager la loi du célibat comme un trait de *politique profonde* de la part des Papes

& du Clergé. Si elle a été dictée par un intérêt bien entendu, il est à présumer qu'elle tiendra encore longtems. Heureusement cette politique est fondée sur l'Evangile, & nous convenons que Jesus-Christ a été meilleur politique, plus sage, plus prévoyant que tous les Législateurs & les Philosophes de l'univers.

§. XIV.

L'Auteur des Questions sur l'Encyclopédie a voulu prouver que tous les Apôtres étoient mariés. Il allegue ce passage de la Lettre de S. Ignace aux Philadelphiens ; « Je me souviens de votre sain-
» teté, comme d'Elie, de Jérémie, de
» Jean Baptiste, *des Disciples choisis* Ti-
» mothée, Titus, Evodius, Clément,
» qui ont vécu dans la chasteté ; mais je
» ne blâme point les autres Bienheureux
» qui ont été liés par le mariage, & je
» souhaite d'être trouvé digne de Dieu
» en suivant leurs vestiges dans son re-
» gne, à l'exemple d'Abraham, d'Isaac,
» de Jacob, de Joseph, d'Isaïe & des au-
» tres Prophetes, tels que Pierre & Paul
» & les autres Apôtres qui ont ét-

» mariés. » Ces paroles, dit-il, sont décisives. (a)

Réponse. Elles ne le sont point. 1°. Cette Lettre est interpolée, le passage cité ne se trouve point dans l'original Grec; ce point de critique n'est plus contesté parmi les Savans. Il ne sert à rien d'alléguer un Manuscrit Latin de la Bibliotheque du Vatican, le texte original de S. Ignace est Grec & non Latin; la différence est démontrée entre le Grec authentique & le Grec interpolé, on peut en voir la comparaison dans l'Edition des Peres Apostoliques de Cotelier, Tome 2.

2°. L'Auteur des Questions a encore falsifié le passage. Au lieu *des Disciples choisis*, il y a *du Disciple bien-aimé* qui est S. Jean. Selon le témoignage de toute l'antiquité, S. Jean l'Apôtre a persévéré jusqu'à la mort dans l'état de virginité. L'Auteur veut persuader le contraire en faisant tomber la qualité *de Disciples choisis* sur Timothée, Titus, &c. auxquels elle n'a aucun rapport.

3°. Cette falsification en entraîne une autre qui est d'affirmer que S. Pierre, *S. Paul & les autres Apôtres* ont été ma-

───────────────────

(a) Quest. sur l'Encycl. *Apôtres.*

riés tous. L'Interpolateur lui-même excepte le Disciple bien-aimé ; S. Paul déclare dans sa premiere Lettre aux Corinthiens, c. 7, ℣. 7 & 8, qu'il vit dans le célibat. On doit donc traduire ainsi le texte interpolé de S. Ignace : *des autres Prophetes, de Pierre, de Paul, & de ceux d'entre les autres Apôtres qui ont été mariés.* Il est absurde de mettre S. Pierre & S. Paul au nombre des anciens Prophetes tels que Joseph & Isaïe.

4°. L'Auteur altere enfin un autre texte de S. Paul, où il lui fait dire : « N'avons-» nous pas le droit de mener avec nous » notre femme, notre sœur, comme les » autres Apôtres ? » (*a*) Il y a : n'avons-nous pas le droit de mener avec nous *une femme* en qualité *de sœur*, comme les autres Apôtres ?

En vertu de ces titres authentiques le Philosophe conclut victorieusement que tous les Apôtres étoient mariés. Il est étonnant qu'un Ecrivain qui a tant déclamé contre les ouvrages apocryphes, contre les suppositions, les falsifications, les interpolations des écrits des premiers siécles, ose faire usage de ces titres ré-

_____

(*a*) 1 Cor. c. 9, ℣. 5.

prouvés, se rende complice sans honte du crime des anciens faussaires. Il falloit en laisser toute la gloire aux hérétiques auxquels elles appartient par une possession immémoriale.

ARTICLE V.

De l'Etat Monastique.

§. I.

Renoncer au monde par misantropie, parce que l'on n'a pas le courage d'en supporter les peines, les vices, les erreurs, c'est une foiblesse, mais qu'une tournure singuliere de caractere peut rendre excusable; s'en éloigner pour éviter la contagion, pour trouver la paix, pour pratiquer dans la retraite des vertus que le monde ne connoît plus, c'est un trait de sagesse que personne ne doit blâmer. Le plus célébre de nos Philosophes, dans un de ces momens de calme qui ne lui sont pas ordinaires, a indiqué avec assez de justesse l'origine des Ordres Religieux ; ses réflexions sont d'autant plus frappantes qu'il ne leur rend qu'à regret, & toujours avec des restrictions malignes, la juſtice qui leur eſt due (*a*).

Il obſerve d'abord que l'on attribue très-fauſſement aux Papes l'invention de la vie monaſtique. Il y eut, dit-il, chez les peuples de l'Orient dans la plus haute antiquité des hommes qui ſe retiroient de la foule pour vivre enſemble dans la retraite. Les Perſes, les Egyptiens, les Indiens eurent des communautés de Cénobites, les Juifs avoient leurs Eſſéniens & leurs Thérapeutes, les Chrétiens les imiterent, S. Baſile au commencement du quatrieme ſiécle établit ſa régle ſuivie de tous les Moines de l'Orient.

Un autre critique a penſé de même. ,, C'eſt trop charger le tableau, dit-il, ,, que d'attribuer au monachiſme la cauſe ,, des plus grands troubles qui ayent ,, agité l'Europe depuis cinq ſiécles. Honoré III, ne penſoit ſûrement pas que ,, dans le dix-huitieme ſiécle on lui prête- ,, roit l'aſtuce d'avoir vû dans la timide ,, humilité de S. François le plus ferme ,, reſſort de l'ambition de ſes ſucceſſeurs. ,, Il auroit du prévoir auſſi que cette

―――――――――――――

(*a*) Eſſais ſur l'Hiſt. gén. Tome 4, c. 135, p. 15.

» milice leur cauferoit un jour d'étranges
» embarras; un feul moine mendiant a
» fait plus de mal à l'Eglife romaine que
» tous les autres moines enfemble ne
» lui ont fait de bien (a). »

Ajoutons quelques réflexions. 1°. Quoi-qu'il n'y ait point eu de moines chez les Grecs & chez les Romains, plufieurs Philofophes, furtout de la fecte de Pythagore ont vécu dans la retraite, dans le célibat, dans un genre de vie fort auftere, pour méditer avec plus de liberté, pour augmenter leurs connoiffances, pour n'être plus témoins de la corruption des mœurs, & ont été très-refpectés. Quelques Incrédules ont cité *la vie Orphique* de ces Philofophes comme le modéle fur lequel s'eft formée la vie monaftique, d'autres ont dit que les Stoïciens n'étoient que des moines; Epicure confeilloit au fage de renoncer au mariage & aux affaires publiques. C'en eft affez pour démontrer l'ineptie des vifions de certains critiques qui ont dit que les moines font venus de ce que les livres de David &

(a) Effai polit. fur l'autorité & les richeffes du Clergé fécul. & régul. Introd. p. 2.

des Sibylles annonçoient la fin du monde (*a*) ; nous préfumons que ces Philofophes Grecs n'avoient lu ni David ni les Sibylles.

2°. Les Anachorétes & les Cénobites ont commencé long-temps avant S. Bafile & avant le quatrieme fiécle. S. Paul premier hermite, fe retira dans le défert vers l'an 150 fous la perfécution de Déce, S. Antoine ne tarda pas de faire de même & fut fuivi par une infinité d'autres. Dès le troifieme fiécle il y eut des milliers de moines dans la Thébaïde & ils fe repandirent bientôt dans la Syrie. S. Bafile ne fit que mettre par écrit & en forme de régle ce qui avoit été pratiqué jufqu'alors par les Cénobites. De même la vie monaftique avoit pénétré en Occident long-temps avant S. Benoît. Caffien, Moine venu de la Thébaïde, avoit rendu floriffant le monaftere de Lérins au commencement du cinquieme fiécle, S. Benoît ne parut qu'au fixiéme. Il eft conftant que la vie monaftique a commencé en Orient à l'occafion des perfécutions, & en Occident d'abord après l'irruption des barbares du Nord.

(*a*) Hift. des Etabliff. des Europ. dans les Indes Tome 7, c. 9.

§. II.

« Ce fut long-temps, dit le Philoso-
» phe, une consolation pour le genre
» humain qu'il y eût de ces azyles ou-
» verts à tous ceux qui vouloient fuir
» les oppressions du Gouvernement Goth
» & Vandale. Presque tout ce qui n'étoit
» pas Seigneur de château étoit esclave;
» on échapoit dans la douceur des cloî-
» tres à la tyrannie & à la guerre. Les
» Loix féodales de l'Occident ne per-
» mettoient pas à la vérité qu'un esclave
» fût reçu moine sans le consentement
» du Seigneur, mais les couvens savoient
» éluder la Loi. Le peu de connoissances
» qui restoit chez les barbares fut per-
» pétué dans les cloîtres. Les Bénédictins
» transcrivirent quelques livres, peu à
» peu il sortit des cloîtres des inventions
» utiles. D'ailleurs ces religieux culti-
» voient la terre, chantoient les louan-
» ges de Dieu, vivoient sobrement,
» étoient hospitaliers; & leurs exemples
» pouvoient servir à mitiger la férocité
» de ces temps de barbarie. On se plai-
» gnit que bientôt après les richesses

» corrompirent ce que la vertu avoit inſ-
» titué. . . .

» On ne peut nier qu'il n'y ait eu dans
» le cloître de grandes vertus. Il n'eſt
» gueres encore de monaſtere qui ne ren-
» ferme des ames admirables qui font
» honneur à la nature humaine. Trop
» d'écrivains ſe ſont plus à rechercher
» les déſordres & les vices dont furent
» ſouillés quelquefois ces azyles de la
» piété. Il eſt certain que la vie ſéculiére
» a toujours été plus vicieuſe, & que
» les grands crimes n'ont pas été commis
» dans les monaſteres; mais ils ont été
» plus remarqués par leur contraſte avec
» la regle; nul état n'a toujours été pur.
» Il faut n'enviſager ici que le bien géné-
» ral de la ſociété, il faut plaindre mille
» talens enſevelis & des vertus ſtériles
» qui euſſent été utiles au monde. Le
» petit nombre de cloîtres fit d'abord
» beaucoup de bien; ce petit nombre
» proportionné à l'étendue de chaque état
» eût été reſpectable, le grand nombre
» les avilit, ainſi que les Prêtres. . . . »

En parlant des Chartreux il dit : « ſeul
» Ordre ancien qui n'ait jamais eu beſoin
» de réforme, il étoit peu nombreux;
» trop riche à la vérité pour des hommes

» séparés du siécle, mais malgré ces ri-
» chesses, consacrés sans relâchement au
» jeûne, au silence, à la priere, à la so-
» litude ; tranquilles sur la terre au mi-
» lieu de tant d'agitations dont le bruit
» venoit à peine jusqu'à eux, & ne con-
» noissant les Souverains que par les prie-
» res où leurs noms sont insérés. Heureux
» si des vertus si pures & si persévérantes
» avoient pu être utiles au monde ! » (a)

§. III.

Nous pensions que l'exemple des vertus pures & persévérantes étoit très-utile au monde, que la vertu, dès qu'elle est connue, répand ses influences indépendamment de l'habit qu'elle porte & du lieu qu'elle habite. Nous ne concevons point comment l'image du bonheur goûté dans la pratique du jeûne, du silence, de la priere, du recueillement, peut être un tableau inutile à la société, dès qu'il est certain que ce bonheur existe. Nous ne comprenons pas en quel sens le travail, les louanges de Dieu, la vie sobre, charitable, hospitaliere, pratiqués par des ames admirables qui font honneur à la

---

(a) Essais sur l'Hist. gén. Tome 4, c. 135.

nature humaine, font autant de perdu pour la société. Car enfin les gens du monde en font instruits, puisque notre Philosophe le leur apprend ; le cloître ne leur dérobe pas tellement la vue des vertus qui y regnent qu'ils ne puissent s'en assurer par leurs yeux lorsqu'ils en ont envie. Cet aspect devroit détromper ceux qui cherchent le bonheur dans les dons de la fortune, dans les succès de l'ambition, dans l'agitation des cours, dans les plaisirs & le tumulte des villes : une leçon vivante est plus propre à persuader que les plus beaux traités de morale des Philosophes. Il nous paroît très-utile au monde de démontrer par des exemples incontestables que Jesus-Christ ne trompoit point lorsqu'il attachoit la béatitude à la pauvreté volontaire, à la mortification, &c.

La question est de savoir si ces ames admirables, qui dans le cloître font honneur à la nature humaine, auroient été aussi vertueuses au milieu des embarras, des erreurs, des mœurs corrompues de la société. Si cela leur a paru impossible, on doit les louer d'avoir embrassé le genre de vie le plus propre à perfectionner leurs qualités naturelles, de n'avoir pas laissé étouffer ce germe précieux par la vapeur empeftée des maximes & des exemples du fiécle.

On convient déjà que leur exemple a fervi autrefois à mitiger la férocité des tems de barbarie, par la même raifon il peut fervir aujourd'hui à corriger la dépravation générale & l'épicurifme dominant. Donc leurs vertus n'ont point été & ne font point encore inutiles au monde.

Nous convenons qu'elles font beaucoup moins utiles depuis que la Philofophie s'eft évertuée à les noircir, à déprimer l'état qui les a produites, à empoifonner les intentions de ceux qui les pratiquent, à leur prêter des vues & des ridicules qu'ils n'eurent jamais. Lorfque ce travers fera paffé, la vertu des cénobites rentrera peut-être dans fes droits & ne fera plus inutile au monde.

§. IV.

Leurs talens font enfevelis. Comment les a-t-on connus, s'ils ont été ftériles ? Les inventions utiles forties du cloître, les livres copiés & confervés par les moines, les favantes recherches qui felon notre auteur même, ont donné aux Bénédictins tant de réputation, les traités sur les sciences & les arts faits par des religieux de tous les ordres, &c. ont-ils eu moins de succés que s'ils avoient été composés par des séculiers ? Pour la plupart de ces ouvrages, il falloit non-seulement de riches bibliothêques, mais la réunion de plusieurs ouvriers qui travaillassent de concert, qui eussent un plan suivi & uniforme, qui pussent former des successeurs, qui fussent en correspondance avec les Savans étrangers, qui fussent en état de faire des avances, &c. cela ne pouvoit se trouver que dans les monasteres.

On ne doit pas oublier que les écoles formées dans leur enceinte, ont été pendant plusieurs siécles presque les seules sources de connoissance que la fureur des Barbares eût respectées, que les moines ont été les premiers missionnaires du nord. Lorsqu'ils se sont établis dans les villes, ç'a toujours été sur la demande des citoyens; on vouloit leur secours pour suppléer au défaut du clergé séculier détruit ou surchargé : aujourd'hui des hommes qui comptent la religion pour rien, s'épuisent à supputer combien coûte cette commodité (*a*).

(*a*) Encyclop. art. *Vingtieme ajouté*, p. 855.

A ces divers services les moines ont ajouté l'exemple d'une administration sage, active, économe de leurs fonds, source principale de leurs richesses. Ils n'ont pas réservé pour eux seuls ce secret magique, ils l'ont publié. « C'est par-là, » dit un écrivain très-instruit, que le fameux Suger parvint à doubler les revenus de l'Abbaye de Saint Denis. Les mémoires de cet Abbé sur son administration, son testament qui en présente le résultat & une espece de bilan, la proclamation qu'il avoit publiée en 1145, sont dans la collection des historiens de France par Duchesne. Ces pieces peuvent former un objet d'étude très-utile pour ceux qui ont des colonies à établir ou à diriger (*a*) ». Cette lecture vaut peut-être mieux que les savantes spéculations de nos économistes, parce que Suger dit, non ce que l'on peut faire, mais ce qu'il a fait.

Lorsque nos Rois sont allés chercher dans le cloître des hommes recommandables par leurs talens & par leurs vertus, pour leur confier l'administration de leurs affaires, les moines n'ont point refusé leurs

---

(*a*) Londres, Tome 3, p. 150.

services ; aujourd'hui on leur en fait un crime, parce qu'il faut pour l'intérêt de la Philosophie que les talens & les vertus des moines ayent toujours été inutiles au monde.

Notre philosophe plus équitable, dans un autre ouvrage, désapprouve une satyre faite contre les moines. « Il falloit avouer,
» dit-il, que les Bénédictins ont donné
» beaucoup de bons ouvrages, que les
» Jésuites ont rendu de grands services
» aux belles-lettres ; il falloit bénir les
» Freres de la Charité & ceux de la Ré-
» demption des Captifs : le premier de-
» voir est d'être juste (*a*). Il faut convenir,
» dit-il encore, malgré tout ce que l'on a
» écrit contre leurs abus, qu'il y a tou-
» jours eu parmi eux des hommes éminens
» en science & en vertu, que s'ils ont
» fait de grands maux, ils ont rendu de
» de grands services, & qu'en général on
» doit les plaindre encore plus que les
» condamner (*b*) ». Mais comme un philosophe ne peut *être juste* long-tems, il dit dans un autre article que Saint Basile en introduisant les vœux, ce serment de

---

(*a*) Quest. sur l'Encyclop. art. *Apocalypse*.
(*b*) Quest. sur l'Encyclop. *Biens d'Eglise*.

l'esclavage, fit éclore *un nouveau fléau* sur la terre (*a*).

§. V.

Selon lui, les moines sont *trop riches pour des homme séparés du siécle*. C'est comme si l'on disoit qu'ils ont été trop laborieux, trop économes, trop sages administrateurs de leurs biens ; ont-ils ôté aux séculiers la faculté de faire de même ?

On convient qu'ils ne dépensent point leurs revenus pour eux-mêmes, que la plupart menent une vie frugale, modeste, mortifiée ; que deviennent donc ces revenus ? On ne les a point encore accusés de les enfouir, ni de les transporter dans les pays étrangers. Nous présumons que leurs fermiers, leurs domestiques, les ouvriers qu'ils employent, les hôtes qu'ils reçoivent, les pauvres, les malades, les hôpitaux qui les avoisinent en absorbent du moins une partie. Ils contribuent à proportion de leurs revenus aux subsides & aux dons que le Clergé fait au Roi. Les Moines ont-ils eu tort de ménager au Souverain une ressource, les blâmera-t-on des secours que l'Etat trouve chez eux ?

(*a*) Ibid. *Esséniens.*

Charles-Quint, qui avoit calculer, disoit que Henry VIII en détruisant les monasteres d'Angleterre, avoit tué l'oye qui lui pondoit tous les jours un œuf d'or ; cette leçon devroit corriger tous ceux qui opinent à imiter Henry VIII.

Il est vrai que les moines ne font point de leurs richesses le même usage que les séculiers opulens ; ils ne les dépensent point à entretenir de somptueux équipages, à nourrir une légion de fainéans, à engraisser des intendans & des régisseurs, à payer largement des acteurs dramatiques, &c. c'est un malheur sans doute. Mais ils ne ruinent ni le boulanger, ni le boucher, ni le marchand, ni le tailleur ; ils font beaucoup travailler & payent leurs ouvriers. Si c'est un scandale dans un siécle tel que le nôtre, il faut le pardonner. Ce n'est point là l'humanité philosophique, mais ce sont des vertus civiles dont il est bon que la pratique ne se perde pas.

L'Auteur voudroit que les Abbayes fussent érigées en Commanderies séculieres, ou que l'on y établît des pensions en faveur des militaires (*a*). Pourquoi n'en éta-

---

(*a*) Quest. sur l'Encyclop. *Ab. aye*.

bliroit-on pas auffi en faveur des Philofophes qui font fi utiles au monde ? le public y gagneroit infiniment. « Chacun, dit-il, » tâche de faire fervir les ufages, les loix » anciennes & modernes, le paffé, le » préfent, l'avenir, à s'emparer des biens » de ce monde ; mais c'eft toujours à la » plus grande gloire de Dieu ». Les Philofophes voudroient auffi en difpofer à la plus grande utilité publique ; nous ne fommes pas plus dupes d'un de ces motifs que de l'autre.

Quand il ajoute que *les richeffes corrompirent bien-tôt ce que la vertu avoit inftitué*, il péche contre la chronologie & contre la vérité. Il convient d'abord que les richeffes n'ont point corrompu les Chartreux, puifqu'ils n'ont jamais eu befoin de réforme. Si d'autres Ordres en ont eu befoin, plufieurs l'ont embraffée, & on doit leur en favoir gré ; d'autres confentiroient peut-être à la recevoir. Les Monafteres ont été très-réguliers tant qu'ils n'ont poffédé que ce qu'ils avoient défriché & qu'ils cultivoient ; ils ne font devenus très-riches qu'après la décadence de la maifon de Charlemagne, lorfque les grands reftituerent aux Monafteres une partie des biens qu'ils avoient enlevés au Clergé séculier. (*a*)

§. VI.

Nous ne suivrons pas l'Auteur dans l'histoire qu'il fait des démêlés survenus entre les Dominicains & les Franciscains, entre les Jésuites & les autres Ordres religieux; il nous fournit des réflexions plus importantes. « Les Instituts, dit-il, consacrés
» au soulagement des pauvres & au service
» des malades ont été les moins brillans,
» & ne sont pas les moins respectables.
» Peut-être n'est-il rien de plus grand sur
» la terre que le sacrifice que fait un sexe
» délicat, de la beauté & de la jeunesse,
» souvent de la haute naissance, pour
» soulager dans les hôpitaux ce ramas de
» toutes les miseres humaines, dont la
» vue est si humiliante pour l'orgueil humain & si révoltante pour notre délicatesse. Les peuples séparés de la communion romaine n'ont imité qu'imparfaitement une charité si généreuse, mais

---

(*a*) Fleury, 2ᵉ. Discours sur l'Hist. Eccé. Mézeray, ét t de l'Eglise de France au 11ᵉ. siècle. Esprit des Loix, L. 31, c. 11.

» aussi cette congrégation si utile est la
» moins nombreuse ».

Notre Philosophe est mal instruit. L'institut des filles de la charité est très-nombreux, mais sous différentes formes & sous différens noms; l'habit ne fait rien à la chose, lorsque la destination & les services sont les mêmes. Il n'est aucune ville considérable dans le Royaume qui n'ait une ou plusieurs communautés de filles consacrées aux œuvres de charité; plusieurs de ces congrégations sont renfermées dans les limites d'une seule province ou d'un seul diocése. Quant à l'utilité, elle est égale partout. L'Auteur sans doute n'exclura pas les religieuses de l'Hôtel Dieu & toutes les Hospitalieres du nombre des filles de la charité.

Nous prions le lecteur de réflechir sur le trophée que ce Philosophe érige ici à la charité chrétienne & en particulier à la Religion Catholique; nous aurons occasion de nous en prévaloir dans la suite.

» Il est, continue-t'il, une autre con-
» grégation plus héroïque, car ce nom
» convient aux Trinitaires de la rédemp-
» tion des captifs établis vers l'an 1120,
» par un gentilhomme nommé Jean de
» Matha. Ces religieux se consacrent de-

» puis cinq siécles à briser les chaines des
» Chrétiens chez les Maures. Ils em-
» ployent à payer les rançons des esclaves
» leurs revenus & les aumônes qu'ils re-
» cueillent & qu'ils portent eux-mêmes
» en Afrique. » Il pouvoit ajouter que
les Prêtres de la mission de S. Lazare
sont occupés du même soin, soutiennent
les mêmes travaux, courent les mêmes
dangers, sont animés du même héroïs-
me ; que les Capucins & d'autres ordres
religieux le partagent.

Il y a eu au douzieme siécle un institut
de *religieux pontifes* qui s'étoient dévoués
à la construction des ponts & à la repara-
tion des chemins ; S. Benezet leur fondateur a été le constructeur du pont d'A-
vignon.

« On ne peut se plaindre, dit notre Phi-
» losophe, de tels instituts ; mais on se
» plaint en général que la vie monasti-
» que a dérobé trop de sujets à la société
» civile. Les religieuses surtout sont
» mortes pour la patrie. Les tombeaux
» où elles vivent sont presque tous tre-
» pauvres. Une fille qui travaille de ses
» mains aux ouvrages de son sexe gagne
» beaucoup plus que ne coute l'entretien
» d'une religieuse. Leur sort peut faire

» pitié, si celui de tant de couvens
» d'hommes trop riches peut faire envie.
» Il est bien évident que le trop grand
» nombre dépeupleroit un Etat. »

§. VII.

Notre étonnement redouble. Nous demandons en quel sens des sujets occupés les uns à soulager les malades, les autres à élever les enfans orphelins ou abandonnés, ceux-ci à instruire les ignorans, ceux-là a briser les chaînes des esclaves, &c. sont dérobés à la société civile. Ces divers services sont-ils donc moins utiles lorsqu'ils sont rendus sous l'habit religieux que s'ils l'étoient par des séculiers ? Des citoyens occupés de leurs propres affaires ne peuvent se livrer à ces fonctions charitables, la religion seule peut en inspirer le courage; on ne voit rien de semblable hors du Christianisme.

Les religieuses sont mortes pour la patrie; moins mortes que les filles qui vieillissent dans le monde. Celles qui travaillent à l'éducation des jeunes personnes nous paroissent très-nécessaires. Tant que nos mœurs demeureront les mêmes, l'éducation domestique sera très-vicieuse. Malgré les traités sublimes d'éducation composés par nos philosophes, cette partie essentielle, loin de se perfectionner, semble plutôt reculer. Une femme du monde dont le temps est partagé entre la toilette, le jeu, les spectacles, les lectures frivoles, la médisance & les intrigues, est-elle beaucoup plus utile à la société qu'une religieuse occupée à prier, à lire, à travailler, à servir ses sœurs, à consoler quelquefois ses parentes malheureuses ? Notre Philosophe n'auroit pas dû perdre la mémoire d'une lettre que lui avoit écrite sur ce sujet une tante religieuse plus sage & plus sensée que lui.

» Vous qui vous piquez d'être humain,
» lui disoit cette vertueuse fille, pourquoi
» insultez-vous à l'infortune de ces prétendues malheureuses ? si elles supportent le joug avec résignation, il faut
» les admirer ; si c'est avec impatience,
» il faut les plaindre & non les insulter.
» Vous parlez sans cesse de faire du bien
» & vous faites du mal ; vous voulez
» soulager des infortunés & vous aggravez le fardeau des malheureux. Il ne
» restoit à de pauvres religieuses, après
» l'entier abandon des espérances du
» siècle, que l'idée que l'on respectoit

DE LA VRAIE RELIGION. 333

» leur état & qu'on partageoit leur pei-
» nes; & vous Philosophe sensible, vous
» consolateur des hommes, vous chantre
» de la vertu, vous leur enlevez cette
» foible consolation. Pourquoi voulez-
» vous ouvrir les cloîtres ? Vous n'auriez
» pas aujourd'hui quatre-vingt mille livres
» de rente, si aucunes de vos parentes
» n'y étoient entrées. Nos villes sont
» remplies de vieilles filles, & vous vous
» plaignez sans cesse du mal que font les
» couvens, &c. &c. (a). »

L'Auteur d'Emile pense, que pour l'éducation les couvens où les pensionnaires ont une nourriture grossiere, mais beaucoup d'ébats, de courses, de jeux en plein air & dans des jardins, sont à préférer à la maison paternelle (b).

§. VIII.

Les tombeaux où elles vivent sont presque tous très-pauvres. Tant mieux ; s'ils étoient riches, les religieuses seroient moins régulieres, moins occupées, rendroient moins de services, s'ennuyeroient

---

(a) Dict. Anti-Philos. *Religieuses.*
(b) Emile, Tome 4, p. 32.

davantage & ne vivroient pas si long-
temps.

Leur sort peut faire pitié ; moins que celui des filles qui vieilliffent dans un célibat forcé. La pitié philofophique n'en a jamais doté aucune, cette bonne œuvre eft réfervée à ceux qui croyent en Dieu. L'Auteur oublie que les Chartreux trouvent la paix & le bonheur *dans le jeûne, le silence, la priere, la solitude, les vertus pures & perseverantes* ; pourquoi non les Religieufes ? Ceux qui les connoiffent, qui s'intéreffent à leur fort, qui les gouvernent, voyent regner dans leurs prétendus tombeaux la gaieté, un air content, beaucoup de vertu, fouvent des talens & des connoiffances, de l'amitié, de la cordialité ; ils font plus tentés d'admirer les Religieufes que de les plaindre. Sans la Religion, ce phénomene feroit inconcevable ; mais depuis l'exemple qu'a donné une Fille de France, la vie religieufe n'a plus befoin d'apologie. La fource des graces qui ont coulé fur cette Princeffe n'eft pas tarie, les fimples particulieres n'en font pas exclues.

Pourquoi les Congrégations de filles non cloîtrées & qui ne font que des vœux fimples, trouvent-elles moins de fujets que les Ordres les plus renfermés & les plus auſteres ? Pourquoi dans les Communautés où l'on ne s'engage que pour un tems, voit-on très-rarement ſortir les filles pour rentrer dans le monde ? Nous prions les Philoſophes d'en donner la raiſon.

Leur trop grand nombre dépeupleroit un Etat. Nous ne ſuivrons pas l'Auteur dans ſes calculs arbitraires ; d'autres qui comptent différemment, ſoutiennent que ſoixante ans avant nous les Communautés de filles étoient plus nombreuſes du double, & que le Royaume avoit un million d'hommes de plus. Mais nous avons ſous les yeux un fait plus palpable. Malgré le nombre des Couvens de Paris, on compte encore plus de filles hors d'âge de ſe marier que de Religieuſes. Il y a peut-être le quadruple de filles perdues par la débauche. Celles-ci donneront-elles plus de ſujets à l'Etat que les premieres ? On ne craint point que ces malheureuſes le dépeuplent, & on déclame contre les Couvens. Détruiſez une peſte qui corrompt les mariages faits & qui empêche d'en faire, vous pourrez parler alors d'ouvrir les cloîtres.

Dans le fond perſonne ne contribue plus que les Philoſophes à les peupler &

à diminuer le nombre des mariages. Ils font l'apologie du luxe, de la polygamie, du divorce, du concubinage, de la corruption des mœurs; morale pestilentielle qui empoisonne les mariages. La vue des désordres qui y regnent & des amertumes que l'on y dévore, sont la cause même qui détermine les jeunes-gens à chercher une vie plus douce & moins malheureuse dans les cloîtres. Pour savoir s'il est à propos de les détruire ou de les diminuer, il faut consulter les peres de famille & non les Philosophes. Une fille qui a vu cent fois sa mere baignée de larmes & accablée de douleurs, n'est gueres tentée de subir un pareil sort.

§. IX.

Il y auroit bien d'autres réflexions à faire sur cet objet; mais nous avons à essuyer les torrens de bile qu'à vomie contre la profession monastique l'Auteur du Tableau des Saints.

Selon lui, les principes du Christianisme tendent à séparer l'homme de ses semblables, à le rendre farouche & sauvage, à briser les liens les plus doux, à détacher l'homme de sa famille pour le livrer à la méditation

méditation lugubre des chimeres que l'on fait passer pour des vérités éternelles (*a*).

Très-bien commencé. Cependant un autre philosophe, après avoir noirci le Christianisme tant qu'il a pu, convient que cette religion avoit rapproché les hommes les uns des autres (*b*). Mais non; parce que Jesus-Christ avoit rendu les Apôtres farouches & sauvages, ils ont quitté leur patrie & leur famille pour éclairer, convertir & sanctifier les hommes, ils leur ont prêché la charité comme la plus éminente de toutes les vertus. L'esprit misantrope & atrabilaire du Christianisme a institué la vie cénobitique & les Monasteres où plusieurs hommes se rassemblent pour vivre en commun sous le nom de *freres*. De lugubres chimeres ont formé ces congrégations de l'un & de l'autre sexe qui sacrifient leur fortune, leurs espérances, leur vie à la satisfaction de servir, d'aider, de consoler leurs semblables. Sans doute que chez les Infidéles les caracteres sont moins farouches, les familles plus unies, les mariages plus heureux, les amitiés plus solides, les mœurs plus dou-

(*a*) Tableau des SS. c. 9, p. 149.
(*b*) De la félicité publ. Tome 2, p. 214.

Tome XI. P

ces, la société plus agréable que chez les nations chrétiennes. C'est pour réparer les torts du Christianisme que la Philosophie concentre ses partisans dans l'égoïsme d'Epicure, leur défend de se mêler des affaires d'autrui, leur dicte tant de sarcasmes contre ceux qui ont la foiblesse de secourir le prochain. Rendons graces à leur charité, & bénissons-la de tout le bien qu'elle fait au monde.

Notre savant faiseur de tableaux a vu que la vie monastique n'est que la copie de celle que menoient certains Juifs enthousiastes nommés *Esséniens* & *Thérapeutes* : « Il paroît, dit-il, que Jesus fut un » d'entr'eux. Les anciens Peres ont été » persuadés que ces moines Juifs n'étoient » autres que les premiers Disciples du » Christ ». Mêmes réflexions dans les Questions sur l'Encyclopédie, article *Esséniens*.

Réponse. Sans examiner si les Esséniens & les Thérapeutes ont été Chrétiens ou non, il est du moins certain que ces Juifs observoient scrupuleusement la Loi de Moyse, & que les Apôtres en ont dispensé tous les Gentils convertis au Christianisme. Il ne l'est pas moins qu'avant le quatrieme siécle la vie monastique n'a été connue ni dans l'Asie mineure, ni dans la Gréce, ni dans l'Occident, où le Christianisme étoit néanmoins établi. De-là il résulte déjà que le Monachisme ne vient point d'un esprit farouche inspiré par l'Evangile, puisqu'il y avoit des Moines Juifs avant l'établissement de l'Evangile; que le Christianisme n'a rien de commun avec les Esséniens & les Thérapeutes, puisque ceux-ci étoient Juifs, & que leur vie a été inconnue dans la plus grande partie du monde chrétien pendant trois cens ans.

Ces Juifs plus vertueux que les autres, ont pu embrasser le Christianisme; mais s'il ont persévéré dans leur opinon sur la nécessité des observances judaïques, ils ont été condamnés par le Concile de Jérusalem. Il est fort incertain si l'an 150, lorsque Saint Paul hermite, & Saint Antoine se sont retirés dans le désert, il y avoit encore des Esséniens & des Thérapeutes, si jamais ces deux Anachorêtes en ont eu connoissance. Du moins les disciples de Pythagore & de Zénon qui se sont retirés dans la solitude n'en avoient pris le goût ni chez les Moines Juifs, ni dans la morale farouche de l'Evangile.

D'ailleurs, il est moins question de savoir d'où est venu l'esprit monastique,

que de décider s'il est bon ou mauvais, s'il a fait du bien ou du mal.

§. X.

« On ne peut douter, continue l'Auteur, que les premiers Chrétiens de Jérusalem n'ayent en tout imité la conduite des Thérapeutes ou Esséniens. C'étoient de vrais Moines qui mettoient tout en commun, qui jeûnoient, prioient, méditoient sans cesse les écritures que leurs chefs expliquoient d'une façon allégorique. Ils chantoient des hymnes ou des pseaumes, ils prophétisoient, c'est-à-dire, faisoient des contorsions, dansoient & tenoient des discours décousus, se croyant ou se disant inspirés par l'Esprit du Seigneur. Tel fut le Christianisme dans son berceau, & telle fut à proprement parler la premiere origine de la vie monastique ».

L'Auteur des Questions sur l'Encyclopédie veut aussi que les Moines ayent succédé aux Thérapeutes Juifs, & que tous les premiers Chrétiens ayent prophétisé (a).

_____

(a) Quest. sur l'Encycl. *Abbaye*, *Eglise*, p. 124; *Esséniens*, p. 339.

Réponse. Voilà donc la ville de Jérusalem changée tout-à-coup en monastere, ou plutôt en hôpital de fous, & cette frénésie a gagné insensiblement le reste du monde. Les Chefs de la Nation Juive qui virent leurs concitoyens tombés en démence, auroient dû en avoir pitié ; ce fut une cruauté de leur part de mettre à mort Saint Etienne, les deux Saints Jacques & Saint Siméon parent de Jesus-Christ.

Mais la communauté des biens, les contorsions, les danses, les discours décousus ont-ils passé à ceux d'Antioche, d'Alexandrie, de l'Asie mineure, des villes de la Gréce, dans lesquelles Saint Paul a fondé des Eglises ? Nous ne lisons nulle part que les Moines de la Thébaïde ayent dansé, prophétisé, fait des contorsions ; Saint Basile a oublié de mettre dans sa Regle ces points essentiels, aussi bien que Saint Benoît.

Lorsque nos adversaires ont parlé des anciens Prophetes Juifs, ils les ont peints comme une troupe d'insensés ; lorsqu'ils ont tracé le caractere des premiers Chrétiens, ils ont dit que c'étoient des ignorans, & la plus vile partie du peuple. A présent c'étoient des hommes instruits, puisqu'ils méditoient les Ecritures ; mais ils avoient l'esprit aliéné : cet accident ne seroit-il pas arrivé plutôt à leurs calomniateurs ?

Après avoir parlé de Saint Antoine & de ses tentations, l'Auteur du Tableau des Saints dit que cet Egyptien fut le fondateur ou plutôt le *restaurateur* de la vie monastique.

En effet, entre l'époque de la folie épidémique des habitans de Jérusalem & celle des Egyptiens imitateurs de Saint Antoine, il s'est écoulé un siécle entier. Mais ce restaurateur de la vie monastique ne remit en vigueur ni les danses, ni les contorsions, ni les discours décousus ; ce qui reste de ses discours est très-sensé. Un Auteur qui ne trouve point de bon sens dans l'Evangile, qui reproche à Jesus-Christ même des discours décousus, peut bien juger de même des Homélies des Peres du desert. Si son Livre faisoit autant de prosélites que l'Evangile, on ne verroit pas éclore parmi eux autant de vertus & de bonnes œuvres qu'il y en eut parmi les Moines.

§. XI.

« L'émulation du fanatisme, dit-il, se
» mit entr'eux ; chacun se piqua de sur-

» passer ses confreres en jeûnes, en ma-
» cérations, en austérités. Celui qui se fit
» le plus admirer par ses tours de force,
» ou par les façons ingénieuses qu'il ima-
» gina de se tourmenter, fut regardé
» comme le plus grand Saint. Semblables
» aux Jongleurs qui cherchent à étonner
» le vulgaire, ces pieux forcenés dispu-
» terent entr'eux à qui en feroit le plus (a).

Réponse. Pour juger de la sagesse de ce tableau, il y a quelques réflexions à faire.

1°. En parlant de la religion des Egyptiens, nous avons vu que le climat de l'Egypte exige une vie très-sobre, que les anciens habitans avoient fait du régime une affaire de police & de religion. L'usage habituel de la viande y seroit pernicieux, le sol y produit abondamment des fruits & des légumes; plus on est sobre, plus la santé est vigoureuse. Il en est à peu près de même du climat de la Judée, de la Syrie, de l'Arménie, des Indes, &c. Nous ne devons donc pas être surpris de la rigueur des jeûnes & des austérités des anciens Solitaires; la vie que nous menons dans nos climats septentrionaux, seroit meurtriere en Orient.

_____

(a) Tableau des SS. 2 part. c. 9, p. 151.

De même les précautions que nous sommes obligés de prendre pour nous garantir du froid & des intempéries de l'air, nos habits, nos lits, nos ameublemens y seroient non-seulement superflus, mais incommodes. Le peuple dort sur de simples nattes, souvent au grand air, n'habite que des hutes, n'a besoin de couvrir que la nudité. Les corps ainsi endurcis au grand air sont ordinairement plus robustes que les autres.

2°. Une preuve que le régime des Solitaires de la Thébaïde n'avoit rien de pernicieux à la santé, c'est que plusieurs ont vécu jusqu'à une extrême vieillesse ; S. Paul, Hermite, mourut âgé de cent quatorze ans. Compensation faite des climats, la vie des Religieux de la Trape & de Sept-Fonds est aussi austere que celle des Peres du désert ; cependant on y vit long-tems.

3°. Ce qui démontre qu'il n'y avoit ni ostentation, ni tours de force dans la vie des premiers Moines, c'est qu'elle étoit précisément la même que celle des pauvres ; elle ne pouvoit donc étonner que parce qu'elle étoit volontaire & accompagnée d'une piété profonde. On sait que dans nos provinces les moins fertiles, la vie des pauvres est aussi dure que celle de la Trape & exercée par un travail continuel ; toute la différence qu'il y a, c'est qu'elle est moins uniforme & souvent empoisonnée par la crainte de mourir de faim.

Les Jongleurs cherchent la foule pour l'étonner, les Moines la fuyoient ; les premiers exercent leurs talens pour subsister, les Moines travailloient de leurs mains & faisoient l'aumône ; ceux-là sont ordinairement des vagabonds & des hommes très-vicieux, les Moines vivoient retirés & édifioient par leurs vertus. Nous avons entendu un Philosophe se plaindre de ce que les vertus des Cénobites sont inutiles, parce qu'elles sont inconnues au monde ; en voici un qui prétend qu'ils n'ont eu d'autre ambition que de se donner en spectacle. On n'a pas encore accusé les Religieux de la Trape de ce travers d'esprit ; souvent des libertins sont rentrés en eux-mêmes au seul aspect de leurs vertus. Mais l'Auteur du Tableau des Saints n'étoit ni assez instruit pour comparer les mœurs de l'Orient & du Midi aux nôtres, ni assez judicieux pour distinguer le fanatisme d'avec la vertu.

§. XII.

Comme tous les Incrédules il tourne en ridicule la vie de S. Siméon Stylite. « Celui-ci, dit-il, quitta son Monastere où son humeur chagrine lui avoit fait un grand nombre d'ennemis; pour se distinguer il voulut passer sa vie monté sur une colonne haute de trente-six coudées. Les dévots accoururent en foule pour admirer & pour entendre un si grand serviteur de Dieu. Son orgueil dût être flatté de voir du haut de sa colonne arriver à ses piés un si grand nombre d'admirateurs de ses perfections. La vanité le dédommagea des peines & des tourmens qu'il se donnoit pour étonner l'univers. »

Réponse. Supposons pour un moment que Siméon ait été d'une humeur chagrine; il valoit mieux qu'il vécut seul que de faire souffrir ses freres. Si tous les caracteres bizarres & fâcheux faisoient de même, la société seroit plus paisible.

L'obéissance de Siméon nous paroît prouver qu'il n'agissoit ni par bizarrerie, ni par vanité. Les Supérieurs de son Monastere lui envoyerent demander pourquoi il se distinguoit par un genre de vie singulier, & lui ordonnerent de descendre de sa colonne; il se mit en devoir d'obéir sans réplique; on se contenta de sa soumission & on lui permit de rester. (*a*)

En général les hommes ne sont pas si dupes que l'on pense. Si ce Solitaire avoit donné des marques d'orgueil, on n'auroit pas eu tant de confiance à ses leçons, à ses conseils, à ses prieres; Théodose lui-même jugea qu'une persévérance de cinquante-six ans étoit trop longue pour la vanité. Les miracles de Siméon, écrits par des témoins oculaires, prouvent que l'admiration des peuples n'étoit pas sans fondement. (*a*)

L'Auteur des Pensées Philosophiques a aussi exercé son éloquence contre les Anachoretes. « Croirai-je, dit-il, qu'il étoit
» réservé à quelques-uns de pratiquer des
» actes de perfection que la Nature & la
» Religion doivent ordonner indifférem-
» ment à tous? Non, car d'où leur viendroit ce privilége exclusif? Si Pacôme a
» bien fait de rompre avec le genre humain
» pour s'enterrer dans la solitude, il ne

(*a*) Evagre, Hist. Eccl. L. 1, c. 13.
(*b*) Idem ibid.

» m'est pas défendu de l'imiter ; en l'i-
» mitant je ferai tout aussi vertueux que
» lui, & je ne devine pas pourquoi cent
» autres n'auroient pas autant de droit
» que moi. Cependant il feroit beau voir
» une province entiere effrayée des dan-
» gers de la société, se disperser dans les
» forêt, ses habitans vivre en bêtes fa-
» rouches pour se sanctifier, mille colon-
» nes élevées sur les ruines de toutes les
» affections sociales, un peuple de nou-
» veaux Stylites se dépouiller par religion
» des sentimens de la nature, cesser d'être
» hommes & faire les statues pour être
» de vrais Chrétiens. » (*a*)

Réponse. Il fait encore plus beau voir le Panégyriste de Diogene déclamer contre ceux qui se distinguent par un genre de vie singulier. (*b*) Y a-t-il donc plus de perfection à vivre dans un tonneau que sur une colonne ? Si Pacôme & Siméon avoient eu les vices des Cyniques, nous ne serions pas tentés de faire leur apologie.

C'est d'abord une erreur d'avancer que la nature & la religion doivent *ordonner*

(*a*) Pensées Philos. n. 5.
(*b*) Encyclopédie, *Cyniques*.

DE LA VRAIE RELIGION. 349
à tous indifféremment des actes de *perfection*; la religion doit ordonner le *bien* & conseiller le *mieux* : ce qui est ordonné est un *devoir*, & non un acte de surérogation ou de perfection.

D'où vient le privilége exclusif donné à certaines personne de pratiquer tel genre de perfection ? D'une grace particuliere que Dieu leur a faite. Ainsi Jesus-Christ l'enseigne ; tous, dit-il, ne goûtent point ce conseil, mais seulement ceux qui en ont reçu le don : *non omnes capiunt verbum istud, sed quibus datum est* (a). S. Paul le repete. Chacun a reçu de Dieu un don qui lui est propre, l'un de telle maniere, l'autre d'une autre (b). Dieu n'est pas plus obligé de faire à tous la même grace que de donner à tous le même talent.

Tendre à la perfection n'est point un privilége exclusif, c'est un devoir que Jesus-Christ impose à tous : *soyez parfaits comme votre pere céleste* ; mais pratiquer la perfection de telle ou telle maniere, dans tel ou tel genre de vie, cela dépend du goût, du caractere, des talens, des gra-

---

(a) Matt. c. 19, ℣. 11.
(b) 1 Cor. c. 7, ℣. 8.

ces que Dieu a données à chaque particulier.

Il n'est donc pas vrai qu'en imitant Pacôme je ferai tout aussi vertueux que lui, si Dieu ne m'a pas donné la même grace & la même vocation que lui. Né avec des inclinations, des liens, des obligations dont Pacôme se trouve affranchi, je ne dois point forcer le plan de la providence, tenter Dieu, faire le contraire de ce qu'il exige de moi. Il n'est pas à craindre qu'une province entiere déserte la société, Dieu y a pourvu en variant les inclinations, les conditions, les talens, les devoirs. C'est comme si l'on disoit qu'il feroit beau voir tous les hommes quitter la charue, se faire soldats, médecins ou philosophes.

Il est encore faux que Pacôme, Siméon & leurs semblables ayent rompu avec le genre humain, vécu en bêtes farouches, étouffé les affections sociales & les sentimens de la nature; cette belle rhétorique est un verbiage absurde. Ces solitaires n'ont point refusé à leurs semblables le secours de leurs instructions, de leurs prieres, de leurs conseils, de leurs services; c'est leur charité même & leur douceur qui les ont rendus respectables.

DE LA VRAIE RELIGION. 351
Un Jurisconsulte qui s'enfonce pendant trente ans dans son cabinet pour se rendre plus habile rompt-t'il avec le genre humain ; les Philosophes qui se sont séquestrés de la société ont-ils vécu en bêtes farouches ? Les hommes ont peu de confiance à ceux qui vivent avec eux, il faut de temps en temps des hommes singuliers qui les étonnent, qui excitent leur attention, pour les rendre dociles, pour leur faire goûter une morale qui leur déplaît ; Dieu en a suscité quand il lui a plu, & en dépit de la philosophie ils ont fait beaucoup de bien.

§. XIII.

Revenons au Tableau des Saints. Selon l'Auteur, c'est une erreur de regarder les austérités des pieux forcenés comme un signe indubitable de sainteté. Dans toutes les contrées de la terre, dans les Religions les plus fausses, il y a eu des pénitens ou dévôts frénétiques qui cherchèrent à se signaler par des austérités afin de se faire admirer du vulgaire. Tels sont encore aujourd'hui les *Joguis* de l'Indostan, les Bonzes de la Chine, les Pénitens de Tartarie, &c.

mêmes erreurs, mêmes folies, même imbécillité du peuple par-tout.

Réponse. Il est donc décidé que tous les hommes se trompent en croyant les austérités louables; les Philosophes Pythagoriciens, les Stoïciens, les Cyniques, les Epicuriens mêmes dont plusieurs, selon Porphyre, se contentoient de pain d'orge, Porphyre qui a tant prêché l'abstinence, étoient tous des imbécilles. Cependant en parlant des Cyniques nous avons vu un Philosophe élever jusqu'au Ciel leur pauvreté & leur sobriété volontaire; l a traité de *fanatiques* ceux qui lui refusent le nom de *vertu*. Nous voilà donc réprouvés tout à la fois pour ne vouloir pas admirer la vertu des Cyniques & pour avoir respecté celle des solitaires; voyons si nous avons tort.

1°. Un Philosophe célebre paroît être de notre avis. « Que des hommes choisis,
» dit-il, amateurs de l'étude, se soient
» unis après mille catastrophes arrivées
» au monde; qu'ils se soient occupés
» d'adorer Dieu & de régler les temps
» de l'année, comme on le dit des an-
» ciens Brachmanes, des Mages, il n'y
» a rien là que de bon & d'honnête. Ils
» ont pu être un exemple au reste de

DE LA VRAIE RELIGION. 353

« la terre par une vie frugale, ils ont
« pu s'abstenir de toute liqueur enyvrante
« & du commerce avec les femmes
« quand ils célébrerent des fêtes. Ils dû-
« rent être vêtus avec modestie & dé-
« cence. S'ils furent savans, les autres
« hommes les consulterent, s'ils furent jus-
« tes, on les respecta & on les aima (*a*). »

2°. Nous convenons que les austérités en elles-mêmes, abstraction faite des motifs, ne prouvent rien ; les pratiquer par vanité c'est un vice, en user pour dompter les passions, pour corriger les hommes par l'exemple, pour se conformer à la morale de l'Evangile, c'est une vertu. Les estimer sur les vaines idées qu'en donne une religion fausse c'est une erreur; en faire cas sur la parole de Jesus-Christ, c'est une croyance très-bien fondée. Dans les fausses religions même tout n'est pas blâmable, l'excès est repréhensible partout. Nous n'approuverons jamais la frénésie des Joguis qui se font écraser sous le char de leurs Idoles pour obtenir le bonheur éternel ; mais nous louerons toujours le courage des martyrs qui ont souffert la mort plutôt que de trahir leur

_____

(*a*) Quest. sur l'Encyclop. *Austérités*.

foi & leur conscience. S'il étoit vrai que les pénitences des solitaires ont abrégé leurs jours & les ont rendus inutiles au monde, nous avouerions qu'ils ont eu tort; mais le contraire est avéré par les exemples que nous avons sous les yeux; c'est à nos adversaires de prouver que ces prétendus frénétiques ont agi par ostentation, par hypocrisie, ou par d'autres motifs vicieux, & c'est ce qu'ils ne prouveront jamais.

§. XIV.

Selon eux, « ces opinions de chrétiens » ou de payens fanatiques sont visible- » ment fondées sur des notions absurdes » & injurieuses qu'ils se font de la divi- » nité. Ils se la représentent comme un » tyran courroucé qui ne s'appaise que » par le sang, qui s'irrite du bien-être » & des plaisirs de ses malheureuses » créatures. Ainsi les Chrétiens supposent » que Dieu n'a pu s'appaiser que par le » sang de son Fils; quoiqu'ils disent que » ce sang est d'un prix infini, ils croyent » que Dieu demande encore le sang de » ceux que son Fils a lavés dans le sien, que Dieu est flatté des suicides lents & volontaires de ses serviteurs. »

Réponse. L'Auteur calomnie également toutes les Religions. La frugalité & la tempérance de quelques Epicuriens étoient-elles fondées sur des notions absurdes de la divinité ? Ils n'en admettoient point. Les autres Philosophes ne pensoient pas davantage à ces idées, les Chrétiens encore moins. Notre Religion nous représente Dieu comme un pere plein de bonté, duquel viennent tous les biens dont nous jouissons, qui ne nous a donné l'être que pour nous rendre éternellement heureux. Mais il veut que ce bonheur soit acheté par la vertu. Il y a de la démence à blasphémer contre lui, parce qu'il ne veut pas nous rendre heureux par le crime, par l'empire de nos passions, par la conduite des brutes.

De la maniere dont l'homme est constitué il ne peut être vertueux sans effort, sans réprimer ses appétits déréglés, sans matter la chair & ses convoitises ; l'expérience le démontre. Lorsque Dieu nous impose ce régime austere, ce n'est pas pour se repaître du spectacle de nos larmes ; que nous soyons dans les plaisirs ou dans les souffrances, il n'en revient rien à Dieu, pas plus qu'à un médecin qui fait souffrir ses malades pour les guérir. Il pouvoit nous rendre heureux sans mérites, mais nous avons prouvé vingt fois qu'une bonté infinie ne l'exige point ainsi ; vainement les Incrédules s'obstinent à supposer le contraire.

Où l'Auteur a-t'il appris que Dieu *n'a pu s'appaiser* que par le sang de son Fils ? Jamais le christianisme n'a enseigné cette absurdité, & n'a prescrit des bornes à la puissance infinie de Dieu. L'Evangile nous apprend que Dieu l'a voulu ainsi pour toucher l'homme par reconnoissance, pour lui faire comprendre le prix de son ame, l'excellence du bonheur éternel, le vuide & le néant de celui dont il voudroit jouir sur la terre : *sic Deus dilexit mundum*, &c.

Le prix infini du sang de Jesus-Christ n'autorise donc point l'homme à espérer le bonheur éternel sans vertu, sans effort, sans victoire remportée sur lui-même ; un tel plan seroit absurde & indigne de la Sagesse divine. Mais les Incrédules ne font plus de cas du bonheur dès qu'il le faut acheter par la vertu ; ils veulent le bonheur du corps, la volupté des sens, la félicité des bêtes. En jouissent-ils ? leurs blasphêmes les rendent-ils plus heureux ?

Dieu n'a jamais demandé le sang de ses serviteurs que quand il falloit opter entre l'apostasie & le martyre ; il n'a pas voulu promettre le Ciel à des lâches, à des faussaires, à des hommes capables de trahir leur conscience. Les Payens même insultoient aux apostats ; Celse, tout épicurien qu'il étoit, louoit la constance des martyrs, nos épicuriens modernes sont scandalisés de ce que Dieu en a fait une loi.

Nous avouerons que les mortifications sont *des suicides*, lorsqu'ils auront prouvé qu'elles sont plus nuisibles à la santé que les excès des voluptueux, & que l'abstinence a tué plus de personnes que la gourmandise.

§. XV.

C'est ici néanmoins l'argument victorieux de tous les Incrédules. Que font nos vertus à Dieu ? S'il est infiniment bon, pourquoi ne nous rend-il pas heureux de la maniere dont nous voudrions l'être, par l'intempérance & par l'impudicité comme Maximin, par la cruauté comme Néron, par la fourberie comme Tibere, par la vaine gloire comme Alexandre, &c ? Non-seulement il y a des hommes qui ne se croyent heureux que par le crime, mais il en est pour lesquels le bonheur d'autrui est un tourment; il faudroit donc refondre l'espece humaine. C'est une absurdité de desirer un autre bonheur que celui de la vertu, le cœur de l'homme est trop grand pour être rassasié par les biens de ce monde.

Si nous en croyons notre Auteur, « l'admiration du peuple pour les moi-
» nes, les anachorêtes, les pénitens, a
» pu autant que la grace divine soutenir
» ces fanatiques assurés de la vénération
» publique pendant leur vie, des hon-
» neurs de l'apothéose après leur mort,
» & de la félicité éternelle dans le Ciel;
» tous ces motifs réunis durent leur faire
» porter avec patience le joug qu'ils s'é-
» toient volontairement imposé ».

Réponse. Voici trois nouvelles absurdités. 1°. L'Auteur réunit des motifs dont l'un exclut l'autre; les solitaires n'ignoroient pas ce qu'enseigne l'Evangile, que ceux qui font des bonnes œuvres pour être vus & admirés des hommes *ont reçu leur récompense*, & n'ont rien à esperer dans l'autre vie. Ils n'ont donc pas pu être animés par le desir de l'admiration des hommes & par l'espérance de la félicité éternelle, leur fanatisme prétendu n'a jamais pu aller jusqu'à croire qu'en recherchant la vénération publique ils gagneroient encore le bonheur du Ciel.

2°. Il est ridicule de distinguer l'espérance de ce bonheur d'avec la grace divine, & de les opposer l'un à l'autre. C'est cette grace même qui a inspiré aux solitaires un desir des biens éternels assez vif pour les faire renoncer au monde.

3°. Loin de rechercher les regards des hommes, ils les ont évités, se sont retirés dans le désert, n'ont été connus, comme Saint Paul Hermite, qu'après leur mort. Les uns ont été ignorés & oubliés dans le grand nombre, les autres calomniés & persécutés, plusieurs égorgés par des troupes de brigands. C'est toujours la même inconséquence de leur reprocher leur humeur sauvage & l'ambition d'être admirés, les cyniques, animés par ce motif, ne fuyoient point la société, ils demeuroient dans les villes pour s'y donner en spectacle & insulter leurs concitoyens. La vanité & la vertu ne se conduisent jamais de même.

§. XVI.

« La fureur du Monachisme, continue

» l'Auteur, devint chez les Chrétiens,
» une maladie épidémique qui succéda à
» l'épidémie du martyre. N'ayant plus de
» supplices à craindre de la part des au-
» tres, ils s'en infligerent à eux-mêmes.
» On vit éclore par-tout des Moines...
» Les divers Instituteurs voulurent rame-
» ner leurs disciples à la vie des Théra-
» peutes & des Esséniens, c'est-à-dire,
» de. premiers Chrétiens qui s'étoit alté-
» rée depuis long tems.... D'où l'on voit
» que Jésus, malgré .es lumieres divines,
» a fait des Loix qui ne peuvent convenir
» qu'à une troupe de Moines & non à des
» nations peuplées, qui ne sauroient se
» maintenir qu'en s'écartant à tout mo-
» ment de ses institutions merveilleuses ».

Réponse. Bevues grossieres. Il est faux que l'épidémie du Monachisme ait succédé à celle du martyre, puisque le Monachisme a commencé au plus fort des persécutions, sous l'empire de Déce, 150 ans avant que Constantin permît l'exercice public du Christianisme. Plusieurs solitaires, loin de courir après le martyre, se retirerent au contraire pour y échapper, & pour s'éloigner des troubles dont l'Empire Romain ne cessa d'être agité pendant tout ce tems-là. De même dans l'Occident les

Monasteres

Monasteres ont pris naissance immédiatement après l'invasion des Gaules par les Barbares.

C'est une autre vision de supposer dans les premiers siécles *divers Instituteurs* de la vie monastique; il n'y avoit point alors divers ordres de moines. Saint Basile en leur donnant une regle, au quatrieme siécle, ne fit que rédiger par écrit ce qu'ils avoient pratiqué jusqu'alors. Si l'Auteur veut parler de Saint Bénoît & des Fondateurs plus modernes, ils ne pensoient guéres aux Esséniens ni aux Thérapeutes; aucun peut-être n'avoit lu ni Philon, ni Joseph, seuls Auteurs qui en ayent fait mention. Selon lui-même ces Instituteurs ont trouvé dans l'Evangile les regles de morale & de discipline qu'ils ont prescrites, ils n'ont donc pas eu besoin de l'exemple des Esséniens ni des Thérapeutes.

Une troisieme bévue est de confondre la vie des premiers Chrétiens avec celle des Thérapeutes & des Moines. Les premiers Chrétiens ne se sont point abstenus du mariage, ni des devoirs de la vie civile, ils ne se sont point retirés dans les déserts; si la communauté de biens fut pratiquée à Jérusalem, elle ne dura que jusqu'à la

Tome XI.   Q

destruction de cette ville, & n'eut point lieu dans les autres Eglises.

Une quatrieme plus forte est de dire que les Loix de Jesus-Christ ne conviennent qu'à des moines ; les conseils évangéliques ne sont pas des loix ; les nations les plus peuplées, les mieux policées, les plus heureuses à tous égards, sont celles qui suivent les Loix de Jesus-Christ.

« Les trois vœux de pauvreté, de
» continence, d'obéissance aveugle aux
» chefs d'un ordre monastique, font con-
» noître, dit l'Auteur, les motifs & les
» dangers de son institution ; tout fonda-
» teur d'ordre se formoit un empire, en
» devenoit le souverain ; mais ce despo-
» tisme fut nuisible à la société. Un moine
» se crut de tout tems plus obligé d'obéir
» à ses Supérieurs spirituels & au Pape,
» qu'aux Souverains, aux Loix, aux Ma-
» gistrats de son pays. Dans tous les sié-
» cles, des moines fougueux, excités par
» leurs chefs, sont devenus de vrais in-
» cendiaires dans les pays chrétiens ».

Réponse. Le saut que fait l'Auteur depuis le commencement des moines jusqu'à leur dépendance immédiate du Pape, est au moins de neuf cens ans (*a*). Dans l'origine

---

(*a*) Encyclopédie, *Exemption.*

il n'y avoit pas différens ordres, les divers monasteres n'étoient pas soumis à un seul chef, ils ne faisoient pas de vœux, ils étoient sous la jurisdiction des Evêques ; ce critique continue de déraisonner.

1ᵉ. Il a justifié lui-même les Fondateurs. Il dit que si quelques *dévots de bonne foi*, & remplis de zéle, fonderent des ordres religieux, bientôt ces *pieux imbécilles* furent remplacés par des fourbes habiles à recueillir les fruits de la piété de leurs Fondateurs (*a*). Des dévots de bonne foi ne pensent point à se former un Empire, à devenir Souverains. 2°. Lorsqu'il s'est formé de nouveaux ordres, les Souverains ont été les maîtres de les admettre dans leurs Etats ou de les rejetter, de voir si leurs Constitutions étoient contraires aux Loix civiles ; ils n'en ont point jugé ainsi, puisqu'ils leur ont permis de s'établir. 3°. Lorsque les Papes ont exempté les moines de la jurisdiction des Ordinaires, les Evêques & les Souverains ont encore eu la liberté de s'opposer à ce changement de discipline ; mais les Evêques les plus instruits conviennent qu'il en peut résulter un grand bien. 4°. Il falloit citer des faits pour

───────────────

(*a*) Tableau des SS. 2 part. c. 9, p. 173.

prouver que les moines ont été *de vrais incendiaires*, puisqu'il en est arrivé dans tous les siécles, les exemples devoient être faciles à trouver ; c'est une calomnie & rien de plus. L'Auteur va la réfuter.

§. XVII.

« Dans des tems d'ignorance & de
» dévotion, dit-il, nous voyons ces
» Fondateurs de sectes religieuses jouir
» dans le monde-même de la plus grande
» considération, de la faveur, de la libé-
» ralité des Princes & des peuples, jouer
» un très-grand rôle dans l'Eglise & dans
» l'Etat ». L'Auteur cite pour exemple S.
Bernard, dont il noircit la conduite. « Par
» la libéralité peu raisonnée des Princes,
» les moines devinrent opulens, fainéans
» & vicieux. On fut occupé continuelle-
» ment à les réformer, mais ces réformes
» ne purent subsister long-tems ; l'homme
» par une pente nécessaire retombant tou-
» jours dans sa nature, d'où le fanatisme
» s'efforce en vain de le tirer ».

Réponse. Voilà donc les incendiaires du monde chrétien accueillis dans les Cours, comblés de faveurs par les Princes & par les peuples, respectés même *par les bri-*

gands *les plus farouches* ; phénomene singulier. Mais l'Auteur méconnoît la vraie cause des libéralités faites aux moines, ce sont leurs vertus & l'usage louable qu'ils faisoient de leurs biens. Les Monasteres & les Eglises étoient alors les seuls dépôts où l'on pût mettre en sûreté ce que l'on vouloit consacrer à l'utilité publique ; ce fait essentiel est connu de tous ceux qui ont lu l'Histoire des bas Siécles. Le peuple tyrannisé par des brigands farouches, qui cependant respectoient les moines, n'avoit de ressource que dans la charité du Clergé séculier & régulier.

Lorsque les moines sont demeurés renfermés dans leurs solitudes, on leur reproche d'avoir été inutiles au monde ; lorsqu'ils en sont sortis pour rendre leurs services à l'Eglise, aux Princes, aux peuples, on les blâme d'avoir oublié leur profession & l'esprit de leur état. En vertu de cette équité philosophique, l'on travestit Saint Bernard en moine ambitieux qui a troublé le repos du monde, on le rend responsable de plusieurs événemens que la prudence humaine ne pouvoit ni prévoir, ni prévenir. Dans le tems que les moines étoient pauvres, laborieux, pénitens & austeres, c'étoient des jongleurs qui vouloient se distinguer par des tours de force ; lorsqu'ils font devenus opulens, fainéans & vicieux, c'étoient des incendiaires ; on ne peut leur pardonner ni le bien ni le mal, ni le vice ni la vertu.

En parlant des réformes, il falloit excepter au moins les Chartreux, qui depuis sept cens ans n'en ont pas besoin, que les richesses n'ont rendu ni fainéans, ni vicieux, ni incendiaires : exemple fâcheux du bien que produit le fanatisme religieux. Quelle institution humaine a duré aussi long-tems ? Les réformes des Bénédictins, des Prémontrés, de la Trape n'ont point produit d'incendiaires, & ces religieux ne sont pas encore retombés dans leur nature ; mais l'Auteur aime encore moins les réformes que le relâchement.

En vain, dit-il, le fanatisme s'efforce de tirer l'homme des vices dans lesquels il retombe toujours par une pente nécessaire ; en vain par conséquent la Religion, la Morale, la Philosophie travaillent à corriger l'homme : puisqu'il est nécessairement vicieux, il faut le laisser tel qu'il est. Cette doctrine sans doute est bien supérieure à celle de l'Evangile. A de pareils traits on peut juger jusqu'où va le fanatisme anti-religieux des Incrédules.

§. XVIII.

Celui-ci convient que les commencemens des ordres monastiques nous présentent toujours une ferveur, des austérités, un désintéressement surprenant. « Les peu-
» ples, dit-il, se laisserent prendre conti-
» nuellement à ce piége ; ils furent tou-
» jours dupes des fanatiques ou des hypo-
» crites, qui tâcherent de les séduire par
» ces moyens. Lorsque le Clergé séculier
» se fut totalement corrompu, le Pontife
» de Rome lui suscita dans les moines des
» antagonistes qu'il jugea propres à retenir
» sous le joug les peuples que la conduite
» des prêtres séculiers eût à la fin détrom-
» pés d'une religion qu'ils voyoient si mal
» pratiquée par ses ministres. Aussi ces
» moines furent souvent en guerre avec
» le Clergé, & l'emporterent sur lui ».

Réponse. Continuation de la même morale. Les peuples ont eu tort de se laisser prendre aux piéges de la vertu, dès qu'elle paroît, il faut lui dire anathême, comme les Incrédules ; elle est toujours l'ouvrage ou du fanatisme ou de l'hypocrisie, le vice seul est enfant de la raison & de la bonne foi.

Selon lui cependant les fondateurs d'ordre ont été des dévots de bonne foi, de pieux fanatiques qui avoient puisé le goût de la retraite & de la pénitence dans les notions abſurdes que le chriſtianiſme nous donne de la divinité; ce n'étoient donc pas des hypocrites. Ces hommes recommandables d'ailleurs par une ferveur, par des auſtérités, par un déſintéreſſemment ſurprenant, ont-ils pu avoir le deſſein de ſéduire les peuples, ou de former une poſtérité de fourbes, habiles à s'enrichir aux dépens du public? Ce projet abominable n'entre point naturellement dans une tête humaine ſans intérêt & ſans motif. Des fanatiques vertueux n'ont pas pû & n'ont pas dû prévoir que tel ſeroit dans la ſuite le fruit de leurs inſtitutions; quand celles-ci ſe ſeroient alterées après eux, ils ſeroient déjà diſculpés.

Nous avons vu plus haut un Philoſophe juſtifier encore les Papes. Leur attribuer des vues ſuſpectes dans l'approbation des ordres religieux, c'eſt leur prêter non-ſeulement une prévoyance ſupérieure aux lumieres de l'humanité, mais une méchanceté abſurde & dont ils ne pouvoient eſperer aucun fruit. Ils ne ſont point les premiers fondateurs de la vie monastique, elle s'est établie sans eux dans l'Orient; ils n'ont approuvé de nouveaux ordres qu'en considération du besoin & de l'utilité présente, à la sollicitation des Souverains & des peuples.

Ils ont ambitionné sans doute de retenir les nations sous le joug de l'Evangile, parce qu'ils étoient chrétiens eux-mêmes, obligés par leur dignité de soutenir, d'étendre, de perpétuer la religion. C'est pour cela qu'ils ont voulu procurer à l'Eglise les secours, l'exemple, le zele, les services des moines ; ce ne sont point eux qui ont fait dégénérer les ordres monastiques, ils ont fait au contraire tout ce qu'ils ont pu pour les en préserver : lorsqu'un ordre religieux est devenu inutile ou scandaleux, ils l'ont supprimé. Donc lorsqu'ils l'ont approuvé ils ne l'ont fait qu'à cause de son utilité. Dans le douzieme & le treizieme siécle ces ordres se sont multipliés, parce qu'alors le Clergé séculier étoit à peu-près anéanti.

Mais il ne falloit pas taire la vraie raison de sa décadence ; c'est le pillage des biens ecclésiastiques envahis par les Seigneurs. Les Papes se trouvoient donc dans la nécessité ou de laisser périr la Religion, ou de substituer les Moines aux

Prêtres. Ceux d'entre les grands qui furent touchés de remords rendirent aux Moines des biens qu'ils ne pouvoient restituer au Clergé séculier qui n'existoit plus ou qui étoit déchu de son état. Telle est la principale source des richesses & du crédit que les Moines acquirent pour lors; mais on ne doit pas leur faire un crime d'être accourus au secours des troupeaux qui n'avoient plus de pasteurs, encore moins blâmer les Papes d'avoir donné les mains à cette ressource devenue indispensable.

Les Incrédules en attribuant aux Papes, au Clergé, aux Moines une méchanceté trop rafinée ne font que trahir leur propre malignité.

§. XIX.

Parmi ces hommes, *soit fourbes soit fanatiques*, qui parurent au treizieme siécle pour réchauffer la Foi des peuples, l'Auteur place avec distinction S. François & S. Dominique; selon lui, à l'aide d'une Théologie subtile & ténebreuse, les Moines de ces deux ordres redoublerent l'épaisseur de l'ignorance des Chrétiens & troublerent cent fois l'univers par leurs querelles futiles & méprisables.

Réponse. Quand le fait seroit vrai, il est clair que S. François ni S. Dominique ne penserent jamais à faire éclore la Théologie subtile des écoles ; on ne peut nier que ces deux Saints n'ayent donné à leur siécle très-ignorant & très-corrompu de grands exemples de vertu.

Mais la Théologie scholastique a-t'elle été aussi pernicieuse qu'on le prétend ? C'étoit le premier effort de la raison pour sortir de la barbarie. Les Théologiens commencerent par chercher à tâtons la lumiere & la vérité dans les écrits des anciens Philosophes, sans s'écarter des principes de la Foi. Ils ont du moins introduit l'usage de la methode des géométres que l'on ne connoissoit plus ; elle a été nécessaire pour nous mettre en état de marcher avec plus de sûreté, pour écrire avec plus d'ordre que les anciens, pour nous donner une logique plus ferme que la leur. Si nos adversaires la connoissoient mieux, ils ne raisonneroient pas si mal. Dans notre premiere Partie nous avons vu que pour embrouiller toutes les questions de la Religion naturelle, ils ramenent sur la scene toutes les vaines subtilités des scholastiques.

Est-il vrai encore que les disputes des

Moines *ont troublé l'univers* ? Moins que les contestations actuelles entre les Athées, les Déistes & les autres sectes d'Incrédules. Quand tous les Moines du Royaume se battroient à coups de plume, cela n'empêcheroit pas les citoyens de dormir en paix ; mais les Philosophes ne veulent de bruit que quand ils le font eux-mêmes.

Notre Auteur prétend que le cerveau cruel de S. Dominique enfanta l'Inquisition, il déclame d'un ton d'énergumène contre ce tribunal, digne selon lui des cannibales.

Nous ne pensons point à justifier cette institution ; mais la vérité exige de nous quelques observations que les déclamateurs n'ont jamais eu l'équité de faire. 1°. Il n'est pas certain que S. Dominique ait suggéré l'idée de l'Inquisition, quoiqu'il ait été revêtu de la commission d'Inquisiteur ; les Ecrivains du temps ne lui en attribuent point l'invention. 2°. Il y a de la mauvaise foi à supposer que les procédures de ce tribunal furent dès l'origine telles qu'on les pratique en Espagne ; la forme de ces procédures est de la façon du Cardinal Torquémada & postérieure de deux siècles à la premiere insttitution (*a*). 3°. Quand on a lu l'histoire des Albigeois, de leurs dogmes abominables, de leur hypocrisie perfide, prouvée non-seulement par le témoignage des contemporains, mais par la confession de ceux qui se convertirent, on n'est plus étonné de la rigueur des procédures que l'on mit en usage contre eux. Mais comme les Protestans ont voulu se donner les Albigeois pour ancêtres & en ont fait l'apologie tant qu'ils ont pu, nos Philosophes *moutonniers* repetent avec pleine confiance les lamentations des Protestans & leurs invectives contre la persécution des Albigeois (*b*). 4°. Plus on suppose odieux le Tribunal de l'Inquisition, plus on aggrave la faute des Souverains qui l'ont admise dans leurs Etats. C'est le Comte de Toulouse qui l'établit dans les siens, l'Empereur Fréderic II la fit passer en Allemagne, Ferdinand & Isabelle en Castille, &c. Non-seulement ils étoient les maîtres de la rejetter, mais ils en ont étendu ou restraint la rigueur à leur gré. On nous le fait remarquer en Portugal,

---

(*a*) Encyclopédie, *Inquisition*.
(*b*) Hist. des Variat. Tome 2, L. 11, n. 7. p. 275.

à Venise, en France & ailleurs ; les Rois de Naples & de Sicile l'ont constamment refusée, les autres pouvoient faire de même (*a*). L'Inquisition a donc été l'ouvrage d'une fausse politique plutôt que de la Religion, de la nécessité plus que de la réflexion. Heureuses les nations qui ont sçu s'en passer ; nous sommes dans le cas & nous avons lieu de nous en féliciter. Aussi l'Auteur du Tableau des Saints déclame avec encore plus de chaleur contre les Souverains que contre les Papes & contre les Moines (*b*) ; l'amertume de sa bile ne ménage personne.

§. XX.

Nous ne répondrons rien à ses invectives contre la mendicité des Franciscains & des Freres Prêcheurs qui, selon lui, demandent l'aumône *le couteau sur la gorge*, contre S. Louis qui partageoit son cœur entre *ces sangsues publiques*, contre les disputes des Freres Mineurs sur ce qui leur appartenoit ou ne leur appartenoit pas en propre, contre les prestiges, les

---

(*a*) Encyclop. *Inquisition*.
(*b*) Tableau des SS. 2 part. c. 9 ; p. 170.

faux miracles & les visions prophétiques des Moines, contre les reliques & les indulgences fournies par les Papes, contre l'aveuglement des Souverains & des peuples sur les vices & le déréglement des Moines. Nous renvoyons le lecteur à ce qu'a dit le plus célèbre de nos philosophes sur toutes ces satyres insipides & cent fois rebattues (*a*).

Lorsque nous représentons à nos adversaires les égaremens, les erreurs, les désordres des Philosophes anciens, ils disent qu'il ne faut point s'en prendre à la philosophie, mais plutôt à la folie naturelle des hommes. Lorsque nous insistons sur les déréglemens, les tracasseries, les absurdités des Incrédules modernes, on nous répond qu'il ne faut en accuser ni l'athéisme ni l'incrédulité, mais les mœurs actuelles des nations & la pente naturelle du cœur humain. Dès qu'il est question de religion, l'on fait retomber sur elle tous les abus, les folies, les crimes qui sont arrivés depuis la naissance de l'Evangile. L'Auteur que nous réfutons dit que malgré tous les efforts que l'on fait pour corriger l'homme, il re-

---

(*a*) Ci-dessus, §. 4.

tombe dans sa nature par une pente *nécessaire*, & il fait un crime à la profession religieuse de ce qu'elle n'est pas venue à bout de refondre cette nature vicieuse & corrompue.

§. XXI.

Pour prouver l'excès des désordres qui regnoient dans les monasteres au seizieme siécle, il cite un acte signé par les Religieux de l'abbaye de S. André de Northampton en Angleterre, dans lequel ils s'avouent coupables d'oisiveté, de faste, d'intempérance, d'impudicité, d'hypocrisie & de fourberie en fait de religion ; de tout quoi ils demandent pardon à Henri VIII, consentent a être supprimés, & lui abandonnent les biens de leur monastere. L'Auteur conclut que les Princes n'auroient osé tenter l'extinction du monachisme dans leurs états, si les peuples n'eussent été excédés par la hauteur, l'insolence & la rapacité des Moines. Dans les contrées soumises au pontife Romain, dit-il, ces Moines continuent à exercer la même licence dont ils jouissoient par tout dans les siécles d'ignorance.

Réponse. Si l'on veut sentir tout le mérite de l'acte en question, il faut lire ce que les protestans Anglois ont écrit sur la maniere dont les monasteres furent supprimés sous Henri VIII. Guillaume Dugdale & Thomas Hearne racontent que les courtisans avides des biens des monasteres n'oublierent rien pour s'en emparer, que l'on attribua aux Moines les crimes les plus énormes, qu'on les força de s'accuser eux-mêmes & de se calomnier les uns les autres, que ceux qui tinrent ferme & ne voulurent quitter ni leurs couvens ni leur état, furent punis de mort. Cependant le Parlement, dans l'acte même qui ordonnoit la suppression des petits monasteres, reconnut que dans les grands *on voyoit regner la piété & la Religion* ; ils ne furent pas moins détruits & démolis que les petits monasteres (*a*).

On devine assez de quelles mains est sorti l'acte des religieux de Northampton, lorsqu'on voit qu'un des principaux crimes avoués par eux est d'avoir privé la majesté divine de l'honneur qui lui est dû, en excitant les Chrétiens *à adorer des images sans vie & de fausses reliques*. Les fabricateurs de l'acte ont présumé que

_____

(*a*) Conversion de l'Anglet. comparée à sa prét. réform. 3ᵉ. Entret. c. 5.

ces moines étoient déja protestans dans l'ame, puisqu'ils leur en ont prêté le langage; cependant à cette époque Henri VIII n'avoit encore rien changé à la croyance de ses sujets.

L'essentiel est de savoir quel avantage tira le roi d'Angleterre du pillage des Eglises & des monasteres; nous l'apprenons des mêmes Auteurs & du docteur Heylin autre protestant. » L'avidité
» du gain, dit-il, étoit alors si grande,
» & la condition du roi (Edouard VI)
» si malheureuse, qu'on se servit de son
» autorité pour piller & saccager tout
» ce qui appartenoit aux Eglises, sans
» qu'il en profitât en aucune maniere.
» Car quoiqu'on eût tiré des richesses
» inexprimables des trésors des Eglises
» & de la vente de leurs terres, non-
» seulement il fut accablé de dettes, mais
» encore les revenus de la couronne di-
» minuerent considérablement sous son
» regne (a). »

Nous laissons à penser si la suppression & le pillage des monasteres exécutés par

---

(a) Conversf. de l'Anglet. &c. 2e. Entret. c. 7. Annales Polit. Civiles & Litter. Tome I, n. 1, p. 56.

des brigands démontrent que les peuples étoient excédés de la hauteur, de l'insolence & de la rapacité des Moines. Non-seulement Henri VIII extermina le monachisme; mais il abolit la Religion Catholique; il ne s'ensuit pas que ses sujets en fussent excédés, puisqu'un grand nombre souffrirent l'exil, les confiscations, la mort, plutôt que d'y renoncer.

Selon notre Auteur, les Moines continuent à exercer aujourd'hui la même licence que dans les siécles d'ignorance; est-il prouvé qu'ils sont coupables de tous les crimes dont on accusa ceux d'Angleterre pour avoir un prétexte de les dépouiller? Nous ne doutons pas que les Incrédules n'en soient excédés, & qu'ils n'ayent aussi bon appétit que les pillards Anglois; mais jusqu'à présent il ne paroît pas que le peuple pense de même.

Notre Politique espere que les Souverains éclairés par ses leçons se détermineront enfin à extirper le monachisme. Ils y seront engagés sans doute par l'esprit de tolérance & par l'heureux succès de cette opération en Angleterre. Elle engraissa les courtisans, elle endetta le Roi, diminua les revenus de la couronne & vérifia le mot de Charles-Quint, elle réduisit les pauvres à l'excès de la misere. Sous le regne d'Elisabeth on fut obligé de passer jusqu'à onze bills pour subvenir à leurs besoins ; on n'y avoit pas été obligé pendant que les monasteres subsistoient (*a*). Voilà comme les biens qui étoient inutiles entre les mains des Moines devinrent utiles lorsqu'ils furent envahis par les sangsues de la Cour. Nous verrons plus bas si le bien public y gagna.

§. XXII.

L'Auteur déplore le triste sort des religieuses, dont la plupart, selon lui ? *tombent en démence.* Elles ne lui sauront pas beaucoup de gré de sa commisération, & peut-être jugeront-elles que leur cerveau est en meilleur état que celui de l'Auteur. Mais il ne falloit pas ajouter une imposture plus forte. « Au sortir de l'enfance, dit-il,
» & dans l'âge de l'inexpérience, nos
» vestales modernes s'engagent pour la
» vie par des vœux indiscrets, arrachés
» communément par la séduction & quel-

(*a*) Convers. de l'Anglet ibid. c. 5, p. 281. Hume, Hist. de la Maison de Tudor, Tome 2, p. 336.

» quefois par le despotisme impérieux de
» parens inhumains, à qui la religion &
» le gouvernement permettent d'être des
» tyrans ».

Réponse. Il est faux que les religieuses s'engagent au sortir de l'enfance, elles ne peuvent faire leurs vœux qu'à dix-huit ans, & on permet aux filles de se marier à douze. L'un de ces engagemens ne nous paroît pas moins redoutable que l'autre, puisque, selon les Philosophes, le mariage indissoluble est une tyrannie insupportable. Personne n'a encore vérifié par le calcul si dans ce siécle de félicité philosophique il y a autant de religieuses mécontentes, que d'épouses malheureuses; les regrets & les larmes de celles-ci ne sont guéres propres à donner du repentir aux premieres, ni à les faire tomber en démence.

Il est faux que les vœux soient communément arrachés par la séduction ou par le despotisme des parens, l'Eglise y a mis ordre. Dans l'examen que font les Supérieurs Ecclésiastiques des motifs, des circonstances, des preuves de la vocation d'une novice, elle est obligée d'attester par serment, qu'elle n'a été ni forcée, ni séduite, ni excitée par qui que ce soit à se faire religieuse, qu'elle jouit d'une entiere & parfaite liberté. La réclamation contre des vœux extorqués est permise ; quand la violence ou la séduction sont prouvées, les vœux sont déclarés nuls. C'est ainsi que la religion & le gouvernement permettent aux parens d'être des tyrans. Les romans & les drames dans lesquels les beaux esprits du tems font paroître des religieuses forcées & réduites au désespoir, doivent être placés à côté de ceux qui ont fait pleurer les Grecs sur les infortunes de héros qui n'ont jamais existé que dans leurs fables.

Il y auroit des larmes plus justes à donner aux malheureuses victimes de la séduction & de l'incontinence des Philosophes de notre siécle.

Après avoir dit que les religieuses traînent dans les soupirs une vie misérable & inutile à la société, il ajoute : « Ce sont » pourtant ces vierges malheureuses qui » dans un grand nombre de pays sont char- » gées de l'éducation des jeunes filles ».

Elles sont donc tout-à-la-fois inutiles à la société & trop utiles, puisqu'elles sont chargées de l'éducation. Mais leur utilité ne se borne point là. Les unes soulagent les malades dans les hôpitaux, les autres élevent les enfans trouvés & abandonnés ; celles-ci se consacrent à l'instruction des enfans des pauvres, celles-la ouvrent un azyle aux filles perdues qui viennent à résipiscence. Plusieurs instruisent les jeunes personnes nées dans le sein de l'erreur, d'autres forment au travail & à la piété les orphelines, &c ; quelques-unes réunissent la plupart de ces bonnes œuvres. Il faut espérer que les savantes du monde, éclairées par les Philosophes, feront un jour plus de bien que nos vierges malheureuses, & que leurs maîtres sublimes suppléeront aux services des moines.

Les sauvages de l'Amérique ont pensé plus sensément que les Incrédules. Frappés d'admiration des soins charitables qu'ils avoient éprouvés de la part des Hospitalieres de Québec & des Missionnaires, ils formoient le projet d'enlever *les robes noires & les filles blanches*, & de les transporter parmi eux (*a*). Nous sommes persuadés qu'il n'auroient eu aucune envie d'enlever des Philosophes.

Mais l'éducation des couvens ne vaut rien ; ils l'ont décidé. Qu'ils en établissent une meilleure, qu'ils y fassent travailler

---

(*a*) V. Hist. de l'Hôpital de Québec.

leurs savantes prosélytes ; à la vue des merveilles qu'elles opéreront, les religieuses apprendront à corriger leur méthode.

Nous voudrions savoir si parmi le nombre des épouses, celles dont les maris sont le plus contens, sont celles qui ont été élevées dans le monde, & qui jamais n'ont habité aucun couvent ; si dans le choix, un homme sensé préféroit un brillant sujet formé par les leçons de la Philosophie à une dévote timide & sans experience, fraîchement sortie d'une pension religieuse. Mais nous nous arrêtons trop long-tems aux clameurs insensées de nos adversaires.

§. XXIII.

Notre Rhéteur gémit de ce que les Princes, les Peuples, les Magistrats, les femmes même prennent parti dans les disputes des Moines ; l'Etat, dit-il, en est ébranlé (*a*).

L'excès du ridicule nous ôte la force de répondre. Lorsque les Etats sont ébranlés, que la fortune & la vie des citoyens sont en danger, ils ont autre chose à faire que

---

(*a*) Tableau des SS. 2 part. c. 9, p. 193.

de se battre à coups de plume. Bénissons la Providence divine & la sagesse du gouvernement de ce que nous n'avons pas de révolution plus fâcheuse à craindre.

Selon lui, ces querelles tendent par différens moyens à détruire totalement les mœurs. « L'une des parties belligé-
» rantes, dit-il, pour fortifier son crédit
» par la faveur des Princes & des Grands,
» anéantit toute morale, soit divine, soit
» humaine, lui substitue des pratiques &
» des cérémonies, des dévotions imper-
» tinentes qui ne peuvent point influer
» sur les passions. L'autre faction, pour
» décrier ses adversaires, & les rendre
» odieux, fait parade d'une orgueilleuse
» rigidité, d'un stoïcisme inflexible, prê-
» che une morale fanatique, impossible à
» pratiquer, & propre à rendre la vertu
» haïssable ».

Ainsi par zele pour la morale, l'Auteur veut qu'elle ne soit ni douce, ni rigide, ni austere, ni relâchée. Heureusement la morale épicurienne des Philosophes est venue à propos réparer les breches qu'a-voient faites aux mœurs les disputes des Théologiens; depuis quelque tems on ap-perçoit ses influences salutaires par l'édi-fiante régularité de tous les Matérialistes des deux sexes. Par un trait ordinaire de leur équité, les Incrédules attribueront à la morale chrétienne les ravages que fait dans le monde leur morale pestilentielle.

L'Auteur termine cette philippique en avouant que les Sectes séparées de l'Eglise Romaine ne sont pas mieux d'accord. Les Luthériens & les Calvinistes, les Anglicans & les Presbytériens, les Arminiens & les Gomaristes, les Coccéïens & les Voëtiens se battent aussi-bien que nous. Les Grecs Schismatiques ne sont pas plus paisibles, les Moscovites ont un schisme parmi eux. Ajoutons que chez les Turcs la Secte d'Ali déteste cordialement la Secte d'Omar, que chez les Indiens les Sectes de Bramines ne s'aiment pas davantage ; qu'à la Chine les Lettrés divisés entr'eux méprisent souverainement les Sectateurs de *Fô*. Chez les Grecs les différentes Ecoles de Philosophes n'étoient pas fort amies, & les Egyptiens s'entretuoient pour le culte de divers animaux. Rome avoit déclaré la guerre aux Dieux de Carthage & des Gaulois. De même que les Perses avoient brûlé les Temples des Grecs, Alexandre fit démolir dans la Perse les Temples du Feu & persécuta cruellement les Mages.

Par-là il est démontré que depuis le commencement du monde & d'une hémisphère à l'autre les hommes se sont haïs & querellés ; que cette manie ne vient ni de la Religion, ni de la raison, ni de l'habit monastique, mais de l'orgueil, de l'opiniâtreté, de la jalousie, de l'ambition, de la vengeance & des autres passions humaines. Sans être inspiré, l'on peut prédire que nos docteurs modernes ne guériront pas cette ancienne maladie ; des empyriques aussi mal adroits ne sont propres qu'à aigrir les maux & à redoubler les travers de l'humanité.

§. XXIV.

Selon l'Auteur de l'Esprit des Loix, la destruction des monasteres & des hôpitaux en Angleterre y a fait renaître le commerce, l'industrie, la population ; c'étoient, dit-il, des azyles qui entretenoient la fainéantise (a). Cette observation a été répétée par vingt Auteurs accoutumés à faire des actes de foi en fait d'histoire & de politique.

La question est de savoir 1°. Si ce phé-

_____

(a) Esprit des Loix, L. 23, c. 29.

noméne s'est également fait sentir en Ecosse, en Irlande, & dans les diverses parties de l'Allemagne où les monasteres ont été supprimés. 2°. Si depuis cette époque la population & l'industrie n'ont pas augmenté de même dans les autres états de l'Europe où les monasteres ont été conservés. 3°. S'il n'y a pas eu d'autres causes capables de ranimer l'une & l'autre en Angleterre; indépendamment de la suppression des Monasteres & des Hôpitaux. Le changement du gouvernement & des loix, les troubles qui obligerent plusieurs Anglois d'aller chercher le repos & la fortune en Amérique & dans les Indes, l'émulation que firent naître leurs succès, nous paroissent avoir été des mobiles assez puissans pour animer l'industrie & le commerce des Anglois. 4°. Il a fallu rebâtir chez eux des hôpitaux, ils en ont déjà plusieurs, ils en ont pris le modele sur les nôtres. En dépit de la réforme, les Catholiques Anglois ont conservé des Monasteres. (*a*) Avant de porter un dernier jugement sur la sagesse exemplaire des Anglois, il est bon d'attendre l'issue de la révolution de laquelle

---

(*a*) Londres, Tome 2, p. 25.

ils sont menacés & qui est prédite depuis longtems. (*a*) Les Anglois eux-mêmes conviennent que la France ne gagneroit rien à la suppression ni à la diminution des Monasteres. (*b*)

Puisqu'il est démontré que le commerce fait naître le luxe & que luxe dépeuple les Etats, où est le bénéfice du cercle dans lequel on nous fait tourner & de l'émulation que l'on veut nous inspirer à l'égard de nos voisins ? Quand nous aurons en perfection le commerce, l'industrie, les arts, la population, nous aurons nécessairement un luxe désordonné, nous l'avons déjà ; & de l'aveu de nos politiques, le luxe multiplie les causes de la dépopulation. (*c*) On veut donc nous faire peupler pour détruire ; ce n'est pas la peine de rien changer à nos mœurs pour arriver à ce terme. Il nous paroît plus court de conserver les asyles dans lesquels la vertu peut se mettre à l'abri de la contagion du luxe & qui opposent une espéce de barriere à la frénésie générale. Les

---

(*a*) Ibid. Tome 1, p. 237.
(*b*) Londres, Tome 2, p. 149.
(*c*) Hist. des Establiss. des Europ. dans les Indes, Tome 7, c. 9.

Philosophes qui veulent la renverser, déraisonnent même selon leurs propres principes.

A quoi aboutissent donc leurs frivoles déclamations contre la profession religieuse, contre le goût du célibat, contre l'usage du Christianisme de canoniser des hommes inutiles ? Il y a de la démence à prétendre que les exemples de vertu sont inutiles à la société, ils n'ont jamais été plus nécessaires qu'aujourd'hui, & depuis que les Philosophes ont conjuré d'établir l'épicuréisme au lieu de la Religion, s'il n'y avoit plus de Monasteres, on seroit bientôt forcé d'en reconstruire.

CHAPITRE X.

Des effets civils & politiques de la Religion Chrétienne.

§. I.

Lorsqu'il est prouvé qu'une Religion est révélée, que Dieu a présidé à son établissement, que la doctrine est vraie, la morale pure, le culte extérieur raisonnable, la discipline sage, il est ridicule de mettre encore en question si cette Religion est utile ou pernicieuse, capable de contribuer ou de nuire au bonheur des particuliers & des nations. Est-ce la vérité ou l'erreur, la sagesse ou la folie, le vice ou la vertu qui rendent les peuples heureux ? Voilà où se réduit le doute dans lequel on veut nous jetter.

Une réflexion essentielle à faire est que toutes les institutions qui tiennent à l'humanité, sont sujettes à se ressentir des passions, de l'inconstance, de la dépravation de notre nature. Ce qui vient de Dieu est parfait en lui-même, dès qu'il passe par nos mains il contracte une partie de nos défauts. La raison même, ce rayon de la sagesse divine, est souvent éclypsée par l'ignorance, par les mauvaises habitudes, par le vice du climat & de l'éducation, par les préjugés dominans ; la Religion destinée à lui servir de supplément & de guide, ne nous fait pas plus violence que la raison, ni l'une ni l'autre ne sont une chaîne de fer : l'homme, toujours libre, toujours maître de s'aveugler & de se perdre, toujours dépendant des impressions qu'il reçoit de ses semblables, plus flexible au vice qu'à la vertu, parvient souvent, sans abjurer le Christianisme, à n'être plus ni Chrétien ni raisonnable.

Dieu qui a daigné employer la force de son bras pour établir notre Religion, ne s'est point obligé à faire des miracles continuels pour la mettre entièrement à couvert des révolutions humaines. La chûte des Empires, l'irruption des Nations barbares, le mélange des peuples, les divers degrés de civilisation & de prospérité dans certains climats, influent nécessairement sur les mœurs publiques; la Religion demeure la même, la manière de la connoître & de la pratiquer sont différentes.

Si par Religion *parfaite* on entend une

Religion qui fixe irrévocablement l'homme à la pratique de la vertu, le préserve de toutes les erreurs & de tous les vices, une telle Religion n'est pas de ce monde, elle n'appartient qu'aux Bienheureux dans le ciel ; elle est incompatible avec l'état d'épreuve & de mérite dans lequel nous sommes placés ici bas, la liberté est essentielle à notre condition présente.

Il y a d'abord un fait incontestable & que l'on ne peut méconnoître à moins de s'aveugler. Les Nations anciennes se regardoient comme ennemies, étoient dans un état de guerre continuelle ; Jesus-Christ s'est attaché à détruire ce fatal préjugé, à persuader aux hommes qu'ils sont tous freres : il le fait sentir aux Juifs par la parabole du Samaritain, il leur apprend que sous le nom de *prochain* l'on ne doit pas seulement entendre un concitoyen ou un homme de même nation, mais tout homme en général. (*a*) C'est cette morale, toujours ignorée des Philosophes, qui a fait connoître enfin le *droit des gens* ; & il n'est nulle part aussi-bien connu que chez les Nations Chrétiennes. Les Incrédules ont trouvé bon d'attribuer *à l'esprit*

(*a*) Luc, c. 10, ỳ. 30 & suiv.

de commerce les progrès que l'on a fait dans cette connoiffance. Autant vaudroit dire que c'eft l'intérêt & l'ambition qui mettent la paix parmi les hommes. L'efprit de commerce auroit-il jamais pu s'établir, fi le Chriftianifme n'avoit détruit les préjugés qui l'étouffoient ? Nous voyons par ce qui fe paffe fous nos yeux, fi l'efprit de commerce eft fort propre à cimenter la paix parmi les Nations.

Cependant une foule de fpéculateurs mécontens de l'état actuel des chofes, ont trouvé bon d'imputer à la Religion tous les maux de l'humanité ; femblables aux Médecins ignorans qui attribuoient les maladies aux influences de la lune, ils ont déchargé fur cette caufe imaginaire toute la violence de leur courroux. En differtant fur la félicité publique, en cherchant à tâtons les fondemens du bonheur, ils ont vu clairement que la Religion n'y contribue en rien, qu'elle n'eft propre qu'à y mettre obftacle. La *Raifon*, difent-ils, la *Philofophie*, voilà les deux fources de tout bien. Il faut donc attendre que tous les hommes foient devenus raifonnables & Philofophes pour voir renaître l'âge d'or. Mais fi la Raifon & la Philofophie tombent malades, comme cela leur arrive souvent, il est à craindre que le bonheur dont on veut nous bercer ne se réalise jamais.

§. II.

En effet, nos oracles politiques s'accordent assez mal. L'un pense que les religions vraies ou fausses, les erreurs & les vices sont un effet du climat ; puisque le climat est incorrigible, cette découverte n'est pas fort consolante. L'autre sans remonter à la cause, soutient que le Christianisme n'a corrigé aucune institution; un troisieme dit que par-tout où il s'est introduit, il fait plus de mal que de bien. Tantôt on lui reproche d'être opposé aux Loix civiles & politiques, tantôt on dit qu'il a eté obligé de se conformer aux institutions politiques des différens peuples (a). Celui-ci déclame contre les missions, celui-la contre les guerres de religion. Quelques-uns seroient d'avis de nous rendre Mahométans, d'autres regrettent le paganisme, presque tous opinent pour l'athéisme ; la plupart jugent que le christianisme nuit au progrès des sciences & des arts.

_____
(a) Code de la Nat. 2 part. p. 71.

TRAITÉ

Pour mettre un peu d'ordre dans ce chaos de rêveries, nous ferons 1°. un parallele succint entre les nations chrétiennes & celles qui ne le sont pas. 2°. Nous examinerons si la religion dépend du climat, & s'il en est quelqu'un sous lequel le Christianisme ne puisse prospérer 3°. Nous parlerons des pertes qu'il a faites par l'établissement du Mahométisme, des progrès de cette fausse religion, des effets qu'elle a opérés. 4°. Des missions nouvelles & de ce qui en est résulté. 5°. De l'influence qu'a eue le Christianisme dans la conservation & les progrès des sciences & des arts. 6°. Des inconvéniens prétendus qui naissent de la morale chrétienne dans la société civile.

Si jamais nous avons eu besoin de patience pour essuyer sans émotion les calomnies, les sarcasmes, les inconséquences, les absurdités, les fureurs de nos adversaires, c'est sur-tout dans la discussion de ces divers objets. Des discoureurs frivoles qui n'ont rien vu, rien examiné par eux-mêmes, qui ne connoissent ni l'antiquité, ni l'état actuel des nations, auxquels on ne voudroit pas seulement confier le gouvernement d'une bourgade, s'érigent en juges de la législation, de la politique, de la morale, de l'administration des Etats, traitent avec mépris les Souverains, les Ministres, les Magistrats, les Pasteurs, se croient placés au fond d'un cabinet pour faire des leçons au genre humain & régir despotiquement l'univers. C'est la mouche qui fait avancer le carosse & *se met sur le nés du cocher*. Mais une foule de lecteurs peuvent se laisser prendre au ton d'oracle qui regne dans les écrits de nos législateurs philosopes. Quoique la plupart des sujets qu'ils traitent n'entrent point directement dans notre plan, & soient étrangers à un apologiste de la Religion, nous ne devons pas hésiter d'entrer dans cette carriere, pour ne pas donner lieu à des adversaires pointilleux de triompher de notre silence; sans en savoir plus qu'eux, il est aisé de leur démontrer qu'ils déraisonnent. Nous serons souvent forcés de rappeller plusieurs observations éparses dans notre Ouvrage.

ARTICLE PREMIER.

De la différence qu'il y a entre les Nations Chrétiennes & les Peuples infidéles.

§. I.

Il en est des bienfaits de la Religion, comme de ceux de la Providence & du Gouvernement ; nés avec eux & par eux, habitués à en jouir, nous n'y pensons plus, leur abondance & leur continuité nous rendent ingrats. Rarement il nous vient en pensée de remercier Dieu de l'air que nous respirons, de la rosée du ciel & de la graisse de la terre, des beautés de la nature, de la saveur des fruits, de la variété des mets dont nous repaissons notre sensualité. Le pauvre exposé à manquer du nécessaire bénit le Pere des hommes en mangeant un morceau de pain grossier ; le riche ennuyé de l'abondance, méconnoît la main qui l'a comblé de biens ; dans les fatigues de la digestion le philosophe blasphême contre l'Auteur de la nature. Un payen sensé disoit que cette mere tendre nous a traités en enfans gâtés : *usque ad delicias amati sumus* (*a*) ; un autre plus

_____
(*a*) Séneque de Benef.

hypocondre, la regardoit comme une marâtre, qui n'a mis des enfans au monde que pour les rendre malheureux (a).

Dans un Royaume policé, tranquille, à couvert des incursions du dehors & des troubles du dedans, où *chacun mange son pain à l'ombre de son figuier*, dans ces villes immenses où une administration vigilante & infatigable entretient la sécurité, les plaisirs, l'abondance, le Souverain & ses Officiers reçoivent rarement des hommages qui partent du cœur : deux jours de disette ou d'allarmes font éclore plus de murmures que vingt ans de paix & de félicité n'ont inspiré d'actions de graces. Famille ingrate, à laquelle un instant d'humeur ou de sommeil de la part d'un pere fait oublier une immensité de soins, d'attentions & de travaux.

Tels nous sommes à l'égard de la Religion. Elle a présidé à notre naissance, & par la sainteté du mariage elle avoit assuré d'avance nos droits, notre éducation, notre destinée. Marqués de son empreinte en entrant dans le monde, nous fûmes remis à nos parens comme un dépôt dont ils devoient rendre compte à Dieu & à la

_____
(a) Pline, Hist. nat. L. 7, Proem.

société. Les leçons de nos maîtres, la perfection de notre éducation, la premiere innocence de nos mœurs ont été son ouvrage. Par la sagesse de ses Loix, par la pureté de sa morale, par les heureuses influences de son culte, nous avons contracté, sans nous en appercevoir, une souplesse de caractere dont les hommes sans culture ignorent les avantages, l'amour de la vertu & de l'ordre que nous prenons souvent pour un appanage nécessaire de l'humanité. La Religion s'est assise à côté des Rois pour alléger la pesanteur de leur sceptre, tempérer la majesté de leurs regards, adoucir la sévérité de leurs Loix. Elle préside sur le tribunal de la Justice pour soutenir l'attention des Magistrat & la vigilance de leurs Officiers ; c'est elle qui a établi chez les nations européennes dans le commerce civil une sécurité, dans les mœurs une décence, dans la société une douceur qui ne se trouvent point ailleurs. Les Philosophes affectent d'en douter. Faut-il pour les convaincre parcourir l'univers, placer sur la scene les divers peuples anciens & modernes aux yeux desquels l'Evangile n'a point fait luire son flambeau ? nous y consentons.

§. II.

Parmi les nations anciennes, les Egyptiens avoient travaillé pendant deux mille ans à perfectionner leur législation & leurs mœurs ; cependant les Philosophes Grecs qui allerent en Egypte pour s'instruire, n'en rapporterent pas des connoissances merveilleuses ; les modernes ne sont point d'accord sur l'excellence prétendue de la législation d'Egypte. Outre l'absurdité de la religion, & les indécences qui se commettoient dans le culte, l'esclavage domestique, la polygamie, le concubinage, l'usage cruel de faire des eunuques, ne caractérisent ni un peuple sage, ni une société fort heureuse. Quelle qu'ait été la destination des pyramides, il est impossible que les Rois ayent fait élever ces lourdes masses sans fouler le peuple. L'abondance qui regnoit en Egypte étoit un bienfait du Nil, & non le fruit de l'industrie de ses habitans ; la durée de cette monarchie est due plutôt à sa situation & au caractere de ses voisins, qu'à la force ou à la sagesse de sa constitution.

Plusieurs de nos Philosophes regardent les Egyptiens comme un peuple vil, lâche, insociable à l'égard des étrangers, conquis autant de fois qu'attaqué, indigne d'être mis au nombre des nations policées & sages (*a*). Il ne pouvoit que gagner en changeant ses mœurs contre celles du Christianisme. Il est fort étonnant que des prodiges de continence, de mortification, de detachement, tels que les Moines de la Thébaïde soient nés sur les bords du Nil.

Les Phéniciens sont plus connus par leur commerce que par leurs loix & leurs mœurs. Celles qui regnoient à Carthage, l'une de leurs colonies, ne nous donnent pas une haute idée de celles de la métropole. La religion des Carthaginois étoit atroce, leur mauvaise foi passée en proverbe, leur gouvernement tumultueux & mal réglé. Peuple ingrat, jaloux, inconstant, ambitieux, perfide, insolent & cruel dans la prospérité, rampant & abattu dans le malheur, jamais corrigé par ses fautes, il fut lui-même l'artisan de sa perte. Ainsi en juge le Philosophe qui a traité *de la félicité publique* (*b*).

Mais les mœurs de l'ancienne Carthage

(*a*) Tableau du genre humain, p. 18. Dict. Philos. *Apis*.
(*b*) Tome I, sect. 1, c. 4, p. 46.

ne furent plus celle de la nouvelle lorsqu'elle eût reçu l'Evangile. Il y a loin du tableau que nous préfente l'Hiftoire Romaine à celui que nous voyons dans les écrits de Tertullien & de Saint Cyprien. Que l'on mette d'un côté les mœurs des anciens Carthaginois & celles des nations barbarefques qui les ont remplacés, de l'autre celles de toute la côte d'Afrique au fiécle de Saint Auguftin, & que l'on nous dife fi le Chriftianifme n'a pas la force de dompter le vice du climat, de bannir les défordres, de faire éclore des vertus.

Ce qu'Hérodote nous a confervé de l'hiftoire d'Affyrie n'eft prefque qu'un tiffu de crimes; l'inertie & la molleffe des Rois, le luxe infenfé de leur cour, leurs guerres continuelles, le pouvoir abfolu des gouverneurs de province, la multitude des efclaves, la proftitution établie chez les Babyloniens par motif de religion, &c. n'étoient pas propres à rendre un état floriffant & heureux. L'Empire Romain ne fut à couvert des incurfions & du brigandage de ces peuples que quand ils eurent embraffé le Chriftianifme.

§. III.

Pour peindre les mœurs & la félicité des Grecs nous emprunterons le pinceau du même Philosophe (a). Il ne voit dans la république d'Athènes qu'une populace mal policée, vaine, legere, ambitieuse, jalouse, intéressée, incapable de se conduire, injuste pour ses alliés, ingrate envers ses chefs, cruelle à l'égard de ses ennemis. Après avoir tracé des mœurs des Spartiates un tableau qui fait horreur, la plume me tombe des mains, dit-il, en racontant ces faits épouvantables, mais mon indignation tombe bien moins sur les Spartiates que sur les Auteurs qui nous les transmettent froidement & s'étendent sur les louanges du peuple barbare qui s'en est rendu coupable.

Ajoutons qu'Athènes renfermoit quatre cens mille esclaves pour vingt mille citoyens, que la proportion étoit la même à Sparte, qu'ici on massacroit les Ilotes de sang froid, lorsqu'ils paroissoient être en trop grand nombre.

Au lieu de ces atrocités, quels crimes

(a) De la Félicité publ. Tome I, c. 3.

reproche-t'on aux Grecs devenus Chrétiens ? Leur génie difputeur & pointilleux enfanta des héréfies qui mirent, dit-on, l'Empire Romain en combuftion. Mais des argumens théologiques ne font plus *des faits épouvantables* ; heureux les peuples qui n'en ont point d'autres à déplorer ! Si les Empereurs n'avoient pas foutenu les héréfies, ces difputes n'auroient pas été plus fanglantes que celles des anciens Philofophes.

L'Auteur oppofe au gouvernement tyrannique & tumultueux des Grecs la fageffe qui préfide aux gouvernemens fédératifs de la Suiffe & de la Hollande. Cette différence ne vient-elle pas principalement de la Religion & des lumieres que les peuples ont puifées dans l'Evangile fur la morale & fur la politique ? Nous en laifferons le jugement à tout lecteur non prévenu.

Lorfqu'il s'agit d'apprécier le gouvernement, les mœurs, la politique des Romains, le même Auteur demande fi dans les époques les plus faftueufes de l'hiftoire romaine les hommes ont été plus libres & plus tranquilles, fi la tyrannie a été abolie, fi le droit de la paix a été plus facré & celui de la guerre plus humain, si les champs ont été mieux cultivés, si le commerce a multiplié les liens qui unissent les nations entr'elles. Il avoue que rien de pareil n'est arrivé, que les Romains, loin de triompher par l'ascendant des vertus, n'ont prévalu que par le crime & ne se sont établis que sur les ruines du monde; il le prouve très-bien (*a*).

A Rome, dit-il, le peuple étoit pauvre & mécontent, les grands riches & avares; toutes les conquêtes purent bien valoir au peuple Romain quelques spectacles & quelques fêtes, mais elles ne répandirent jamais l'abondance parmi les nécessiteux : elles contribuerent encore moins à rendre plus doux le sort des esclaves. Chez les anciens peuples la différence étoit énorme entre les possesseurs des terres & les autres hommes; les Saturnales instituées pour rappeller le souvenir de l'égalité primitive n'étoient qu'une vaine cérémonie qui n'opéroit rien.

Les Romains ont-ils fertilisé l'Italie, policé l'Afrique, affranchi l'Asie, rendu

_____

(*a*) De la Félicité publique, Tome 1, sect. 6, c. 5.

florissantes l'Espagne & les Gaules ? Ils ont fait tout le contraire. Le seul César s'est vanté d'avoir combattu trois millions d'hommes dont un million est resté sur le champ de bataille & un autre million est tombé en captivité. Telle a été l'influence du Peuple Romain sur le bonheur de la terre.

Nous osons penser que si les Romains eussent été Chrétiens, ils auroient été moins durs, moins oppresseurs, moins ennemis du repos de l'univers. En général les Empereurs élevés dans le sein du christianisme ont été moins cruels & moins redoutables que ceux qui avoient succé dès l'enfance la morale fausse & meurtriere du paganisme ; nous le prouverons en répondant aux reproches des Philosophes.

§. IV.

Qu'étoient les nations du nord avant d'être éclairées des lumieres de la Foi ? des troupes de sauvages errans dans les forêts, que la misere & le mal-être poussoient hors de leur pays natal & armoient contre leurs voisins moins malheureux. Depuis que l'Evangile a pénétré chez eux ils sont devenus cultivateurs & sédentaires, leur sol s'est fertilisé, leurs mœurs se sont adoucies, ils connoissent comme nous les vertus civiles & sociales, ils ont une Patrie. Quand au cinquieme siécle ils se repandirent dans nos contrées la Religion leur tendit les bras, ils quitterent dans son sein une partie de leur férocité ; mais il a fallu des siécles pour dom ter les restes de leur barbarie originaire, pour dissiper l'ignorance qu'ils avoient traînée à leurs suite, pour réparer les ravages qu'ils avoient faits, pour leur donner enfin l'esprit du christianisme dont ils n'avoient pris d'abord que l'extérieur.

Les Tartares & les peuples plus enfoncés dans le nord sont demeurés tels qu'ils étoient ; à moins que Dieu ne les civilise par l'Evangile ils resteront probablement dans la même barbarie jusqu'à la fin des siécles.

Nous avons vu les progrès qu'ont faits à la Chine depuis quatre mille ans les mœurs, la civilisation, la science de la vraie politique & du bonheur ; les merveilles que l'on en avoit racontées d'abord se sont évanouies comme un songe. Les Indiens favorisés de tout temps par les benignes influences de la Philosophie n'en

jouissent

jouissent pas pour cela d'un meilleur sort ; ce beau pays a été dans tous les temps un théâtre de meurtres, de brigandage, d'oppression.

Il seroit inutile de parcourir les autres contrées de l'Asie ou de l'Afrique, qu'y verrions-nous ? ignorance, stupidité, corruption, servitude, abrutissement universel (*a*). Partout où le Mahométisme s'est établi, loin de diminuer ces maux, il n'a fait que les agraver & les rendre incurables. Lorsque nos missionnaires ont été assez heureux pour trouver un peu de docilité chez ces peuples infortunés, ils ont opéré le même prodige que l'on vit à la naissance de l'Eglise & qui s'est renouvellé dans le Nord ; ils ont fait naître l'honnêteté, la décence, les vertus civiles & religieuses dans le sein même de la dépravation. Le vice du climat, la force des habitudes, la contagion des exemples publics ont cédé à l'efficacité divine de la morale chrétienne ; des peuples enfans, des animaux stupides sont devenus des hommes.

Dans le centre même de la barbarie

(*a* V. l'Esprit des usages & des coutumes des différens peuples.

Africaine, sous un ciel brûlant qui semble avoir desséché la racine des vertus, paroît un phénoméne qui a étonné les Philosophes ; le Christianisme des Abyssins ou Ethiopiens. « C'est la Religion Chrétienne, dit Montesquieu, qui malgré
» la grandeur de l'empire & le vice du
» climat, a empêché le despotisme de
» s'établir en Ethiopie & a porté au
» milieu de l'Afrique les mœurs de l'Eu-
» rope & ses Loix. Le Prince héritier
» d'Ethiopie jouit d'une principauté &
» donne aux autres sujets l'exemple de
» l'amour & de l'obéissance. Tout près
» de là on voit le Mahométisme faire
» enfermer les enfans du roi de Sennar :
» à sa mort le conseil les envoye égor-
» ger en faveur de celui qui monte sur le
» trône (a). »

Selon les Auteurs Anglois de l'Histoire Universelle, les Abyssins sont d'un excellent naturel, leur inclination les porte à la piété & à la vertu ; on trouve parmi eux beaucoup moins de vices qu'en beaucoup de lieux de l'Europe. Dans leurs conversations mutuelles ils respectent la décence & la pureté des mœurs. Rien

---

(a) Esprit des Loix, L. 24, c. 3.

n'est plus opposé à leur naturel que la cruauté ; leurs querelles les plus animées, même dans l'yvresse, se terminent à quelques coups de poing ou de bâton, leurs contestations finissent par le jugement d'un arbitre. Ils sont dociles & portés à apprendre ; si les sciences ne sont pas cultivées davantage parmi eux, c'est plutôt faute de moyens que de capacité naturelle. Ils sont tellement enfermés de tous côtés qu'ils ne peuvent sortir de leur pays sans courir de grands risques, ni y recevoir les étrangers par la même raison. Les femmes n'y sont point recluses comme dans les autres pays chauds, & on ne nous dit point qu'ils ayent des esclaves (a).

Dira-t-on encore que le Christianisme n'opére rien sur les mœurs, qu'il ne tient point contre l'influence du climat, qu'un peuple n'en est ni mieux, ni plus mal pour avoir une religion vraie ou fausse ? nous ne parlons point encore de ce que l'Evangile a fait en Amérique, il en sera tems lorsque nous traiterons des Missions nouvelles. Nous ne citons que des faits, nous

---

(a) Hist. Univ. Tome 24, L. 20, c. 5, p. 400. Mém. Géogr. Physiques & Hist. sur l'Asie, l'Afrique & l'Amér. Tome 3, p. 309, 345.

laiſſons au Lecteur judicieux le ſoin de tirer les conſéquences.

Voilà ſur quoi nos anciens Apologiſtes ont principalement inſiſté. Origene & Théodoret ne ceſſent d'objecter aux Payens les effets ſalutaires & prodigieux que le Chriſtianiſme a produits non-ſeulement dans toute l'étendue de l'Empire Romain, mais chez les Barbares, chez les Perſes, les Hircaniens, les Maſſagétes, les Scythes, les Tibaréniens; ils ne craignoient pas d'être convaincus de faux ſur ce fait important.

§. V.

Pour peu que l'on réfléchiſſe ſur le changement qui ſe fit dans les mœurs & dans les idées à la naiſſance du Chriſtianiſme, il eſt difficile de ne pas être indigné contre les Philoſophes qui ont oſé repréſenter cette révolution comme indifférente, ou comme fatale au genre humain.

On a peine à concevoir comment des Juifs ont pu devenir Chrétiens. La tournure de leur eſprit, la groſſiereté de leur intelligence, la ſingularité de leurs mœurs, la vanité nationale, les eſpérances dont ils étoient infatués, ſembloient autant d'obstacles invincibles à leur conversion: cependant un grand nombre embrasserent le Christianisme. Le Baptême effaça le vernis judaïque contre lequel les Philosophes ont tant déclamé. Les payens furent un peu moins difficiles à persuader, cela devoit être. Mais l'orgueil romain n'étoit gueres moins indomptable que la vanité juive, la licence des mœurs payennes étoit un lien très-fort & difficile à rompre, le danger auquel on s'exposoit en embrassant une Religion proscrite par les Loix, la terreur imprimée par la vue des supplices, devoient arrêter les effets de la persuasion. Cependant le Christianisme avoit fait pendant trois siécles, au dedans & au dehors de l'Empire, des progrès qu'il n'étoit plus possible d'arrêter; le gouvernement fut obligé de céder: il dut lui en coûter.

1°. Cette Religion, loin de favoriser le despotisme & l'autorité purement militaire dont les Empereurs étoient revêtus, en faisoit sentir l'abus & l'injustice. L'Evangile en établissant une étroite fraternité entre les hommes, tendoit par-là même à y mettre plus d'égalité, à rapprocher davantage le Monarque des peuples. Les Maîtres du monde étoient accoutumés à regarder leurs sujets comme des esclaves, il falloit les traiter de *freres*, partager avec eux les avantages & les devoirs de la Religion, s'asseoir à la même table, envisager l'autorité comme une charge redoutable, comme un dépôt reçu de Dieu, accorder aux Pasteurs le droit d'enseigner & de reprendre sans distinction de rangs ni de personnes. Ce nouvel ordre de choses devoit paroître fort extraordinaire.

2°. Il falloit abroger ou adoucir toutes les Loix qui blessoient essentiellement les droits de l'humanité, la puissance absolue des peres sur les enfans, la liberté du divorce, la tolérance du concubinage & de la prostitution, l'usage d'exposer les enfans, les peines décernées contre le célibat. Les Souverains plus habitués que les particuliers à jouir de tous ces priviléges odieux, devoient avoir de la peine à y renoncer. Le peuple accoutumé aux fêtes, aux plaisirs, aux spectacles, aux déréglemens qui faisoient partie du culte des Dieux, ne devoit pas être fort aisé à corriger.

3°. Les Maîtres se trouvoient dépouillés du pouvoir absolu & illimité qu'ils exerçoient sur la vie, sur les mœurs, sur toutes les facultés naturelles de leurs esclaves. Le Baptême de ceux-ci leur rendoit les droits de l'humanité, les réduisoit à une obéissance juste & raisonnable, les autorisoit à fraterniser avec leurs Maîtres, on le voit par les lettres de Saint Paul. Les preuves de la révolution qu'opéra le Christianisme dans les idées communes sur cet article important, sont les Loix de Constantin. Les Philosophes lui en ont fait un crime comme d'un attentat contre le droit public (a); en même tems ils reprochent à la Religion Chrétienne de n'avoir contribué en rien à la suppression de l'esclavage. Cette contradiction devroit déjà les couvrir de confusion.

4°. Les notions de justice & d'humanité que l'Evangile fit naître parmi les hommes, leur donnerent la premiere idée du *droit des gens*; les Philosophes ne l'avoient jamais eue. On comprit que la guerre a pour but de se défendre & non d'attaquer, de conserver & non de détruire, que le soldat est un protecteur & non un meurtrier, qu'un peuple qui consent à obéir &

(a) Tableau des SS. 2ᵉ. part. c. 7, p. 96. De la Félicité publ. 2 sect. c. 4, p. 200. Hist. des Etabl. des Europ. dans les Indes, Tome 1, L. 1, p. 4, &c.

à demeurer en paix n'est plus un ennemi. Depuis cette époque nous n'entendons plus parler, si ce n'est dans l'irruption des Barbares, de ces dévastations horribles qui font frissonner en lisant l'Histoire. Les Gardes Prétoriennes perdirent le privilége de massacrer l'Empereur, de vendre l'Empire, de piller les Provinces ; les droits de succession & de partage s'établirent, le thrône ne fut plus ensanglanté. Nous verrons d'autres réformes dans l'état civil en examinant les Loix de Constantin.

Si ces changemens divers n'ont produit aucun bien dans la société, aucune amélioration dans le sort des peuples, nous conviendrons que les Incrédules ont raison de méconnoître les bienfaits du Christianisme ; mais avant de démontrer que les inconvéniens qui en ont résulté effacent tout le bien qu'il a opéré, ils seront encore long-tems. Diront-ils que l'Evangile qui a produit cette révolution, n'a pas eu le pouvoir d'en conserver les effets ? ils subsistent encore chez toutes les nations chrétiennes, & ne se trouvent point ailleurs. Soutiendront-ils que ces effets si salutaires dans leur origine, ne sont plus aussi avantageux ? c'est comme si l'on disoit qu'il est fort utile à un malade de recouvrer la santé, mais qu'il ne lui sert à rien de la conserver.

§. VI.

« Que l'on se remette devant les yeux, » dit Montesquieu, les massacres conti- » nuels des Rois & des Chefs Grecs & Ro- » mains, de l'autre la destruction des peu- » ples & des villes par ces mêmes Chefs; » Timur & Gengiskan qui ont dévasté » l'Asie, nous verrons que nous devons » au Christianisme & dans le gouverne- » ment un certain droit politique, & dans » la guerre un certain droit des gens que » la nature humaine ne sauroit assez re- » connoître.

» C'est ce droit des gens qui fait que » parmi nous la victoire laisse aux peuples » vaincus ces grandes choses, la vie, la » liberté, les loix, les biens, & toujours » la Religion lorsque l'on ne s'aveugle pas » soi-même.

» On peut dire que les peuples de l'Eu- » rope ne sont pas aujourd'hui plus désu- » nis que ne l'étoient dans l'Empire Ro- » main devenu despotique & militaire, » les peuples & les armées, ou que ne » l'étoient les armées entr'elles; d'un côté

» les armées se faisoient la guerre, de
» l'autre on leur donnoit le pillage des
» villes & le partage de la confiscation
» des terres.

» Bayle, après avoir insulté toutes
» les Religions, flétrit la Religion Chré-
» tienne : il ose avancer que des véri-
» tables Chrétiens ne formeroient pas
» un Etat qui pût subsister. Pourquoi
» non ? ce seroient des citoyens infini-
» ment éclairé sur leurs devoirs, & qui
» auroient un très-grand zéle pour les
» remplir ; ils sentiroient très-bien les
» droits de la défense naturelle, plus ils
» croiroient devoir à la Religion, plus ils
» penseroient devoir à la Patrie. Les prin-
» cipes du Christianisme bien gravés dans
» le cœur seroient infiniment plus forts
» que ce faux honneur des Monarchies,
» ces vertus humaines des Républiques,
» & cette crainte servile des Etats des-
» potiques.

» Il est étonnant qu'on puisse imputer à
« ce grand homme d'avoir méconnu l'es-
» prit de sa propre Religion ; qu'il n'ait
» pas su distinguer les ordres pour l'éta-
» blissement du Christianisme d'avec le
» Christianisme même, ni les préceptes
» de l'Evangile d'avec ses conseils. Lors-

» que le Législateur, au lieu de donner
» des loix, a donné des conseils, c'est qu'il
» a vu que les conseils, s'ils étoient ordon-
» nés comme des loix, seroient contraires
» à l'esprit de ses loix (*a*) ».

Voilà néanmoins ce que les Incrédules se sont obstinés à répéter; ils ont juré sur la parole de Bayle, Montesquieu n'a pu les détromper: mais les faits parlent, on ne nous empêchera pas de les voir & de raisonner.

Nous disons à nos adversaires: Montrez-nous dans l'univers chez les nations infidéles des loix aussi sages, aussi modérées, aussi prévoyantes, un gouvernement aussi tempéré & aussi constant, des mœurs publiques aussi douces & aussi décentes, un bien-être aussi général & aussi permanent, qu'ils le sont chez les peuples éclairés par le Christianisme. Il y a eu chez eux des hérésies, des schismes, des guerres; mais ces fléaux inséparables de la folie humaine ont-ils détruit les avantages réels & sensibles dont ces peuples jouissent? Dans quel lieu du monde aimeriez-vous mieux vivre que dans ceux où l'Evangile est connu & pratiqué? Point de réponse. Dès qu'il y

---

(*a*) Esprit des Loix, L. 24, c. 3 & 6.

a encore des fléaux inévitables sous le Christianisme, donc il en est la cause, donc il faut le détruire. Ils ne voyent pas plus loin. Le Christianisme en est si peu la cause qu'on le retrouve dans toutes les Religions. Si vous veniez à bout de le détruire, comment conserveriez-vous les effets salutaires qu'il a opérés, & qui n'ont jamais existé sans lui ? Nos Docteurs ne répliquent rien, & continuent de déclamer.

§. VII.

Celui qui a traité *de la Félicité Publique* s'emble n'avoir fait son livre que pour faire toucher au doigt le préjudice que la Religion Chrétienne y a porté. Dans quel autre dessein aurait-il fait une si longue digression sur la facilité qu'il y avoit de détruire le Paganisme, sur le prétendu Déisme des Philosophes & des Juifs, sur l'incertitude des miracles qui fondent notre Religion, sur l'ignorance & les erreurs des Peres de l'Eglise, sur le mélange du Platonisme avec la Théologie Chrétienne, sur le crimes de Constantin & sur les motifs de sa conversion ? en quoi ces divers objets tiennent-ils à la *félicité publique ?* sans doute parce qu'il est essentiel à cette

DE LA VRAIE RELIGION. 421
félicité de calomnier le Christianisme. Cela est du moins très-essentiel à la réputation d'un livre ; sans une dose de fiel anti-chrétien, celui-ci n'auroit pas fait fortune.

Il commence par observer que les Apôtres n'ont jamais prétendu que cette Religion eût pour objet le bonheur passager de la vie humaine, que jamais l'Eglise, dans sa naissance, n'a eu pour objet la gloire & la prospérité des nations.

Mais la question n'est pas de savoir si tel est l'objet principal du Christianisme ; il s'agit d'examiner si cette Religion par elle-même est ou n'est pas plus avantageuse à la prospérité & au bonheur des nations que l'Atheïsme, ou que toute autre religion quelconque ; si elle a réellement contribué à ce bonheur, ou si elle y a mis obstacle. Il ne faut pas sortir de-là. On juge d'une intention par les faits, & non d'un fait par les intentions.

Il convient que l'on doit d'abord mettre à l'écart tous les événemens physiques, comme les tremblemens de terre, les famines, les contagions ; & la plupart des événemens politiques, tels que les mauvais succès à la guerre, les fautes des Généraux, l'indiscipline des troupes, &c. « Il y a tout lieu de croire, dit-il, que

» quelque religion qui eût prévalu dans
» l'Empire Romain, la mollesse des peu-
» ples, la licence des soldats, & le des-
» potisme des Empereurs l'auroient tôt
» ou tard entraîné vers sa ruine (a) ».

Cela est juste ; nous ne rendrons donc pas la Religion responsable de l'irruption des Barbares qui dévasterent l'Empire, faillirent à détruire le Christianisme même, ni de tous les événemens fâcheux qui se sont ensuivis ; certainement le Christianisme n'avoit pas invité les Barbares à fondre sur l'Empire Romain.

« On pourroit demander, continue-
» t-il, si depuis l'établissement du Chri-
» stianisme les hommes ont été meilleurs
» ou plus heureux, si les Souverains ont
» été moins avares & moins sanguinaires,
» les peuples plus soumis & plus tranquil-
» les, si les crimes ont été plus rares &
» les supplices moins cruels, si l'on s'est
» fait la guerre avec plus d'humanité,
» & si les traités ont été mieux obser-
» vés (b) ».

Fort bien. Par conséquent il faut com-

(a) De la Félicité publ. Tome 1 sect. 2, c. 5, p. 209.

(b) Ibid. p. 211.

parer ces divers objets tels qu'ils ont été depuis l'établissement du Chriſtianiſme, avec ce qu'ils avoient été auparavant dans le même laps de tems & indépendamment des cauſes que l'Auteur lui-même a miſes de côté. L'a-t-il fait ? Il raconte de ſuite tous les maux arrivés depuis l'établiſſement du Chriſtianiſme ſans les comparer à ceux qui avoient précédé, ſans examiner toujours s'ils ſont venus de la Religion ou d'une cauſe étrangere, ſans tenir compte des malheurs plus grands que la Religion a prévenus, ſans s'aſſujettir même à conſulter l'hiſtoire & les monumens: n'eſt-ce pas là une eſtimation bien faite ?

Nous ſommes donc forcés de ſuppléer à ce qu'il n'a pas fait & de fournir ce qui manque au parallele. Que l'on parcoure rapidement le ſiécle qui a précédé Conſtantin & celui qui l'a ſuivi, que l'on compare les événemens, les loix, l'état des peuples, ou le caractere des Empereurs, cela nous eſt égal, nous verrons de quel côté il y aura plus de crimes & de malheurs, ou plus de vertus & de proſpérités.

Ce plan nous eſt déſavantageux, parce que les actions de Conſtantin & de ſes ſucceſſeurs ont été écrites par des Hiſtoriens de différentes Religions & dans un plus grand détail que celles de ses prédécesseurs. N'importe, nous subirons toutes les conditions que l'on voudra.

§. VIII.

S'il le falloit, nous consentirions à remonter plus haut, à reprendre la chaîne depuis Auguste. Tibere, Caligula Néron, &c. ne sont pas des Princes dont Constantin ni ses successeurs puissent redouter la comparaison. L'on nous citera dans ce brillant espace Titus, Trajan, les Antonins, Marc-Auréle ; sans chercher à déprimer leurs vertus, nous demanderons en quoi elles ont été si utiles au monde, quelles loix ils ont faites pour corriger les mœurs, pour rendre la religion moins absurde, pour réprimer le brigandage des Proconsuls, pour rendre plus durable la discipline militaire, pour régler la succecession à l'Empire, pour prévenir les troubles qui l'ont désolé après eux. Il n'est point ici question des vertus de l'homme, du citoyen, du philosophe, il s'agit des vertus de *l'Empereur*. Ils n'ont point fait de mal, mais ils en ont laissé faire & n'ont point pris de précautions pour le prévenir ; ils ont fait du bien, mais il a fini avec eux. Au moins depuis Constantin la succession a été certaine & paisible, on n'a pas vu comme auparavant vingt-deux Empereurs massacrés en moins d'un siécle; il y a eu des loix recueillies & nous les citerons; l'Empire fut dévasté, mais par les Barbares & non par des armées romaines. D'où est venue cette premiere lueur de raison sinon du Christianisme?

Nous ne sommes rien moins qu'entêtés du mérite de Constantin & de ses successeurs, nous ne raisonnons que sur des faits. L'esprit du siécle précédent étoit trop détestable & le gouvernement trop mauvais pour qu'ils n'ayent pas influé sur les mœurs & sur la police du siécle suivant; mais trouve-t-on parmi ces Princes des monstres tels que Commode, Septime Severe, Caracalla & Géta, Héliogabale, Maximin, Déce, Gallus, les deux Maximiens & Licinius? Pour comprendre l'état affreux de l'Empire dans ce siécle funeste, il suffit de savoir qu'il y eut plus de quarante Empereurs qui regnerent dans l'espace de cent ans, sans compter ceux qui tenterent d'envahir l'Empire, & que plus de la moitié de ces Princes périrent d'une mort tragique. Les seuls de cette liste qui méritent d'être cités avec quelque éloge, font Alexandre Severe, Philippe, Aurélien, Probus, Dioclétien : les deux premiers avoient été élevés par des meres chrétiennes & favoriserent notre Religion.

Nous ne souscrivons point à l'éloge outré que fait de Dioclétien le Zélateur de la Félicité publique ; il dit que ce fut le Prince *le plus digne de s'asseoir sur le trône du monde*, cela est faux. Son avarice, la somptuosité de ses bâtimens dans un tems où l'Empire étoit accablé, les cruautés qu'il commit à Antioche & en Egypte, doivent le faire effacer de la liste des bons Princes. Son abdication de laquelle on fait tant de bruit ne fut pas volontaire, il la fit à la suite d'une maladie qui lui avoit affoibli la tête & les forces, & il ne tarda pas de s'en repentir. C'est lui qui a frappé les premiers coups pour préparer le démembrement de l'Empire, le choix qu'il fit de ses divers collegues ne lui fait pas honneur.

Dans tout ce laps de tems voit-on autre chose que des crimes ? L'Empire vendu à prix d'argent par les soldats qui massacrent bientôt l'acheteur pour revendre encore, des séditions à chaque mutation de regne, des armées qui se relayent avec les barbares pour désoler les provinces, des usurpateurs qui se vengent sur les su-

DE LA VRAIE RELIGION. 427
je... du succès de leurs compétiteurs, qui
fo... massacrer tantôt le Sénat, tantôt les
troupes, souvent les villes entières ; un
brigandage général, une dévastation continuelle.

Telle est l'école à laquelle fut élevé
Constantin ; quand il auroit été aussi méchant qu'on le prétend, les exemples qu'il
avoit reçus, les dangers qu'il avoit courus, le tumulte des armes dans lequel il
avoit passé sa vie, pourroient encore faire
excuser jusqu'à un certain point les crimes qu'il commit avant sa conversion. Du
moins il ne fut cruel qu'envers des compétiteurs remuans & perfides ; lorsqu'il
fut seul maître, il ne se fit plus un jeu de
faire couler le sang humain, il ne répandit que celui des malfaiteurs & des ennemis de l'Empire.

En 312, après sa victoire, Constantin
fit grace à ceux qui avoient suivi le parti
de Maxence, il éleva même aux dignités
ceux qui avoient du mérite (*a*). A la
guerre il épargna le sang des ennemis aussi
bien que celui de ses soldats ; il ordonna
de pardonner aux vaincus, il promit une

―――――

(*a*) Liban. orat. 12.

somme d'argent pour chaque homme qui lui seroit amené vivant (*a*).

Il cassa les soldats Prétoriens qui avoient trempé plus d'une fois leurs mains dans le sang des Empereurs & avoient mis l'Empire à l'encan, il les réduisit au rang des autres soldats (*b*). Depuis Auguste, les Préfets du Prétoire avoient réuni dans leur personne l'autorité civile au pouvoir militaire ; abus énorme qui le rendoit maîtres absolus de l'Empire. Constantin créa deux maîtres de la milice & réduisit les Préfets du Prétoire au rang de simple Magistrats. Zozime très-mauvais politique ose blâmer cette réforme ; depuis qu'elle fut établie, les Empereurs n'ont plus été massacrés par les soldats (*c*).

Pour repeupler les frontieres de l'Empire il donna un azyle à trois cens mille Sarmates chassés de leur pays par d'autres barbares, il leur fit distribuer des terres dans la Thrace & dans l'Illyrie ; c'étoient des ennemis, il en fit des sujets. Voilà des traits de politique qui nous

---

(*a*) Eusebe, vie de Const. c. 13, p. 450.
(*b*) Aurel. Victor, p. 526. Zozime, L. 2, p. 677.
(*c*) Ibid. p. 688.

semblent démontrer que Constantin ne fut pas redevable de la splendeur de son regne à une fortune aveugle.

§. IX.

Puisque l'on veut encore le juger comme législateur, l'équité demande que nous citions d'abord les Loix qu'il a faites pour le bien public, avant d'examiner celles dont on lui fait un crime ; nous les puiserons après Tillemont dans le Code Théodosien. Pour peser les talens de ce Prince en fait de législation, notre adversaire passe sous silence au moins quarante Loix très-sages, il n'en allègue que trois qui lui paroissent dignes de censure ; nous en démontrerons encore la nécessité.

1°. Constantin, loin d'imiter le despotisme de ses prédécesseurs, mit des bornes à son autorité. Il ordonna que les anciennes Loix prévaudroient à tous les rescrits de l'Empereur, de quelque maniere qu'ils eussent été obtenus, que les juges se conformeroient au droit Public, que les rescrits n'auroient aucune force contre la sentence des Juges. Il ôta aux esclaves & aux fermiers du Prince la liberté de décliner la jurisdiction des juges ordinaires. Il donna aux Gouverneurs des provinces le pouvoir de condamner & de punir tous les nobles & officiers coupables d'usurpation ou d'autres crimes, sans que ceux-ci pussent demander leur renvoi par devant le Préfet de Rome ou pardevant l'Empereur. Les abus contraires avoient prévalu sous les regnes précédens (*a*).

2°. Il adoucit le sort des esclaves, favorisa les affranchissemens & la liberté. En 314, il donna un édit pour remettre en liberté tous les citoyens que Maxence avoit injustement condamnés à l'esclavage. En 316, il permit aux maîtres d'affranchir leurs esclaves dans l'Eglise ou pardevant l'Evêque, & aux Clercs d'affranchir les leurs par testament. En 322, il facilita aux affranchis la preuve de leur liberté & la rendit à tous ceux auxquels elle avoit été injustement ravie. Il soumit à la peine des homicides tout maître qui seroit convaincu d'avoir tué volontairement son esclave (*b*).

(*a*) Cod. Theod. L. 1, tit. 2, n. 1, L. 2, tit. 1, n. 1. L. 4, tit. 6, n. 1. L. 9, tit. 1, n. 1.
(*b*) Tillemont, vie de Const. art. 36, 40, 46. Cod. Theod. L. 9, tit. 12, n. 1, 2.

3°. Il modéra les supplices, il abolit celui de la croix & de la fraction des jambes, il défendit de marquer au front & au visage ceux qui étoient condamnés à se battre comme gladiateurs; il supprima ces combats, & voulut que ceux qui y étoient condamnés fussent envoyés aux mines (*a*).

Il défendit aux juges de condamner personne à mort sans preuves suffisantes. (*b*). Il pardonna aux Romains les injures qu'il en avoient reçues & à ceux qui avoient outragé ses statues (*c*). A la naissance de Crispe il fit grace aux criminels, excepté aux homicides, aux empoisonneurs & aux adulteres (*d*). Il fit des Loix contre les délateurs & contre les libelles diffamatoires, il défendit d'y avoir égard & ordonna de les punir (*e*).

4°. Il réprima les concussions des Magistrats & des officiers publics qui se fai-

---

(*a*) Cod. Theod. L. 15, tit. 12. Tillem. art. 38, 56.
(*b*) Cod. Theod. L. 9, tit. 38.
(*c*) Tillemont, ibid. art. 57 & 60. Liban. orat. 15.
(*d*) Cod. Theod. L. 9, tit. 56.
(*e*) Ibid. tit. 23, 34; L. 10, tit. 10, n. 2.

soient payer pour remplir leurs fonctions; il condamna les Juges à restituer aux plaideurs le dommage que leur avoit causé le délai de la Justice (*a*). Il permit à tout le monde d'accuser les gouverneurs & les officiers des Provinces, pourvû que les plaintes fussent appuyées de preuves (*b*). Il fit des Loix en faveur des pupilles & des mineurs pour les mettre à couvert des vexations de leurs tuteurs & curateurs ; il ne voulut pas que l'on forçât les pupilles, les veuves, les malades, les impotens, ni leurs tuteurs & curateurs à plaider hors de leur province (*c*).

5°. Il mit un frein à l'injustice des riches qui faisoient retomber sur les pauvres tout le poids des charges publiques. En 331, il fit pour toujours la remise du quart des impôts dont les terres étoient chargées, fit faire de nouveaux arpentages pour rendre la répartition plus juste (*d*). Il supprima toute violence dans l'exaction des deniers publics, il dé-

---

(*a*) L. 1, tit. 6, n. 1. L. 2, tit. 6, n. 2.
(*b*) L. 9. tit. 1, n. 4. Tillem. art. 59, 68.
(*c*) Cod Theod. L. 1, tit. 9, n. 2. L. 2, tit. 4.
(*d*) L. 16, tit. 2, n. 3 & 6. Eusebe, vie de Const. L. 4, c. 2 & 3.

fendit

fendit de mettre en prison ou à la torture les débiteurs du fisc, de tirer par force les femmes hors de leur maison pour des dettes ou pour les impôts, de saisir pour le même sujet les esclaves ou les animaux servans à l'agriculture, de retenir les prisonniers dans des lieux infects ou mal sains (*a*).

6°. En retranchant aux hommes mariés la liberté d'avoir des concubines, il pourvut au sort des enfans naturels; il est le premier Empereur qui se soit occupé de ce soin (*b*). Il ordonna que les enfans des pauvres fussent nourris aux dépens du public, afin d'ôter aux peres la tentation de les tuer, de les vendre, ou de les exposer. Trajan avoit établi cette police pour l'Italie, ses successeurs l'avoient négligée, Constantin la remit en vigueur même pour l'Afrique. Il réprima les usures excessives permises par les anciennes Loix romaines, statua des peines contre le rapt, contre la magie noire & malfaisante, contre les consultations secrettes des Aruspices; il prit des précau-

---

(*a*) Tillemont, vie de Constantin, art. 38, 40, 43.
(*b*) Code Théod. L. 4, tit. 6, n. 1. L. 9, tit. 16.

tions pour prévenir les procès. En défendant les sacrifices des payens, il ne voulut pas que l'on employât la violence contre eux (*a*).

Par cette multitude de Loix sur les objets les plus importans à la tranquillité publique, on peut juger en quel état étoit la police dans tout l'Empire Romain lorsque Constantin parvint au trône.

Nous en passons sous silence une infinité d'autres que l'on peut voir dans le Code Théodosien ; elles font d'autant plus d'honneur à Constantin, que selon les Auteurs payens mêmes, c'est lui qui rédigeoit & écrivoit ses Loix. Si l'on veut jetter un coup d'œil sur celles de Julien citées dans le même Code, on verra que la plupart ne sont qu'une extension ou une explication de celles de Constantin.

Lorsque les censeurs de ce Prince demandent si depuis l'établissement du Christianisme les hommes ont été meilleurs ou plus heureux, les Souverains moins avares & moins sanguinaires, les crimes plus

_____

(*a*) Tillemont, art. 38, 42, 44, 53. Libanius, orat. 14.

rares, les supplices moins cruels, &c. (*a*); il nous suffit de les renvoyer au Code Théodosien qu'ils n'ont pas lu, qui a fait pendant plusieurs siécles la jurisprudence de l'Europe, & qui est le canevas de celui de Justinien : cette législation est-elle née avant l'établissement du Christianisme ? Il est singulier que des Philosophes s'avisent de parler de la félicité de l'Europe sans en connoître les anciennes Loix.

Pour ne parler que de Constantin, il nous paroît que douze ans d'un regne pacifique, exempt de troubles intérieurs & de guerres étrangeres, ont du contribuer en quelque chose au bien de l'humanité. Pendant une famine qui affligea l'Empire en 332, Constantin fit donner à la seule ville d'Antioche trente mille boisseaux de froment, & d'autres denrées pour les pauvres.

Voyons donc les playes que ce regne détesté des Philosophes a faites à la félicité publique, & dont le Christianisme doit être responsable.

(*a*) De la Félicité publ. 2 sect. c. 4, p. 199. De l'Homme, Tome 2, sect. 7, c. 1, p. 218.

§. X.

1ʳᵉ. *Objection.* C'est à Constantin & à son zéle pour le Christianisme que nous devons ce mêlange vicieux des deux puissances *civile* & *eccléfiastique* qui depuis quinze siécles a répandu le trouble dans le monde chrétien (*a*).

Réponse. Cela est faux ; ce mêlange avoit existé chez les Romains avant que les Empereurs eussent réuni à leur dignité celle de Souverain Pontife. Nous avons vu que sous la République le Sacerdoce avoit plus de pouvoir à Rome que n'en eut jamais le Clergé sous les Empereurs Chrétiens. Ce mêlange avoit existé chez les Egyptiens aussi bien que chez les Juifs, & il existera chez toutes les nations qui auront du bon sens. Toutes les fois que le Souverain a réuni les deux puissances il a été despote.

Il est étonnant qu'un Auteur qui a déploré avec tant de sensibilité les maux qu'a causés dans le monde le despotisme des Princes, s'éleve contre une des premieres barrieres que la Religion y a mise, ou,

___

(*a*) De la Félicité publ. ibidem.

si l'on veut, contre une barriere que le premier despote chrétien a opposée à son pouvoir par motif de religion. « Barriere
» toujours bonne, dit Montesquieu, lors-
» qu'il n'y en a point d'autre ; car comme
» le despotisme cause à la nature humaine
» des maux effroyables, le mal même
» qui le limite est un bien. Autant le pou-
» voir du Clergé est dangereux dans une
» République, autant il est convenable
» dans une Monarchie, sur-tout dans
» celles qui vont au despotisme (*a*) ».
Barriere d'autant plus utile sous Constantin, qu'elle a servi à démontrer une grande vérité, savoir que le pouvoir souverain sagement borné, est plus flatteur pour celui qui le possede qu'un pouvoir illimité.

Quels troubles le pouvoir ecclésiastique a-t-il causés dans le monde chrétien ? nous l'avons vu ; il a souvent empêché des Souverains ignorans, farouches, violens ou inappliqués, de faire tout le mal qu'ils auroient voulu faire ; il a protégé les peuples contre la tyrannie des Seigneurs sous le gouvernement féodal, il a contribué à remettre nos Rois en possession des droits de la couronne, il a conservé un reste de

---

(*a*) Esprit des Loix, L. 2, c. 4.

jurisprudence dans les siécles de barbarie; il a concouru à repousser les Mahométans prêts à envahir l'Europe entiere. Telle est la playe terrible que Constantin, sans le prévoir, a faite au bien public pour les siécles suivans. Mais celle qu'il a faite à son siécle même est encore plus digne d'attention, il faut la connoître pour juger du zéle de nos adversaires ; écoutons avec respect.

§. XI.

2e. *Objection.* « La premiere trace de
» l'intervention du pouvoir ecclésiastique
» dans les affaires civiles se trouve dans
» une loi de Constantin sur l'affranchisse-
» ment des esclaves. A la place des for-
» malités dont ses affranchissemens étoient
» accompagnés, il veut qu'on puisse se
» contenter désormais de l'attestation d'un
» Evêque, comme si les procès étoient
» des cas de conscience, & les jugemens
» des pénitences. Il n'est personne qui ne
» sache de quel chemin immense ce pre-
» mier pas fut suivi ».

L'Auteur ajoute dans une note, qu'un grand nombre d'esclaves attirés par l'esprit d'égalité qui regnoit parmi les Chrétiens, embrassoit leur religion, & se déroboit ainsi au pouvoir de ses maîtres. Pour étendre cette faveur on déroba les procès de ce genre à l'ordre civil, on voulut que le témoignage d'un Evêque, *chose sur laquelle on pouvoit toujours compter*, fût regardé comme suffisant (*a*).

Réponse. Ces remarques sont-elles parties de la même plume qui a écrit, page 47, que le seul esclavage a suffi pour rendre la condition humaine en général cent fois pire qu'elle n'est à présent, que la condition des esclaves étoit cent fois pire que celle des bêtes de somme, que la prostitution des deux sexes en faisoit partie, &c ; qui a représenté (*b*) combien l'esclavage a contribué à depeupler le monde ? Quoi, Constantin est blâmable d'avoir diminué le nombre des esclaves, facilité les affranchissemens, abrégé les formalités qui changeoient en procès dispendieux le don de la liberté fait par un maître à son esclave ?

Mais il a voulu faire honneur à la Religion de cet acte d'humanité ; voilà le crime. Quelque service qu'il ait rendu au genre humain, c'est une atteinte portée à

(*a*) De la Félic. publ. 2 sect. c. 4, p. 200.
(*b*) Ibid. Tome 2, c. 5, p. 114, 115.

la félicité publique, dès qu'il a confié cette bonne œuvre aux Evêques.

Le témoignage que rendoit un Evêque de l'affranchissement d'un esclave fait par son maître dans l'assemblée des Fidéles, étoit-il moins valable que celui d'un Officier civil ? Dans le tems que ces Officiers étoient encore payens, étoient intéressés à la conservation de l'esclavage, étoient, selon l'Auteur lui-même, avilis par l'avarice & la déprédation (*a*), vendoient fort cher l'intervention de leur ministere, étoit-il plus utile au bien public de s'en rapporter à eux qu'aux Evêques ? Quel intérêt ceux-ci pouvoient-ils avoir de porter un faux témoignage en faveur d'un esclave ?

C'est une imposture d'avancer qu'un esclave en se faisant chrétien se déroboit au pouvoir de son maître. L'Empereur n'avoit pas donné aux Evêques le pouvoir d'affranchir un esclave en le baptisant, mais d'attester que tel esclave avoit été affranchi par son maître dans l'assemblée des Fidéles, lorsque le maître n'existoit plus, qu'il étoit absent, ou qu'il se repentoit de la liberté qu'il avoit accordée,

_____

(*a*) Ibid. p. 187.

DE LA VRAIE RELIGION. 441
& vouloit la contester (*a*). Il n'étoit donc question que de rendre témoignage d'un fait public sur lequel l'Evêque ne pouvoit en imposer.

« Dans les premiers siécles, dit un au-
» tre critique, les Empereurs donnerent
» aux Evêques beaucoup d'autorité sur
» plusieurs objets d'utilité publique, dans
» la visite des prisons, dans la protection
» des esclaves, des enfans exposés & au-
» tres personnes misérables, dans la po-
» lice contre les jeux de hazard & les
» lieux de prostitution (*b*) ». La raison en est claire ; les séculiers chargés de ces divers objets, s'acquittoient mal de leur devoir, Constantin présuma que par motif de religion les Evêques y veilleroient de plus près : il ne se trompa point. Mais voilà les travers de nos adversaires, le bien le plus nécessaire leur déplaît dès qu'il se fait par motif de religion.

_____

(*a*) V. le Code Théodosien & Tillemont cités ci-dessus.
(*b*) Essai polit. sur l'autor. & les richesses du Clergé, c. 3, p. 28.

T v

§. XII.

3ᵉ. *Objection*. Nouveau crime de Constantin. En accordant au Clergé des immunités excessives, il rendit plus onéreuses aux citoyens les charges publiques; pour mettre leurs biens à couvert, presque tous ceux-ci s'étoient faits ecclésiastiques, l'Etat n'avoit plus ni sujets, ni magistrats (*a*).

Réponse. Fables. Constantin exempta les clercs des charges personnelles ou des emplois publics, mais on ne connoît aucune de ses loix par laquelle il ait affranchi leurs biens patrimoniaux des charges réelles. Bien plus, les Ecrivains qui dans ces derniers tems ont attaqué les immunités du Clergé soutiennent que jusqu'à la fin du sixieme ou du septieme siécle les biens ecclésiastiques mêmes ont été constamment chargés des tributs comme les biens laïques (*b*). Que cela soit vrai ou faux, l'auteur de l'objection n'en sera pas moins convaincu d'imposture.

Quant au nombre prétendu excessif des

(*a*) De la Félic. publ. Tome I, p. 201.
(*b*) V. *Ne repugnate*, 1ʳᵉ. Lettre, p. 19.

Ecclésiastiques, Constantin y avoit pourvu, il avoit reglé qu'on ne feroit point de Clercs qu'à la place de ceux qui feroient morts, & que l'on préféreroit ceux qui n'étoient pas riches (*a*). Il est bon de savoir que ce Prince avoit accordé aux Médecins & aux Professeurs de belles-lettres les mêmes immunités qu'aux Clercs. (*b*)

L'Auteur observe dans une note, que sous Constantin le nombre des Citoyens étoit fort diminué, pendant que celui des Esclaves & des Etrangers étoit considérablement augmenté. Cela devoit être ainsi après les guerres continuelles & sanglantes que s'étoient faites pendant plus d'un siécle les divers prétendans à l'Empire ; l'Auteur le remarque dans le même chapitre. C'étoit donc le cas de multiplier les affranchissemens pour augmenter le nombre des propriétaires, des cultivateurs & des contribuables. Déjà depuis trois siécles l'Italie ne s'étoit repeuplée que de cette maniere ; Pline observe que de son tems une partie de cette belle contrée n'étoit habitée que par des esclaves. Notre profond politique fait un crime à Constantin

---

(*a*) Cod. Theod. L. 16, tit. 2, n. 3 & 6.
(*b*) Cod. Theod. L. 13, tit. 3.

d'un expédient auquel il étoit forcé de recourir pour repeupler ses Etats.

§. XIII.

4ᵉ. *Objection*. Constantin sacrifia au Clergé les principes les plus anciens du Gouvernement Romain en révoquant la loi *Papia Poppea*, qui privoit les célibataires des successions collatérales, & ceux qui n'avoient pas eu d'enfans de la moitié de ces mêmes successions. Il ne se contenta pas d'effacer ces restes respectables de la sagesse romaine, il encouragea le célibat par toutes sortes de voies. (*a*)

Réponse. La loi *Papia Poppea* étoit un monument de la dépravation & non de la sagesse romaine. A mesure que les mœurs de Rome s'étoient corrompues, les mariages étoient devenus plus rares, les divorces plus fréquens, les familles moins nombreuses (*b*). Mais tous les Auteurs sensés ont remarqué que la loi contre les célibataires n'avoit rien opéré, parce que ce sont les mœurs qui engagent au mariage & non les loix pénales. Celle-ci

---

(*a*) De la Félicité publ. Tome I, p. 200.
(*b*) Emile, Tome 4, p. 393.

n'étoit qu'une loi fiscale que Tibere avoit déjà été forcé de modérer.

La Religion Chrétienne, en corrigeant les mœurs, en rendant au mariage sa sainteté & son indissolubilité primitive, coupoit le mal par la racine & rendoit la loi inutile. Une preuve que le célibat ecclésiastique ne diminue ni le nombre des mariages ni la population, c'est que, de l'aveu de notre Auteur même, l'Italie est aujourd'ui, malgré la quantité de Prêtres & de Moines, beaucoup plus peuplée qu'elle ne l'étoit sous les Empereurs en vertu de la sagesse romaine & de la loi *Papia*. (*a*)

Cette loi étoit encore absurde, en ce qu'elle punissoit les innocens aussi-bien que les coupables. Elle privoit de la moitié des successions collatérales les gens mariés qui n'avoient point d'enfans; or plusieurs en manquoient sans qu'il y eût de leur faute. C'est une des raisons qui déterminerent Constantin à l'abroger. (*b*)

Il est faux que cet Empereur ait encouragé le célibat par toutes sortes de voies,

___

(*a*) De la Félicité publ. Tome 2, c. 5, p. 126.
(*b*) Eusebe, vie de Const. L. 4, c. 26. Sozom. Hist. L. 5, c. 5.

puisqu'il borna le nombre des Ecclésiastiques ; nous avons fait voir que le célibat du Clergé n'a rien de pernicieux ni de repréhensible.

Montesquieu, qui a disserté fort au long sur l'abolition de la loi Papienne, en fait toucher au doigt l'inutilité & les inconvéniens (*a*). Si l'on veut se donner la peine de lire ce qu'il en dit, on verra les merveilles qu'elle avoit opérées. C'est bien ici le cas de dire que le Législateur s'étoit fatigué lui-même, & avoit fatigué la société pour maintenir une loi qui ne produisoit aucun bien ; Constantin ne pouvoit faire plus sagement que de l'abolir.

§. XIV.

5e. *Objection*. On voit par l'exemple de Constantin, combien le zele pour le culte extérieur influe sur la morale ; les Romains ne purent souffrir cet Empereur à cause des crimes dont il s'étoit souillé & de son acharnement à détruire un culte établi depuis si long-tems, eux qui avoient applaudi à Néron lorsqu'il rentra dans Rome après le meurtre de sa mere. Ainsi

---

(*a*) Esprit des Loix, L. 23, c. 21.

l'attachement à des rites, à de vaines cérémonies prévaut perpétuellement à la loi que la nature a gravée dans tous les cœurs. Le Christianisme a perpétué ce vice parmi les hommes; les Ecrivains Ecclésiastiques, malgré les crimes de Constantin, en ont fait un Héros, parce qu'il avoit embrassé leur Religion.

Réponse. Si cette remarque étoit vraie, que prouveroit-elle? Qu'il ne faut point de religion dans le monde; les Incrédules le souhaiteroient sans doute, mais leur desir sera-t-il jamais accompli?

La sagacité de l'Auteur est encore ici en défaut, l'esprit de vertige & la bizarrerie des Romains ne prouvent rien. Ils pardonnerent à Néron tous ses crimes, ils le pleurerent à sa mort, parce qu'il leur donnoit avec profusion du pain & des spectacles, *panem & circenses*; tel a toujours été le peuple des grandes villes. Néron n'exerçoit point sa cruauté sur le peuple, mais sur les Grands, qui sont ordinairement l'objet de la haine publique; voilà tout le mystere.

Constantin étoit dans un cas tout différent. A peine avoit-il séjourné quelque tems à Rome, & il s'y occupa de toute autre chose que de procurer des plaisirs aux Romains. Après les avoir délivrés de la tyrannie de Maxence, il n'éprouva qu'ingratitude de leur part ; cependant il n'avoit encore rien fait alors contre le culte établi. Dioclétien, loué si pompeusement par notre Auteur, n'avoit pas été plus content des Romains que Constantin, il avoit éprouvé de même *leur lâcheté & leur ingratitude ;* il établit sa demeure dans l'Orient & ne voulut plus retourner à Rome. Est-ce pour ses crimes, ou pour son acharnement à détruire le culte établi, qu'il fut pris en aversion par les Romains ?

Cet acharnement prétendu de Constantin contre le Paganisme est d'ailleurs une imposture. Ce Prince établit la tolérance par ses Edits, il ne sévit que contre les pratiques qui étoient évidemment pernicieuses aux mœurs & à la tranquillité publique.

Le seul crime incontestable de Constantin est le meurtre de son fils Crispus mis à mort sur une fausse accusation, aucun Ecrivain Ecclesiastique ne l'a excusé ; les autres exécutions qu'on lui reproche furent forcées. Les perfidies & les attentats de ses collégues & de ses parens l'obligerent à les immoler à la tranquillité des peuples. S'il les avoit épargnés, les guerres & les maſſacres qui avoient déſolé l'Empire ſous les regnes précédens, auroient recommencé. Quand ces crimes auroient été plus réels; ils avoient été commis avant que Conſtantin fît profeſſion du Chriſtianiſme, & ils mirent fin aux malheurs des guerres civiles. Lorſqu'on le comparoit à Maximien Hercule, à Maximien Galere, à Maxence, à Licinius, autant de monſtres, il devoit paroître un Héros. Il avoit remporté cinq ou ſix victoires ſur les Barbares, il avoit défait ſes compétiteurs en bataille rangée, il avoit pacifié l'Empire & fait ceſſer le carnage des Chrétiens, on commençoit à reſpirer après un ſiécle entier de troubles & de malheurs; un peu d'enthouſiaſme eſt pardonnable en pareille circonſtance. Praxagore d'Athènes, quoique Payen, n'a pas héſité de dire que Conſtantin avoit été meilleur, plus vertueux & plus heureux qu'aucun des Empereurs Romains qui l'avoient précédé (*a*). Libanius a fait le même aveu. (*b*)

L'Auteur parle de morale, en a-t-il

(*a* Dans Photius, cod. 62.
(*b*) Orat. Regia, p. 116, 117.

observé les loix ? Il fait semblant de récuser le témoignage de Zozime, Payen fougueux & entêté, & toutes les atrocités qu'il vomit contre Constantin sont copiées d'après Zozime. Il dit que ce Prince étoit entouré de concubines & de bâtards, pendant que des Ecrivains Payens louent sa chasteté (*a*). Il nomme *parricide* le supplice d'un assassin de l'Empereur. Selon lui, Licinius fut mis à mort *sur de vains prétextes*, parce que Zozime & Aurelius Victor le disent ; d'autres Ecrivains nous apprennent que Licinius continuoit de cabaler. Il accuse Constantin d'avoir fait mourir le Philosophe Sopatre ; Zozime attribue cette mort à la jalousie & aux intrigues d'Ablabius, le Philosophe fut assommé par le peuple. Est-ce par zele de religion que notre Auteur commet toutes ces infidélités & oublie les regles de la morale ?

§. XV.

Nous ne le suivrons point dans la dissertation qu'il fait pour savoir si Constantin étoit hypocrite ou persuadé, si l'intérêt peut être assez puissant pour opérer

---

(*a*) Hist. univ. des Anglois, Tome X, p. 63.

dans un homme la conviction de dogmes & de principes qu'il avoit d'abord embrassés de mauvaise foi. Ce phénomene, s'il est possible, peut s'opérer chez les Incrédules aussi-bien que chez les Croyans; & comme l'Auteur en a peut-être fait l'expérience, nous n'avons rien à lui opposer.

D'autres reprochent à Constantin d'avoir borné le pouvoir des peres dans la vue de faciliter la conversion des enfans.

La seule question est de savoir si selon les Loix Romaines le pouvoir des peres n'étoit pas excessif & contraire au droit naturel. Or il l'étoit, nous l'avons prouvé & Montesquieu l'a démontré. Quelles qu'ayent été les vues & les motifs de Constantin, il a fait, en bornant ce pouvoir, un acte de justice & d'humanité. Il n'étoit pas nécessaire d'émanciper les enfans pour les amener au Christianisme dans un temps où il étoit devenu la Religion du Prince & pouvoit conduire à la faveur; les peres sont plus sensibles aux motifs d'ambition & de fortune que les enfans.

6ᵉ. *Objection.* Les Ariens & les Donatistes remplirent l'Empire de troubles & de séditions; tel est l'important service que le Christianisme rendit à la société.

Réponse. Les fureurs des Donatistes éclaterent sur les côtes d'Afrique seulement & non ailleurs ; l'Auteur avoue que ces disputes scandaleuses & atroces devoient en grande partie leur origine au caractere des Grecs & à leur malheureuse passion pour les sophismes (*a*). Cela est vrai ; c'est par conséquent un bienfait de la Philosophie & non du Christianisme. Notre Censeur se flatte mal à propos d'avoir fait le premier cette observation ; nous l'avons faite nous-mêmes il y a long-temps (*b*). S. Cyrille le reprochoit aux Ariens, Tertullien & d'autres ont observé que les hérésies étoient nées des différentes sectes de Philosophes. Mais y a-t'il une comparaison à faire entre ces séditions dont on fait tant de bruit & celles que l'on avoit vues dans le siécle précédent ?

§. XVI.

7°. *Objection.* Le premier Empereur élevé dans le sein du Christianisme, (Constance) commence son regne par le meurtre de son oncle & de son cousin germain.

(*a*) De la Félicité publ. Tome I, p. 216.
(*b*) Apol. de la Relig. Chrét. c. 14, §. 2.

Il se jette avec fureur dans le parti des Ariens, tantôt persécuteur sanguinaire, tantôt conciliateur ignorant, il ordonne des supplices ou assemble des Conciles, &c. (a)

Réponse. Il y avoit assez de mal à dire de l'Empereur Constance sans charger le tableau ; nous avouons qu'il fut très-méchant : Valens & les deux Valentiniens ne furent gueres meilleurs. Mais qu'on les compare avec les monstres qui avoient deshonoré la pourpre dans le second siécle, on verra de quel côté penchera la balance des crimes. Les premiers n'ont point ordonné de sang froid les massacres & le pillage des villes, les exactions & le brigandage contre les peuples. Un faux zéle pour l'erreur leur a fait persécuter les défenseurs de la vérité ; ils en vouloient principalement aux Evêques ; ce ne sont point là les hommes que les Incrédules ont pris sous leur protection.

Il n'est pas vrai, du moins il n'est pas prouvé que Constance soit l'auteur du meurtre de ses parens ; il furent mis à mort par les soldats mutinés immédiatement après la mort de Constantin, avant

---

(a) De la Félic. publ. ibid. p. 212.

que Constance eût eu le temps de se reconnoître. Si quelques Auteurs lui ont attribué ces crimes, d'autres auſſi croyables l'en ont juſtifié (*a*).

Où ſont les Loix de ce Prince qui ordonnoient des ſupplices *contre les hérétiques ?* Il étoit hérétique lui-même, il ne perſécutoit que les Catholiques ; il défendit aux payens les ſacrifices ſous peine de mort, mais peut-on citer un ſeul martyr du paganiſme pour des milliers de Chrétiens égorgés ſous Dioclétien ?

L'Auteur a remarqué que Conſtantin qui avoit accordé d'abord la tolérance aux Chrétiens & aux payens, ne l'accorda pas aux hérétiques ; eſt-ce une inconſéquence ? Les payens avoient été élevés dans leurs erreurs, les Ariens étoient les artiſans de leur héréſie ; ils ſe révoltoient contre l'autorité de l'Egliſe à laquelle ils avoient promis obéiſſance, ils exciterent des ſéditions dès qu'ils ſe ſentirent aſſez forts : les payens étoient plus paiſibles.

Dans ces ſéditions mêmes y eut-il autant de ſang répandu que nos adverſaires

---

(*a*) Tillemont, Vie de Conſtance, art. 1.

font semblant de le croire ? Aucun des deux partis n'eut des armées en campagne. Il y a un peu de différence entre des tumultes arrivés dans quelques villes épiscopales, & les guerres sanglantes que s'étoient faites les divers prétendans à l'Empire. Quelques particuliers furent assommés à Aléxandrie, à Constantinople, à Milan, lorsque les Ariens soutenus par l'Empereur disputoient aux Catholiques la possession des Eglises ; mais les gens de la campagne n'étoient point forcés de quitter leur charrue, de déserter leurs foyers, d'abandonner leurs terres aux soldats, comme cela s'étoit fait lorsque deux ou trois ambitieux se disputoient la pourpre & le droit de tyranniser les peuples. Ces tumultes n'étoient que les dernieres étincelles du feu qui avoit tout embrasé pendant le siécle précédent.

Selon notre critique, les dépenses de la table & le luxe des Cours furent poussés jusqu'à la démence ; nous n'en doutons pas. Mais cette démence regnoit déjà sous Dioclétien, il bâtissoit de somptueux édifices pendant que le peuple mouroit de faim. Nous avons peine à croire que sous les Empereurs chrétiens le luxe soit allé au point où il étoit à Rome, lorsque les

Sénateurs, sous le nom de *Proconsuls*, mettoient les provinces à contribution, pilloient les villes, revenoient chez eux gorgés du sang des peuples. On peut voir dans Pline & dans Athénée jusqu'où étoit poussé le luxe de ces brigands, & voir si les siécles suivans offrent rien de semblable. Encore une fois il falloit comparer & non déclamer.

§. XVII.

8e. *Objection.* La Religion Chrétienne est devenue une nouvelle source de désastres ; le plus cruel des ennemis du genre humain, *l'intolérance* s'étendit avec elle, & fit briller le glaive par-tout où le zéle fit entendre la parole. Cette peste est venue des Juifs. Mais si l'on conçoit qu'une nation a pu se croire obligée d'exterminer celles qui servoient des Dieux ennemis du sien, on ne peut pas expliquer comment on a pu employer le fer & le feu pour forcer des gens à exprimer l'idée de *consubstantialité* par une lettre de plus ou de moins (*a*).

(*a*) De la Félicité publ. Tome 1, p. 214, 215. De l'Homme, par Helvet. Tome 2, sect. 7, c. 1, p. 219.

Réponse.

DE LA VRAIE RELIGION. 457

Réponse. L'Auteur a bien peu de mémoire. Il a dit que la Religion étoit aussi intolérante dans l'ancienne Rome que dans la nouvelle, il l'a prouvé par plusieurs faits très-connus, il a observé qu'à cette intolérance religieuse les Romains joignirent l'intolérance littéraire (*a*). A présent il parle de l'intolérance comme d'un fléau né chez les Juifs & propagé avec le Christianisme.

Selon un de ses confreres, l'orgueil & la paresse sont les vraies causes du zéle persécuteur (*b*) ; assurément ce n'est ni le Judaïsme ni le Christianisme qui inspirent à l'homme ces deux passions. On accuse un de nos déistes d'avoir formé une secte plutôt religieuse que philosophique, dont l'intolérance a tous les effets de la haine théologique (*c*).

Nous avons prouvé ailleurs que l'intolérance a été commune à tous les peuples, à toutes les religions, à toutes les législations ; aux Egyptiens, aux Perses, aux

―――――――――――――――――

(*a*) De la Félicité publ. Tome 1, c. 6, page 110, note.

(*b*) De l'Ésprit ; 4ᵉ. Disc. c. 10, Tome 3, page 142 & suiv.

(*c*) Vie de Sénèque, note, p. 272.

Grecs, aux Chinois, aux Indiens ; que les Incrédules en font plus coupables que nous, que depuis la création les hommes n'ont cessé de vouloir dominer, de se haïr & de se quereller. Chez aucune nation policée on n'a souffert & on ne souffrira jamais que de prétendus Philosophes ayent le privilége d'insulter impunément à la religion, à la morale, aux loix, au gouvernement, aux mœurs de leurs concitoyens.

En quel lieu du monde a-t-on employé le fer & le feu pour forcer les hommes à souscrire au dogme de la *consubstantialité* ? Nos savans adversaires devroient nous montrer le martyrologe des Ariens. Les Evêques qui refuserent de souscrire au Concile de Nicée furent exilés, rien de plus ; encore ne demeurerent-ils pas long-tems dans leur exil. En parlant toujours de feux, de glaives, de désastres, de supplices, de massacres, nos adversaires peuvent faire des dupes, ils font pitié aux lecteurs instruits.

L'Auteur a senti la fausseté de son accusation, il a voulu la pallier. « On nous » objectera peut-être, dit-il, que les Em-» pereurs payens ont donné les premiers » l'exemple de la persécution : mais lors-

» qu'un insensé, un furieux comme Né-
» ron étendit sa tyrannie sur les Chré-
» tiens, il avoit du moins un prétexte de
» les envisager comme des novateurs,
» comme des rebelles aux loix, comme
» des criminels de léze-majesté, parce
» qu'ils refusoient de jurer par le génie
» des Empereurs. Mais employer les sup-
» plices les plus atroces pour déterminer
» des questions plus grammaticales que
» théologiques ; mais immoler par le fer
» & par le feu ceux qui implorent le même
» Dieu, qui observent le mêmes cérémo-
» nies, qui respectent les mêmes autori-
» tés ; c'est une démence qui n'avoit pas
» encore eu d'exemple, & qui naquit
» dans l'Empire Romain de la tyrannie
» des Empereurs & de l'ambition des
» Evêques (a) ».

Voyons de quel côté est ici la démence. 1°. N'y a-t-il que des insensés & des
furieux tels que Néron qui ayent persécuté
les Chrétiens ? Domitien, Trajan, Déce,
Dioclétien, &c. sont-ils regardés comme
tels par nos adversaires ? L'Auteur lui-même dit que les Empereurs philosophes, tels
que Trajan & les Antonins ont pu recher-

(a) De la Félicité publ. Tome I, p. 215, 216.

cher avec trop de rigueur une secte qu'ils devoient tolérer (a). Non-seulement ils l'ont pu, mais ils l'ont fait. Est-il prouvé d'ailleurs que quand Néron livra les Chrétiens aux supplices, ils avoient donné aucun *prétexte* de les traiter comme des criminels de léze majesté ? 2°. Lorsque le vertueux, le sage, le divin Trajan écrivit à Pline qu'il ne falloit point faire de perquisition des Chrétiens, mais que quand ils seroient accusés & convaincus, *il falloit les punir*, quel prétexte avoit-il de les proscrire après l'apologie complette que Pline lui avoit faite de ces mêmes Chrétiens ? 3°. Si pour justifier les persécutions il suffit d'imaginer des prétextes, les Empereurs en manquoient-ils pour punir les Ariens & les autres hérétiques ? Ils n'avoient que de trop bonnes raisons, savoir l'esprit séditieux & violent de ces sectaires. Résister à la décision de l'Eglise & aux édits qui en ordonnoient l'exécution, étoit-ce un crime moins grave que de refuser de jurer par le génie de l'Empereur ?

Il est faux que la question agitée entre les Ariens & les Catholiques fût *grammaticale* ; il s'agissoit de savoir si Jesus-Christ

---

(a) Ibid. c. 3, p. 185.

est Dieu, & si on doit l'adorer comme tel. Les Ariens le nioient ; il est donc faux qu'ils implorassent le même Dieu, qu'ils observassent les mêmes cérémonies, qu'ils respectassent les mêmes autorités que les Catholiques ; ils ne respectoient ni celle de l'Eglise, ni celle de l'Empereur. Il est faux qu'on ait employé les supplices pour les punir, qu'on les ait immolés par le fer & par le feu ; cette calomnie vingt fois répétée n'en est que plus odieuse. Des Empereurs Ariens, des Rois barbares entichés de la même erreur, ont cruellement tourmenté les Catholiques ; jamais des Souverains Catholiques n'ont poursuivi à mort les Ariens.

Les Evêques sans doute ont eu l'ambition de ne point être chassés de leurs siéges & dépouillés par des séditieux, de ne point voir leur troupeau infecté d'erreur par des prédicans hérétiques ; cette ambition nous paroît très-innocente & très-louable.

Pour couronner ses calomnies, l'Auteur a forgé une loi qu'on voit, dit-il, pour la premiere fois sous Constantin & sous Théodose : Nous ordonnons, *sous peine de supplice*, de croire une même divinité en trois personnes, &c (*a*). C'est une imposture ; la loi dont il veut parler n'est point de Constantin ; elle porte le nom de Gratien, de Valentinien & de Théodose. Elle ne menace point les hérétiques *du supplice*, mais d'être punis, *comme les Empereurs le jugeront à propos* (*b*). Est-il permis aux Philosophes de forger de faux titres par zéle pour la morale & pour la félicité publique ?

§. XVIII.

9ᵉ. *Objection.* « Depuis que la Théo-
» logie, dit-il, s'est mise à la place de
» la morale, on a vu ajouter à l'esclava-
» ge, aux impôts, aux usurpations, à la
» guerre & à ses suites une nouvelle ty-
» rannie qui pénétrant jusques dans les
» replis les plus secrets du cœur humain
» porte dans les facultés de notre ame
» les mêmes troubles que le despotisme
» civil excite dans nos replis extérieurs.
» Ainsi depuis le Concile de Nicée jus-
» qu'à la révocation de l'Edit de Nantes,
» les cachots se sont remplis, les échaf-

(*a*) De la Félicité publ. Tome I, p. 216.
(*b*) Cod. Theod. L. 16, de fide Cathol. tit. 1.

» fauts ont été dreſſés, le ſang a coulé
» pour conſolider par les foibles efforts
» de l'humanité l'ouvrage entrepris par le
» Fils de Dieu lui-même (a) ».

Réponſe. Continuation d'impoſtures. 1°. Il eſt abſurde de dire que l'intolérance pénetre dans les replis les plus ſecrets du cœur humain. Excepté chez les payens, l'on n'a jamais mis perſonne à la torture pour ſavoir ce qu'il avoit dans l'ame, lorſqu'il n'avoit donné d'ailleurs aucun ſigne de révolte contre la religion & contre les loix. Les loix les plus intolérantes n'ont point été portées contre les penſées ſecrettes du cœur, mais contre les diſcours ſcandaleux, contre les écrits, contre les aſſemblées, contre la profeſſion extérieure d'une religion différente de celle de l'Etat. Si l'Auteur avoit vécu ſous un de ces gouvernemens dont il cenſure l'intolérance, & qu'on eût trouvé bon de le punir pour avoir calomnié dans ſon livre la Religion Chrétienne, cité de fauſſes loix, forgé des faits, accuſé les Souverains d'une tyrannie dont ils ne ſont pas coupables, &c. auroit-il eu raiſon de dire que l'on fouilloit dans l'intérieur de ſon ame, que les feuil-

---

(*a*) De la Félic. Pub. ibid. p. 217.

lets de son livre sont les replis les plus secrets de son cœur ?

2°. Il n'est pas vrai que depuis le Concile de Nicée jusqu'à la révocation de l'Edit de Nantes le sang ait coulé pour soutenir la Religion Chrétienne. Ce sont ici des faits, il faut des preuves.

Aucune hérésie ancienne n'a causé autant de troubles que l'Arianisme. Lorsque Constance & Valens se furent déclarés pour elle, les Ariens employerent la violence pour s'emparer des Eglises Catholiques, ces deux Empereurs sévirent contre les Evêques fidéles à la foi de Nicée. Etoit-ce pour soutenir la Religion Chrétienne ? c'étoit pour l'anéantir, en détruisant un de ses dogmes fondamentaux, la divinité de Jesus-Christ. Quand des Empereurs Catholiques auroient puni ensuite les Ariens de leurs brigandages, punition dont on ne peut citer aucun exemple, ces supplices n'auroient pas été mis en usage pour consolider l'ouvrage du Fils de Dieu, mais pour rétablir l'ordre & la tranquillité publique.

Lorsque les nations barbares maîtresses de l'Empire, les Bourgignons, les Goths, les Vandales, eurent embrassé l'Arianisme, leur férocité sanguinaire poursuivit souvent les Catholiques le fer & le feu à la main ; ce n'étoit pas le zéle du Chriſtianiſme qui les animoit, vit-on jamais des armées de Catholiques en campagne pour forcer les Ariens à faire abjuration de leurs erreurs ? Il eſt auſſi abſurde d'attribuer au Chriſtianiſme les fureurs des hérétiques, que les perſécutions des payens.

Les excès des Donatiſtes en Afrique, au quatrieme ſiécle, armerent le gouvernement contr'eux ; il y eut du ſang répandu ; mais notre Auteur même avoue que les Donatiſtes & leurs Circoncellions étoient des forcenés ; il étoit donc juſte de les réprimer, indépendamment des motifs de religion.

Dans ce même ſiécle quelques Priſcillianiſtes furent mis à mort en Eſpagne, les Evêques les plus célebres, tels que Saint Martin, Saint Ambroiſe & d'autres dirent anathême aux auteurs de ces exécutions. C'étoit le tyran Maxime qui les ordonnoit pour s'emparer des biens de ces hérétiques.

Au cinquieme le Pélagianiſme naquit, fit des progrès, fut condamné & étouffé ſans aucun trouble civil, il n'y eut que quelques Evêques dépoſés ou exilés. Le ſixieme ſiécle n'offre rien aux déclamations de nos adverſaires. Dans le ſeptieme les

Monothélites ne donnerent lieu qu'à des Conciles & à des fentences eccléfiaftiques, pendant que les Mahométans ravageoient l'Afie & l'Afrique. Les Iconoclaftes au huitieme briferent les images dans l'Orient pour plaire aux Mahométans ; plufieurs Catholiques furent mis à mort par des Empereurs livrés à cette fecte. Profond filence dans le neuvieme, le dixieme & le onzieme. Les Albigeois parurent au douzieme ; c'étoit non-feulement une fecte impudique, mais perfide ; on ne pouvoit la laiffer fubfifter fans donner atteinte aux engagemens les plus facrés de la fociété. Lorfqu'ils eurent ajouté les violences à la perfidie dans le treizieme fiécle, on arma contr'eux, & l'on en fit périr un très-grand nombre. Les Paftoureaux, efpece de fanatiques vagabonds & redoutables, furent diffipés & exterminés. On commença au quatorzieme à févir contre les Vaudois devenus inquiets & turbulens. Le quinzieme fiécle eft célebre par les guerres des Huffites en Allemagne, & le feizieme par celles qu'ont fait naître les Proteftans.

Comme la mémoire de ces derniers troubles eft encore toute fraîche, & que la playe faigne encore, les Incrédules s'imaginent qu'il en a été de même depuis le

Concile de Nicée jufqu'à la révocation de l'Edit de Nantes & l'affurent gravement; mais il y a plus de douze fiécles entre ces deux époques. Les feules guerres du Triumvirat chez les Romains firent périr plus d'hommes que toutes les prétendues guerres de religion dont nos adverfaires ont la tête échauffée. Nous avons fait voir ailleurs quelle a été la vraie caufe des prétendues guerres de Religion. (*a*)

§. XIX.

Cependant l'Auteur même que nous réfutons nous a rendu des fervices effentiels dont il eft jufte de lui tenir compte. Il a très-bien peint le malheur des peuples fous les gouvernemens anciens; il reconnoît que le chriftianifme annonçoit au monde un Dieu de paix, un Dieu qui regarde tous les hommes comme fes enfans, foit nobles, foit Plébéiens, Romains ou barbares, libres ou efclaves; il porte un jugement affez équitable de Julien dont les Incrédules ont voulu faire un héros & un fage, il n'eft point de cet avis; il juftifie notre Religion du repro-

_____

(*a*) Chap. VII, art. IV, § 13 & fuiv.

che que lui ont fait d'autres politiques de n'avoir pas abfolument détruit l'efclavage : nouvelle objection à laquelle nous devons fatisfaire.

10ᵉ. *Objection.* « Le Préfident de Mon-
» tefquieu fait honneur à la Religion
» Chrétienne de l'abolition de l'efclava-
» ge ; nous oferons n'être pas de fon
» avis.... Ce fut une faine politique que
» le commerce améne toujours, & non
» l'efprit de la Religion Chrétienne qui
» engagea les Rois à déclarer libres les
» efclaves de leurs vaffaux pour en faire
» des fujets.... La Religion Chrétienne
» défend fi peu la fervitude que dans
» l'Allemagne Catholique, en Bohême,
» en Pologne, pays très-Catholiques,
» le peuple eft encore efclave, fans que
» l'Eglife le trouve mauvais (*a*). »

Réponfe. Admirons d'abord la fageffe de ce nouveau Docteur. Selon lui, deux Loix abfurdes de Conftantin contribuerent à la décadence de l'Empire ; la premiere donnoit la liberté à tous les efclaves qui fe feroient Chrétiens, l'au-

---

(*a*) Hift. Philof. des Etabl. des Europ. dans les Indes, Tome 1, L. 1, p. 12. Queft. fur l'Encyclop. *Efclaves.*

tre défendoit le paganifme (*a*). Jamais Conftantin n'a porté ces Loix ; mais cela ne fait rien. D'un côté il réprouve la Loi prétendue qui offroit la Religion Chretienne comme un moyen de fortir de l'efclavage, de l'autre il affirme que l'efprit de la Religion Chrétienne n'a contribué en rien à détruire l'efclavage. Dans une autre endroit il déclame contre le préjugé abfurde qui a perfuadé à des peuples immenfes qu'ils appartiennent en propriété à des tyrans qui les oppriment (*b*). Ce préjugé eft donc abfurde, & la Loi fuppofée qui détruifoit ce préjugé étoit encore abfurde. Hélas ! c'eft la logique de l'Auteur qui eft abfurde.

Selon lui, c'eft le commerce qui a infpiré la faine politique d'affranchir les efclaves ; & aujourd'hui c'eft le commerce qui dicte à la politique de conferver l'efclavage dans les Colonies. Voilà comme raifonnent les oracles du dix-huitieme fiécle.

L'efprit de la Religion Chrétienne parle clairement par la bouche de Jefus-Chrift & de fes Apôtres. « Vous favez, dit-il,

---

(*a*) Hift. des Etabl. &c. ibid. p. 4.
(*b*) Hift. des Etabl. Tome 1, L. 1, p. 41.

» que les Princes des Nations exercent
» sur elles un pouvoir abfolu, & que les
» plus grands affujettiffent les autres; il
» n'en fera pas de même entre vous.... Ne
» prenez point le nom de *maître*; vous
» n'en avez qu'un feul, & *vous êtes tous*
» *freres (a)*. » « Tous ceux, dit S. Paul,
» qui ont été baptifés en Jefus-Chrift font
» revêtus de fon caractere; on ne diftin-
» gue plus le Juif ou le Grec, le maître
» & l'efclave, l'homme & la femme:
» vous êtes tous un feul corps & une
» même famille.... Efclaves obéiffez en
» toutes chofes à vos maîtres temporels,
» non-feulement fous leurs yeux & pour
» leur plaire, mais avec fimplicité de
» cœur & par la crainte de Dieu.... Sou-
» venez-vous que Jefus-Chrift eft votre
» maître. Et vous, maîtres, accordez à
» vos efclaves tout ce qui eft jufte & rai-
» fonnable, en vous fouvenant que vous
» avez un maître dans le Ciel *(b)*. »

« Je vous renvoye, dit-il à Philémon,
» votre efclave Onéfime qui eft mon fils
» & que j'ai enfanté au Seigneur dans mes

(*a*) Matt. c. 20, ⅴ. 25; c. 23, ⅴ. 8.
(*b*) Galat. c. 3, ⅴ. 27. Coloff. c, 3, ⅴ. 17
& 22.

» chaînes.... Recevez-le, non comme un
» esclave, mais comme un fils très-cher
» à moi & à vous, selon le monde &
» selon Dieu (a). »

Cela n'empêche point l'Auteur des Questions sur l'Encyclopédie d'assurer gravement que les Evangiles ne mettent pas dans la bouche de Jesus-Christ une seule parole qui rappelle le genre humain à la liberté primitive pour laquelle il semble né (b). Si Jesus-Christ avoit décidé que tout esclavage est contraire au droit naturel, dans un temps où il étoit de droit public chez toutes les Nations, nos adversaires diroient que Jesus-Christ a mis les armes à la main de tous les esclaves, que c'étoit un attentat au droit civil, qu'aucun Souverain ne devoit permettre de prêcher cette morale dans ses Etats.

Dans le baptême on revêtoit les Néophytes d'une robe blanche, signe de liberté. La Loi par laquelle Constantin permettoit aux maîtres d'affranchir leurs esclaves par devant l'Evêque, tendoit à multiplier les hommes libres. Après l'in-

―――――――――――――――――

(a) Philém. ỳ. 10 & 16.
(b) Quest. sur l'Encyclop. *Esclaves*, p. 297.

vasion des barbares, l'histoire nous montre des Evêques & de pieuses Princesses qui employoient leur richesses & leur crédit au rachat & à l'affranchissement des esclaves. Au douzieme siécle Aléxandre III défendit la servitude dans le troisieme Concile de Latran. En 1683, le collége des Cardinaux adressa aux missionnaires d'Angola des plaintes sur le commerce des esclaves. Ce sont des Evêques & des Missionnaires qui ont plaidé au conseil d'Espagne la cause des Indiens réduits en esclavage contre le droit de l'humanité. Il fallut tromper Louis XIII. par un prétexte de Religion pour lui faire signer le Code noir. Ces faits nous paroissent prouver que si l'autorité Ecclésiastique avoit été plus puissante, il y a long-temps que l'esclavage ne subsisteroit plus. On dit que ce ne sont pas les prédications des Capucins qui peuvent opérer cette réforme (a). Je le crois ; les clameurs des Philosophes l'opéreront encore moins ; il est toujours bon de la prêcher en attendant qu'il plaise aux Souverains de l'exécuter.

(a) L'Esprit des usages & des coutumes des diff. peuples, Tome 2, L. 8, c. 6.

§. XX.

Mais l'esclavage subsiste encore.... Le nom subsiste à la vérité en Europe, mais ceux que l'on appelle aujourd'hui *serfs* ou *esclaves* sont ils tels qu'ils étoient chez les Grecs & les Romains, & tels qu'ils sont encore en Turquie & sur les côtes de Barbarie? Dans la Pologne & la Hongrie les peuples qui sont vassaux des Evêques ne sont point serfs (*a*). Un reste d'esclavage subsiste en France sous le nom de *main-morte réelle & personnelle*; est-il contraire à la justice, à l'humanité, au bien public? Le Conseil du Roi a examiné depuis peu cette question & l'a jugée en faveur des Seigneurs; il a laissé disserter les Philosophes sur cette affaire à laquelle ils n'entendoient rien (*b*).

Du moins, disent-ils, l'esclavage est dans toute sa rigueur à l'égard des Négres de nos Colonies; on se servit même du prétexte de la Religion pour engager Louis XIII à l'autoriser par une Loi, on lui fit accroire que c'étoit un moyen de con-

___

(*a*) 91ᵉ. Lettre du Pape Ganganelli.
(*b*) V. Quest. sur l'Encyclop. *Esclaves*.

vertir plus aisément les Nègres & de les amener à la profession du Christianisme.

L'Auteur qui a traité de la Félicité Publique répond, 1°. qu'à la vérité il est fâcheux que l'avarice ait conservé chez les Nations de l'Occident ce que la barbarie & l'ignorance ont établi & maintenu dans l'Orient, mais qu'enfin l'esclavage n'est plus connu chez les Chrétiens, si ce n'est dans les Colonies. 2°. Que les esclaves sont tous tirés d'une Nation très-sauvage & très-brute qui vient elle-même les offrir à nos négocians. 3°. Que si la raison & la philosophie s'écrient qu'il falloit traiter le Nègre comme l'Européan, il est cependant vrai que la grande dissemblance de ces malheureux avec nous, rappelle moins les sentimens d'humanité & sert à entretenir le préjugé barbare qui les tient dans l'oppression. 4°. Que si ces esclaves ont été traités avec une cruauté très-condamnable, l'expérience a prouvé bien des fois que jamais la douceur & les bienfaits n'ont pu ôter à cette Nation son caractere lâche, ingrat & cruel ; qu'il y a même tout lieu de croire que si les esclaves des colonies avoient été des Européens, ils seroient déjà rentrés dans leurs droits de citoyen, comme les serfs de notre gouvernement féodal ont peu à peu recouvré la liberté civile. Enfin que le nombre des esclaves est bien moins considérable de nos jours, puisqu'il est borné aux seules colonies à sucre, & que sur plus de cent millions de Chrétiens qui existent à présent, on ne compte assurément pas un million d'esclaves, tandis que sur un million de Grecs il y avoit plus de trois millions de ces infortunés. (a) Ajoutons qu'en général l'esprit de commerce inspire plutôt la cruauté que l'humanité ; témoin la tyrannie que les Anglois exercent dans le Bengale.

§. XXI.

Il est fâcheux que cet Ecrivain se soit sitôt lassé d'être raisonnable. En parlant du pouvoir acquis par le Clergé, il dit que notre Noblesse, toute querelleuse qu'elle étoit, *préféra* bientôt l'arbitrage du Clergé à ces jugemens atroces où le vainqueur payoit souvent de son sang un avantage toujours stérile ; ensuite il ajoute

---

(a) De la Félicité publ. Tome 1, sect. 1, c. 4, p. 48.

que les Evêques *ufurperent* le droit de juger. (*a*)

Si on préféroit leur arbitrage ou leur jugement, ils n'ont pas eu befoin d'ufurper ce droit. Un Ecrivain Proteftant a été plus équitable : « C'eft le Clergé, dit-il, qui a
» confervé quelques notions de la jurif-
» prudence dans les fiecles d'ignorance ; les
» laïques préféroient d'être jugés felon
» les Loix Canoniques plutôt que par les
» Juges ignorans des Seigneurs » (*b*). « Les
» Parlemens, ajoute un Philofophe, tous
» les Juges féculiers & tous les Seigneurs
» fe plaignoient des ufurpations eccléfiaf-
» tiques ; le Clergé n'avoit pas moins à fe
» plaindre des Seigneurs, qui n'étoient,
» après tout, que des tyrans ignorans qui
» avoient corrompu toute juftice, & ils
» regardoient les Eccléfiaftiques comme
» des tyrans qui favoient lire & écrire »
(*c*). Un autre Critique dit que Clovi & fes fucceffeurs donnerent confiance aux Evêques, leur attribuerent le jugement

---

(*a*) De la Félicité publ. Tome 2, fect. 3, c. 7, p. 25.

(*b*) Hift. de Charles-Quint par M. Robertfon, Tome 1, p 136 ; Tome 2, p. 260.

(*c*) Queft. fur l'Encyclop. *Appel d'abus.*

de plusieurs affaires, à cause de leurs lumieres, de leur droiture, de leur probité & de l'influence qu'ils avoient eue dans l'établissement de la Monarchie (*a*). Un droit acquis aux Evêques par la concession des Rois & par le choix des Peuples est-il une usurpation ? Il n'est pas fort honorable à nos savans Politiques de répéter aujourd'hui les clameurs des tyrans ignorans du 12e. & du 13e. siécle.

« Tandis que l'Eglise, disent-ils, usurpoit l'autorité sur les puissances séculieres, les Papes usurperent l'autorité absolue sur l'Eglise, & ils attaquerent bientôt les Couronnes les plus respectables » (*b*).

Toujours des usurpations ; c'est l'Auteur qui usurpe le droit de calomnier. De même que le Clergé étoit moins ignorant que les Juges laïques, la Cour de Rome étoit plus éclairée que les autres Cours. La même cause qui avoit donné l'ascendant aux Ecclésiastiques sur les Tribunaux séculiers, donna aux Papes beaucoup d'influence dans toutes les affaires. Nous ne présumons pas que la supériorité de lu-

---

(*a*) Essai polit. sur l'autor. du Clergé, c. 4, p. 44.
(*b*) De la Félic. publ. ibid.

m'eres dont nos adversaires se flattent soit regardée par eux comme une usurpation du droit d'enseigner ; si elle étoit aussi réelle qu'elle est imaginaire, elle leur donneroit sans doute beaucoup de crédit & d'autorité.

La vérité est que pendant plusieurs siècles les peuples, foulés & tyrannisés de toutes parts, n'avoient d'autre ressource dans leur misere que la charité de leurs Pasteurs. Cet ordre de choses, qui n'étoit pas l'ouvrage du Clergé, augmenta le crédit, les richesses, l'autorité de ce Corps, les porta au-delà des bornes qu'ils devoient naturellement avoir chez des nations policées (a). Représentons-nous les hordes de Sauvages rassemblées, civilisées, instruites, consolées, animées au travail par des Missionnaires ; estimons, s'il est possible, le degré de confiance que ces peuples enfans doivent donner à leurs peres spirituels, & ce que la reconnoissance peut leur inspirer. Tels furent à peu-près les peuples de l'Europe pendant plusieurs siécles. La multitude de villes formées sous les murs des Abbayes, nous montre assez qu'elle fut la ressource des

―――――――――――――――

(a) Politique natur. Disc. 4. §. 23, p. 223.

misérables dans ces tems de dévastation. Un empire acquis par des services de toute espece est-il donc si odieux ? Il ne tient qu'aux Philosophes d'en acquérir un pareil au même prix ; nous n'en serons point jaloux & nous ne les accuserons point d'usurpation.

§. XXII.

Notre Auteur fait encore d'autres aveux très-favorables à la Religion. « Tandis » que les guerres civiles désolent la France, » dit-il, la piété vient la premiere au se- » cours de l'humanité ; *la paix du Sei- » gneur* fait un partage bisarre des jours » de la semaine, dont les uns sont destinés » au commerce, les autres au carnage. » Saint Louis par des Loix civiles, mais » non moins pieuses dans leur objet, mo- » dere le droit de la guerre & l'enchaîne » en quelque façon. Philippe-le-Bel va » plus loin, il défend que l'on fasse usage » de ce droit barbare quand il l'exerce » lui-même...... Qui pourroit ne pas » s'attendrir sur le sort des peuples, lors- » qu'on voit que leurs loix ont été des » loix de pacification ? Voyez en France » la paix du Seigneur, en Angleterre la

» paix du Roi, en Allemagne la paix pu-
» blique, &c. » (a).

Le droit d'afyle fut accordé aux Eglifes dans un tems où chaque Seigneur fe croyoit en droit de venger à main armée fes querelles particulieres. Les Autels furent fouvent le refuge d'illuftres malheureux; s'ils ont fauvé quelques coupables, ils on protégé un plus grand nombre d'innocens. Ce droit n'a du être aboli que quand l'ordre civil a été parfaitement rétabli dans les divers Etats de l'Europe (b).

L'Auteur, qui traite de la Félicité Publique, déplore les malheurs des Croifades, il prétend que le zéle de religion a étouffé la critique; nous examinerons ces deux reproches dans l'art. 5e.

Il finit fon ouvrage en demandant pourquoi le Chriftianifme n'a pas répandu parmi les hommes une morale uniforme & générale. « C'eft, dit-il, que quelque
» fût l'efprit qui préfida à fon établiffe-
» ment, la paffion aveugle, l'intérêt fordide, les rivalités odieufes le fuivirent,
» le guiderent même dans fes progrès. Sa

(a) De la Félicité publ. Tome 2, p. 27.
(b) 4e. Difc. fur l'Hift. de France, Tome 4, p. 141.

» morale

» morale disparut bientôt sous ses dogmes
» multipliés, & cette morale elle-même
» ne fut jamais étendue à tous les grands
» rapports des hommes en société. »

Voilà un style d'oracle dont il n'est pas aisé de pénétrer le sens. 1°. La morale de l'Evangile est certainement uniforme & générale, il n'y a pas deux Evangiles différens pour la morale chez les Nations chrétiennes. On dira peut-être que tous n'entendent pas de même les préceptes de l'Evangile ; mais nos profonds Moralistes incrédules sont-ils mieux d'accord entr'eux que les Commentateurs de l'Evangile, ou que les différentes communions chrétiennes ? 2°. Pendant trois cens ans les Prédicateurs de l'Evangile ont été courbés sous le glaive des persécuteurs ; quelle passion, quel intérêt, quelle rivalité pouvoient alors guider leurs progrès ? 3°. Que les dogmes du Christianisme se soient multipliés ou non, cela n'a pas effacé un seul des préceptes moraux de l'Evangile, ils sont encore tels que les Apôtres les ont écrits ; nous avons fait voir que les dogmes mêmes tendent à renforcer la morale. 4°. Il auroit été fort à propos de nous apprendre quels sont les grands rapports des hommes en société auxquels la morale chrétienne ne s'étend point ; quels sont les états, les conditions, les emplois, les rangs dont elle ne prescrit point les devoirs.

S'il y a un rapport général entre les hommes pour les unir en société, c'est, selon les Incrédules mêmes, le besoin mutuel; l'Evangile nous le fait sentir en nous disant : *Faites aux autres ce que vous voulez qu'ils vous fassent ; traitez-les comme vous voulez qu'ils vous traitent ; aimez votre prochain comme vous-même*, &c. Nous prions nos adversaires de nous faire voir, dans leurs propres écrits, des maximes plus énergiques, plus fécondes, desquelles s'ensuivent plus évidemment tous les devoirs.

Un autre rapport très-général est celui d'homme à homme; or le Christianisme nous apprend que tous les hommes sont créatures d'un seul & même Dieu, tous formés à son image, enfans d'une même famille, rachetés par le sang de la même victime, destinés à posséder le même héritage éternel : y a-t-il des motifs plus forts pour rendre sacrés tous les devoirs de l'*humanité ?*

Parce que ce denier terme, si commun aujourd'hui dans les écrits de nos Philosophes, ne se trouve point dans l'Evangile, ils croient, ou font semblant de croire, que la chose n'y est pas non plus; mais la charité fraternelle, la charité universelle, la charité formée sur le modele de celle de Jesus-Christ, a-t-elle un sens plus restreint ou moins clair que l'*humanité?*

Par cet exemple, & par une infinité d'autres, il est évident que notre Auteur ne s'est pas entendu lui-même, qu'il a combattu le Christianisme sans le connoître. Il semble avoir caractérisé son propre livre lorsqu'il a dit à propos de spéculations politiques, « leur nombre immense » fournit des armes à toutes les opinions; » l'on dispute long-tems, on résout peu, » & l'on fait encore moins ». (*a*).

§. XXIII.

12e. *Objection.* Selon l'Encyclopédie, le Christianisme nuit à la population en proscrivant le divorce, en approuvant le célibat, en défendant le mariage entre les personnes de différentes religions. Il exclut les autres cultes, il a produit les croisades & les guerres de religion, il favo-

_____
(*a*) De la Félicité publ. Tome 2, p. 132.

rise le despotisme; c'est par un motif religieux que Louis XIII consentit à l'esclavage des negres. Le dogme de l'immortalité de l'ame a toujours été funeste à l'humanité, il détache l'homme de l'intérêt général par l'intérêt particulier, lui fait mépriser les choses de ce monde, &c. (*a*)

Réponse. Pour donner à ces reproches une apparence de bon sens, il auroit fallu dire quelles contrées de l'univers, avec un égal degré de fertilité, sont plus peuplées que celles dans lesquelles le Christianisme est établi; prouver qu'avant sa naissance l'Europe étoit plus peuplée qu'elle n'est aujourd'hui : ces deux faits bien prouvés mériteroient attention.

Puisqu'il faut répéter, nous soutenons que le divorce, loin de favoriser la population, y met obstacle, nous l'avons prouvé. Les mariages ne furent jamais moins féconds à Rome que lorsque le divorce y devint commun. Ce sont les mœurs & non le libertinage qui multiplient les hommes.

En supprimant le célibat ecclésiastique & religieux, on rendroit les mariages

---

(*a*) Encyclop. *Population*, p. 92. art. *Vingtieme ajouté*, p. 859.

plus difficiles, on surchargeroit les peres qui se plaignent déjà de la difficulté d'établir plusieurs enfans; on multiplieroit le célibat de libertinage qui est le vrai fléau de la population.

Quand il seroit permis aux Chrétiens d'épouser des Juives, des Turques, des Payennes, se feroit-il en Europe un mariage de plus? Les filles nubiles n'ont pas encore manqué parmi nous. Après vingt ans d'observation nous pourrions citer une paroisse de campagne dans laquelle il y avoit habituellement quatre-vingt filles dont la moitié passoient quarante ans; il s'y faisoit tout au plus cinq mariages par an : personne ne prenoit le parti du cloître; cependant la population augmentoit, parce qu'il y avoit des mœurs.

De même quand le Mahométisme & le Paganisme seroient soufferts en France, qu'en reviendroit-il? Les établissemens de religion destinés à conserver les enfans & les hommes ne subsisteroient pas long-tems. Les moyens de subsistance ne seroient ni plus faciles ni plus abondans; or il ne croît point d'hommes où il n'y a pas de quoi les nourrir.

Nous avons déjà parlé des guerres de religion, nous y reviendrons encore, nous discuterons les causes & les effets des Croisades.

S'il y a une religion capable de réprimer le despotisme, c'est la nôtre ; aucun Prince Chrétien n'est despote dans la rigueur du terme, il n'est sous le ciel aucun Gouvernement plus modéré que celui des Nations Chrétiennes ; contre ces faits incontestables que prouvent les visions des Incrédules ?

Puisqu'il fallut tromper Louis XIII, pour le faire consentir à l'esclavage des Négres, il trouvoit donc dans sa Religion des motifs de s'y opposer. C'est l'avarice & la rivalité à l'égard de nos voisins qui ont tendu un piége à la religion de ce Prince ; ce fait prouve contre nos adversaires.

Quant à la croyance de l'immortalité de l'ame, il est absurde d'imputer au Christianisme un dogme aussi ancien que le monde, aussi répandu que la race des hommes, & dont elle ne se départira jamais. L'intérêt personnel que cette croyance inspire, ne peut nous porter qu'à faire du bien à nos semblables ; peut-on en dire autant de l'égoïsme philosophique ?

§. XXIV.

S'il y a un phénomene étonnant c'est la population actuelle de l'Europe, malgré les causes qui ont du en arrêter les progrès. Quand on se rappelle la multitude des hommes qui ont peri par les guerres des Romains contre les Barbares, par le carnage horrible que ceux-ci ont fait des sujets de l'Empire, par les contagions qui s'ensuivirent, par la tyrannie féodale, on est effrayé. La peste noire du quatorzieme siécle emporta près de la moitié des habitans de notre continent, les guerres du quinzieme absorberent une partie de ce qui restoit; depuis cette époque le commerce maritime & les émigrations en Amérique ont englouti plus que le superflu de la population de l'Europe. Les mœurs introduites & conservées par le Christianisme ont réparé les effets de tous ces fléaux destructeurs.

A quoi servent de vaines conjectures, lorsque des faits certains décident la question. La Grece, l'Asie Mineure, la Mésopotamie, la Syrie, l'Egypte, les Côtes de l'Afrique étoient infiniment plus peuplées sous le Christianisme qu'elles ne sont aujourd'hui ; l'Ethiopie Chrétienne nourrit plus d'hommes que les contrées voisines sur un sol égal. L'Italie même compte un plus grand nombre d'habitans que sous les Empereurs payens, le Nord n'a commencé à se peupler que depuis sa conversion au Christianisme. On nous vante la population de la Chine ; cependant les Chinois n'ont point encore envoyé de colonies hors de chez eux, ils ont reçu deux fois d'immenses émigrations de Tartares, pendant que l'Europe Chrétienne envoye toutes les années des milliers d'hommes au-delà des mers. De prétendus Philosophes osent écrire que les guerres religieuses ont fait périr vingt millions d'hommes, c'est une imposture ; mais le Christianisme en a fait naître & en a conservé cent millions qui n'auroient jamais existé ou qui auroient péri sans lui : où sont les contrées que le philosophisme a peuplées ?

Cent fois ils ont répété que depuis la révocation de l'Edit de Nantes la France est dépeuplée ; au lieu, disent-ils, de vingt-cinq millions d'habitans, il n'y en a plus que seize millions, la moitié des terres sont incultes & ne présentent que des déserts ; les réfugiés François ont porté chez nos voisins la culture, les arts, l'industrie, la prospérité de la Nation : l'on ne peut remédier à ce malheur qu'en leur facilitant par la tolérance le dessein de revenir parmi nous. (*a*)

1°. Commençons, suivant notre coutume, par supposer le fait vrai. Un de nos Philosophes assigne d'autres causes de dépopulation, savoir, l'immense étendue de la capitale, la corruption des mœurs, la mollesse des femmes, les nourrices mercenaires, le luxe qui rend les mariages dispendieux, le nombre des domestiques & des soldats, les maladies produites par la débauche, le pouvoir des peres sur le mariage des enfans, les alliances mal assorties (*b*). L'on doit y ajouter le commerce maritime. Aucune de ces causes ne peut être attribuée à la Religion, encore moins à la révocation de l'édit de Nantes.

2°. Est-il bien vrai que la France soit inculte & dépeuplée ? Selon les derniers

---

(*a*) Encyclop. *Population.* Espion Chinois, Tome 1, 6ᵉ. Lettre; Tome 3, Lettre 1 & 90. Voyages en différens pays de l'Europe, Tome 2, Lettre 27, p. 390.

(*b*) Espion Chinois, Tome 3, Lettre 3 & suiv.

dénombremens déposés dans les bureaux de Versailles, il y a présentement ving-cinq millions d'habitans dans le Royaume : donc nos adversaires ont exagéré le nombre des émigrations, ou selon leurs calculs la population est augmentée d'un tiers depuis 1685.

Les Acadiens demeurés fidéles au Roi & qui sont à sa solde depuis quinze ans, ont parcouru nos provinces pour trouver des terres incultes sur lesquelles ils pussent s'établir ; on n'a pu en placer encore que quatorze familles dans le bas Poitou, & il reste trois cens familles à établir. Où sont donc les terres que l'on pourroit cultiver & qui demeurent en friche ?

Un autre fait incontestable, c'est que depuis le commencement de ce siécle dans la plupart des villes & des bourgs du royaume le nombre des édifices a augmenté de plus d'un quart. Il n'est aucun particulier qui ne soit nourri, logé, meublé, vétu mieux qu'on ne l'étoit en 1685. En quel sens la population, la richesse, l'industrie, la culture, la prospérité ont-elles diminué en France ?

Sans doute le même phénoméne est arrivé ailleurs, surtout dans les pays du nord. Vu la communication libre qui regne

entre les Nations Européennes, l'induſ-
trie & la population ne peuvent s'accroî-
tre beaucoup dans un Royaume, fans
refluer chez les Nations voifines. Donc
il eſt abſurde d'attribuer cette circulation
à la révocation de l'édit de Nantes, à
l'intolérance, &c. Ces cauſes imaginaires
n'ont fait tout au plus qu'accélérer pour
un moment cette circulation.

   Les émigrations des Proteſtans avoit commencé long-temps avant la révocation de
l'édit, puiſqu'elles avoient été défendues
par plufieurs ordonnances antérieures.
Ceux qui ont tant exagéré le nombre des
réfugiés n'ont pas compté les Italiens, les
Savoyards, les Anglois, les Allemands
qui font venus s'établir en France.

§. XXV.

   Enfin la révocation de l'édit de Nantes a-t'elle été auſſi contraire à la faine
polique & auſſi injuſte que nos adverfaires
le prétendent ?

   A Dieu ne plaife que nous cherchions
à aigrir les efprits ou à les prévenir contre les adouciſſemens que le Gouvernement peut trouver bon d'apporter au fort
des Proteſtans ; nous nous repofons fur fa

sagesse, sa prévoyance, sa fermeté, & sur l'expérience du passé. Nous ne dirons rien qui n'ait déjà été écrit par d'autres sous les yeux de l'autorité publique (a).

1°. Par la teneur même de nos Loix pénales contre les Protestans, il est évident qu'elles n'ont point été portées contre leurs erreurs, mais contre leur conduite, contre le mépris de l'autorité civile, contre les prises d'armes, contre les confédérations avec les ennemis de l'Etat.

2°. Il est prouvé par l'histoire que depuis la conjuration d'Amboise sous François II, les Calvinistes ont pris les armes toutes les fois qu'ils ont trouvé des chefs prêts à les soutenir; l'édit de Nantes fut donc plutôt extorqué à Henri IV par la nécessité des circonstances, qu'accordé comme une récompense à la fidélité des Protestans.

3°. Il n'est pas moins certain par les divers Arrêts rendus contre eux que jamais ils n'ont exécuté fidellement l'édit de Nantes, qu'à force de contraventions ils ont obligé Louis XIV à le révoquer en 1685. On nous assure que leur ancien esprit est changé; cela est faux, pour qu'il

---

(a) Dissert. sur la Tolér. civile & relig. en Angler. & en France, 1778.

le fût, il faudroit qu'ils eussent brûlé tous leurs livres.

4°. Quand on compare nos Loix contre les Protestans avec celles des Anglois contre les Catholiques, on voit que celles-ci sont beaucoup plus rigoureuses & plus oppressives que les nôtres. Chez nous les Protestans ne sont point inquiétés, pourvû qu'ils s'abstiennent de tout exercice de leur Religion; un Catholique en Angleterre pouvoit être recherché & puni précisément parce qu'il n'assistoit pas au service Anglican. On exigeoit de lui un serment contre le Pape, contre la transubstantiation, contre le culte des images, &c. Ainsi les Loix Angloises étoient portées contre les opinions & non contre la conduite; les nôtres répriment la conduite sans toucher aux opinions.

A la vérité le Parlement d'Angleterre vient d'adoucir ces Loix; mais on sait l'opposition que forment les Ecossois à ce trait de justice, & les avanies que les Catholiques d'Ecosse ont essuyées récemment de la part des Protestans. Jamais nos Philosophes n'ont déclamé contre les mauvais effets qu'a pu produire en Angleterre une intolérance excessive, & ils ne cessent d'insister sur les suites terribles qu'a eues parmi nous une intolérance beaucoup plus modérée.

Une autre absurdité de leur part est d'attribuer au christianisme le despotisme des Grands, les restes d'esclavage, l'inégalité excessive des conditions; que ce soit un mal ou un bien, la Religion n'y a point de part. Selon la doctrine d'Aristote, parmi les hommes les uns sont nés pour la liberté, les autres pour l'esclavage, & les peuples civilisés ont droit d'asservir ceux qui ne le sont pas. Selon le droit public introduit chez nous par les barbares, les uns naissent nobles, les autres roturiers, les premiers pour commander & ne rien faire, les autres pour travailler, payer & obéir. A la longue ce préjugé doit introduire le despotisme des Grands, perpétuer la guerre, nourrir la vengeance & les duels, fomenter le luxe, diviser les différens ordres de l'état, &c. ainsi en jugent nos Philosophes (a). Mais la Religion loin d'autoriser ces abus, réclame continuellement contre eux.

(a) Syst. social, 2 part. c. 6. Polit. natur. 4e. Disc. §. 16.

§. XXVI.

Pour savoir jusqu'à quel point le christianisme contribue au bonheur de la société, il suffit de voir la multitude d'établissemens charitables destinés à soulager les maux de l'humanité, & qui ne se trouvent point chez les Nations infidéles. Les hôpitaux pour les malades, pour les vieillards, pour les incurables, pour les orphelins, pour les enfans trouvés, pour les invalides, pour les insensés ; les maisons d'éducation pour les deux sexes, de travail pour tous les âges, de retraite pour les personnes délaissées ; les écoles de charité, les associations, les confréries chargées d'assister les pauvres, les prisonniers, les criminels condamnés à mort ; les monts de piété, ou fonds destinés à soulager les malheureux, &c. voilà l'ouvrage, non de l'humanité philosophique, mais de la charité Chrétienne ; cette reine des vertus en a suggéré l'idée, en a fourni les fonds, en prend le soin & l'administration. Un Philosophe lui a rendu cet hommage & en particulier à la Religion Catholique (a).

___

(a) Quest. sur l'Encyclop. *Charité*.

Dans toutes les grandes calamités qui ont affligé l'univers elle a procuré des secours. C'est elle qui a donné la naissance aux divers Ordres hospitaliers, aux Chevaliers de S. Jean de Jérusalem, du Mont-Carmel, de S. Lazare, aux Chanoines réguliers de S. Antoine & de Sainte Genevieve, aux Trinitaires ou Religieux de la Merci, aux Freres de la Charité, &c. L'antiquité offre-t'elle rien d'aussi grand que S. Charles pendant la peste de Milan & M. de Belsunce pendant celle de Marseille ? Ils n'ont fait que suivre l'exemple des Chrétiens du troisieme siécle (a). Il n'est aucune espece d'industrie que la charité n'ait inspirée pour la conservation des hommes, aucuns travaux, aucuns dangers qu'elle n'ait bravés ; & des Philosophes sont assez insensés pour écrire que la Religion Chrétienne a fait périr la moitié du genre humain, que dans les grandes calamités on se contentoit d'ordonner des processions, &c. (b) Les richesses d'un royaume entier ne suffiroient

---

(a) V. ci-dessus, c. 7, art. 2, §. 3.
(b) Testam. de J. Meslier, c. 6, p. 217. De la Félicité publique, &c.

pas pour payer les services que rend la charité chrétienne.

Mais il reste beaucoup à faire.... Moins qu'il n'y a de fait. D'ici à la fin du monde il y aura du bien à faire & du mal à réparer, les besoins, les erreurs, les vices du genre humain dureront autant que lui. Ne penser qu'à la multitude des choses à faire, est un excellent moyen pour détruire celles qui sont faites ; ne parler que des abus c'est décourager les ames & casser tous les bras. La liste des projets conçus par nos Philosophes est immense, ce qu'ils ont exécuté est nul ; la Religion moins bruyante ne voit point en grand, elle travaille en petit, & l'utilité demeure. Comme la nature qui est l'opération de Dieu, elle va au bien sans faste & sans appareil, jamais elle n'agit plus efficacement que lorsqu'on s'en apperçoit le moins. Les Souverains & les grands hommes qui ont fait le plus de bien aux Nations, étoient Chrétiens & non Philosophes ; S. Louis, sans être Stoïcien ni sectateur de Platon, a fait lui seul plus de choses utiles que les divins Antonins & tout leur cortége ; il a eu autant de courage, plus de sagesse, d'activité & de pénétration que Julien, sans en avoir les vices & les travers. Un Curé de paroisse travaille plus efficacement au bien public que les Philosophes de Paris avec tous leurs livres.

Nous les avons vûs, au grand scandale des gens de bien, décrier l'aumône, soutenir qu'elle doit être achetée par le travail. Ces puissans Thaumaturges feront travailler les malades, les impotens, les femmes en couche, les enfans à la mamelle, les paralytiques & les fous, fondront les glaces de l'hyver, & répareront les ravages de la grêle. Ils tournent en ridicule les Prêtres riches qui prêchent la pauvreté ; eux mollement assis dissertent sur le travail, retranchent le pain aux pauvres dans les fatigues d'une digestion laborieuse. Quelques-uns déclament contre l'esclavage & sont intéressés dans la Traite des Négres.

Mais ce délire aura son terme, déjà les accès en paroissent affoiblis, le sang-froid de la raison reviendra, la Religion rentrera dans ses droits, & il ne nous restera qu'un peu de confusion d'avoir prêté l'oreille à des discoureurs frivoles.

ARTICLE II.

De la relation qu'il peut y avoir entre la Religion & la diversité des climats.

§. I.

Il y auroit de l'entêtement à soutenir que la diversité des climats n'influe en rien sur l'organisation des hommes, sur leurs facultés, sur leurs inclinations ; certains peuples sont naturellement plus ingénieux, plus actifs, plus courageux, plus susceptibles de civilisation que les autres. Une température de climat qui relâche les fibres du corps, porte l'homme à l'inertie, à l'ignorance, à la sensualité. Sous un ciel heureux les peuples sont ordinairement moins stupides que dans l'excès du froid ou de la chaleur. Mais les causes physiques se trouvent combinées avec tant de causes morales, & la nature de l'homme est si flexible, qu'il est toujours dangereux d'attribuer aux premieres ce qui est souvent un effet des secondes.

Si la vie des Tartares & des Arabes Bedouins est encore la même qu'elle étoit il y a trois mille ans, les mœurs de la plupart des autres nations placées sous un même climat ont absolument changé. L'industrie & la police des anciens Egyptiens sont mal remplacées par l'indolence & la malpropreté des Musulmans ; le génie actif, curieux, léger, fécond des Grecs paroît étouffé par l'ignorance hautaine & brutale des Turcs : la civilisation & le caractere laborieux des peuples du nord ne ressemblent gueres à l'inertie farouche de leurs ancêtres. C'en est assez pour affirmer qu'il n'est point de cause physique dont l'influence ne puisse être corrigée par l'éducation, par les loix, par la religion.

Par-tout où le Christianisme s'est établi il a opéré une révolution dans les mœurs, il n'est aucun peuple qui n'ait gagné beaucoup à recevoir ses loix : souvent il y a eu de la peine à vaincre les vices & les passions qui tenoient au physique du climat, aucuns cependant n'ont été absolument invincibles (*a*). Si la face de l'Europe n'avoit pas été bouleversée par les Barbares au cinquieme siécle, les effets salutaires de l'Evangile n'auroient pas été si long-tems méconnoissables. Non-seulement il a changé entiérement le caractere des peu-

---

(*a*) Théodoret, Thérapeut. 9ᵉ. Disc. p. 615.

ples qu'il a fait passer de la vie sauvage à l'état de civilisation, mais il a influé beaucoup sur les mœurs de ceux qui policés depuis long-tems avoient contracté de longues habitudes du vice & de la dépravation.

Des mœurs douces & sociales conservées en Ethiopie par le secours de notre Religion, celles qui regnoient sur les côtes d'Afrique lorsque le Christianisme y étoit florissant, comparées avec celles des nations barbaresques d'aujourd'hui, la civilisation des peuples du nord & de ceux de l'Amérique, les effets qu'a causés le Mahométisme par-tout où il s'est établi, démontrent que la Religion a beaucoup plus de pouvoir que le climat sur le caractere & sur les mœurs des hommes.

Lorsqu'un vice quelconque tient beaucoup au physique du climat, malgré la morale chrétienne il y sera toujours plus commun qu'ailleurs; conclure de-là qu'une religion qui tolére ce vice ou qui l'autorise, est plus convenable à ce climat que la Religion chrétienne, c'est une étrange maniere de raisonner. Tout vice, de quelque part qu'il vienne, est toujours fatal à une nation, la religion qui le condamne avec le plus de rigueur est justement celle dont cette nation a le plus grand besoin.

Un voyageur récent nous apprend que le vice contre nature fait de grands progrès dans plusieurs villes du nord, au lieu qu'il diminue en Italie (*a*). D'autres prétendent qu'il étoit très-commun chez les Huns, & qu'il l'est encore chez les Tartares. Cela ne s'accorde guéres avec l'influence des climats.

Les effets prodigieux du Christianisme ont été sensibles dans tous les tems aussi bien que dans tous les lieux. Bardesanes ancien Auteur, dont Eusebe nous a conservé les paroles, attestoit déjà ce phénomene au second siécle. « Les Parthes, dit-il, devenus Chrétiens, ont renoncé à la pluralité des femmes, les Perses convertis ne se permettent plus le mariage avec leurs filles, les Bactriens & les Gaulois ne violent plus les droits & l'honnêteté du mariage. Par-tout où l'on voit des Chrétiens, les loix ni les usages reçus ne peuvent corrompre la pureté de leurs mœurs (*b*) ».

(*a*) Voyages en diff. pays de l'Europe, Tome 1, Lettre 4, p. 81.

(*b*) Prépar. Evang. L. 6, c. 10.

Sous le regne de Gallien divers fléaux affligerent l'Empire, la misere des peuples fut extrême. La charité des Chrétiens se fit remarquer, l'on vit avec étonnement la différence entre leur conduite & celle des payens. Des Prêtres, des laïques, de simples femmes, faits prisonniers par les Barbares & conduits en captivité, parvinrent par leur patience, par la douceur & la pureté de leurs mœurs à vaincre la férocité de leurs maîtres, & les convertirent au Christianisme (*a*).

§. II.

Ce n'est donc pas sans raison que l'on a reproché à l'Auteur de l'Esprit des Loix d'avoir trop accordé au climat dans l'examen qu'il a fait de la législation, des coutumes, de mœurs des différens peuples (*b*). Il a réfuté lui-même plusieurs de ses maximes, & a détruit d'une main ce qu'il établissoit de l'autre.

Il pose pour principe à la tête d'un chapitre, que les mauvais législateurs sont ceux qui ont favorisé les vices du climat,

---

(*a*) Sozoméne, Hist. Eccles. L. 2, c. 6.
(*a*) Quest. sur l'Encyclop. *Climat.*

& les bons ceux qui s'y sont opposés (*a*). Dans un autre il dit qu'il y a de tels climats où le physique a tant de force que la morale n'y peut presque plus rien (*b*). Que peuvent faire alors les bons législateurs ? Il dit que l'empire du climat est le premier de tous les empires, que cependant Pierre le Grand n'avoit pas besoin de loix pour changer les mœurs & les manieres de sa nation, qu'il lui eût suffi d'inspirer d'autres mœurs & d'autres manieres (*c*). Mais si les mœurs des Russes venoient ou de leurs loix ou du climat, comment leur en inspirer d'autres, sinon par de nouvelles loix ? Il juge qu'humainement parlant il semble que ce soit le climat qui a prescrit des bornes à la Religion chrétienne & à la Religion musulmane (*d*). Cependant il observe ailleurs que malgré le vice du climat le Christianisme fait regner en Ethiopie les mœurs & les loix de l'Europe (*e*). Ne sait-on pas que pendant six cens ans le Christianisme a

---

(*a*) Esprit des Loix, L. 14, c. 5.
(*b*) L. 16, c. 8.
(*c*) L. 19, c. 14.
(*d*) L. 24, c. 26.
(*e*) L. 24, c. 3.

été florissant dans la plupart des contrées où le Mahométisme est aujourd'hui établi ?

Si quelque obstacle pouvoit empêcher notre Religion de reprendre en Orient & en Afrique l'ascendant sur celle de Mahomet, ce seroit sans doute la polygamie à laquelle l'homme est porté par le vice du climat ; mais outre que les Grecs mêlés parmi les Mahométans observent la monogamie, elle a été constamment gardée en Perse, en Syrie, en Egypte, en Afrique pendant tout le tems que le Christianisme a regné, comme elle l'est encore en Ethiopie.

C'est moins le vice du climat qui entretient la lubricité des Musulmans, que la licence autorisée par leur religion, & l'idée que l'Alcoran leur donne des voluptés sensuelles du Paradis. Montesquieu lui-même convient que la polygamie, loin de réprimer la lubricité, l'enflamme davantage, qu'elle porte aux désordres contre nature, que ce vice abominable est très-commun parmi les Mahométans, que c'est une source de dépopulation (*a*). Il ne regne pas moins à la Chine & dans les Indes. Le seul moyen de le réprimer seroit

---

(*a*) Esprit des Loix, L. 16, c. 6.

donc de retrancher l'abus qui lui sert d'aliment ; c'est ce qu'avoit fait la Religion chrétienne par-tout où elle étoit établie.

Montesquieu n'a pas avancé un paradoxe lorsqu'il a observé qu'il est plus aisé de déraciner entiérement l'impudicité, que de la modérer. La continence coute très-peu à ceux qui ont toujours été chastes, elle paroît impossible à ceux qui se sont une fois livrés aux voluptés sensuelles. La sainteté du mariage est constamment gardée par le peuple des campagnes, où généralement parlant les mœurs de la jeunesse sont pures ; elle est beaucoup moins respectée dans les grandes villes où les jeunes gens succombent aisément à l'occasion. Toute licence sur ce point dégénere nécessairement en excès, un désordre en attire toujours un autre ; le Christianisme coupe le mal par la racine en les proscrivant tous sans exception.

§. III.

Il n'est donc pas nécessaire de chercher plus loin la raison qui a fait naître le célibat & la continence dans l'Orient & dans l'Egypte avec le Christianisme, quoique le vice du climat parût s'y opposer. On comprit qu'il étoit plus aisé d'être entierement & perpétuellement chaste que de ne l'être qu'à demi. Montesquieu a supposé le contraire sans raison lorsqu'il a dit que le célibat a été plus agréable aux peuples à qui il sembloit convenir le moins, parce que nous aimons en fait de religion tout ce qui suppose un effort (*a*). Le célibat n'a point été observé parce qu'il étoit plus agréable, mais parce qu'il étoit plus nécessaire.

Ceux qui ont voulu faire de la polygamie une question de calcul, se sont trompés dans le fait & dans le principe. Les déréglemens contre nature, l'usage des eunuques, l'esclavage domestique, les fureurs de la jalousie malgré la clôture des femmes, suites nécessaires de la polygamie, n'ont jamais contribué à la multiplication ni à la félicité d'un peuple. Le Christianisme en les bannissant entierement pourvoyoit plus efficacement au bien public que ne pouvoient faire les divers expédiens imaginés par les législateurs.

Ces désordres ne regnent point en Ethiopie où le Christianisme est professé, il en seroit de même à la Chine si la poly-

---

(*a*) Esprit des Loix, L. 25, c. 4.

gamie en étoit bannie. Selon quelques-uns de nos Philosophes, les Chinois ne goûteront jamais la Religion chrétienne, parce qu'ils ne peuvent tolérer les assemblées où les deux sexes se trouvent réunis & confondus, ni la confession, où une femme parle seule à l'oreille d'un Prêtre. C'est une fausse conjecture. Tant que les Chinois seront polygames, ils seront sans doute aussi follement jaloux que les autres Asiatiques ; s'ils avoient le courage de renoncer à un abus contraire à la nature & à leur propre bonheur, ils deviendroient aussi raisonnables que le sont les autres Chrétiens sous un climat plus brûlant que celui de la Chine.

D'ailleurs si la Chine devenoit Chrétienne, quel inconvénient y auroit-il à séparer les deux sexes dans les exercices de religion, & à prendre toutes les précautions nécessaires pour écarter toute espece de scandale & de soupçon? L'Eglise n'a rien statué sur ce point, elle ne désapprouvera jamais une discipline innocente, analogue aux mœurs des peuples, de laquelle il ne pourroit résulter que du bien. On a vu quelquefois des monasteres d'hommes & de femmes auxquels servoit une Eglise commune, dans lesquels regnoit d'ailleurs une clôture très-exacte & une régularité parfaite.

Nous ne discuterons point les différentes réflexions par lesquelles l'Auteur de l'Esprit des Loix a voulu confirmer son paradoxe sur l'influence des climats; elles ont été réfutées dans plusieurs critiques de son ouvrage, & en dernier lieu par M. l'Abbé Floris (a). Nous nous bornons à conclure avec l'Auteur des Questions sur l'Encyclopédie, que le climat a quelque puissance, le gouvernement cent fois plus, la religion jointe au gouvernement encore davantage. L'Espion chinois n'a fait sur cette question que copier Montesquieu (b).

ARTICLE III.

Du Mahométisme, de ses progrès, des effets qu'il a opérés.

§. I.

Jusqu'à nos jours on avoit regardé le Mahométisme comme un des plus grands fléaux qui ayent affligé le genre humain

---

(a) Les Droits de la véritable Religion, T. 2.
(b) Tome 2, Lettre 4.

depuis la création ; mais dans ce siécle de paradoxes, quelques auteurs semblables à ceux qui ont fait l'éloge de la peste & de la mort, ont voulu réhabiliter la mémoire de l'imposteur qui a fondé cette religion, pallier l'absurdité de sa doctrine & de ses loix, faire oublier les maux qu'elles ont causés & qui durent encore. Par un parallele absurde entre la religion musulmane & la nôtre, ils ont cherché à insinuer que celle-ci n'a pas grand sujet de se glorifier aux dépens de la premiere. Sale dans la Préface qu'il a mise à la tête de sa traduction angloise de l'Alcoran, le Comte de Boulainvilliers dans sa Vie de Mahomet, l'Auteur des Questions sur l'Encyclopédie dans plusieurs articles, le Docteur Morgan dans une lettre apologétique placée à la fin de son second volume, se sont évertués sur ce beau sujet ; l'auteur du livre des Trois Imposteurs n'a pas été de leur avis. Mais les Incrédules s'accordent-ils jamais ?

Leur premier dessein étoit de fonder le Déisme sur les ruines des religions révélées ; ils ont cru le trouver dans la Religion Musulmane dont il fait la base. Quelque défiguré qu'il y soit, ses partisans peu délicats sur les accessoires, n'ont pas hésité

DE LA VRAIE RELIGION. 511
de lui élever un trophée ; il est étonnant que par zéle pour le Déisme ils ne soient pas allés se faire circoncire & prendre le turban.

Les Auteurs Anglois de l'Histoire Universelle, tome XV, ont vengé la Religion Chrétienne de l'insulte que lui a faite leur compatriote, ils témoignent peu d'estime pour les talens historiques du Comte de Boulainvilliers ; selon eux, ce n'est qu'un copiste servile des Ecrivains Arabes dont il n'entendoit pas la langue, & dont il n'a pas apperçu les bévues. Le Comte de Bonneval avoit entrepris de le réfuter sur plusieurs articles essentiels (*a*). Nos dissertateurs demi-Mahométans, sont partis du principe le plus faux & le plus capable de les égarer, savoir que tout ce qui a été écrit contre le faux Prophête de la Mecque par les Auteurs chrétiens est un effet de la prévention & de la haine, qu'au contraire ce qu'en ont dit les Arabes ses compatriotes & ses sectateurs, est un témoignage non suspect.

Nous ne releverons point toutes les infidélités dont ces Ecrivains se sont rendus

―――――――――――

(*a*) Voyage Littér. de la Gréce par M. Guys, Tome I, p. 478.

Y iv

coupables, nous nous bornerons à donner une idée succinte de Mahomet & de sa doctrine, des moyens dont il s'est servi pour la répandre, des effets qu'elle a produits & qu'elle continue d'opérer chez tous les peuples qui ont eu le malheur de l'embrasser. Ceux qui veulent avoir une réfutation complette de cette Religion & de ses apologistes la trouveront dans Maracci (*a*). Ce réfutateur n'avance rien qu'il ne prouve par les textes formels de l'Alcoran, & par le témoignage des Auteurs Arabes. C'est un guide plus savant, plus sincere & plus sûr que ceux auxquels nos Philosophes donnent la préférence.

L'Auteur des Questions sur l'Encyclopédie parlant des divers traducteurs de l'Alcoran, fait observer que Du Rier qui l'a traduit en françois, avoit demeuré long-tems à Constantinople ; que Maracci traducteur latin n'y alla jamais, que Sale qui en a fait la version angloise, a vécu vingt-cinq ans parmi les Arabes. Ce Philosophe ignore probablement que l'arabe de l'Alcoran n'est point la langue usuelle de Constantinople, qu'il y a divers dialectes en arabe comme dans les autres langues, que

---

(*a*) Alcorani textus universus, &c. Patavii 1698.

Maracci en avoit fait une étude suivie pendant quarante ans. Ce savant Italien met le texte à côté de sa version, & la vérifie par les commentaires des docteurs musulmans; cette marche est moins suspecte que celle de Sale: MM. le Grand & Cardonne, bons juges dans cette matiere, font plus de cas du premier que du second; nous pouvons hardiment nous en rapporter à leur suffrage.

§. I I.

On ne peut disconvenir que Mahomet ne soit né dans une des principales tribus des Arabes, & d'une famille qui y tenoit un rang distingué. Quoiqu'il n'eût fait aucunes études, qu'il ne sût ni lire ni écrire, que l'Alcoran soit une preuve invincible de son ignorance, il avoit de l'esprit, du manége, une dissimulation profonde, une éloquence naturelle, vive & imposante. Il avoit épousé une veuve très-riche, il augmenta encore ses richesses par le commerce.

Dans les voyages qu'il fit en Syrie & en Palestine, il acquit quelque connoissance de la Religion Juive & de la Religion Chrétienne; la plupart de ses compatriotes étoient alors idolâtres, il l'étoit lui-même ; Sale a vainement dissimulé ce fait, il est prouvé par l'Alcoran (a). Le Christianisme divisé en Orient par les sectes des Ariens, des Sabelliens, des Nestoriens, des Eutychiens, &c. se trouvoit dans un état déplorable; les Juifs n'étoient pas mieux unis entr'eux : Mahomet jugea l'occasion favorable pour se faire lui-même chef & fondateur d'une religion nouvelle. Il conçut le projet de rétablir l'ancienne religion d'Adam, de Noé, d'Abraham, de Moyse, de Jesus & de tous les Prophêtes, c'est ainsi qu'il s'exprime : son livre démontre qu'il ne connoissoit ni la religion des Patriarches, ni celle de Moyse, ni celle de Jesus; la sienne ne ressemble à aucune des trois.

Ceux qui ont travaillé à son apologie prétendent que l'enthousiasme & un zèle ardent pour l'unité de Dieu, fut le premier mobile du dessein conçu par Mahomet (b); mais son livre, sa doctrine, les moyens dont il s'est servi pour la répandre prouvent évidemment que l'ambition d'envahir l'autorité dans son pays, de s'ériger en

---

(a) V. la Vie de Mahomet par Maracci, c. 8.
(b) Sale, Disc. Prélim. sect. 2, traduct. Françoise, p. 61. sect. 3, p. 127.

législateur des Arabes en favorisant leurs préjugés & leur sensualité, fut son principal motif (*a*). Les erreurs par lesquelles il a défiguré la notion de Dieu, les dogmes absurdes qu'il y a joints, les loix bizarres qu'il a établies, la corruption des mœurs qu'il a favorisée, les impostures qu'il a forgées ne sont pas de fortes preuves d'un zéle ardent pour l'unité de Dieu.

On n'a pas mieux réussi à pallier son incontinence en disant que la polygamie étoit alors établie dans tout l'Orient (*b*). Elle ne l'étoit ni chez les Juifs, ni dans les différentes sectes Chrétiennes, ni parmi tous les Arabes; il ne convenoit gueres à un Prophéte prétendu de donner la sanction à un abus aussi pernicieux. D'ailleurs il est moins question de la polygamie que du privilége odieux que Mahomet s'est attribué d'enlever les femmes d'autrui. On ne conçoit pas comment Sale a osé dire que la plupart des Loix de Mahomet touchant le mariage & le divorce, & *les priviléges particuliers* attribués à ce prétendu Prophéte dans son Alcoran, sont tirés de la Loi des Juifs.

(*a*) Ibid. sect. 2, p. 83.
(*b*) Ibid.

Celle-ci loin d'accorder à aucun homme le privilége d'enlever la femme d'autrui, défend même de la defirer ; c'est le dixiéme commandement du décalogue.

Or, il est constant que Mahomet conçut une passion criminelle pour Zeinab ou Zénobie femme de Zeid que Mahomet avoit adopté, que Zeid répudia sa femme par complaisance pour son bienfaiteur, que celui-ci épousa Zeinab & forgea dans le trente-troisieme Chapitre de l'Alcoran une prétendue révélation pour justifier cette turpitude & dissiper le scandale qu'elle causoit (a).

Il n'est pas moins certain qu'il abusa encore des captives ou esclaves qui lui tomberent entre les mains, malgré le nombre de ses femmes ; qu'il fut surpris en flagrant délit par une d'elles avec une fille Cophte nommée Marie. Malgré la défense qu'il avoit faite de la fornication dans l'Alcoran, malgré le serment qu'il fit de s'abstenir de ce commerce impur, il le continua. Il ajouta l'impiété au parjure en forgeant une nouvelle révélation dans le Chapitre 66 pour autoriser cette infamie ; il y joignit une permission formelle

---

(a) V. ce chap. & les notes de Maracci.

DE LA VRAIE RELIGION. 517

à ses sectateurs de fausser leurs sermens (a). Voilà ce que nos Savans dissertateurs font semblant d'ignorer.

Un autre fait incontestable est qu'il épousa une fille âgée de cinq ans & consomma son mariage à huit. On observe à ce sujet qu'en Arabie & sur les côtes d'Afrique les filles sont nubiles à cet âge & peuvent enfanter à neuf ou dix ans. Mais ce phénomene prouve plutôt la luxure effrénée des Africains & des Arabes que la perfection précoce du tempéramment des femmes. Il est impossible qu'un enfant de huit ans ait acquis sa croissance, puisse enfanter sans danger & mettre au monde un enfant robuste. C'est un outrage fait à la nature & la preuve démonstrative d'un goût brutal. Un prétendu législateur n'étoit pas fait pour en donner l'exemple (b).

§. III.

La perfidie, la cruauté, l'hypocrisie, le caractere vindicatif & sanguinaire de ce faux Prophéte ne sont pas moins cons-

---

(a) Idem c. 66, & les notes. V. encore Zend-Avesta, Tome 2, p. 617.
(b) Esprit des Loix, L. 16, c. 2.

tans ; Maracci & les Auteurs Anglois de l'Histoire Universelle en ont allégué les preuves qui ne sont point contestées par les Docteurs Musulmans. Ses Apologistes Philosophes ont encore trouvé bon de les supprimer.

Quand Mahomet n'auroit pas avoué son ignorance en se nommant *le Prophète non lettré*, elle est attestée par l'Alcoran ; nous n'en citerons qu'un trait que nos adversaires écoliers des Docteurs Arabes ont vainement tâché de pallier. Il a confondu Marie sœur d'Aaron & de Moyse avec Marie mere de Jesus. On n'a qu'à comparer les Chapitres 3, 19 & 66 de l'Alcoran, on y verra que Mahomet nomme la mere de Jesus *fille d'Amram & sœur d'Aaron*. S'il l'avoit simplement nommée fille ou descendante d'Aaron, l'erreur seroit encore visible ; Marie étoit de la Tribu de Juda & non de celle de Lévi ; mais les deux qualités qu'il lui donne rendent la bévue inexcusable.

Si l'on suppose que ce trait d'ignorance ne vient point de Mahomet, mais des compilateurs ou des copistes de l'Alcoran, les Musulmans n'en seront pas plus avancés ; ils soutiennent que ce livre inspiré d'un bout à l'autre n'a jamais pu recevoir aucune altération, & qu'il n'y a point de variantes dans le texte. Reland l'a très-mal excusé (a).

Ceux qui nous ont donné la profeſſion de Foi des Mahométans tirée de leurs propres livres l'ont réduite à treize articles. L'exiſtence d'un ſeul Dieu créateur & gouverneur de l'univers ; la miſſion de Mahomet & la divinité de l'Alcoran ; la providence de Dieu & la prédeſtination abſolue, l'interrogation du ſépulchre, ou le jugement particulier de l'homme après la mort ; l'anéantiſſement de toutes choſes, mêmes des Anges & des hommes à la fin du monde ; la réſurrection future des anges & des hommes ; le jugement univerſel ; l'interceſſion de Mahomet dans ce jugement général & le ſalut excluſif des ſeuls Muſulmans ; la compenſation des injures & des torts que les hommes ſe ſont faits les uns aux autres ; un purgatoire pour ceux dont les bonnes & les mauvaiſes actions ſe trouveront égales ou en équilibre dans la balance ; le ſaut du pont aigu qui conduit les juſtes au paradis & précipite les méchans en enfer ; les délices du paradis que les Mahomé-

---

(a) Eclairciſſ. ſur la Relig. Mahom. §. 20.

tans font consister principalement dans les voluptés sensuelles ; enfin le feu éternel de l'enfer.

Il faut observer, 1°. que ce qu'il y a de vrai ou de faux dans ce symbole n'a point été inventé par Mahomet, il l'a emprunté des Juifs, des Chrétiens, ou des hérétiques. C'est des Juifs qu'il a tiré le dogme de l'unité de Dieu, en conséquence duquel il rejette la Trinité des personnes, l'Incarnation, la divinité de Jesus-Christ. Les Ariens qui étoient en grand nombre dans l'Orient au sixieme siécle ont encore pu lui suggérer ces notions. La prédestination absolue paroît être une ancienne erreur des Arabes idolâtres ; nous verrons ci-après les conséquences fatales de ce dogme & de celui qui accorde le salut aux seuls Musulmans. Les idées grossieres du pont aigu, de la balance, de la compensation des œuvres, des plaisirs sensuels du paradis sont des expressions métaphoriques d'anciens écrivains que Mahomet a prises à la lettre & dont il a fait autant de dogmes de Foi.

2°. Il ne faut pas croire que ces dogmes, bons ou mauvais, soient clairement exposés dans l'Alcoran, ils y sont noyés dans un fratras d'erreurs, de fables, de puérilités dont la plupart sont tirées du Talmud des Juifs, des Evangiles Apocryphes, & des histoires romanesques publiées de tout temps dans l'Orient. Aussi la croyance des Mahométans n'est point uniforme, l'on distingue parmi eux plus de soixante sectes différentes. C'est donc mal à propos que les Déistes les ont regardés comme des hommes avec lesquels ils pouvoient fraterniser ; qui d'entr'eux voudroit signer le symbole des Musulmans ?

§. IV.

La morale de l'Alcoran n'est rien moins qu'irrépréhensible. Les préceptes principaux sont les purifications du corps, la priere, l'aumône, le jeûne, le pélérinage de la Mecque. Il n'est aucune de ces pratiques sur lesquelles les commentateurs de l'Alcoran n'ayent poussé les détails minutieux & superstitieux aussi loin que font les Rabbins sur les cérémonies de leur Loi. Parmi eux les pratiques extérieures sont commandées beaucoup plus rigoureusement que les vertus morales.

Dans l'Alcoran il est plusieurs Loix évidemment contraires au droit naturel & à l'honnêteté des mœurs. Mahomet a permis à ses Sectateurs non-seulement la polygamie, mais le commerce des maîtres avec les esclaves & l'impudicité la plus grossiere entre les maris & leurs femmes. Il accorde la liberté du divorce à volonté; il défend à l'homme de reprendre une femme qu'il a répudiée trois fois, à moins qu'un autre ne l'ait épousée au moins pour quelques momens, & n'ait eu commerce avec elle. Il n'a pourvû par aucune loi au traitement des esclaves, & n'a point condamné la coutume barbare de faire des eunuques.

Il est très-relâché sur l'article des sermens, permet la vengeance & la peine du talion, défend à ses Sectateurs de disputer sur la Religion, mais leur ordonne de faire la guerre à tous ceux qui ne sont point Musulmans. Il excuse l'apostasie lorsqu'elle est forcée ou plutôt l'hypocrisie & le parjure en fait de Religion, il décide que l'idôlatrie est le seul crime qui puisse exclure un Mahométan du bonheur éternel (*a*). Si donc il se trouve quelquefois parmi eux des hommes recommandables par leurs vertus morales, ils en sont rede-

―――――――――――――――――

(*a*) Maracci, prodrom. ad refut. Alcorani, 4e. partie.

vables à la bonté naturelle de leur caractere & non aux préceptes de leur Religion.

Puisqu'il est certain que Mahomet ne savoit ni lire ni écrire, il ne l'est pas moins que ce n'est pas lui qui a rédigé l'Alcoran tel qu'il est. Comme il ne forgeoit ses révélations qu'à mesure qu'il en avoit besoin, il ne les fit écrire que sur des feuilles volantes qui se trouverent arrangées au hazard après sa mort, & qui furent rassemblées par Abubeker son successeur; c'est du moins la tradition commune reçue parmi les Mahométans. Cependant Maracci pense que ce recueil fut formé par Mahomet lui-même, qui fut aidé par un Juif qui lui suggéra toutes les fables du Talmud & par quelque hérétique Arien ou Nestorien qui lui enseigna les traditions apocryphes & fausses qui avoient cours parmi le peuple sur plusieurs faits de l'Evangile.

§. V.

La principale question est de savoir si Mahomet a prouvé sa mission par des signes surnaturels; le texte même de l'Alcoran atteste qu'il n'a jamais opéré aucun prodige. Lorsque les habitans de la Mecque lui demandoient des miracles en preuve de sa mission, il alléguoit différentes raisons pour se dispenser d'en faire. 1°. Il disoit que la Foi est un don de Dieu & que les miracles ne persuadent point par eux mêmes. 2°. Que Moyse & Jesus-Christ avoient assez fait de miracles pour convertir tous les hommes, que cependant un grand nombre n'y avoient pas cru. 3°. Que des miracles ne servoient qu'à rendre les Incrédules plus coupables. 4°. Qu'il n'étoit point envoyé pour faire des miracles, mais pour annoncer les promesses & les menaces de la justice divine. 5°. Que les miracles dépendent de Dieu seul & qu'il donne à qui il lui plaît le pouvoir d'en faire (*a*). Il ne pouvoit avouer plus clairement qu'il n'avoit pas reçu ce pouvoir.

Cela n'a pas empêché les Mahométans de lui en attribuer des milliers tant à sa naissance que pendant sa vie, ils n'en allèguent d'autre preuve que la tradition qui s'en est établie parmi eux. De quel poids peut-elle être contre la déclaration formelle de Mahomet lui-même.

1°. Elle ne remonte point jusqu'aux témoins oculaires, aucun Ecrivain con-

_____

(*a*) Maracci, Prodrom. 2 part. c. 3.

temporain n'attefte avoir vu aucun de ces miracles. S'il eût été conftant que Mahomet en avoit opéré, ceux qui ont raffemblé, arrangé ou copié fon livre après fa mort n'y auroient pas laiffé un aveu auffi clair de fa part & qui fe feroit trouvé contraire à la perfuafion publique. 2°. Ces prétendus miracles ne tiennent à aucun monument ni a aucune partie de la Religion Mahométane, ils ne font confirmés par aucune pratique, par aucune obfervance à laquelle ils ayent donné lieu & qui remonte jufqu'à la date des faits. 3°. Ils font prefque tous abfurdes, indignes de la divinité, exactement femblables aux contes des fées. Selon les Docteurs Mahométans tous les verfets de l'Alcoran font autant de miracles ; on peut juger par-là s'ils en forgent à bon marché. Maracci après avoir rapporté ces prétendus prodiges d'après leurs Ecrivains en démontre la fauffeté & l'ineptie ; c'eft un détail dans lequel il feroit inutile d'entrer.

§. VI.

Les moyens dont Mahomet s'eft fervi pour faire des Profélytes & pour étendre fa doctrine font connus. Il ne lui fut pas difficile de gagner d'abord ses femmes & ses parens tous très-ignorans par l'appas de la considération que devoient leur donner ses prétendues révélations, sa qualité de Prophéte & de législateur, l'ascendant qu'il donneroit à sa Tribu, s'il venoit à réussir. Dès qu'il eut gagné un nombre de partisans il les arma, se mit à leur tête, se les attacha par l'espérance du pillage qui a toujours été la passion dominante des Arabes. Des idolâtres très-ignorans & très-grossiers n'avoient aucun sacrifice à faire pour embrasser le Mahométisme ; il n'étoit gênant ni par la doctrine, ni par la morale, ni par les pratiques extérieures. Il ne condamnoit que l'idolâtrie, il maintenoit les anciens usages, les anciennes traditions des Ismaëlites, il favorisoit leurs passions dominantes. Il adoptoit les fables des Juifs, il ménageoit les Chrétiens, surtout les Ariens, en parlant avantageusement de Jesus-Christ sans lui attribuer la divinité, & en accusant les Catholiques d'avoir chargé la doctrine de ce divin législateur.

Dès qu'il se sentit assez fort pour réussir par les armes, il ne chercha plus à faire des Prosélytes autrement, quoiqu'il eût déclaré d'abord qu'il n'avoit aucune autorité pour forcer personne à embrasser sa Religion (a). L'on peut voir dans la vie écrite par Maracci d'après les historiens Arabes, & dans l'Histoire Universelle des Anglois que depuis sa fuite de la Mecque la cinquante-troisieme année de sa vie jusqu'à la soixante-quatrieme dans laquelle il mourut, il ne cessa d'avoir les armes à la main. Ces dix années ne furent qu'une suite de combats contre les Arabes idolâtres & contre les Juifs, ou plutôt un brigandage continuel qui ne fit qu'augmenter après sa mort. Ainsi l'établissement du Mahométisme ne s'est fait que par violence ; il s'agissoit de savoir laquelle des Tribus Arabes subjugueroit les autres, celle de Mahomet l'emporta ; ses successeurs en établissant l'Alcoran devinrent souverains de l'Arabie sous le nom de *Califes* : ils n'ont étendu leur Religion que par des conquêtes sanglantes, elle seule a fait répandre plus de sang que toutes les autres ensemble.

Un Savant Académicien s'est appliqué à prouver que la famille de Mahomet jouissoit de temps immémorial du premier

---

(a) Sale, sect. 2, p. 99.

rang dans son pays & possédoit la Mecque en souveraineté ; qu'en cette qualité ses ayeux étoient gardiens du Temple de la Mecque & chefs de la Religion des Arabes : il ne fit donc que revendiquer des droits légitimes. Il ne se proposa pas d'établir une nouvelle Religion, mais de rétablir l'ancienne & de la purger de l'idolâtrie ; il fut d'abord animé par le fanatisme plutôt que par l'ambition.

Mais la qualité de chef de Religion se trouve bien mal acquise à Mahomet, s'il avoit été lui-même idolâtre aussi bien que ses ancêtres, comme Maracci l'a prouvé. Dans aucun passage de l'Alcoran Mahomet ne se fonde sur les droits de sa famille pour s'ériger en réformateur. L'ancienne Religion des Arabes n'enseignoit certainement ni les erreurs ni les turpitudes dont l'Alcoran est rempli.

Au reste, l'Auteur ne justifie Mahomet sur aucun des reproches que nous lui faisons, il les confirme au contraire. Après avoir pesé tous les faits & toutes les circonstance, il conclut que les progrès de la Religion Mahométane n'ont rien de merveilleux (a).

(a) Mém. de l'Ac. des Inf. T. 58, p. 259 & suiv.

§. VII.

§. VII.

Pour juger des effets qu'elle a opérés partout où elle est devenue dominante, nous emprunterons les réflexions d'un Auteur non suspect. « Les Mahométans, » dit Montesquieu, deviennent spécula- » tifs par habitude ; ils prient cinq fois le » jour, & à chaque fois il faut qu'ils » fassent un acte par lequel ils jettent » derriere leur dos tout ce qui appartient » à ce monde ; cela les forme à la spécu- » lation. Ajoutez à cela cette indifférence » pour toutes choses que donne le dogme » d'un destin rigide. » En vertu de ce dogme absurde, les Mahométans ne prennent aucune précaution pour entretenir la salubrité de l'air & prévenir la contagion ; ils se revêtent sans répugnance des habits d'un pestiféré, laissent pourrir les cadavres des chiens dans les rues, &c. Cette paresse stupide a fait de l'Egypte le foyer continuel de la peste, l'entretient habituellement dans l'Asie & la fait renaître sans cesse sur les côtes d'Afrique.

« Si d'autres causes, continue Montes- » quieu, concourent à leur inspirer le dé- » tachement, comme si la dureté du gou-

» vernement, si les loix concernant la
» propriété des terres, donnent un esprit
» précaire, tout est perdu. La religion
» des Guébres rendit autrefois le Royau-
» me de Perse florissant, elle corrigea les
» mauvais effets du despotisme ; la Reli-
» gion Mahométane détruit aujourd'hui
» ce même empire. (a)

» C'est un malheur pour la nature hu-
» maine lorsque la religion est donnée par
» un conquérant ; la Religion Mahomé-
» tane, qui ne parle que de glaive, agit
» encore sur les hommes avec cet esprit
» destructeur qui l'a fondée. » (b)

Dès qu'elle autorise l'esclavage, elle ne peut suggérer d'autre gouvernement que le despotisme ; des hommes accoutumés à traiter leurs esclaves comme des brutes sentent bien qu'ils ne méritent pas d'être gouvernés autrement eux-mêmes.

Si l'on ajoute à ces principes destructeurs les pernicieux effets de la polygamie & le préjudice qu'elle porte à la population, il en résultera que le Mahométisme est né pour le malheur & l'anéantissement de la nature humaine.

(a) Esprit des Loix, L. 24, c. 2.
(b) Ibid. c. 4.

L'ignorance, le plus terrible des fléaux, est commandée en quelque maniere par l'Alcoran qui défend toute dispute sur la religion. Mahomet sentoit très-bien qu'il étoit plus aisé de sabrer que de raisonner, que jamais des hommes instruits ne pourroient digérer les absurdités & les fables dont son livre est rempli. Cette politique détestable a étouffé les sciences dans le pays de l'univers où elles avoient été autrefois les plus florissantes. Quand on n'auroit à reprocher à ses successeurs que l'incendie de la Bibliotheque d'Alexandrie, c'en seroit assez pour faire déteter à jamais le jour auquel Mahomet est venu au monde.

Les Philosophes si zélés pour la tolérance lui pardonnent-ils l'ordre qu'il a donné à ses sectateurs de faire la guerre aux infidéles, c'est-à-dire à tous ceux qui ont une croyance différente de la sienne (*a*) ? Mais ils toléreront, s'il le faut, dans le Mahométisme les excès les plus révoltans, pour avoir le plaisir de calomnier le Christianisme ; selon eux, les Chrétiens sont plus persécuteurs que les Mahométans.

(*a*) Sale, sect. 6, p. 287.

§. VIII.

Tel est l'avis de l'Auteur des Questions sur l'Encyclopédie. Fier d'avoir lu Sale, il prétend repousser la plupart des reproches que les Chrétiens ont fait de tout tems à Mahomet & à ses sectateurs ; par quelques lambeaux de l'Alcoran qui peuvent paroître raisonnables, & qu'il traduit encore infidellement, il a cru faire oublier toutes les absurdités dont ce livre est rempli (a).

Il étale d'abord avec complaisance la vaste étendue de pays & la multitude des nations que ce livre gouverne despotiquement, en comparaison de celles qui ont le bonheur de lire nos livres sacrés. Par un tendre amour pour l'humanité il s'applaudit de ce qu'une bonne partie de notre espece a renoncé au sens commun en recevant comme inspiré un livre dicté par l'imposture & par le fanatisme le plus grossier.

Il traduit avec emphase les premiers versets de l'Alcoran, & son enthousiasme l'a empêché d'y voir une absurdité & un blasphême qui sont néanmoins assez pal-

_____

(a) Quest. sur l'Encyclop. *Alcoran*.

DE LA VRAIE RELIGION. 533
pables. 1°. Dieu parlant à Mahomet lui dit: « Ce livre n'admet point le doute, » il est la direction des justes... qui sont » convaincus de la révélation descendue » jusqu'à toi, & envoyée aux Prophêtes » avant toi, &c ». La révélation envoyée aux Prophêtes avant Mahomet est celle qui a été donnée par Moyse & par Jesus-Christ, ainsi l'entendent les Docteurs Musulmans (a). Or il est impossible d'accorder ces deux révélations avec celle de Mahomet, puisque celle-ci les contredit évidemment.

2°. « A l'égard des incrédules, continue le texte, il est égal pour eux que » tu leur prêches ou non, ils ne croyent » pas ; Dieu a mis le sceau de l'infidélité » sur leur cœur & sur leurs oreilles, les » ténèbres couvrent leurs yeux, la punition terrible les attend... Ils se trompent eux-mêmes sans le savoir, l'infirmité est dans leur cœur, & Dieu même » augmente cette infirmité ; ils seront » cruellement punis de leur mensonge ». Il est clair que selon ces paroles Dieu lui-même est la cause de l'aveuglement de ceux qui ne croyent point, qu'ils seront

_____

(a) V. Marracci sur cet endroit.

Z iij

néanmoins punis de leurs ténébres involontaires. C'est une conséquence du dogme de la prédestination absolue, & les Musulmans n'en disconviennent point (*a*). De-là s'ensuit une autre conséquence ; puisqu'il est égal de prêcher ou de ne pas prêcher aux incrédules, & que Dieu les retient exprès dans l'incrédulité, le plus court est de les exterminer.

Les Déistes ont souvent objecté que la même erreur est enseignée dans nos livres saints ; c'est une calomnie, nous avons prouvé le contraire. Jamais le dogme de la prédestination absolue n'a fait partie de la croyance chrétienne, ni de la foi des Juifs.

Selon l'Auteur des Questions, l'Alcoran passe encore aujourd'hui pour le livre le plus élégant & le plus sublime qui ait encore été écrit en arabe. C'est à la vérité l'opinion des Mahométans, mais ce ne fut jamais celle des hommes sensés. La diction peut y être plus pure que dans les livres plus modernes, parce que l'arabe s'est altéré hors de l'Arabie par le mélange des peuples. Il y a dans l'Alcoran quelques tirades éloquentes, mais on y trouve in-

---

(*a*) V. les notes de Maracci sur ce texte.

finiment plus de fratras & de puérilités ; la lecture de la traduction françoise de du Ryer n'est pas supportable.

§. IX.

Notre critique trouve très-mauvais que l'on ait accusé Mahomet d'avoir maltraité les femmes, & de les avoir exclues du Paradis. Ce qu'il y a de certain, c'est que l'Alcoran ne dit pas un mot du salut des femmes, ni de leur félicité en Paradis. Mahomet y parle souvent des voluptés sensuelles que les hommes y goûteront avec les *houris*, filles créées exprès pour eux, dont la virginité sera toujours renaissante, &c ; il n'a dit nulle part que ces *houris* seroient des musulmanes transformées. S'il ne les a pas formellement exclues de son paradis imaginaire, il les a du moins profondement oubliées, & les Docteurs Mahométans ne sont pas aujourd'hui plus charitables.

Les réglemens de Mahomet sur les femmes, cités par notre Auteur, ne sont point rapportés avec fidélité, & il n'est pas probable que Sale les ait ainsi défigurés. Le premier est : N'épousez point de femmes idolâtres, &c, le texte porte, *point de femmes infidèles*, & sous ce nom Mahomet comprend les Juives & les Chrétiennes aussi bien que les Idolâtres. Ainsi l'entendent les Mahométans (*a*). Nous nous garderons bien de traduire le verset 224 du même chapitre, & la maniere dont l'expliquent les Docteurs Musulmans; c'est une turpitude horrible que Mahomet avoit empruntée du Talmud (*b*).

Le second, « Ceux qui font vœu de » chasteté ayant des femmes, attendront » quatre mois pour se décider ». Le texte ajoute « S'ils violent leur serment, Dieu » les pardonnera « ; c'est autoriser les sermens téméraires.

Le troisieme, « Vous pourrez faire » divorce deux fois avec votre femme, » mais à la troisieme si vous la renvoyez, » *c'est pour jamais* ». Fausse version. Le texte dit : « Il ne sera pas permis de la re- » prendre, jusqu'à ce qu'elle ait épousé » un autre homme, & s'il la répudie, » il n'y aura point de crime pour elle ni » pour son premier mari à se remettre » ensemble (*c*) ». C'est exiger un concu-

---

(*a*) Alcoran, c. 2, y. 222.
(*b*) V. les passages cités par Marracci.
(*c*) Alcoran, c. 2, y. 231.

binage passager, & les Mahométans le pratiquent ainsi. Sale excuse très-mal cette infamie en disant que Mahomet l'a ainsi réglé pour empêcher ses sectateurs d'user trop légerement du divorce (a). Puisque le divorce est foncierement un abus, il falloit du moins y mettre les restrictions prescrites dans la loi de Moyse.

Le cinquieme, « Prenez une femme, » ou deux, ou trois, ou quatre, & ja- » mais davantage. Mais dans la crainte » de ne pouvoir agir équitablement en- » vers plusieurs, n'en prenez qu'une ». Le texte ajoute : « Ou prenez vos escla- » ves, cela sera plus facile, afin de ne » pas être injustes (b) ». Il n'y a pas beaucoup de bonne foi à supprimer ces paroles, comme fait l'Auteur des Questions. Il est clair que Mahomet conseille à ses sectateurs de ne donner le titre d'épouse qu'à une seule personne, afin d'éviter l'embarras de plusieurs dots, & de prévenir la division parmi un nombre de femmes dont les droits seroient égaux ; mais qu'il leur laisse la liberté d'abuser de

---

(a) Sale, sect. 6, p. 272.
(b) Alcoran, c. 4, v. 3.

leurs esclaves tant qu'il leur plaira ; & cela est confirmé par la pratique.

Dans les versets 14 & 15 du même chapitre IV, Mahomet condamne à une prison perpétuelle les femmes coupables d'adultere, mais il ne statue aucune peine contre les hommes atteints du même crime ; il dit au contraire que s'ils se corrigent, Dieu leur pardonnera.

Le septieme réglement selon notre critique est : « Il vous est permis d'épouser » des esclaves, mais il est mieux de vous » en abstenir ». Fausse version. Il y a dans le texte verset 22, « Il ne vous est pas » permis d'épouser des femmes (mariées) » libres, excepté celles que vous possé- » dez comme esclaves. Verset 24. Celui » d'entre vous qui n'est pas assez riche » pour épouser des personnes libres, peut » épouser des esclaves avec le consente- » ment de leur maître... Il est cependant » mieux de vous en abstenir ». Il n'est donc pas défendu à un maître d'épouser ses propres esclaves, quoique mariées avant leur esclavage, ni d'en abuser ; mais Mahomet lui conseille de ne pas épouser les esclaves d'un autre.

Voilà les turpitudes qu'un Philosophe ne rougit point de citer comme des réglemens sages, en falsifiant le texte pour les faire paroître moins révoltans.

§. X.

« Nous ne pouvons, dit-il, condamner
» Mahomet sur sa doctrine d'un seul Dieu.
» Ces seules paroles du chapitre 112 :
» *Dieu est unique, éternel, il n'engendre*
» *point, & il n'est point engendré, rien*
» *n'est semblable à lui* ; ces paroles, dis-
» je, lui ont soumis l'Orient encore plus
» que son épée ».

Pourquoi ne pas alléguer la raison pour laquelle Mahomet décide que Dieu n'engendre point ? *c'est qu'il n'a point de femme* (*a*). Une pareille démonstration a du sans doute lui soumettre tout l'Orient. Mais avant lui les Juifs & les Ariens rigides avoient aussi enseigné que Dieu n'engendre point, cependant ils n'avoient pas subjugué tout l'Orient. Mahomet plus raisonnable dans un autre endroit, fait parler ainsi les Anges : « O Marie, Dieu vous
» annonce le Verbe, ou la parole *sortie de*
» *lui*, il se nommera Jesus-Christ Fils de
» Marie ... Dieu crée ce qu'il veut ; lors-

_____

(*a*) Alcoran, c. 6, ℣. 101.

» qu'il a résolu une chose, il dit, *sois*, » & cela est (*a*) ». Voilà donc le Verbe de Dieu personifié & fait homme en vertu du pouvoir créateur de Dieu. Comment cela s'accorde-t-il avec l'unité de personne en Dieu qui a subjugué tout l'Orient?

L'Auteur des Questions dit que l'Alcoran est un recueil de révélations ridicules & des prédications vagues & incohérentes, mais des Loix très-bonnes pour le pays où il vivoit, & qui sont toutes encore suivies, sans avoir été jamais affoiblies ou changées par des interprêtes Mahométans ou par des décrets nouveaux.

Réponse. La plupart des Loix de l'Alcoran ne sont bonnes pour aucun pays; partout elles ont porté le despotisme & l'ignorance, l'inertie & la corruption, la dépopulation & le brigandage. Celles qui sont supportables ne viennent point de Mahomet, elles étoient en usage avant lui dans l'Arabie. Leur durée n'est pas plus merveilleuse que la perpétuité de la vie Nomade & du pillage parmi les Arabes Bédouins depuis quatre mille ans. Il est faux qu'elles n'ayent jamais été affoiblies ni changées; elles ne sont point les

---

(*a*) Alcoran, c. 3, ỳ. 45 & 47.

mêmes en Perse & en Turquie, le schisme & la haine entre les Persans & les Turcs durent depuis la naissance du Mahométisme. Maracci fait voir que les interprêtes Mahométans sont très-mal d'accord sur plusieurs de ces Loix.

D'où vient, dit Reland, l'obstination des Mahométans dans leur erreur? C'est que parmi eux on néglige l'étude des belles-lettres, de l'histoire, des antiquités & des monumens de tous les siécles; ainsi se perpétue l'ignorance crasse de la vérité, parce qu'ils se privent eux-mêmes des moyens de distinguer les choses & de juger de la fausseté de leur Religion. S'ils connoissoient les productions des meilleurs Philosophes anciens & modernes, qui doute que l'Alcoran ne commençât à leur devenir suspect & même insupportable, qu'on ne parvint enfin à faire connoître au monde la vraie origine de toutes les fables que l'on a fourrées dans le livre de Mahomet, ou qui y ont été ajoutées depuis (*a*).

Selon notre Philosophe, les docteurs de la Mecque donnerent décret de prise de corps contre Mahomet parce qu'il avoit

---

(*a*) La Religion des Mahom. Préf. §. 12.

prêché qu'il falloit adorer Dieu & non les étoiles.

Ce ne fut point là le motif du soulevement des Docteurs de la Mecque ; ils furent indignés de ce qu'un ignorant qui ne savoit ni lire ni écrire s'érigeoit en Prophête & annonçoit des révélations ; ils demanderent des preuves de cette mission singuliere, Mahomet ne put en fournir aucune.

On débita, continue-t'il, que Mahomet dans la composition de ses écrits se faisoit aider tantôt par un Savant Juif, tantôt par un Savant Chrétien, supposé qu'il y eût alors des Savans. Mahomet à l'occasion d'une grosse sottise qu'il avoit dite en chaire & qu'on avoit vivement relevée, répond à l'accusation : « comment l'homme auquel ils attribuent mes ouvrages pourroit-il m'enseigner ? Il parle une langue étrangere, & celle dans laquelle l'Alcoran est écrit est l'Arabe le plus pur. »

Cette réflexion du critique est aussi frivole que la réponse de Mahomet. Il ne lui étoit pas difficile de trouver, soit parmi les Juifs, soit parmi les Chrétiens un Docteur qui sans être fort Savant en sût plus que lui, puisqu'il ne savoit rien du tout. Quand les leçons lui auroient été données dans une langue étrangere ou en mauvais Arabe, il lui étoit encore aifé de les rendre dans fa langue maternelle qui étoit l'Arabe le plus pur.

Une preuve que Mahomet a défiguré toutes les leçons qu'il a reçues, & qu'il manquoit autant de mémoire que de jugement, c'eft qu'il n'a tiré aucune hiftoire des livres des Juifs ni des Chrétiens fans l'altérer, fans y ajouter des circonftances fabuleufes & abfurdes. Il fuffit de jetter un coup d'œil fur fon livre pour voir que ce n'eft qu'une rapfodie de différens traits empruntés d'ailleurs & rendus avec toute la maladreffe d'un ignorant.

§. XI.

Dans l'article *Arot & Marot* le même Philofophe reproche aux controverfiftes Chrétiens d'avoir attribué à Mahomet des erreurs & des fables qui ne fe trouvent point dans l'Alcoran & auxquelles les Mahométans n'ajoutent aucune foi ; ainfi en ont ufé, dit-il, prefque fans exception tous ceux qui ont écrit parmi nous fur le Mahométifme, jufqu'au temps où le sage Reland & le savant Sale nous ont enfin éclairés.

Réponse. 1°. Il est faux qu'avant les ouvrages de Reland & de Sale nous n'ayons pas été suffisamment instruits de la croyance des Mahométans. Maracci a fait imprimer à Padoue en 1698, le texte Arabe de l'Alcoran avec une version latine très-exacte ; son commentaire & ses notes sont appuyées sur les passages formels des Docteurs Musulmans les plus accrédités. Avant lui l'Alcoran avoit déja été traduit en Latin, en François, en Italien, en Espagnol. C'est de lui que Sale a emprunté toute son érudition Arabique sans lui en faire honneur, & si Reland lui-même avoit lu cet ouvrage il auroit été beaucoup plus circonspect. Notre Philosophe a très-mal profité des leçons de l'un & de l'autre, puisqu'il passe sous silence ou révoque en doute plusieurs traits dont ces deux Auteurs sont convenus.

2°. L'on sait la répugnance qu'ont toujours eue les Mahométans de communiquer le texte de l'Alcoran. Ils ne permettent qu'à ceux de leur Religion de le lire & de le garder ; beaucoup moins souffriroient-ils qu'on le traduisît parmi eux dans une autre langue. La plupart des Auteurs qui ont écrit contre le Mahométisme ont donc été obligés de s'en rapporter à la croyance commune des Musulmans parmi lesquels ils avoient vécu & aux livres de leurs Docteurs.

3°. Il ne faut pas croire que leur profession de Foi, & le Cathéchime que Reland nous en a donné, établissent parmi eux une croyance uniforme, puisqu'ils sont divisés en plus de soixante sectes. Les uns tiennent pour une fable, les autres pour une autre, tel Docteur suit telle tradition, celui-ci en adopte une différente. Il est impossible que chez des peuples aussi grossierement ignorans la croyance soit la même en Turquie, en Arabie, en Egypte, en Barbarie, dans la Perse & dans les Indes. L'Alcoran est leur regle commune, mais chacun l'entend comme il lui plaît.

Notre critique reproche à Gagnier d'avoir cité le voyage de Mahomet au ciel sur la jument Alborac; cependant, dit-il, dans aucun chapitre de l'Alcoran il n'est question de ce prétendu voyage au ciel. C'est Aboulféda qui, plus de sept cens ans après Mahomet, rapporte cette étrange histoire.

Mais elle est toute au long dans le livre de la *Sonna*, recueil de traditions & de décisions des premiers successeurs de Mahomet, pour lequel les Musulmans *Sonnites* qui font le plus grand nombre, ont presque autant de respect que pour l'Alcoran même (*a*). Le voyage de Mahomet au Ciel est donc regardé parmi eux comme une histoire certaine. Selon eux, Mahomet en parle dans le chapitre 17 de l'Alcoran ⅴ. 1, où il dit : « louange à » celui qui pendant la nuit a transporté » son serviteur de l'oratoire de la Mecque » à un oratoire très-éloigné, &c. » Les Docteurs Mahométans entendent par cet oratoire très-éloigné le Temple de Jérusalem qui étoit cependant détruit depuis plus de cinq cens ans ; ils croyent qu'après avoir visité ce Temple, Mahomet fit son prétendu voyage au Ciel (*b*). Sale n'en disconvient pas (*c*).

Il est avéré chez les Musulmans, dit notre censeur, que ce chapitre qui n'est d'aucune autenticité fut imaginé par *Abu-Horaïra* qui étoit, dit-on, contemporain

___

(*a*) Encyclopédie, *Sonna*.
(*b*) V. Maracci sur ce chapitre.
(*c*) Sale, sect. 2, p. 95.

du Prophete. Que diroit-on à un Turc qui compteroit parmi nos livres sacrés les lettres de S. Paul à Sénéque, les actes de Pilate, le testament des douze Patriarches, &c?

Réponse. Il est donc faux qu'Abulféda soit l'Auteur de l'histoire en question, puisqu'elle est attribuée à un contemporain du Prophete ; il est encore plus faux que le chapitre de la *Sonna* où elle est rapportée ne soit d'aucune autenticité, puisque ce livre est souverainement respecté par la plus nombreuse de toutes les sectes Mahométanes.

La comparaison entre ce recueil & les livres apocryphes n'a aucune justesse. Quelle secte Chrétienne eut jamais autant de respect pour les lettres de S. Paul a Sénéque, pour les actes de Pilate, &c. que les Turcs en ont pour la *Sonna* & pour les traditions des contemporains de Mahomet ? Jamais un Turc ne s'avisera de dire que le voyage de Mahomet est *une fraude pieuse de ces derniers temps,* comme notre critique le suppose ; jamais les Mahométans n'ont attribué des fraudes pieuses à leurs anciens Docteurs.

§. XII.

Selon lui, Grotius reproche mal à propos à Mahomet d'avoir imaginé que Jesus avoit été enlevé au Ciel, au lieu de souffrir le supplice; il ne songe pas, dit-il, que ce sont des communions entieres des premiers Chrétiens hérétiques qui répandirent cette opinion conservée dans la Syrie & dans l'Arabie jusqu'à Mahomet.

Soit, si Mahomet avoit eu du bon sens, il n'auroit pas adopté cette tradition fabuleuse de quelques hérétiques, formellement contraire au texte des Évangiles & à la croyance universelle des Chrétiens. Il l'a consignée dans le chapitre 4 de l'Alcoran, ℣. 156 & 157. Telle étoit sa méthode; il recueilloit les fables les plus absurdes des Juifs & des hérétiques, les mêloit à la narration des livres Saints sans discernement : on peut juger du chaos qui en est résulté.

Mais l'équité de notre censeur est singuliere. Il reproche aux controversistes Chrétiens d'avoir souvent attribué aux Mahométans des faits ou des opinions qui ne sont pas universellement crus parmi eux, & il excuse Mahomet d'avoir adopté

DE LA VRAIE RELIGION. 549
une fable qui n'a jamais été suivie que par une poignée d'anciens hérétiques.

„ Nous crions, dit-il, que cette Reli-
„ gion n'a été embrassée par tant de peu-
„ ples que parce qu'elle flatte les sens.
„ Où est donc la sensualité qui ordonne
„ l'abstinence du vin & des liqueurs dont
„ nous faisons tant d'excès, qui prononce
„ l'ordre indispensable de donner tous
„ les ans aux pauvres deux & demi pour
„ cent de son revenu, de jeûner avec la
„ plus grande rigueur, de souffrir dans
„ les premiers temps de la puberté une
„ opération douloureuse, de faire au mi-
„ lieu des sables arides un pélérinage qui
„ est quelquefois de cinq cens lieues, &
„ de prier cinq fois par jour même en
„ faisant la guerre ? „

Réponse. Ou ce critique est très-mal instruit, ou il fait semblant d'ignorer des faits très-connus. L'abstinence du vin n'est point pénible aux Arabes, il n'en croît presque point en Arabie; les Mahométans s'en dédommagent par l'*opium* qui produit à peu près les mêmes effets. Le jeûne est beaucoup moins pénible en Orient que dans les climats septentrionaux, on n'y vit presque que de fruits & de légumes, on y dort pendant la châleur du jour. Le jeûne n'est commandé aux Mahométans que pendant le mois Rhamadan & la maniere dont ils l'observent ne les gêne pas beaucoup.

La circoncision étoit en usage chez les Arabes depuis Ismaël aussi bien que le pélérinage de la Mecque, Mahomet n'a pas eu besoin de les commander. Quant à l'aumône & à la priere toutes les Religions les ordonnent plus ou moins, il n'y a donc pas eu grand mérite à en faire un précepte rigoureux. L'article essentiel pour les Arabes étoit l'impudicité & le brigandage, Mahomet les a pleinement satisfaits.

Cependant notre Philosophe prétend encore justifier le premier de ces désordres. Il n'y avoit rien de sale, dit-il, à réduire au nombre de quatre le nombre indéterminé de femmes que les Princes, les Satrapes, les Nababs, les Omras de l'Orient nourrissoient dans leurs serrails. Il est dit que Salomon avoit trois cens concubines. Sale s'exprime à peu près de même (*a*).

Réponse. En réduisant à quatre le nombre des épouses, Mahomet n'a mis au-

───────────────

(*a*) Sale, sect. 6; p. 278.

cune réserve à celui des esclaves & des concubines ; sa Loi, ou plutôt son conseil est un reglement d'économie & non de tempérance. Encore trouva-t-il bon de s'en dispenser lui-même & d'autoriser la licence la plus effrénée par son exemple. Salomon n'a été loué nulle part du nombre de ses concubines, les désordres d'un Roi ne sont pas un modéle à suivre pour un législateur; Mahomet ne dictoit point ses Loix à des Rois ou à des Princes, mais au commun des Arabes.

§. XIII.

Il ne restoit plus qu'à faire l'apologie du paradis de Mahomet, notre critique n'en rougit point. « Certes, dit-il, il n'y a » rien de sale dans le mariage que nous » reconnoissons ordonné sur terre & béni » par Dieu même; c'est de sa part un trait » de puissance & de sagesse de perpétuer » par le plaisir tous les êtres sensibles. » Conséquemment il juge qu'à consulter la simple raison, il est vraisemblable que Dieu ne nous résuscitera pas en vain avec nos organes, que les Saints feront pendant toute l'éternité ce qu'ont été nos premiers parens pendant quelques jours. « Nos

„ Peres de l'Eglise, dit-il, n'ont point eu
„ d'autre idée de la Jérusalem céleste. »
Il prétend le prouver par des passages de
Théologiens, qui ont dit qu'à la résurrection glorieuse les sens de l'homme recevroient une plus grande perfection.

Réponse. A ne consulter que la simple raison, il est clair que notre Philosophe est aussi dépravé & aussi peu raisonnable que son protégé. Le mariage est légitime & louable, quoique non commandé, parce qu'il a pour objet la naissance des enfans & la perpétuité du genre humain; il ne pourroit plus avoir cette fin parmi les bienheureux, puisque la fécondité n'y aura plus lieu. Ce seroit donc une volupté purement brutale, & c'est ainsi que Mahomet le concevoit.

Il est faux que jamais les Peres de l'Eglise ni les Théologiens ayent eu la même idée de la Jérusalem céleste; les uns ni les autres n'ont jamais oublié ces paroles de l'Evangile : « A la résurrection il n'y aura
„ plus ni mariage, ni procréation d'en-
„ fans; les résuscités seront semblables aux
„ Anges de Dieu. » (*a*)

(*a*) Matt. c. 22, ỳ. 30. Marc, c. 12, ỳ. 25. Luc, c. 20, ỳ. 35.

DE LA VRAIE RELIGION. 553

Dans l'article *Eglise*, l'Auteur des Questions fait encore grace aux Mahométans sur leur intolérance. « Si quelque chose, » dit-il, peut nous donner une grande » idée des Mahométans, c'est la liberté » qu'ils ont accordée à l'Eglise Grecque ; » ils ont paru dignes de leurs conquêtes » parce qu'ils n'en ont point abusé. »

On sait en quoi consiste la liberté dont jouit l'Eglise Grecque sous le joug des Mahométans, à être rançonnée, pillée, insultée sans cesse, comme les Juifs & les sectateurs de toutes les autres religions. » Les Turcs puissans, dit un Voyageur » très-instruit, ne connoissent d'autre loi » qu'une volonté despotique, ils ont une » *avanie* toujours prête pour se libérer de » ce qu'ils doivent à un particulier. (*a*) » Quoique dans le Traité de Paix conclu entre la Porte & la Russie, il eût été stipulé que les Eglises des Grecs seroient rebâties, les Turcs soulevés ont fait discontinuer les travaux, & le Gouvernement Ottoman a eu la foiblesse ou la mauvaise foi de céder. Les Mahométans se rendent dignes de leurs conquêtes en courant les mers pour faire des esclaves, en

---

(*a*) Voyage Littéraire de la Grece, 2ᵉ. Lettre.

Tome XI.   A a

dépeuplant l'Orient pour garnir leurs ferrails, en faisant à l'humanité toutes les insultes possibles. Mais il falloit bien qu'un Philosophe insultât aussi toutes les autres Nations, en prenant la plus vile de toutes sous sa protection.

§. XIV.

L'Auteur du Traité des trois Imposteurs n'a pas été aussi favorable à Mahomet. Selon lui, ce faux Prophête avoit si peu de fermeté qu'il eût souvent abandonné son entreprise, s'il n'avoit été forcé de soutenir la gageure par l'adresse d'un de ses sectateurs. Mahomet le fit descendre dans un puits, du fond duquel il rendit un oracle qui déclaroit Mahomet Prophête de Dieu. Celui-ci assuré de l'effet que produiroit cet oracle sur le peuple, fit combler le puits & accabler le malheureux qui l'avoit si bien servi. C'est par cette noire ingratitude qu'il fit triompher son imposture. (*a*)

Que cette histoire soit vraie ou fausse, peu nous importe ; d'autres traits que l'on ne peut pas contester suffisent pour prou-

---

(*a*) Traité des trois Impost. c. 3, §. 22.

ver que Mahomet étoit très-capable de cette perfidie. Soit que l'on examine ses talens, ses mœurs, sa doctrine, ses loix, les moyens dont il s'est servi, les effets qui en ont résulté, il est évident que loin d'avoir eu aucune marque de mission divine, il a réuni au contraire tous les caracteres d'un imposteur. Les Historiens & les Philosophes qui ont entrepris de réhabiliter sa mémoire, de justifier sa religion, de réfuter les reproches qu'on lui a faits, seroient plutôt venus à bout de blanchir un Négre. L'état d'ignorance, de stupidité, de servitude, de corruption dans lequel sont plongés tous les peuples soumis à ses loix, est une démonstration contre laquelle les sophismes & les subterfuges ne tiendront jamais, & qui couvrira toujours de confusion les Déistes.

Ils ont répété cent fois que le Déisme pur rameneroit sur la terre la paix, la concorde, la vertu, la félicité de l'âge d'or ; il fait la base du Mahométisme, qu'a-t-il opéré ? Nous le voyons, l'abrutissement de l'espece humaine & de plus grands maux que tous ceux que l'on reproche aux autres religions. Aujourd'hui les Matérialistes partent de-là pour prouver que le Déisme n'a jamais pu subsister

A a ij

sans se corrompre, sans traîner à sa suite les superstitions les plus grossieres & les vices les plus odieux; que la seule notion d'un Dieu suffit pour empoisonner le genre humain. (*a*) Que répondront les Déistes ?

Ils diront que ces maux ne sont point venus du Déisme même, ou de la notion d'un Dieu telle que la raison nous l'inspire, mais des prétendues révélations sur lesquelles les imposteurs ont toujours voulu la fonder.

Les Matérialistes ne tarderont pas de répliquer: Trouvez-nous, diront-ils, dans l'univers un seul peuple, une seule société qui ait reconnu un seul Dieu sans se fonder sur une prétendue révélation. Que ce soit fatalité ou autrement, une expérience constante nous démontre que jamais la notion de Dieu n'a existé sans traîner à sa suite une révélation dont vous êtes forcés d'avouer la fausseté; donc elle ne marchera jamais autrement, donc cette notion est la cause de tout le mal, donc il faut l'étouffer.

En attendant que les Déistes ayent résolu cette objection selon leurs principes, nous avons droit de nous en prendre à eux

―――――――――――――――
(*a*) Syst. de la Nat. Tome 2, c. 7, p. 217.

de l'avantage qu'ils donnent aux Athées, en couvrant d'un même opprobre la révélation vraie & les révélations fausses, en leur attribuant les mêmes effets, en donnant même la préférence aux dernieres sur la premiere. Les calomnies qu'ils ont forgées contre la Religion Chrétienne, les apologies absurdes qu'ils ont faites du Paganisme & du Mahométisme, mettent les armes à la main des Athées pour renverser l'idole du Déisme, cette prétendue religion naturelle qui n'exista jamais, que l'on ne peut ni déterminer ni définir, qui n'est dans le fond qu'une irreligion réelle & absolue.

Cette chaîne d'erreurs & d'impiétés tissue par les Déistes, nous force de revenir au point d'où ils sont partis, aux marques décisives qui distinguent la vraie révélation d'avec les fausses, l'opération de Dieu d'avec les rêveries des imposteurs : Dieu n'a permis celles-ci qu'afin de nous faire mieux sentir la nécessité de son secours pour ne point nous tromper en fait de religion.

ARTICLE IV.

Des nouvelles Missions.

§. I.

Dieu qui avoit promis la fécondité à son Eglise, n'a pas tardé long-tems à la dédommager des pertes qu'elle avoit faites par l'établissement du Mahométisme, bientôt il ouvrit aux hommes apostoliques une carriere immense dans les régions du nord. L'irruption des différentes nations parties de ces contrées, causa des maux infinis. Ces peuples barbares & dévastateurs parcoururent toute l'Europe, & se répandirent jusques sur les côtes de l'Afrique; leur ignorance étouffa les sciences & les arts, mais elle n'éteignit point le zéle des ministres de la Religion. En apprenant à connoître le langage, les mœurs, le caractere des peuples septentrionaux, ils jugerent qu'il étoit possible de les civiliser par le Christianisme, de les rendre sédentaires, de leur ôter l'envie de continuer leurs courses & leurs déprédations; une sage politique augmenta le desir de les instruire, l'événement prouve que l'on ne se trompa point.

Après quelques siécles écoulés l'Amérique fut découverte; bientôt des Missionnaires y accoururent pour réparer les ravages qu'y avoit fait une troupe de brigands Espagnols. L'esprit du commerce né chez les peuples de l'Europe les conduisit sur les côtes méridionales de l'Afrique, dans les Indes & à la Chine; les Prédicateurs de l'Evangile marcherent sur les traces de l'ambition, allerent fonder dans ces nouveaux climats des Missions qui subsistent encore.

Ce zéle n'a pas trouvé grace aux yeux des Incrédules; ils ont cherché à en empoisonner les motifs. Selon eux, c'est l'ambition des Papes qui a échauffé le zéle des Apôtres de l'Angleterre, c'est la cruauté de Charlemagne qui a planté l'Evangile chez les Saxons & chez les autres peuples du nord; les barbaries exercées sur les Américains par les Espagnols sont un effet du fanatisme religieux, les Missionnaires ne sont allés aux extrémités de l'Afrique & de l'Asie que pour y exciter des séditions, allarmer les Gouvernemens, troubler le repos des peuples.

Tel est le tableau des Missions tracé dans l'Histoire Critique de Jesus-Christ, dans le Tableau des Saints, dans les Essais sur l'Histoire Générale, dans l'Histoire Philosophique & Politique des Etablissemens des Européens dans les Indes, & dans plusieurs autres Ouvrages de cette trempe. Selon nos sages Politiques, il valoit beaucoup mieux laisser les peuples barbares dans leur stupidité, que de porter chez eux l'esprit intolérant & persécuteur du Christianisme.

Il nous seroit impossible de rassembler & de réfuter en détail toutes les invectives que les Incrédules ont lancées à ce sujet, mais nous ne pouvons nous dispenser de discuter au moins les faits principaux ; nous en avons déjà touché quelque chose en parlant de l'Etat Ecclésiastique & de la Hiérarchie dans le Chapitre IX, Article I.

§. II.

Sur la fin du sixieme siécle & au commencement du septieme, quelques années avant que Mahomet commençât de prêcher en Arabie, Saint Grégoire le Grand envoya en Angleterre le Moine Augustin & d'autres Missionnaires. Le Christianisme y avoit été établi dès le second siécle, mais les Saxons qui avoient conquis cette isle, & qui étoient payens, avoient forcé les Bretons Chrétiens de se retirer dans le pays de Cornoüailles, & n'avoient aucune liaison avec eux. Plusieurs Ecrivains Protestans n'ont point fait de difficulté d'ajouter foi à l'histoire de cette Mission écrite par Béde environ un siécle après la date des faits. Ils sont convenus que le Moine Augustin & ses Compagnons étoient de saints Religieux, qu'ils convertirent les Anglo-Saxons par des miracles aussi bien que par l'éclat de leurs vertus, que leurs succès furent un effet de la grace & de la bénédiction de Dieu.

D'autres, moins équitables, ont dit que le Moine Augustin en amenant les Anglo-Saxons à la Religion Chrétienne n'avoit fait que les corriger d'une idolâtrie grossiere pour leur en communiquer une autre plus subtile, puisqu'il introduisit parmi eux toutes les superstitions de l'Eglise Romaine, le culte des images & des reliques, la domination tyrannique du Pape, &c (a). Les Incrédules de nos jours ont répété de concert toutes ces déclamations & ont jugé sur parole que la mis-

---

(a) La convers. de l'Anglet. au Chrift. comparée à sa prétendue réf. sect. 2, c. 4.

sion de ces Moines avoit produit plus de mal que de bien.

Il y a néanmoins deux faits incontestables. Le premier, que ces Missionnaires prêcherent aux Saxons la même foi que les Bretons avoient reçue au second siècle des disciples des Apôtres, que les disputes qu'ils eurent avec les Evêques Bretons ne rouloient que sur le tems auquel on devoit célébrer la Pâque & sur quelques autres points de pure discipline, que ces Evêques Bretons n'accuserent jamais Augustin ni ses associés de prêcher une foi différente de la leur.

Le second, que la conversion des Saxons opéra un changement très-sensible dans leurs mœurs, que dès ce moment ils perdirent le caractere féroce & dévastateur qu'ils avoient apporté en Angleterre, qu'il faut dater de cette époque la civilisation entiere des peuples de cette isle. Nous n'avons pas besoin d'entrer dans une plus longue apologie du zéle de Saint Grégoire ni de la conduite des Missionnaires ; les faits parlent & nous dispensent de toute autre discussion.

§. III.

Mais y eut-il jamais des faits assez constans pour fermer la bouche à nos adversaires ? L'Auteur des Etablissemens des Européens dans les Indes a parlé de la conversion de l'Angleterre avec cette haine profonde & maligne que conservent les renegats pour la religion qu'ils ont abandonnée. Après avoir fait un tableau hideux de la religion des Druides & de leur pouvoir, il dit que le Christianisme fit entiérement disparoître cette religion au septieme siécle (*a*).

C'est un anacronisme d'environ cinq cens ans. Le Druidisme avoit été détruit dans les Gaules par l'Empereur Claude, & il avoit été éteint en Angleterre au second siécle par la conversion des Bretons au Christianisme; le paganisme des Saxons conquerans de l'Angleterre n'avoit plus rien de commun avec la religion des Druides.

« Les Saxons, dit-il, adopterent sans
» répugnance une doctrine qui justifioit
» leur conquête, en expioit les crimes,

_____

(*a*) Hist. des Etabl. &c. Tome 6, L. 17, p. 381.

» en assuroit la stabilité par l'extinction
» des cultes anciens ».

1°. Lorsque les Saxons embrasserent le Christianisme, il y avoit cent cinquante ans qu'ils étoient en possession de l'Angleterre ; nous ne présumons point qu'ils ayent conservé pendant si long-tems des remords de leur conquête, & qu'ils ayent cru avoir besoin au septieme siécle d'expier le crime de leurs ayeux. Cette délicatesse de conscience ne s'accorde point avec leurs mœurs. 2°. Nous voudrions savoir par quelle maxime de l'Evangile les Anglo-Saxons pouvoient justifier leur conquête ou leur usurpation, & tranquilliser leur conscience, s'ils avoient des remords. 3°. En quoi l'extinction de leur idolâtrie pouvoit contribuer à rendre leur possession plus stable & plus légitime.

Il est bien absurde de chercher si loin des raisons de leur conversion, pendant qu'il y en avoit de si naturelles. Les Saxons sedentaires après leur conquête étoient devenus un peu moins barbares, ils furent touchés des vertus de leurs Missionnaires & de la sainteté de l'Evangile, ils sentirent l'absurdité de leur idolâtrie & la quitterent.

DE LA VRAIE RELIGION. 565

Mais voyons la peinture des effets que produisit chez eux le Christianisme. « Cette Religion ne tarda pas à produire ses fruits. Bientôt de vaines contemplations remplacerent les vertus actives & sociales ; une vénération stupide pour des Saints ignorés étoit substituée au culte du premier Etre, le merveilleux des miracles étouffoit la connoissance des causes naturelles, des prieres & des offrandes expioient les remords des forfaits les plus inhumains ; toutes les semences de la raison étoient altérées, tous les principes de la morale étoient corrompus.

Voilà sans doute un tableau du Christianisme qui fait beaucoup d'honneur à la sagacité de notre auteur. Les Saxons avoient des vertus actives & sociales, ils les perdirent par de vaines spéculations de notre Religion ; ces idolâtres adoroient le premier Etre, & ils lui substituerent des Saints ignorés ; ils excelloient dans la connoissance des causes naturelles, & le merveilleux des miracles étouffa leur philosophie ; ils étoient tourmentés par des remords, & les expiations chrétiennes les endurcirent dans le crime ; ils avoient des semences de raison & d'excellens principes de morale, & ils furent abrutis par leur conversion. Jamais le fanatisme antichrétien n'a déraisonné d'une maniere plus absurde. On n'a qu'à lire le tableau que le même auteur a tracé ailleurs des ravages faits en Angleterre par les Saxons (*a*), l'on verra quelles étoient leurs mœurs, & s'ils ont perdu quelque chose à embrasser le Christianisme.

Il dira peut-être qu'il a eu moins en vue les effets de la conversion des Saxons, que ceux du Christianisme en général ; mais outre que l'application qu'il en fait ici est d'un ridicule outré, chez quelle nation le Christianisme a-t-il détruit le culte du premier Etre, les vertus sociales, la connoissance des causes naturelles, les remords du crime, les semences de raison, les principes de la morale ? où trouve-t-on ces avantages réunis dans un plus haut degré que chez les nations chrétiennes ?

Nous ne suivrons point ce rêveur atrabilaire dans la peinture qu'il fait des richesses, de l'autorité, de l'indépendance du Clergé, des entreprises & des usurpations des Papes, des intrigues des Moines, de

---

(*a*) Hist. des Etabliss. Tome 1, L. 2, p. 258.

l'afferviffement des Rois, des fuperftitions & des malheurs de la Nation Angloife, de la réforme introduite par les paffions & les caprices violens de Henry VIII ; nous en avons fuffifamment parlé. Mais quelle connexion y a-t-il entre les abus vrais ou prétendus qui regnoient au feizieme fiécle, & la converfion des Saxons arrivée neuf cens ans auparavant ? Des invectives copiées d'après les Proteftans les plus fougueux étoient en verité fort néceffaires dans une Hiftoire de l'Etabliffement des Colonies Angloifes en Amérique.

§. IV.

Nos fublimes politiques n'ont pas parlé d'une maniere plus raifonnable de la converfion des Saxons de la Germanie fous Charlemagne au huitieme fiécle. Déjà fous les regnes précédens ces peuples rendus tributaires, n'avoient ceffé de prendre les armes, de paffer le Rhin, de mettre les provinces du Royaume à feu & à fang; ils recommencerent fous Charlemagne. Vaincus trois fois, ils efpérerent d'appaifer plus aifément ce Prince en lui promettant de fe faire inftruire dans la Religion Chrétienne (*a*). Après le traité conclu ils se révolterent encore cinq fois, furent toujours battus & forcés de demander la paix. L'on comprend combien il y eut de sang répandu dans huit guerres consécutives dans un espace de trente-trois ans.

Qu'ont fait nos Philosophes ? ils ont assuré avec une hardiesse intrépide que tous ces massacres avoient été ordonnés pour établir le Christianisme chez les Saxons, que Charlemagne avoit planté la croix sur des monceaux de morts, &c (*b*).

Mais dans toutes les guerres contre les Saxons avant l'an 777, il n'avoit pas été question de religion ni de Christianisme ; elles avoient été cependant aussi meurtrieres que les suivantes : le sujet en étoit le même, savoir les incursions & le brigandage de ces peuples. Charlemagne comprit sans doute que si les Saxons devenoient Chrétiens, ils seroient plus sédentaires, plus paisibles, moins avides de pillage, que les provinces du Royaume seroient moins exposées à leurs incursions ;

(*a*) Hist. Universelle par une Société d'Anglois, Tome 30, L. 23, sect. 3, p. 209.

(*b*) Hist. des Establiss. Tome 1, L. 1, p. 7. Essais sur l'Hist. génér. &c.

le désir de les convertir étoit donc autant l'effet d'une sage politique que du zéle de religion. En conclure que toutes les fois qu'ils furent battus & massacrés c'étoit pour les forcer à se convertir, & non pour venger leurs hostilités, c'est déraisonner & calomnier de propos délibéré.

L'Auteur même de l'Histoire des Etablissemens, &c. est convenu des heureux effets que produisit la conversion des peuples du Nord. « Les Danois, dit-il, & » les Norvégiens avoient pour la piraterie » ce penchant violent qu'on a toujours » remarqué dans les peuples voisins de la » mer, lorsqu'ils ne sont pas contenus » par de bonnes mœurs & de bonnes » loix... Leurs irruptions subites faites » en cent endroits à la fois, ne laissoient » aux habitans des côtes mal défendues » que la triste alternative d'être massacrés, » ou de racheter leur vie en livrant tout » ce qu'ils avoient. Odin, ce conquérant » imposteur, exalta par ses dogmes san» guinaires la férocité naturelle de ces » peuples, &c ». Or il est constant que les Saxons n'étoient ni moins brigands ni moins féroces que les Danois & les Norvégiens.

« Le Christianisme, continue l'histo-

» rien, renversa toutes ces idées. Les
» Missionnaires avoient besoin de rendre
» leurs prosélites sédentaires pour travail-
» ler utilement à leur instruction, & ils
» réussirent à les dégouter de la vie vaga-
» bonde en leur suggérant d'autres moyens
» de subsister. Ils furent assez heureux
» pour leur faire aimer la culture & sur-
» tout la pêche... La révolution fut si
» entiere, que depuis la conversion des
» Danois & des Norvégiens, on ne trou-
» ve pas dans l'Histoire la moindre trace
» de leurs expéditions & de leurs brigan-
» dages (a) ». Le même phénomene étoit
arrivé à l'égard des Saxons & des autres
peuples de la Germanie.

Après une confession aussi claire, de
quel front ose-t-on écrire que le Christianisme dans le Nord a étouffé les vertus
actives & sociales, les semences de raison,
les principes de morale, &c?

Il est bon de faire une observation. Notre Religion a été portée chez les peuples
du Nord dans des siécles où l'on suppose
qu'elle étoit altérée & défigurée par l'ignorance du Clergé, par les superstitions des

---

(a) Histoire des Etablissemens, Tome 2, L. 4,
p. 146.

DE LA VRAIE RELIGION. 571
Moines, par l'ambition des Papes, (*a*). Voilà néanmoins ce qu'elle a opéré, la civilisation des Barbares, la cessation de leur brigandage, le repos de l'Europe. Nos Philosophes zélateurs de l'humanité déplorent ce malheur, invectivent contre les Missionnaires, suspectent le zéle de l'Eglise Romaine.

Allons plus loin. Supposons que les Saxons ayent été poursuivis à outrance par zéle de religion. Le sang de vingt mille Saxons a épargné celui de cinquante mille sujets de Charlemagne que ces Barbares auroient massacrés, comme ils avoient fait dans les siécles précédens. Quand ce Prince les auroit exterminés pour conserver ses sujets, qu'auroit-on à lui reprocher ? En accordant aux Philosophes tout ce qu'ils prétendent, leurs plaintes sont encore absurdes.

§. V.

L'Amérique fut découverte à la fin du quinzieme siécle. Une troupe d'avanturiers Espagnols, dont la plupart avoient mérité

(*a*) Ibid. Tome 3, L. 8, p. 303.

le gibet, allerent chercher de l'or en Amérique, & satisfaire leur férocité en liberté. On ne peut pas peindre sous des couleurs trop noires les violences, le brigandage, les cruautés qu'ils exercerent contre ces Américains. Quelques Moines qui les accompagnerent, & qui avoient contracté dans leur société une partie de leurs vices, furent assez aveugles pour ne pas voir l'énormité de ces excès. Le gouvernement Espagnol trop foible ou trop distrait pour veiller sur des objets aussi éloignés de ses regards, toléra long-tems des crimes que l'on affectoit de lui déguiser. Enfin le vertueux Barthélemi de Las Casas Evêque de Chiapa, qui s'étoit consacré à l'instruction des Américains, vint exprès à la Cour de Madrid porter des plaintes ameres sur les massacres & les barbaries que l'on exerçoit contre ces peuples malheureux. Il cria si haut, que l'on fut forcé de l'écouter, d'envoyer enfin des Officiers & des Magistrats pour établir un peu d'ordre dans ces pays dévastés.

Aujourd'hui les Incrédules reprochent au Christianisme la barbarie des Espagnols; il y a eu, disent-ils, douze ou quinze millions d'hommes égorgés, tourmentés,

DE LA VRAIE RELIGION. 573
éventrés, pour établir la Religion Chrétienne en Amérique (*a*).

Mais les Espagnols avoient-ils passé la mer pour établir le Christianisme ou pour avoir de l'or ? Ce n'étoient pas des Chrétiens ; c'étoit la lie & le rebut de l'Europe entiere. Après avoir assouvi leur cruauté sur les Indiens, ils finirent par se massacrer les uns les autres ; étoit-ce encore par zele de Religion ?

Afin que l'on ne nous accuse pas de déguiser les faits, nous copierons l'Auteur même de l'histoire des établissemens.

» Les malheureux sauvages de S. Do-
» mingue, dit-il, se lasserent de cultiver,
» de chasser, de pêcher, de fouiller des
» mines pour les insatiables Espagnols,
» & à cette époque on ne vit plus en
» eux que des traîtres, des esclaves ré-
» voltés dont on se permit de verser le
» sang.... Il falloit des colons, l'Amiral
» Colomb proposa de les prendre dans
» les prisons parmi les malfaiteurs, de
» dérober les plus grands scélérats à la
» mort, à l'infamie pour les faire servir

(*a*) Tableau des SS. 2 part. c. 10, p. 269. Quest. sur l'Encyclop. *Athéisme*, sect. 4. Hist. des Etabliss. Tome 7, c. 1, &c.

» à étendre la puissance de leur Patrie
» dont ils étoient le rebut & le fléau....
» Il faut aux nouveaux états d'autres
» fondateurs que des brigands. L'Améri-
» que ne se purgera jamais du levain &
» de l'écume qui entrerent dans la masse
» des premieres populations que l'Europe
» y jetta.... Les malfaiteurs qui suivoient
» Colomb joints aux brigands qui étoient
» à Saint Domingue formerent le peuple
» le plus corrompu qu'on ait jamais vu,
» il ne connut ni subordination, ni bien-
» séance, ni humanité. Sa rage s'exerçoit
» surtout contre l'amiral, qui connut
» trop tard l'erreur où il étoit tombé....
» La mésintelligence, l'esprit de haine
» & de rebellion diviserent cette colo=
» nie.... Le desir de l'indépendance, l'i-
» négalité dans le partage du butin divi=
» soient ces hommes avides.... Ils en
» vinrent à se faire ouvertement la guer-
» re (a). »

En parlant de la conquête du Méxique,
« jamais peut-être, dit-il, aucune Nation
» ne fut plus idôlatre de ses préjugés que
» l'étoient alors les Espagnols, jamais

(a) Hist. des Establiss. &c. Tome 3, L. 6, p. 9
& suiv.

» la déraison n'a été plus dogmatique,
» plus décidée, plus ferme & plus sub-
» tile. Ils étoient attachés à leurs usages
» comme à leurs préjugés ; ils ne recon-
» noissoient qu'eux dans l'univers de
» sensés, d'éclairés, de vertueux. Avec
» cet orgueil national le plus aveugle,
» le plus extrême qui fût jamais, ils
» auroient traité tous les autres peuples
» comme des bêtes & partout ils auroient
» opprimé, outragé, dévasté. » (a)

§. VI.

« Plusieurs causes concoururent à ren-
» dre les travaux des Missionnaires inuti-
» les. A mesure qu'ils rassembloient,
» qu'ils civilisoient quelques Indiens, on
» les enlevoit pour les précipiter dans
» les mines.... Les Espagnols trop éloi-
» gnés des yeux du Gouvernement pour
» être surveillés, se permettoient les
» crimes les plus atroces.... On croit
» communément que les premiers Con-
» quérans se faisoient un jeu de massacrer
» les Indiens, que les Prêtres mêmes
» excitoient leur férocité. Sans doute que

(a) Ibid. p. 25. Hist. de l'Amérique par Robert-son, Tome 2, p. 282.

» ces farouches soldats répandirent sou-
» vent du sang sans motif même appa-
» rent, sans doute que leurs fanatiques
» Missionnaires ne s'opposerent pas à ces
» barbaries comme ils le devoient. Ce-
» pendant ce ne fut pas la vraie cause, la
» source principale de la dépopulation
» du Mexique. Elle fut l'ouvrage d'une
» tyrannie sourde & lente de l'avarice qui
» exigeoit de ses malheureux habitans
» plus de travail, un travail plus rude
» que leur tempéramment & le climat
» ne le comportoient. »

Après avoir raconté les efforts du zéle de Barthélemi de Las Casas, il dit : « ses
» écrits où respire la beauté de son ame
» & la grandeur de ses sentimens, impri-
» merent sur ses barbares compatriotes
» une flétrissure que le temps n'a pas
» effacée & n'effacera jamais. La Cour de
» Madrid réveillée par les cris du ver-
» tueux Las Casas & par l'indignation
» de tous les peuples, sentit enfin que
» la tyrannie qu'elle permettoit étoit con-
» traire à la Religion, à l'humanité, à la
» politique (*a*). »

(*a*) Hist. des Établiss. Tome 3, L. 6, p. 38, 44, 46.

Mêmes

Mêmes réflexions sur la conquête du Pérou. » Les richesses du Pérou furent le » partage de deux cens Espagnols qui » possesseurs de trésors immenses en cher- » choient encore par une suite de cette » soif de l'or qui s'augmente dans son » yvresse même.... Pizarre & Almagro » avec leurs partisans en vinrent bien- » tôt aux mains pour le partage de ces » dépouilles.... Almagro est tué & bientôt » François Pizarre fut massacré par ven- » geance. Les Espagnols s'exterminoient » les uns les autres.... Un nommé Car- » vajal prêt à être écartelé se vantoit » d'avoir massacré de sa main quatorze » cens Espagnols & vingt mille Indiens » (a). » Las Casas proposoit de civiliser les sauvages par la douceur & s'obligeoit à les convertir, son projet fut rejetté (b).

Après toutes ces remarques, comment le même Auteur a-t-il osé dire que les Espagnols en établissant leur Religion par le fer & par le feu dans des pays dévastés & dépeuplés, l'ont rendue odieuse en Europe, que leurs cruautés ont détaché

(a) Ibid. p. 122.
(b) Ibid. L. 7, p. 211. Hist. de l'Amér. par Robertson, Tome 2, p. 81 & suiv.

plus de Catholiques de la communion Romaine qu'elles n'ont fait de Chrétiens parmi les Indiens (*a*) ? Ce n'est ni le Christianisme ni le Catholicisme qui avoient donné aux Espagnols la *déraison*, l'orgueil national, la soif de l'or, la cruauté qui les dominoient ; ce n'est point le zele de Religion qui les portoit à croiser les travaux des missionnaires & à rejetter le projet de Las Casas. Jamais le fanatisme des Protestans n'est allé jusqu'à détester la Religion Romaine par ce motif, il n'est allégué dans aucun écrit des prétendus réformateurs ; ce travers d'esprit étoit reservé aux Philosophes de notre siécle.

§. VII.

Un d'entr'eux a poussé plus loin l'entêtement, il a fait un livre exprès pour prouver que les cruautés des Espagnols en Amérique leur ont été inspirées par le fanatisme (*b*). Il est vrai qu'il s'est réfuté lui-même, selon la méthode constante de nos oracles modernes ; il l'a

---

(*a*) Hist. des Etabliss. Tome 7, c. 1.
(*b*) Les Incas ou la destruction du Pérou.

été encore plus complettement par M. Robertson (a).

« Par le fanatisme, dit-il, j'entens » l'esprit d'intolérance & de persécution, » l'esprit de haine & de vengeance pour » la cause d'un Dieu que l'on croit irrité » & dont on se fait les Ministres. » Ainsi selon lui les Espagnols ont massacré les Indiens, parce qu'ils croyoient Dieu irrité contre ces peuples. On conçoit déja de quel zele *pour la cause de Dieu* étoient capables des scélérats que le libertinage & la soif de l'or conduisoient en Amérique.

L'Auteur observe que leurs crimes n'étoient ni permis ni avoués par le Gouvernement Espagnol, que la volonté d'Isabelle, de Ferdinand, de Ximénès, de Charles-Quint fut constamment de ménager les Indiens & de les traiter avec douceur (b).

Il avoue que les Castillans qui passerent dans l'Inde avec Christophe Colomb étoient la lie de la nation, le rebut de la populace, auxquels on joignit les malfaiteurs. « La misere, dit-il, l'avidité,

---

(a) Hist. de l'Amér. Tome 2.
(b) Les Incas, Préf. p. 1. note c, p. 21.

» la diffolution, la débauche, un courage
» déterminé, mais fans frein comme fans
» pudeur mêlé d'orgueil & de baffeffe,
» fo moient le caractere de cette folda-
» tefque.... Chacun en arrivant aux Indes
» étoit preffé de s'enrichir.... Fainéans &
» avares ils voulurent avoir dans leur
» oifiveté fuperbe des efclaves & des
» tréfors. Les Indiens fuyoient, il fallut
» les afiervir, voilà les premiers pas de
» la tyrannie (a). »

Dans l'abfence de Colomb, à force de crimes & de défordres, ils exciterent le reffentiment des habitans de S. Domingue qui en maffacrerent un grand nombre; Colomb de retour voulut fe venger, il pouffa les cruautés à l'excès : ainfi commença le carnage (b).

C'eft de la même maniere & par les mêmes motifs qu'il continua. L'Auteur fait dire à un Efpagnol en parlant des Indiens : « ils ont dévoré mon fils, mon
» unique efpérance; ah! tout leur fang
» peut-il raffafier ma fureur ? S'il en
» échappe un feul, je ne me croirai pas
» vengé (c). »

(a) Les Incas, Préf. p. 3 & 4.
(b) Ibid. p. 5.
(c) Ibid. c. 11, p. 145.

Il est donc évident que l'avidité d'amasser, l'orgueil qui veut tout obtenir par la force, le ressentiment contre les Indiens dont on avoit provoqué la cruauté, l'habitude de répandre le sang, furent les seules causes des excès auxquels les Espagnols se porterent. Cela est si vrai que ces tigres, après s'être abreuvés du sang des Indiens, finirent par se faire la guerre & s'entr'égorger; ils se traiterent les uns les autres avec la même barbarie dont ils avoient usé à l'égard des Américains : M. Robertson le fait remarquer.

Sur quoi fondé, l'Auteur peut-il soutenir que le fanatisme ou un zèle frénétique pour la cause de Dieu enfanta les forfaits de cette conquête ? On va voir ses preuves.

§. VIII.

La premiere, c'est qu'Alexandre VI autorisa par une bulle les Rois d'Espagne & de Portugal à subjuguer & amener à la Foi Chrétienne les habitans de l'Amérique (*a*).

Mais les subjuguer & les amener à la

(*a*) Préf. p. 12.

Foi Chrétienne, ce n'étoit ni les réduire en esclavage ni les massacrer. Y a-t-il dans la bulle quelques termes qui paroissent autoriser la cruauté des Espagnols ? L'Auteur lui-même fait dire à Las Casas que la concession du Pape est faite pour un peuple d'Apôtres & non pour une troupe de brigands (*a*). Les Rois d'Espagne & de Portugal prêts à se brouiller au sujet des limites de leurs conquêtes respectives s'en rapporterent à l'arbitrage du Pape, ils le prierent de tracer une ligne de démarcation pour séparer leurs possessions. La bulle n'avoit donc d'autre objet que de prévenir la rupture & la guerre entre ces deux puissances. Conclure delà que le Pape donnoit ce qui n'étoit pas à lui, que sa bulle fut la cause ou le prétexte du carnage, que ce fut là le plus grand des crimes des *Borgia*; c'est déraisonner. Quand Alexandre VI n'auroit pas été consulté, les Conquérans n'auroient pas répandu une goute de sang de moins, & la guerre entre les deux Rois auroit été un malheur de plus. La bulle n'étoit pas encore donnée lorsque Colomb sévit contre les habitans de S.

(*a*) Les Incas, Tome 1, c. 12, p 167.

Domingue & les fit dévorer par des chiens. Y a-t-il dans l'histoire une seule preuve que les Espagnols ayent argumenté sur cette bulle pour s'autoriser à massacrer les Indiens ?

La seconde preuve, c'est que le fanatisme étoit alors la maladie nationale des Espagnols, témoins les édits contre les Juifs & contre les Maures ; en quatre ans l'Inquisition fit le procès à cent mille personnes dont six mille furent brûlées (*a*).

Sans examiner si ces calculs sont vrais ou faux, tenons-nous en à l'aveu qu'a fait l'Auteur. Ce même gouvernement Espagnol qui sévissoit contre les Juifs & contre les Maures, vouloit cependant que les Américains fussent traités avec douceur & que l'on n'attentât point à leur liberté. On ne peut citer aucun ordre de sa part qui ait pu autoriser les cruautés des meurtriers ; elles furent donc l'effet de leur caractere particulier, tel que l'Auteur l'a représenté, & non l'effet de l'esprit général de la Nation. L'Inquisition ne fut point consultée sur la maniere dont on devoit en agir envers les Indiens.

(*a*) Tome 2, notes p. 214.

Troisieme preuve. Lorsque l'Evêque de Chiapa plaida la cause des Indiens au Conseil d'Espagne, il se trouva des Théologiens qui soutinrent qu'il étoit permis de les réduire en esclavage, & qui abuserent de l'exemple des Hébreux, des Grecs, des Romains & de l'autorité d'Aristote pour appuyer cette odieuse prétention (*a*).

Du moins aucun Théologien n'approuva des massacres commis de sang froid. L'Auteur observe que ces Théologiens étoient gagnés par les grands de la Cour qui avoient des possessions dans l'Inde (*b*). C'étoit donc l'avarice & non le fanatisme qui plaidoit la cause de la cruauté. Dans le vrai ces Théologiens se réduisent à un seul, au Docteur Sépulvéda, lorsqu'il soutint qu'il étoit permis de faire la guerre aux Indiens & de les réduire en esclavage, il ne fut pas assez insensé pour soutenir qu'il étoit aussi permis de les tuer au lieu de les convertir. Le Conseil des Indes s'opposa à l'impression de son livre, il fut censuré par les Universités de Salamanque & d'Alcala,

---

(*a*) Les Incas, p. 14.
(*b*) Préf. note 1, p. 23.

le Roi d'Espagne en fit saisir tous les exemplaires. Où est donc le fanatisme de la Cour, des Théologiens, de la Nation Espagnole ? Ce n'est point le fanatisme qui a poussé Aristote a décider que les peuples barbares sont nés pour être esclaves des peuples policés, c'est l'orgueil national.

Quand ce fanatisme seroit prouvé, ce seroit encore une absurdité de mettre dans la tête d'une troupe de brigands échapés des prisons, les sophismes des Docteurs de Salamanque. Le mal étoit fait lorsque les Sophistes chercherent à l'excuser. « Tous les laïques intéressés à la
» servitude & à l'oppression des Indiens
» prétendirent qu'ils étoient absolument
» stupides, incapables d'instruction & de
» civilisation ; tous les Ecclésiastiques
» soutinrent le contraire. » (a)

§. IX.

Quatrieme preuve. » Je laisse, dit
» l'Auteur, à la cupidité, à la licence,
» à la débauche toute la part qu'elles ont
» eue aux forfaits de cette conquête....

(a) Hist. de l'Amér. Tome 2, p. 222.

» Mais le brigandage fans mélange de
» fuperftition peut-il aller jufqu'à déchi-
» rer les entrailles des femmes encein-
» tes, égorger les veillards & les en-
» fans ?.... Les forcenés ! en égorgeant
» en faifant brûler tout un peuple, ils
» invoquoient Dieu & les Saints ! Etoit-
» ce impiété ou fanatifme ? Il n'y a pas
» de milieu ; & l'on fçait bien que les
» Efpagnols n'étoient pas des impies....
» En guerre avec les Catholiques en
» auroient-ils donné la chair à dévorer
» à leurs chiens, auroient-ils tenu bouche-
» rie des membres de Jefus-Chrift (*a*) ? »
Ils l'ont fait, l'Auteur en eft convenu.
« Quand ces loups dévorans, dit-il, fe
» furent enyvrés du carnage des Indiens,
» leur rage forcenée fe tourna contre
» eux-mêmes ». Il fait dire à un mourant : « Je vous connois, je vois l'orgueil
» & l'avarice allumer entre vous les feux
» d'une haine infernale ; armés l'un con-
» tre l'autre vous vous déchirerez com-
» me des bêtes carnacieres : vous vous
» arracherez ces entrailles avides & ces
» cœurs altérés de fang que n'ont jamais
» pu émouvoir ni les larmes de l'inno-

─────────────────────────
(*a*) Les Incas, p. 15 & 16.

cence, ni les cris de l'humanité (*a*). » C'est ce qui arriva.

La cupidité, la licence, la débauche, l'orgueil stupide, la paresse, la vengeance, combinés ensemble ne sont-elles pas des passions assez fortes pour enfanter tous les crimes ? Lorsque Carvajal prêt à être écartelé, se vantoit d'avoir massacré de sa main quatorze cens Espagnols & vingt mille Indiens, étoit-ce par fanatisme ou par zéle pour la cause de Dieu ?

Selon l'Auteur, les Espagnols n'étoient pas des impies. Nous présumons qu'en effet ils n'avoient pas un système d'athéisme raisonné. Mais des scélérats qui se font rompre une hostie en trois pour sceller entr'eux *le pacte de l'avarice*, sont encore Chrétiens ? Quand ils auroient professé l'athéisme ils n'auroient pas pû pousser plus loin la profanation. « Vous servez un
» Dieu, leur dit Las Casas, mais ce Dieu
» est l'impitoyable avarice (*b*) ».

En effet, ces forcenés ne tourmentoient pas les Indiens pour les forcer à se faire Chrétiens, mais pour les obliger à découvrir leurs trésors, & à travailler aux

---

(*a*) Tome 2, c. 50, p. 223 ; c. 53, p. 371.
(*b*) Tome 1, c. 12, p. 152, 158.

mines. Ils traverſoient les deſſeins des Miſſionnaires, ils s'oppoſerent au projet de Las Caſas qui vouloit convertir les Indiens par la douceur; & on oſe ſoutenir que ce n'étoient pas des impies.

Il y a plus. Selon un Ecrivain Anglois, ſes compatriotes exercent dans les Indes orientales un deſpotiſme & une tyrannie intolérables; les Indiens ſont réduits à l'eſclavage, opprimés, dépouillés, réduits au déſeſpoir; il n'y a point de vexations, de monopoles, de brigandages, dont les adminiſtrateurs ne ſoient coupables; l'hiſtoire des nations n'offre pas des atrocités auſſi criantes: pluſieurs dévideurs de ſoie crûe ſe ſont coupé les pouces pour n'être plus forcés à travailler pour leurs tyrans; le deſpotiſme du Conſeil de Calcutta eſt ſi dur, que dans la Turquie & la Barbarie on le regarderoit comme inſupportable (*a*). Eſt-ce encore le fanatiſme qui conduit les Anglois?

Le motif qui a porté l'Auteur à dérai-

(*a*) Annales Polit. Civiles & Littér. Tome 1, n. 5, p. 375. Etat Civil, Polit. & Commerç. du Bengale. Tome 1, p. 159, 193. Tome 2, p. 50, 140, 186. On peut voir encore la harangue du Général Burgoyne, Gazette de Holl. 18 Mai 1773.

sonner ainsi est remarquable. « Que pour
» avoir de l'or, dit-il, on ait versé du
» sang, que la paresse & la cupidité ayent
» fait réduire en servitude des peuples
» enclins au repos pour les forcer aux tra-
» vaux les plus durs, ce sont *des vérités*
» *stériles* ». (*a*)

Selon ce beau principe, il ne sert à rien de montrer aux hommes à quels excès les passions exaltées sont capables de les porter; ce but qu'envisagent ordinairement les historiens & les moralistes n'est pas assez philosophique. Il est bien plus utile de persuader à tout le monde que le zéle excessif de religion est le pere de tous les crimes; par ce manége on inspire peu-à-peu l'indifférence de religion, & l'on rend odieux tous ceux qui conservent le moindre attachement au Christianisme.

A cet artifice on ajoute une calomnie, on les accuse de confondre le fanatisme avec la Religion (*b*). Mais n'est-ce pas là plutôt le sophisme de nos adversaires que le nôtre? Ils regardent l'intolérance fanatique comme une maladie essentiellement attachée au Christianisme, ils lui repro-

---

(*a*) Les Incas, Préface, p. 9.
(*b*) Préface, p. 16.

chent d'en avoir été entiché dans tous les tems, ils ne déclament que contre lui, ils prennent toutes les autres religions sous leur protection ; & ils viennent nous dire que leur dessein n'est pas d'attaquer *la vraie Religion*. Où est-elle donc sur la terre (*a*) ?

§. X.

Nous avons vu les forfaits commis par les passions, nos adversaires mêmes nous apprendront ce qu'a fait le zéle de religion pour réparer ces ravages ; l'Auteur de l'Histoire des Européens dans les Indes sera notre garant.

« En 1697 les Jésuites demanderent à
» s'établir à la Californie... Le fanatisme
» ne guidoit point leurs pas. Ils arriverent
» chez les sauvages qu'ils vouloient civi-
» liser avec des curiosités qui pussent les
» amuser, des grains destinés à les nourrir,
» des vêtemens propres à leur plaire. La
» haine de ces peuples pour le nom Es-
» pagnol ne tint point contre ces démon-
» trations de bienveillance... Les Reli-
» gieux instituteurs se firent charpentiers,
» maçons, tisserands, cultivateurs, &

_____

(*a*) V. ci-dessus, c. 7, art. 4, §. 2.

DE LA VRAIE RELIGION. 591
» réuſſirent par ces moyens à donner la
» connoiſſance & juſqu'à un certain point
» le goût des arts utiles à ces peuples. On
» les a tous réunis en 1745, ils formoient
» quarante-trois villages (*a*).

» Les Miſſions des Jéſuites dans le Pa-
» raguay, après avoir long-tems partagé
» les eſprits, ont obtenu l'approbation
» des ſages. Le jugement que l'on en doit
» porter paroît déſormais fixé par la Phi-
» loſophie... Ces Miſſionnaires ſe ſont
» bornés à la perſuaſion. Ils ont été dans
» les forêts pour chercher les ſauvages,
» ils les ont déterminés à renoncer à leurs
» habitudes, à leurs préjugés, pour em-
» braſſer une Religion à laquelle ces peu-
» ples n'entendoient rien, & pour goûter
» les douceurs de la ſociété qu'ils ne con-
» noiſſoient pas... Ils ont eu la ſageſſe
» de civiliſer juſqu'à un certain point les
» ſauvages avant de penſer à les conver-
» tir, ils n'ont eſſayé d'en faire des Chré-
» tiens qu'après en avoir fait des hom-
» mes. A peine les ont-ils raſſemblés,
» qu'ils les ont fait jouir de tout ce qu'ils
» leur avoient promis; ils leur ont fait
» embraſſer le Chriſtianiſme quand à force

(*a*) Hiſt. des Etabliſſ. Tome 3, L. 6, p. 87.

» de les rendre heureux ils les avoient
» rendu dociles...

» Rien n'égale la pureté des mœurs, le
» zéle doux & tendre, les soins paternels
» des Jésuites du Paraguay. Chaque Pa-
» steur est véritablement le pere comme
» le guide de ses paroissiens... Si la po-
» pulation n'y est pas plus prompte &
» plus nombreuse, c'est qu'il y a des
» causes physiques qui s'y opposent.....
» Des peuplades entieres sont venues de
» plein gré se soumettre à leur condui-
» te (*a*).

» Les Missions des Jésuites chez les Chi-
» quites en 1692, furent traversées par
» l'avidité féroce des Espagnols, mais
» elles n'ont pas laissé de réussir comme
» celles du Paragay, & celles qu'ils avoient
» établies chez les Moxes en 1670. Ils
» avoient formé le projet de réunir ces
» trois sociétés ; mais ils ont toujours été
» croisés par les Espagnols empressés de
» faire des esclaves pour les faire travailler
» aux mines. Il a fallu absolument écarter
» les Espagnols de ces habitations pour
» les empêcher d'y porter leur fierté &

(*a*) Hist. des Établiss. Tome 3, L. 8, p. 248
& suiv.

» leur corruption. Les Missionnaires fai-
» soient le commerce pour la Nation &
» non pour eux. La facilité inattendue
» avec laquelle ces Missionnaires proscrits
» par la Cour de Madrid ont évacué un
» Empire qu'il leur étoit si aisé de défen-
» dre, les a justifiés aux yeux d'une grande
» partie du public du reproche d'ambition
» dont leurs ennemis ont fait retentir
» l'Europe (a).

» La gloire d'adoucir & de civiliser les
» Brasiliens étoit encore reservée aux Jé-
» suites... Ceux de ces Missionnaires qui
» en haine du nom Portugais étoient mas-
» sacrés, se trouvoient aussi-tôt rempla-
» cés par d'autres qui n'avoient dans la
» bouche que les tendres noms de paix &
» de charité. Cette magnanimité confon-
» dit des barbares qui n'avoient jamais su
» pardonner. Insensiblement ils prirent
» confiance en des hommes qui ne parois-
» soient occupés que de leur bonheur;
» leur penchant pour les Missionnaires
» devint une passion... Si quelqu'un dou-
» toit de ces heureux effets de la bienfai-
» sance & de l'humanité sur des peuples
» sauvages, qu'il compare les progrès que

(a) Ibid. p. 258.

» les Jésuites ont faits en très-peu de tems
» dans l'Amérique méridionale avec ceux
» que les armes & les vaisseaux des Cours
» d'Espagne & de Portugal n'ont pu faire
» en deux siécles. Tandis que des milliers
» de soldats changoient deux grands Em-
» pires policés en déserts de sauvages er-
» rans, quelques Missionnaires ont chan-
» gé de petites nations errantes en plu-
» sieurs grands peuples policés (*a*) ».

§. XI.

Nous n'aurions pas osé rendre un témoignage aussi honorable à des hommes contre lesquels les Incrédules ont vomi tant d'invectives ; celui d'un Philosophe ne peut être suspect à aucuns Lecteurs.

Un Militaire, qui paroît en parler comme témoin oculaire & en homme désintéressé, a porté le même jugement. « L'é-
» loge, dit-il, qu'a fait M. de Montes-
» quieu, dans son Esprit des Loix, des
» établissemens des Jésuites au Paraguay
» étoit bien mérité, & ce grand homme
» avoit été assurément bien informé de

___

(*a*) Hist. des Etabliss. Tome 3, L. 9, p. 337, 338.

» leur état & de leur police. Il feroit ri-
» dicule de dire que les Jéfuites n'ont pas
» confulté leurs intérêts en formant ces
» établiffemens; mais qu'importe de quelle
» maniere on entreprenne de faire le bon-
» heur des humains, pourvu qu'on y réuf-
» fiffe ?.... Les Jéfuites ont raffemblé
» plus de cent mille fauvages errans &
» vagabonds dans les forêts, & en ont
» formé des fociétés où tout étoit en
» commun, à-peu près comme chez les
» Hernautes, où rien ne manque à cha-
» que individu, quoiqu'il n'ait rien en
» propre. Ils ont été fans doute très-cir-
» confpects, en ne permettant pas aux
» Efpagnols de venir examiner leurs ac-
» tions ; ... ils craignoient leur envie &
» leur avarice, ils craignoient d'être dé-
» bufqués ou rançonnés... Mais il eft
» bien abfurde de vouloir faire croire que
» dix-huit à vingt Peres Jéfuites, car ils
» n'ont jamais gueres été davantage, ont
» forcé cent cinquante mille Indiens à
» être efclaves malgré eux, & à être ty-
» rannifés, accablés de travaux & de
» mauvais traitemens, tandis que toutes
» les femaines on leur mettoit les armes à
» la main pour les exercer à tirer au blanc;
» tandis qu'ils pouvoient, quand ils l'au-

» roient voulu, massacrer les Peres, ou
» tout au moins leur échapper comms des
» lievres: car les Jésuites n'avoient assu-
» rément pas une armée de soldats Euro-
» péens pour les garder; & tout animal
» qui se trouve mal dans un endroit n'y
» reste que quand il ne peut pas s'échap-
» per. Bien loin de tout cela, ces Indiens
» étoient extrêmement attachés aux Jé-
» suites, & ils le sont désespérés lors de
» leur expulsion (*a*) «.

Nous attendrons long-tems avant de voir nos Philosophes, qui brûlent d'un amour si ardent pour l'humanité, former & exécuter une entreprise semblable à celle des Missionnaires.

§. XII.

Peu de tems avant la découverte de l'Amérique, les Portugais parvinrent à doubler le cap de Bonne-Espérance, & à pénetrer jusqu'aux extrémités de l'Asie. Des Missionnaires intrépides les suivirent sur les côtes occidentales & méridionales de l'Afrique, au Malabar & au Coroman-

---

(*a*) De l'Amérique & des Américains, par le Philosophe Ladouceur, Berlin, 1771, p. 62.

del, à Siam, à la Cochinchine, au Tonquin, au Japon, à la Chine. La plupart des Missions qu'ils ont fondées subsistent encore après deux siécles de dangers, d'obstacles, de révolutions. Nos sages Philosophes se font plus à suspecter leurs motifs, à noircir leur conduite, à exagerer leurs fautes, à déprimer leurs succès. Les uns, disent-ils, ont été guidés par l'ambition, les autres par un génie inquiet & vagabond; ils ont troublé le repos de ces Royaumes lointains, ils ont excité des troubles & des séditions, y ont rendu le Christianisme odieux, se sont fait chasser par leur caractere querelleur & turbulent (*a*). De courtes réflexions sur les circonstances & sur les événemens dissiperont aisément ces reproches injustes ou exagerés.

1°. Les Missionnaires marchoient à la suite & sous la protection des Négocians ou des Officiers envoyés par les différentes Cours de l'Europe, ils étoient de différentes nations; ils ont donc été forcés, pour ne pas paroître ingrats ou infidéles à

_____

(*a*) Quest. sur l'Encyclop. *Chine*, *Eglise*, p. 117. *Japon*. Hist. des Etabliss. Tome 7, c. 1. Tableau des SS. &c.

leur Souverain, d'épouser les intérêts du Gouvernement qui les protégeoit. Les antipathies nationales, l'intérêt & la jalousie de commerce, l'imprudence de divers envoyés, ont souvent brouillé ces nations européennes ; les Missionnaires se sont trouvés enveloppés, sans le vouloir, dans ces démêlés dont le contrecoup n'a pas manqué de retomber sur les Missions. Il seroit injuste d'imputer à la Religion & à ses ministres les suites fâcheuses de ces querelles. Ce sont les passions des Navigateurs & des Négocians, & non celles des Missionnaires qui ont causé tout le mal. La jalousie de commerce entre les Hollandois & les Portugais a été la véritable cause de la ruine des Missions du Japon ; les premiers ont calomnié les Missionnaires & leurs prosélytes pour pallier leur propre turpitude, & les Incrédules ont adopté sans preuve & sans connoissance toutes leurs accusations.

2°. Il faut avouer que les intérêts de corps, de société, d'institut, y ont souvent influé. Mais comment trouver des Missionnaires qui eussent tous le même esprit, le même désintéressement, le même zéle apostolique, également supérieur partout aux foibles de l'humanité ?

La grandeur de l'entreprise, les diverses branches auxquelles elle s'étendoit, l'éloignement prodigieux des lieux, le hazard des événemens, ont dû nécessairement faire naître des obstacles imprévus. Le schisme arrivé au 16ᵉ. siécle, en divisant les Nations de l'Europe, a porté ses fatales influences aux extrémités du monde ; les Hollandois ont mieux aimé que le Christianisme fût anéanti au Japon, que d'y voir le Catholicisme florissant (*a*).

3°. Il n'étoit pas aisé de saisir d'abord le caractere, les mœurs, la politique, le langage, la croyance, les idées de tant de peuples différens ; de prévoir ce qui pouvoit plaire à l'un, indisposer l'autre, *de se faire tout à tous pour les gagner tous.* Plusieurs sont policés jusqu'à un certain point, ont des loix, des usages, des préjugés qu'ils regardent comme sacrés ; il n'est pas aussi facile de les gagner que des peuples ignorans & sauvages, on ne peut pas leur rendre les mêmes services, ni les attacher par les mêmes bienfaits. Ils sont défians, soupçonneux, souvent irrités par les procédés des négocians & des armateurs Européens ; ils confondent

_____

(*d*) Apol. pour les Cathol. Tome 2, c. 16.

aisément le dessein des missionnaires avec ceux de ces hommes avides & suspects.

4°. Dans cet état des choses il n'a pas été possible aux missionnaires de suivre parfaitement le plan qui leur a été tracé par les premiers prédicateurs de l'Evangile, de choisir des Nationaux pour en faire des Ministres de la Religion & les Apôtres de leurs compatriotes. Ce n'est qu'après bien des années & des tentatives inutiles que l'on a senti enfin la nécessité d'en venir à cet expédient, seul capable de rendre les missions stables & florissantes. La dépendance dans laquelle elles sont demeurées jusqu'à présent à l'égard de l'Europe a dû en retarder le succès.

Fermer les yeux sur les obstacles qui naissent de la chose même, pour s'en prendre à la Religion & à ses Ministres ce n'est plus raisonner. Dans un ouvrage récent, M. le Baron de Haren tâche de disculper la Nation Hollandoise de l'extinction du Christianisme au Japon; mais il justifie les Missionnaires & les Chrétiens contre les Incrédules qui les accusent d'avoir excité des séditions dans cet Empire. Il soutient que dans les deux guerres civiles qui s'y sont élevées, les Chrétiens ont suivi constamment le parti du

DE LA VRAIE RELIGION. 601
du souverain légitime contre les usurpateurs. Ceux-ci victorieux & devenus les maîtres se sont vengés de la fidélité des Chrétiens envers leur véritable Prince ; la Religion n'a point à rougir de ce malheur (*a*).

§. XIII.

Le zèle apostolique toujours subsistant dans l'Eglise Catholique ne s'est point borné aux contrées nouvellement découvertes ou devenues accessibles depuis peu, il y a des missionnaires répandus dans toutes les parties de l'Orient & de la domination Mahométane pour ramener les différentes sectes d'hérétiques, pour consoler & instruire les esclaves, pour convertir les infideles. Il y a eu des missions même chez les Tartares & dans le Royaume du Thibet. Les Philosophes ont beau tourner ce zéle en ridicule, il n'a point sa racine dans les passions humaines, la charité Chrétienne peut seule l'inspirer, il ne produit que du bien partout où il porte ses pas.

Une preuve qu'il est inspiré par la

(*a* Recherches histor. sur l'état de la Relig. Chrét. au Japon, 1778.

Tome XI.   Cc

grace divine, c'est qu'il ne s'est point soutenu dans les communions séparées de l'Eglise Catholique. Un sentiment de rivalité leur a fait tenter quelques entreprises en ce genre, mais ce zele dont la source n'étoit pas assez pure s'est promptement refroidi. On sait dans quel engourdissement sont tombées les missions Angloises, Hollandoises, Danoises, que ces nations avoient voulu établir en différentes parties du monde ; l'impossibilité de soutenir long-tems le personnage d'Apôtre, lorsqu'il est affecté, les a déterminées à en parler sur le même ton que les Philosophes (a).

On dit que la plupart des Missionnaires sont des Moines dégoûtés du Cloître, qui vont chercher la liberté dans les pays éloignés, & y parviennent souvent à se donner de la considération. S'il y en a quelques-uns dans ce cas, peut-on le présumer du plus grand nombre ? puisqu'il s'en trouve d'assez courageux pour se consacrer dans leur patrie à la desserte des hôpitaux & des maisons de charité, à soigner & à instruire les pauvres, les enfans, les prisonniers, pourquoi la même charité n'en

---

(a) Londres, Tome 2, p. 105 & suiv.

DE LA VRAIE RELIGION. 603
porteroit-elle pas d'autres à s'expatrier & à se dévouer à la conversion des infidéles ? Accusera-t-on de motifs suspects ceux qui ont fondé les Missions pour les sauvages, ceux qui vont consoler & soulager les esclaves sur les côtes de l'Afrique, les Ecclésiastiques du Seminaire des Missions étrangeres, &c ? Ces différentes œuvres de charité ne sont pas exercées plus exactement par les sectes protestantes que les Missions lointaines. Ici le parallele ne peut dans aucune de ses parties tourner à leur honneur. L'esprit philosophique les a gagnées, & nous voyons les prodiges qu'il opere.

Au troisieme siécle de l'Eglise, Tertullien reprochoit déjà aux hérétiques que leur ambition n'étoit pas de convertir les idolâtres, mais de pervertir les Catholiques (a). Il est fâcheux que les Prédicans du seizieme siécle & leurs successeurs ressemblent de si près à ceux du troisieme. Ils ont poussé la sincérité jusqu'à se croire incapables de convertir les infidéles sans une vocation spéciale & extraordinaire (b). Nous ne sommes pas surpris de voir les

---

(a) De præscrip. c. 42.
(b) Apol. pour les Cathol. Tome 2, c. 15.

Cc ij

Incrédules leur servir aujourd'hui de recors & copier leurs invectives contre les Missions.

L'ordre donné par Jesus-Christ il y a dix-sept cens ans, de prêcher l'Evangile à toute créature, n'a point souffert de prescription par le laps des siécles, il aura son effet jusqu'à la fin du monde ; il est bon que ce caractere serve toujours à distinguer parmi les differentes sociétés chrétiennes celle dans laquelle Jesus-Christ continue de présider & de répandre son esprit : « Vous recevrez, dit-il à ses Apôtres, » la vertu du Saint-Esprit, & vous me » rendrez témoignage à Jérusalem, dans » toute la Judée & la Samarie, jusqu'aux » extrémités de la terre (*a*) ».

L'obstination des Incrédules à décrier ces Missions, à soutenir qu'elles ont fait plus de mal que de bien, à vouloir que les nations infidèles demeurent stupides & barbares plutôt que de devenir chrétiennes, est un travers inconcevable (*b*). Il faut espérer que ces hommes si éloquens à déplorer en Europe les pernicieux effets des Missions, partiront incessamment pour

---

(*a*) Act. c. 1, ỳ. 8.
(*b*) Espion Chinois, Tome 2, Lettre 4.

aller les réparer ; ils porteront aux sauvages de l'Amérique, aux habitans des terres australes, aux négres de l'intérieur de l'Afrique, aux Indiens, aux Chinois, aux Tartares, leurs savantes dissertations sur les ravages du Christianisme, sur la nécessité de professer le Déisme ou l'Athéisme, sur la fausseté des religions & des révélations, afin de faire regner dans toutes les parties du globe la raison, la saine morale, la paix, le bonheur. Les exhortations pathétiques de l'Auteur de l'Histoire des Etablissemens des Européens dans les Indes, doivent les y engager (*a*). Il seroit tems de penser aux préparatifs de leur voyage ; nous les supplierons de nous envoyer au plutôt une relation fidelle des merveilles qu'ils auront opérées.

(*a*) Tome 1, L. 1, p. 41, 42.

Fin du Tome XI.

TABLE
DES MATIERES
DU ONZIEME VOLUME.

A RTICLE IV. *De la tradition ou du témoignage des Peres de l'Eglise*, Page 1
§. I. *Chaîne de conséquences importantes*, Ibid.
§. II. *La certitude morale est applicable aux dogmes*, 4
§. III. *Telle a toujours été la pratique de l'Eglise*, 6
§. IV. *Fausse idée que l'on se forme des Peres*, 9
§. V. *La Tradition tient au culte extérieur*, 12
§. VI. *Odieux tableau des Peres tracé par les Incrédules*, 15
§. VII. *Réflexions d'un Théologien Anglois*, 18
§. VIII. Premiere Objection de Daillé. *Plusieurs Ecrits des Peres sont perdus*, 20
Seconde Objection. *Les disputes anciennes & les modernes sont différentes*, 21
§. IX. Troisieme Objection. *Plusieurs Ouvrages des Peres sont supposés*, 23
§. X. Quatrieme Objection. *Plusieurs ont été corrompus*, 25
Cinquieme Objection. *Leur style est obscur*, 27
§. XI. Sixieme Objection. *Les Peres dissimuloient leur sentiment*, 28
Septieme Objection. *Ils en ont souvent changé*, 30
§. XII. Huitieme Objection. *Tout n'est pas de Foi*, 32

Neuvieme Objection. *Les Peres ne s'accordent pas*, 33
§. XIII. Dixieme Objection. *Leur témoignage n'est pas sûr*, 36
Onzieme Objection. *Ils en conviennent*, 37
Douzieme Objection. *Ils ont écrit à la hâte*, 38
§. XIV. Treizieme Objection *Plusieurs ont erré*, 39
Quatorzieme Objection. *Personne ne s'en tient à leur opinion*, 40
§. XV. *Hommage que Daillé est forcé de leur rendre*, 41
ART. V. *Des Schismes & des Héréfies.*
§. I. *Il est impossible qu'il n'y en ait point*, 45
§. II. *Avantages qui en résultent*, 48
§. III. *Traité des prescriptions de Tertullien*, 52
§. IV. *Preuves qu'il oppose aux Hérétiques*, 56
§. V. *Réponses qu'il donne à leurs objections*, 59
§. VI. *Schimes arrivés dans l'Eglise*, 62
§. VII. *Fausses réflexions d'un Philosophe sur les hérésies*, 67
§. VIII. *Les Hérétiques n'ont point été punis pour leurs opinions*, 70
§. IX. *Fables forgées sur les Vaudois*, 74
§. X. *Le choix ne peut avoir lieu dans les matieres de Foi*, 77
§. XI. *Les Chrétiens persécutés n'ont point fait comme les Hérétiques*, 80
§. XII. *Ce n'est point le désespoir qui rend ces derniers séditieux*, 83
CHAP. IX. *De la Discipline & des Loix Ecclésiastiques*,
§. I. *Prévention des Incrédules contre le Clergé*, 86
ART. I. *De l'Etat Ecclésiastique & de la Hiérarchie.*

§. I. *Preuve de la distinction qui est entre les Ministres de l'Eglise,* 89

§. II. *Nécessité de leur séparation d'avec les laïques,* 94

§. III. *Le Clergé est-il un Corps étranger à l'Etat,* 101

§. IV. *Doit-il être infailliblement vicieux ?* 104

§. V. *Fausse doctrine qu'on lui impute injustement,* 108

§. VI. *Aveux favorables de plusieurs Incrédules,* 111

§. VII. Premiere Objection. *Tableau du Clergé tracé par S. Grégoire de Nazianze,* 114

§. VIII. Seconde Objection. *Abus & désordres dans les élections,* 117

§. IX. Troisieme Objection. *Conduite de quelques Evêques traditeurs.* 120

§. X. Quatrieme Objection. *Calomnies contre S. Dunstan,* 122

§. XI. *Contre S. Thomas de Cantorbery,* 124

§. XII. Cinquieme Objection. *Sainteté attribuée aux Papes & aux Evêques,* 130

§. XIII. Sixieme Objection. *Faste & ambition des Papes,* 135

§. XIV. Septieme Objection. *Corruption de l'Eglise de Rome,* 139

§. XV. *Nécessité de l'ascendant que prirent les Papes,* 142

§. XVI. Huitieme Objection. *Abus des Missions dans le Nord,* 146

§. XVII. Neuvieme Objection. *Des fausses Décrétales,* 151

§. XVIII. Dixieme Objection. *Dogmes inventés au profit du Clergé,* 155

TABLE.

§. XIX. *Onzieme Objection. Plusieurs Papes ont été hérétiques*, 160
§. XX. *Vraie source de la prétendue réforme*, 163
ART. II. *De l'Autorité du Clergé dans la discipline.*
§. I. *Preuve de cette autorité dans l'Evangile*, 166
§. II. *Raisons des changemens dans la discipline*, 170
§. III. *Contradiction des Incrédules*, 174
§. IV. *Faux principes d'un Canoniste. Les Pasteurs ne sont que des membres*, 177
§ V. *Leurs fonctions ne regardent que l'ame*, 180
§. VI. *L'Eglise est étrangere à l'Etat*, 183
§. VII. *La publicité du ministere est l'ouvrage du Souverain*, 187
§. VIII. *Sans cela la Religion n'existoit pas civilement*, 190
§. IX. *L'exercice du ministere doit dépendre du Souverain*, 193
§. X. *Différence entre la protection du Souverain & la publicité du ministere*, 196
§. XI. *La Discipline Ecclésiastique est-elle opposée aux Loix Civiles*, 200
§. XII. *Effets de l'excommunication*, 203
§. XIII. *Utilité du pouvoir dont a joui le Clergé*, 208
ART. III. *Des Biens Ecclésiastiques.*
§. I. *Loix de Jesus-Christ sur ce sujet*, 213
§. II. *Discipline des premiers siécles*, 216
§. III. *Subsistance due aux ouvriers selon la loi naturelle*, 220
§. IV. *Ce n'est ni une récompense ni une aumône*, 223
§. V. *Manieres différentes dont on y a pourvu*, 227
§. VI. *A qui est la propriété des Biens Ecclésiastiques*, 230

§. VII. *L'Eglise est capable de posséder*, 233
§. VIII. *Elle l'est en France aussi-bien qu'ailleurs*, 237
§. IX. *Canons du Concile d'Orléans*, 240
§. X. *Objections tirées de ce Concile*, 245
§. XI. *Différens droits qui appartiennent au Roi*, 248
§. XII. *Source des immunités du Clergé*, 251
§. XIII. *La quantité de ses biens est-elle excessive ?* 255
§. XIV. *Avantages politiques qui en résultent*, 259
ART. IV. *Du Célibat Ecclésiastique & Religieux.*
§. I. *Chasteté estimée par tous les Sages*, 264
§. II. *Morale de Jesus-Christ sur la continence*, 268
§. III. *Différentes vues politiques sur le Célibat*, 272
§. IV. *Déclamations absurdes des Incrédules*, 275
§. V. *Discipline de l'Eglise sur ce point*, 277
§. VI. *Le Célibat ne nuit point à la population*, 280
§. VII. *Premiere Objection d'un Encyclopédiste, faux calcul*, 286
§. VIII. *Seconde Objection. Le Célibat n'est d'aucune utilité*, 290
§. IX. *Troisieme Objection. Il détourne des autres vertus*, 292
§. X. *Quatrieme Objection. Le Clergé marié ne seroit pas moins respecté*, 296
§. XI. *Cinquieme Objection. Multitude de loix pour établir cette discipline*, 299
§. XII. *Sixieme Objection. Elle ne convient point à tous les climats, &c.* 303
§. XIII. *Autres raisonnemens faux*, 307
§. XIV. *Il n'est pas vrai que tous les Apôtres ayent été mariés*, 310

TABLE.

Art. V. *De l'Etat Monastique.*
§. I. *Utilité de cet Etat reconnue par un Philosophe,* 315
§. II. *Son origine est respectable,* 317
§. III. *Les vertus des Moines ne sont point inutiles au monde,* 319
§. IV. *Ni leurs talens stériles,* 321
§. V. *La source & l'usage de leurs richesses sont louables,* 325
§. VI. *Instituts consacrés au bien public,* 328
§. VII. *Services rendus par les Religieuses,* 331
§. VIII. *Faux inconvéniens que l'on y trouve,* 333
§. IX. *La vie monastique ne vient point des Juifs,* 336
§. X. *Ni de la folie,* 340
§. XI. *Ni du Fanatisme,* 342
§. XII. *Exemple de S. Siméon Stylite,* 346
§. XIII. *Les austérités ne sont pas blâmables,* 351
§. XIV. *Ni fondées sur de fausses notions de la Divinité,* 354
§. XV. *Ni un effet de la vanité,* 357
§. XVI. *L'Evangile n'est pas destiné uniquement pour les Moines,* 359
§. XVII. *On n'a pas eu tort d'estimer les Moines,* 364
§. XVIII. *L'intention des Fondateurs a été louable,* 367
§. XIX. *De S. François & de S. Dominique,* 370
§. XX. *Faux reproches des Incrédules,* 374
§. XXI. *Causes de la suppression des Monasteres en Angleterre,* 376
§. XXII. *Fausse compassion pour les Religieuses,* 360
§. XXIII. *Des dissensions & des disputes des Moines,* 384

§. XXIV. *Effets de la suppression des Monastères,* 387

CHAP. X. *Des effets civils & politiques de la Religion Chrétienne.*

§. I. *La Religion ne rend point l'homme impeccable,* 391

§. II. *Dissension entre les Incrédules sur ses effets,* 395

ART. I. *De la différence qu'il y a entre les Nations Chrétiennes & les Peuples infideles.*

§. I. *Bienfaits de la Religion toujours méconnus,* 398

§. II. *Etat des anciens Peuples Egyptiens, &c.* 401

§. III. *Des Grecs & des Romains,* 404

§. IV. *Des Nations du Nord, des Ethiopiens,* 407

§. V. *Révolution dans les mœurs des Payens convertis,* 412

§. VI. *Aveux de Montesquieu.* 417

§. VII. *Examen du Traité de la Félicité publique,* 420

§. VIII. *Comparaison des siécles qui ont précedé le Christianisme,* 424

§. IX. *Loix de Constantin,* 429

§. X. *Premiere Objection. Mélange du pouvoir Ecclésiastique & Civil,* 436

§. XI. *Seconde Objection. Affranchissement des Esclaves,* 438

§. XII. *Troisieme Objection. Immunités du Clergé.* 442

§. XIII. *Quatrieme Objection. Révocation de la Loi Papienne,* 444

§. XIV. *Cinquieme Objection. Haine des Romains contre Constantin,* 446

§. XV. *Sixieme Objection. Troubles causés par les Hérésies,* 450

TABLE.

§. XVI. Septieme Objection. *Vices de l'Empereur Constance*, 452

§. XVII. Huitieme Objection. *Intolérance du Christianisme*, 456

§. XVIII. Neuvieme Objection. *Sang répandu pour cause de religion*, 462

§. XIX. Dixieme Objection. *L'esclavage n'est point aboli*, 467

§. XX. *Pourquoi il subsiste encore*, 473

§. XXI. Onzieme Objection. *Autorité usurpée par le Clergé*, 475

§. XXII. *Est-il vrai que la morale de l'Evangile ne soit point générale*, 479

§. XXIII Douzieme Objection. *Le Christianisme nuit à la population*, 483

§. XXIV. *Preuves du contraire*, 487

§. XXV. *La révocation de l'Edit de Nantes*, 491

§. XXVI. *Multitude d'Etablissemens utiles créés par la Religion*, 495

ART. II. *De la relation qu'il peut y avoir entre la Religion & la diversité des climats.*

§. I. *Le Christianisme a produit partout les mêmes effets*, 499

§. II. *Contradictions de l'Auteur de l'Esprit des Loix*, 503

§. III. *La polygamie & l'incontinence sont pernicieuses partout*, 506

ART. III. *Du Mahométisme, de ses progrès, des effets qu'il a opérés.*

§. I. *Apologie du Mahométisme par quelques Déistes*, 509

§. II. *Caractere de Mahomet, son incontinence*, 513

§. III. *Ignorance de ce faux Prophete, sa doctrine*, 517

§. IV. *Morale de l'Alcoran*, 521

§. V. Mahomet n'a fait aucun prodige, 523
§. VI. Moyens par lesquels il a réussi, 525
§. VII. Pernicieux effets du Mahométisme, 529
§. VIII. Erreurs dissimulées par les Déistes, 532
§. IX. Reglemens touchant les femmes, 535
§. X. Causes des progrès & de la durée du Mahométisme, 539
§. XI. Les Auteurs Chrétiens l'ont-ils mal combattu ? 543
§. XII. Cette fausse Religion favorise toutes les passions, 548
§. XIII. Mauvaise apologie de Mahomet & de l'intolérance, 551
§. XIV. Conclusions à tirer contre les Déistes, 554
ART. IV. Des nouvelles Missions.
§. I. Zele apostolique perpétué dans l'Eglise, 558
§. II. Conversion de l'Angleterre au septieme siécle, 560
§. III. Effets du Christianisme dans cette Isle, 563
§. IV. Conversion des Saxons sous Charlemagne, 567
§. V. Découverte de l'Amérique, cruauté des Espagnols, 571
§. VI. Quelle fut la cause de leur barbarie ? 575
§. VII. Doit on l'attribuer au fanatisme ? 578
§. VIII. Preuves alléguées par un Philosophe, réfutation, 581
§. IX. Continuation, 585
§. X. Travaux & succès des Missionnaires en Amérique, 590
§. XI. Missions du Paraguay, 594
§. XII. Missions aux Indes & à la Chine, 596
§. XIII. Faux reproches contre ces Missions, 601

Fin de la Table du onzieme Tome.

www.ingramcontent.com/pod-product-compliance
Lightning Source LLC
Chambersburg PA
CBHW051330230426
43668CB00010B/1211